LE MISSIONNAIRE DES SAMOA

MGR L. ELLOY

De la Société de Marie

ÉVÊQUE TITULAIRE DE TIPASA

VICAIRE APOSTOLIQUE DES NAVIGATEURS ET DE L'OCÉANIE CENTRALE

PAR

Le P. A. MONFAT

De la Société de Marie.

> *Diligis me ? — Domine, tu scis quia amo te. — Pasce agnos meos, pasce oves meas..... Videbis, et afflues, et dilatabitur cor tuum, quando conversa fuerit ad te multitudo maris.*
> Joan. XXI. — Is. LX.

LYON
EMMANUEL VITTE
LIBRAIRE-ÉDITEUR
3 et 5, place Bellecour, 3 et 5

PARIS
JULES VIC ET AMAT
ÉDITEURS
11, rue Cassette, 11

1890

MGR L. ELLOY

APPROBATION

Vu le rapport favorable qui m'a été fait de l'ouvrage intitulé : Mgr ELLOY, par le R. P. Monfat, religieux de notre Société, j'en autorise volontiers, en ce qui me concerne, l'impression.

Sainte-Foy-lès-Lyon, en la fête du Sacré-Cœur de Jésus, le 13 juin 1890.

A. MARTIN,
Sup. gén. S. M.

DU MÊME AUTEUR :

LES SAMOA, ou archipel des Navigateurs ; étude historique et religieuse. — *Ouvrage auquel « Mgr ELLOY » fait suite.* — 1 fort vol. in-8°, illustré. — Prix . . **4 fr.**

Mgr Louis Elloy
Évêque titulaire de Tipasa
Vicaire apostolique des Navigateurs, puis de l'Océanie centrale.

LE MISSIONNAIRE DES SAMOA

MGR L. ELLOY

De la Société de Marie
ÉVÊQUE TITULAIRE DE TIPASA
VICAIRE APOSTOLIQUE DES NAVIGATEURS ET DE L'OCÉANIE CENTRALE

PAR

Le P. A. MONFAT

De la Société de Marie.

> *Diligis me ? — Domine, tu scis quia amo te. — Pasce agnos meos, pasce oves meas..... Videbis, et afflues, et dilatabitur cor tuum, quando conversa fuerit ad te multitudo maris.*
> Joan. xxi. — Is. lx.

LYON

LIBRAIRIE GÉNÉRALE CATHOLIQUE ET CLASSIQUE
EMMANUEL VITTE, DIRECTEUR
Impr. de l'Archevêché et des Facultés Catholiques
3, place Bellecour, 3

1890

LIVRE PREMIER

LE RELIGIEUX MISSIONNAIRE

CHAPITRE PREMIER

NAISSANCE, ÉDUCATION, VOCATION

Louis Elloy était fils de François Elloy et de Barbe Remy, qu'un saint mariage avait unis le 27 novembre 1810, à Servigny-lès-Râville, au diocèse de Metz.

Ce village, qui compte à peine cinq cents habitants, fait partie du canton de Pange, dans l'arrondissement de Metz, la puissante et fidèle cité dont la France porte le deuil. Il est situé dans une vallée qui ondule entre des collines basses. Du côté de Courcelles-Chaussy, les dômes sont plus élevés; et les pentes, assez raides, sont plantées de vignes. Çà et là, les flancs sont ouverts par de nombreuses carrières d'une pierre susceptible de recevoir le poli du marbre;

mais, faute de voies faciles de communication, l'exploitation n'a pas toute l'importance à laquelle elle pourrait prétendre. Des ruines de murailles épaisses et d'une grosse tour massive frappent aussi le regard : c'est tout ce qui reste d'un ancien couvent, dit de Moriville. On croit qu'il appartint à l'ordre des Templiers, parce qu'il a été détruit sous Philippe-le-Bel.

Les maisons s'étendent, pour la plus grande partie, sur une rue qui traverse le pays en allant de Pange à Fouligny ; quelques-unes montrent, par petits groupes, leurs toits à travers le feuillage. Au-dessus domine, comme le pasteur qui rallie son troupeau, la flèche d'un clocher gracieux que lui envient les villages voisins.

Les habitants sont en général cultivateurs; ils sont rangés, laborieux, paisibles, serviables, d'une modeste aisance acquise honnêtement. Surtout ils sont chrétiens, et des meilleurs parmi les paroisses françaises de la contrée. Il est très rare que le travail du dimanche ou le blasphème froissent le regard ou l'oreille dans cette modeste mais fidèle réserve de vrais serviteurs de Dieu. Et c'est merveille, hélas ! rare aujourd'hui, de les voir tous, endimanchés, venir à la messe par groupes de famille ou d'amis. Nul ne manque de donner, avant de rentrer, son souvenir aux tombes pieusement entretenues de l'ancien cimetière qui est attenant à l'église. Aux fêtes, les sacrements sont fréquentés, même par les hommes ; et rien n'est beau comme la procession de la Fête-Dieu, quand le cortège, où se déploie la paroisse entière, suit les contours des rues parées avec goût, et laisse apparaître, à travers les maisons et les arbres, les bannières, les blanches parures des enfants, les encensoirs qui scintillent, et les panaches du dais sous lequel l'auguste Sacrement reçoit des hommages dont le ciel est réjoui.

La maison paternelle des Elloy ne se distingue en rien des autres; elle est située dans la rue principale; et l'on s'attache à la conserver religieusement telle qu'elle était quand elle a vu naître notre prélat. C'est toujours, sur la rue, la grande pièce où sont reçus les amis, et, sur le derrière, un assez vaste jardin, où les enfants jouent sous les pommiers, et les plates-bandes de légumes sont bordées de fleurs, simples comme les mœurs de ceux qui les cultivent.

Au témoignage de tous ceux qui l'ont connu, François Elloy, cultivateur intelligent et laborieux, était un de ces hommes pleins de sens, droits, généreux, charitables, qui exercent autour d'eux une grande influence pour le bien. L'estime et la confiance de ses compatriotes ne se démentirent jamais pendant les longues années qu'il eut la charge d'administrer la commune. Et il en était le père plus encore que le magistrat : on le choisissait pour conseiller dans les embarras, pour arbitre dans les différends. Il conciliait les esprits, adoucissait les cœurs, et prévenait les procès, qui non seulement ruinent les familles, mais entretiennent entre elles de longues rancunes, d'où naissent tant de fautes et de malheurs.

Aussi lui avait-on donné un surnom qui lui fait doublement honneur : « Le papa bon Louis ! » Louis en effet était le nom de son père ; et, comme il avait été bon fils pour ce père dont les vertus et les bienfaits faisaient encore bénir la mémoire, qu'il était, aussi bien que lui, plus que lui peut-être, bon envers tous, on s'était plu à faire revivre en sa personne, en lui en redonnant le nom, ce père toujours aimé, dont la bonté revivait en son cœur et sa conduite, comme sur ses traits.

François Elloy n'était pas seulement l'honnête homme sage et bienfaisant; il était parfait chrétien. Ses convictions et les pratiques de notre foi donnaient à ses vertus morales leur plein épanouissement, leur solidité et toute leur fécondité; elles achevaient en lui l'exemplaire du Juste, selon la belle et vaste acception des saints Livres.

Comme ceux que l'Ancien Testament propose à notre imitation, il fut donc, de la part de Dieu, l'objet de ces épreuves de choix qui sont le gage de l'élection et le sceau du modèle. Des revers de fortune, des morts, ou successives ou presque simultanées, l'accablèrent de douleur. En moins de deux ans, de 1851 à 1853, il perdit un de ses fils, avec sa belle-fille et ses petits-enfants, puis une de ses filles. Il vit, sur la fin de sa vie, la Lorraine envahie, et rendit son âme à Dieu sans pouvoir, une dernière fois, bénir et embrasser son missionnaire, qui alors même s'arrachait en fugitif à la France, foulée aux pieds par l'ennemi et déchirée au sein par ses propres enfants.

Mais jamais le moindre murmure : « Le bon Dieu nous l'avait donné; il nous l'enlève, aimait-il à répéter, que son saint Nom soit béni! » Et il conservait non seulement la patience, mais aussi la bonne humeur. C'est à l'école paternelle que Mgr Elloy, qui a lui-même excellé dans la résignation, ce caractère distinctif des grandes et saintes âmes, en avait contracté l'habitude. Dans une lettre écrite du scolasticat de Belley à son ami l'abbé Calmus, en date du 12 juin 1853, en faisant allusion à ces impitoyables coups de la mort : « Que la volonté de Dieu soit faite, disait-il, *Si bona accepimus, quare etiam mala non acciperemus ?* » Et, dans une de ses dernières lettres à son neveu, sur le point de faire profession dans la société de Marie et désireux de suivre l'oncle dans la carrière apostolique, il lui disait : « Sur la pratique de cette vertu si précieuse, si nécessaire aux missionnaires, notre vénéré père était un admirable modèle que nous ne saurons jamais assez imiter. »

Incapable de se laisser abattre par les malheurs qui n'attaquaient que lui-même ou les siens, François Elloy ressentait vivement les maux que l'Eglise avait à subir. La sanglante persécution qu'avaient endurée nos prêtres, pendant les lugubres périodes de la Terreur et du Directoire, avaient redoublé sa foi et enflammé son zèle. Quoique tout jeune alors, il s'était employé à cacher les fugitifs, et à leur ménager les moyens d'offrir le saint sacrifice et de donner les sacrements aux chrétiens des environs.

Dans les longues soirées d'hiver, il racontait ses courses à travers les bois, dans les orages et dans la nuit, les dangers qu'il avait dû braver, et auxquels, plus d'une fois, la divine Providence l'avait miraculeusement arraché. Il parlait avec tant de tendresse de la joie céleste qui régnait dans ces assemblées de proscrits réunis en quelque grange solitaire, lorsque le prêtre priait à haute voix, enseignait, encourageait les Lorrains fidèles et leur distribuait la sainte Eucharistie; du bonheur qu'il éprouvait quand il avait pu procurer à quelque mourant le saint viatique et l'extrême-onction, que toute la famille restait saisie des mêmes sentiments; et tous, avant la prière du soir, se prenaient à redire : « Dieu nous préservera, père, de revoir des jours si noirs ! mais s'ils viennent, avec sa grâce nous ferons comme vous. »

Un tel paroissien devait être l'ami du pasteur : M. l'abbé Crosse, curé de Servigny, de 1838 à 1867 époque de sa mort, recherchait sa compagnie. Aussi régulièrement que possible, il venait au logis le dimanche après les vêpres. Tous se groupaient autour de lui, hors les enfants encore en bas âge; plusieurs voisins accouraient, et la conversation prenait presque aussitôt un cours sérieux. C'étaient des conférences sur la Bible et l'Histoire Sainte, que le digne curé savait rendre intéressantes. « Papa bon Louis » les assaisonnait de certaines saillies de bon goût, qui étaient fort appréciées de la partie jeune de l'assemblée et retenues dans leur mémoire. Le jeune Louis Elloy et son ami Calmus y assistaient volontiers pendant les vacances du séminaire, et ils aimaient à répéter ce qui les avait surtout réjouis et édifiés.

Cependant la famille avait tardé à venir. Les deux vertueux époux demandaient à Dieu des enfants, qu'ils entendaient bien n'élever que pour lui. Ils priaient avec ferveur, et pratiquaient des œuvres et des mortifications dans le dessein de les obtenir. Or une nuit, pendant le sommeil, François Elloy vit s'allumer successivement, et briller d'une clarté inégale, sept flambeaux qui s'éteignirent aussi à des temps divers. Le dernier surpassait de beaucoup les autres par les dimensions et l'éclat de son foyer;

il brilla aussi plus longtemps. En se réveillant, il se sentit tout remué de ces joies calmes et pensives qui s'attachent aux communications des bons esprits. Il en tira, de concert avec son épouse, cette espérance que Dieu ne tarderait pas à les exaucer, et qu'il avait sur le septième enfant des vues exceptionnelles, qu'ils se promirent de respecter et de seconder de leur mieux (1).

Mgr Elloy fut ce dernier enfant dont la naissance et les rares vertus ont si bien justifié le présage paternel.

Il naquit en effet, lui septième, le 29 novembre 1829, et reçut au baptême le nom de son aïeul paternel, le nom de Louis. Est-ce en raison de ce souvenir du bien-aimé grand-père, ou par suite de la disposition ordinaire des parents avancés en âge qui les incline avec plus de tendresse vers le dernier fruit de leur union ? est-ce enfin parce que l'enfant, qui resta petit de taille jusqu'à l'âge de vingt ans, se trouva de constitution faible ? Quoi qu'il en soit, ses aînés avaient bien remarqué que le père l'appelait « son petit Louis » et la mère « le pauvre petit ». Eux, mais sans amertume, sinon sans un peu de malice, l'appelaient « l'enfant gâté ». Barbe, que Louis nommait *Bibi*, et qui, son aînée de six ans, était plus spécialement

(1) L'auteur tient ce fait d'un membre de la famille, en dehors de laquelle François Elloy évita de le répandre. Cette réserve, inspirée par l'humilité, peut être tenue à présomption favorable. D'ailleurs, il avait sa réputation faite de raison, de probité et de modestie. On disait de lui : « Ce que *papa bon Louis* affirme, il faut croire que c'est la vérité. »

chargée des soins de son enfance, se crut appelée à « conjurer par sa fermeté » les dangers que lui faisait craindre ce qu'elle appelait « l'excès de tendresse des parents ». Elle ne ménageait donc pas les réprimandes ni les corrections ; et elle attendait des preuves avant de croire à la sincérité des excuses du « pauvre petit ».

« Un jour, racontait M. Calmus, le grand ami de notre prélat, à son neveu, le propre fils de la sœur en question, un jour Louis s'était rendu au presbytère avec deux condisciples pour y recevoir la leçon quotidienne de latin. Ils sonnent, nul ne répond. Ils sonnent encore, et, après quelques minutes d'attente, sans trop pleurer l'absence de M. Crosse qui leur valait un congé, d'un pied léger ils rentrent à la maison paternelle. Mais demoiselle Bibi est sur le seuil, l'œil méfiant et la mine sévère de mère Rabat-Joie : « Monsieur le curé est exact, il fallait sonner « plus fort, une troisième fois, attendre.... On n'est « qu'un petit paresseux, et, qui sait ? peut-être un « menteur ? » A ce reproche l'enfant éclate en pleurs, même en sanglots, qui vont percer au loin le cœur de la mère. Elle accourt, et prenant la défense du petit écolier contre l'incrédule gouvernante : « Pares-« seux, passe encore, dit-elle, il est si jeune ! mais men-« teur, non ! Louis n'a jamais dit, ne dira jamais un « mensonge ! » Bibi se tut et se retira, de manière à prouver qu'elle n'était pas pleinement convaincue. L'enfant sécha ses larmes dans une caresse maternelle, mais sans prendre le moindre air de triomphe. »

Il paraît que l'abbé Calmus se plaisait à rappeler

cette scène au souvenir de Barbe, devenue dame H. et excellente mère chrétienne. Il la reproduisait de manière à provoquer de sa part de francs éclats de rire. « Qui sait, répétait-il, si Louis fût devenu, sans les grosses voix de Bibi, un saint prêtre, un admirable religieux, un grand missionnaire et un évêque apôtre ? » Pour l'enfant, bien loin d'en garder rancune, devenu grand, il se félicita souvent, dans ses lettres intimes, du profit qu'il avouait avoir tiré de la fermeté de sa sœur, pour réformer ses mauvaises inclinations et corriger son caractère. Et il était déjà évêque lorsqu'il lui écrivait, de là-bas, ces lignes qui firent couler tant de douces larmes de ses yeux : « Je me rappelle toujours avec reconnaissance les soins que vous avez pris pour moi et l'affection que vous n'avez cessé de me montrer, alors que je savais si peu m'en rendre digne (1). »

C'est donc au presbytère de Servigny, et sous la discipline de M. Crosse, que Louis Elloy commença son éducation littéraire. Ses parents ne perdaient pas de vue le songe mystérieux qui avait précédé la naissance de leurs enfants ; et le digne curé s'estimait heureux de favoriser, tant qu'il le pouvait, l'éclosion de la vocation espérée. Il aimait surtout à cultiver dans l'enfant la pureté exquise dont il portait le rayonnement sur le visage ; et, au témoignage de M. l'abbé Calmus, qui fut là son condisciple, il voulait qu'il fût traité par tous comme un ange. S'il prévoyait qu'il dût avoir à sa table un convive qui manquât de réserve sur quelque vertu que ce pût être,

---

(1) Lettre de Savaï, en date du 4 février 1865.

la chasteté ou la tempérance, ce jour-là il le renvoyait dîner à la maison.

Mais toute règle a ses exceptions, et tout caractère ses mauvaises heures. Un jour, — est-ce mauvaise humeur du maître, ou négligence, puis dépit, de l'écolier ? — la leçon n'est pas sue. Après un moment de silence, le livre echappe des mains de M. Crosse et va s'appliquer, sans trop de ménagements, sur la joue du petit paresseux. Seconde leçon : même silence, même châtiment. Une troisième...., une quatrième....

> Et le combat finit faute.... de munitions...

Louis, les deux mains sur le visage, soutenait le choc, plus humilié que repentant. Il ramassa en pleurant ses malheureux livres, et s'en alla décidé à en rester là de la grammaire latine, d'Ovide et de Quinte-Curce, qui lui avaient valu une si triste matinée. Calmus vint en aide à ses parents qui se désolaient de l'aventure. Il était plus avancé que lui, il se fit son répétiteur tout le temps que dura le courroux du maître. « Il en est résulté, écrivait à l'auteur ce respectable prêtre, que je suis le *Père* d'un évêque missionnaire ; car Louis m'a toujours voulu attribuer sa vocation. » Et il ajoutait en terminant sa lettre : « Voilà, mon Rév. Père, le plus grand péché que je lui aie jamais vu commettre. »

Le moment arriva où M. le curé de Servigny ne pouvait plus poursuivre la formation de ses élèves. Les parents de Louis l'envoyèrent à Metz, au petit séminaire, qui se trouvait alors dans l'enceinte de la ville. Ce fut d'abord en qualité d'externe. Il prenait pension chez M. Calmus, le père de son condisciple qui resta jusqu'à la fin son intime ami. Au témoignage des demoiselles Calmus, qui remplissaient là les fonctions de sœur Barbe, avec plus d'indulgence sans doute, Louis se montra, du premier au dernier instant de son séjour, d'une modestie et d'une exactitude exemplaires. « Il faisait, lisons-nous dans une lettre de Mlle Marie, il faisait ses devoirs tout près de nous, sans que jamais nous ayons eu à le rappeler à l'ordre. Quand c'était le moment d'étudier ses leçons, il ne manquait jamais de se mettre la tête entre les deux mains, les coudes sur la table et les pouces sur les oreilles.

« Quand c'était le tour de la récréation, il s'y mettait aussi de tout son cœur. Lorsqu'il fut pensionnaire, le surveillant de sa division, en le voyant très animé et couvert de sueur, venait quelquefois lui passer la main sur le front et l'envoyait changer de linge.

« Mais c'est surtout quand il priait qu'il était beau à voir : on aurait dit un ange. Il était aussi d'une mortification qui inquiétait sa mère. Quand elle venait prendre les draps de son lit pour la lessive, il lui était facile de voir qu'ils étaient froissés, non salis. Louis ne couchait donc pas dans son lit ; et l'innocente ruse qu'il employait de chiffonner ses draps de temps en temps ne donnait pas le change au cœur maternel. »

Le moment vint d'entrer comme pensionnaire, lorsque le séminaire fut transféré à Montigny. Là, les vertus du jeune élève s'affermirent de jour en jour. Hâtons-nous d'ajouter que ce ne fut pas sans quelques défaillances, ni sans combat : ce serait se faire de la vertu, comme de la nature humaine, une idée fausse, de croire que l'une en arrive à maîtriser l'autre sans des moments de lassitude et de révolte. Et cette fausse idée tendrait à diminuer le mérite des saints, et à décourager ceux qui aspirent à le devenir. Mais Louis, doué d'un cœur franc et d'un esprit logique, avait la volonté sincère de se corriger, et il en prenait loyalement les moyens. Il se choisit donc un moniteur parmi ses condisciples les plus exemplaires.

C'est l'usage des séminaires, où rien n'est à négliger pour former, en vue du sacerdoce, l'adolescent qui s'y prépare. Outre les conseils assidus dont il est l'objet de la part des prêtres de choix qui gouvernent la maison et du directeur particulier de sa conscience, il lui faut un ami vertueux, charitable, vigilant et courageux, qui, toujours près de lui, remarque ses fautes les saisissant sur le fait, et les lui signale avec une indulgente mais infatigable fermeté. Si l'enfant est droit et sincère, il est impossible que, dans la lumière et les encouragements de l'homme de Dieu à qui il a livré le fond de son cœur, et sous les yeux de l'ami fidèle qui l'observe partout d'un regard désintéressé et bienveillant, il ne fasse pas des progrès en sagesse, en travail, en bonnes manières, qu'il n'évite pas beaucoup de dangers, et ne se corrige pas également de ses défauts et de ses travers.

Cette sainte amitié est donc bien celle que recommande si fortement le Sage, comme « un secours de force dont la possession est celle d'un trésor.., comme le remède qui soutient la vie et donne l'immortalité; mais qu'on ne trouve que dans la crainte de Dieu.

Car la mesure même de cette crainte filiale est la mesure de cette amitié fidèle (1). »

Et c'est cette condition même qui explique pourquoi une si vraie et si salutaire amitié est rare dans le monde. On y trouve encore des âmes qui l'apprécient et la désirent ; mais, la crainte filiale de Dieu faisant défaut, le courage manque, soit à celui qui doit donner le conseil pour reprendre, soit à celui qui le reçoit pour rester humble et se montrer docile ; et, peu à peu, ou l'amitié disparaît, ou même elle tourne à l'aigre, et elle sépare ceux qui n'avaient pas assez mis en Dieu le principe de leur affection. Louis Elloy eut la volonté sincère de profiter du secours de son moniteur, et il fit choix d'un camarade qui, vertueux lui-même et exemplaire, en remplit envers lui les fonctions avec le plus heureux mélange de fermeté et de douceur. C'est M. l'abbé Debusy, curé de Fontoy, au diocèse de Metz. Mgr Elloy lui est resté, jusqu'à la fin, très attaché et reconnaissant.

Le digne ami du jeune Louis s'excuse, dans les notes qu'il a bien voulu fournir à l'auteur, de ne pouvoir assez s'épancher sur les vertus dont il donnait des preuves de jour en jour plus éclatantes, de son application à l'étude, de sa charité, de sa piété vive et tendre.

« Toujours bon camarade, dit-il, comme docile élève, jamais il ne condamnait les petites espiégleries des autres, mais jamais il ne s'y mêlait. Si quelquefois

---

(1) Amicus fidelis, protectio fortis ; qui autem invenit eum invenit thesaurum.... Amicus fidelis, medicamentum vitæ et immortalitatis ; et qui metuunt Dominum invenient eum. Qui timet Dominum æquè habebit amicitiam bonam. ECCLI. VI.

le professeur se faisait attendre, les plus étourdis, l'œil du côté de la porte, échangeaient volontiers de petites malices. Elloy se tenait tourné vers la chaire, le visage point austère, plutôt souriant, mais bouche scrupuleusement close, les yeux sur le texte latin ou grec du Nouveau Testament, par lequel la classe commençait toujours.

« J'ai remarqué, à partir de notre philosophie, que jamais, ou presque jamais, il ne s'appuyait au dossier de son banc ; et j'estime que, si légère qu'elle puisse être, une telle mortification, par sa continuité, et animée sans aucun doute d'une intention très pure, car il la dérobait aux regards autant que possible, dut être d'un grand mérite devant Dieu. Au réfectoire, il était ingénieux, pour se priver de ce qui flatte le goût, à servir les autres, couvrant ainsi son abnégation du voile de la politesse. Ayant fort bien remarqué cette petite adresse, à propos de la salière qu'il présentait à ses voisins en se gardant bien d'y puiser lui-même, j'eus la malice de verser sur son assiette la pointe de mon couteau que je venais de charger de sel. Il me remercia d'un signe de tête, et fit semblant d'en approcher sa portion de viande ; mais elle n'en eut guère que ce semblant.

« Combien je regrette ne n'avoir plus assez présents les détails de conduite qui nous édifiaient toujours davantage. Mes souvenirs restent vagues dans ma mémoire ; mais de tout l'ensemble de sa vie il s'exhale encore pour moi, après quarante ans écoulés, un inexprimable parfum de la bonne odeur de Jésus-Christ. »

Louis s'en était en effet tout imprégné, dans ces

communications intimes avec Dieu dont le petit séminaire est, pour les âmes qui y sont entrées dans la fraîcheur de leur innocence, et avec un amour sincère de la sagesse, un inépuisable foyer. Il en savait apprécier le recueillement, aimer le travail, goûter les fêtes de famille, et surtout les fêtes religieuses, les belles communions et les saluts des grands jours, dans la chapelle toute parée, resplendissante de lumière, les voûtes pleines de chants pieux et de nuages d'encens. Ces douces et salutaires impressions, qui se gravent profondément dans l'âme de tout chaste adolescent, étaient en lui ineffaçables ; rien, dans toute sa vie, ne les avait tournées à remords, et au moindre choc elles se ranimaient, toutes vives encore de leurs consolations et de leurs saintes joies.

Une âme si pure, et tout ouverte du côté de Dieu, ne pouvait manquer de recevoir ses inspirations ; il est digne de notre intérêt de surprendre les premiers germes de sa vocation de religieux et de missionnaire et d'en suivre les progrès, d'admirer la fidélité de sa correspondance. L'abbé Calmus a raconté plusieurs fois que ce fut dans une promenade de vacances, au milieu des bois de Servigny, que la première idée lui en vint.

Un ami de la famille Calmus était venu faire ses adieux, prêt à entrer au noviciat de la Compagnie de Jésus ; c'était le P. Thiry, de Metz, qui ne tarda pas à partir pour les missions d'Amérique. Louis, en apprenant cette nouvelle par son ami, se sentit saisir d'une émotion qu'il ne lui dissimula point. Dès ce moment, il revenait volontiers sur cet entretien, et manifestait toujours plus vivement son désir d'entrer dans une si belle carrière. « Elloy nous quittera, dit un jour l'abbé à sa sœur Marie : il sera missionnaire. » Cependant Louis se sentait plutôt incliné qu'entraîné, et il hésitait sur la congrégation où il entrerait. Il résolut donc de ne rien précipiter et de remettre la décision au grand séminaire.

Comme il comprenait d'ailleurs que le désir de la vie religieuse est « le secret du roi qu'il n'est ni délicat, ni prudent, de révéler » (1), il le garda, sous l'œil de Dieu, dans le fond de son cœur. Mais ce secret n'échappa pas à son confident du petit séminaire.

« C'était, dit-il, au printemps de l'année 1847. Nous étions à la récréation qui suit le dîner, Elloy tout entier à sa partie de balle. On lui remet une lettre : il l'ouvre et lit avec avidité. Je le vois tout à coup pâlir. Il court vers le surveillant, demande une permission et disparaît. Je m'élance sur ses traces à la chapelle de la sainte Vierge, son prompt et assidu refuge dans toutes ses peines : il n'y est pas.

« Hélas ! son chagrin avait besoin d'abord d'une solitude absolue. Je le trouve près de son lit, caché dans les rideaux et sanglotant à fendre le cœur. Il me tend la lettre et j'y lis la mort de sa mère. « Et moi, « dit-il, qui ne la savais pas malade !... » Je lui tenais la main sans rien dire, pleurant avec lui. Tout à coup son visage prit une expression de résignation héroïque, et affermissant sa voix : « Dieu a ses desseins, « ajouta-t-il, il déchire, il brise, il sépare !.... C'est « dur, mais c'était nécessaire !... » Il craignit d'en

---

(1) Tob. xii, 7.

avoir trop dit, me remercia avec une tendre affection et me pria de le laisser seul. Ce fut en ce moment qu'il alla à l'autel des congrégations, ouvrir son cœur et s'entretenir de son secret. Il fut évident pour moi que le brisement auquel il avait fait allusion, c'était celui de l'obstacle que sa tendresse pour sa mère, dont il était le Benjamin, eût opposé à son départ..

« Dans nos études libres, ses lectures favorites, que je jugeais même trop exclusives, c'étaient les *Annales de la Propagation de la foi*. Placé en face de lui, je le voyais absorbé longtemps par certaines pages. Quand il levait les yeux, et qu'il surprenait dans les miens mon étonnement et ma curiosité, il me passait la page qui l'avait subjugué et que je trouvais mouillée de ses larmes. C'étaient surtout les interrogatoires des martyrs devant les juges païens, leurs supplices et l'héroïsme de leur attitude, la fermeté et la tendresse de leur confiance en Dieu. Incapable de violer le silence de l'étude, par son regard il me disait clairement : « Que c'est grand, que c'est beau, qu'ils sont « heureux ! »

De si belles dispositions ne pouvaient au grand séminaire que s'affermir et se développer. Une fois revêtu de la soutane, Louis s'appliqua à modérer la vivacité de son caractère et les saillies quelquefois heurtées, de ses premiers mouvements. On remarqua plus de gravité dans ses rapports avec les gens du monde, plus de réserve envers ses sœurs qu'il évita même désormais d'embrasser. Là aussi ses désirs de la vie religieuse apostolique s'accrurent. Sachant bien qu'il faut de tout son pouvoir se prêter à la grâce, et s'essayer activement aux vertus dont on demande à Dieu l'infusion, ses amis le surprirent plus d'une fois à des actes héroïques qui, malgré lui, livraient « le secret du roi ».

« Un jour d'été, en 1849, dit son ami, c'était celui du congé hebdomadaire, nous étions à la maison de campagne, dite la Basse-Bévoie, distante du séminaire de six à sept kilomètres. Il faisait une chaleur tropicale. Les élèves, après les exercices de règle, cherchaient un peu d'ombre, les uns sous les arbres d'un petit bosquet, les autres auprès des murs de la maison. On lisait, on causait par groupes, on se livrait à quelques jeux tranquilles. Elloy ne se montrait nulle part. Moi, désireux d'avoir la raison de son absence, je rabats soigneusement les longs bords de mon tricorne, et je m'achemine lentement le long de l'avenue, dans la direction de la route de Borny.

« Tout en haut de la propriété du séminaire, dans la partie réservée au potager, il y avait une petite source, desséchée une grande partie de l'été et qui servait néanmoins, dans les temps de pluie, à alimenter un réservoir situé beaucoup plus bas, destiné à l'arrosage du jardin et aux nécessités de la maison; une rigole, partant de cette source, amenait l'eau dans ce réservoir. Deux ou trois ouvriers, profitant de la sécheresse, étaient en train de réparer la rigole. Mais, comme de dix heures à midi la chaleur était devenue accablante ce jour-là, les ouvriers avaient suspendu leur besogne, laissant pelles et pioches sur place.

« C'est là que je trouve Elloy, seul, tête nue, le visage enflammé et inondé de sueur aussi bien que tout

le corps ; ses vêtements en étaient trempés. En l'abordant, je ne pus m'empêcher de lui dire, quand je le surpris là, ardent à la tâche : « Mon cher, vous per-
« dez la tête, j'imagine. Ne voyez-vous pas que c'est
« une fièvre ardente que vous allez gagner à faire avec
« acharnement, et par caprice, ce que des ouvriers
« plus robustes que vous ne font pas en ce moment ? »

« Il parut embarrassé, et, pour la première fois, il me dit, en termes un peu voilés : « J'essaie si je puis
« supporter d'excessives chaleurs...; j'ai besoin de le
« savoir. » Son futur champ de travail, en effet, l'Océanie, devait plus tard l'exposer aux ardeurs d'un soleil cuisant (1).

« A cette ouverture de cœur, à cette déclaration qu'il regretta sans doute de m'avoir faite si nettement, je fus un moment comme interdit : un saisissement de respect pour le saint jeune homme, qui essayait si rudement ses forces en vue de l'avenir, me ferma la bouche. Je me retirai en m'excusant cette fois, me reprochant une indiscrétion uniquement inspirée pourtant par l'intérêt sincère que je prenais à sa santé. J'ai craint sérieusement de l'avoir désobligé dans cette occasion ; depuis, il n'en fut plus question entre nous. D'ailleurs il ne devait pas tarder à nous quitter pour toujours ! »

D'un caractère si énergique et si franc, on s'attend bien que ses résolutions prises tiendront. On ne s'étonnera donc pas d'apprendre que celle du coucher sur la

---

(1) En une foule d'occasions, mais surtout à sa première course en Savaï, sur les laves brûlantes du *Mou-Télé*, nous verrons combien ces rudes essais avaient été sages.

dure, que Mlle Marie Calmus nous a fait connaître, ait continué au grand séminaire. Même pendant les vacances, sa sœur, qui de jour en jour grandissait en admiration pour des vertus si rares, l'avait remarqué sans oser lui en rien dire. Celui de ses condisciples qui partageait sa chambre au grand séminaire crut devoir être moins réservé. C'était un autre ami, bien digne aussi de notre saint évêque, M. l'abbé Dubas. Retiré du ministère et à demi aveugle, c'est encore M. l'abbé Debusy qui a eu la bonté, en son nom, de nous faire connaître ce détail (1).

« La nuit venue, dit-il, un paravent déployé séparait les deux lits ; et, quand le dernier coup de cloche annonçait le signal du repos et l'obligation d'éteindre les lumières, nos deux amis s'étendaient chacun dans son lit. Chaque nuit, plusieurs semaines durant (je n'en sais pas le nombre), quand l'abbé Elloy entendait que son condisciple dormait, lui, il se levait sans bruit et passait la nuit entière couché sur le plancher nu. Le matin seulement, un peu avant le signal du lever, il reprenait son lit, et se levait ensuite comme si de rien n'eût été ; il agissait ainsi pour que son camarade ne s'aperçût de rien.

« Néanmoins l'abbé Dubas se douta de la chose, malgré les précautions du jeune homme, et il vint à bout de s'en assurer (2). Quand il fut certain de la

---

(1) Le respectable M. Dubas a bien voulu cependant, d'une main tremblante, envoyer son récit à l'auteur. Il a son intérêt après celui de M. Debusy, et nous en citerons quelques lignes dans la note suivante.

(2) Voici en quels termes s'exprime M. Dubas : « Un matin, dit-il, entendant du bruit derrière le paravent, je fis le curieux,

pieuse ruse, il s'inquiéta pour la santé de son compagnon ; il crut même devoir l'avertir, en lui disant qu'il y avait dans cette ligne de conduite imprudence et danger. Mais le futur missionnaire était en règle : il agissait avec l'assentiment du supérieur, ou au moins de son directeur de conscience, à qui il avait filialement fait part de ses intentions et de ses projets d'avenir. »

La conduite de Louis Elloy était donc aussi sage que fervente. Son zèle pour la perfection était soumis à l'obéissance et réglé par la discrétion. Qui ne sait que ces conditions sont absolument nécessaires pour que la vertu soit solide et l'apostolat fructueux ?

Louis était absolument décidé à devenir missionnaire. Mais il voulait au préalable entrer dans une des congrégations qui se dévouent aux missions. Son esprit droit et réfléchi lui faisait comprendre d'abord qu'il fallait avant tout se former, et aussi que, dans les incertitudes et les périls de la vie apostolique aux pays lointains, qu'il pressentait extrêmes, c'est dans la dépendance et la garantie des vœux qu'il trouverait lumière et sécurité. Il avait donc un choix à faire.

Il resta quelque temps perplexe. Son directeur, se défiant de lui-même, voulut remettre à un autre la responsabilité d'une aussi grave décision, et il envoya son jeune lévite au P. Binet, jésuite de la rési-

---

comme Mgr Camus pour saint François de Sales ; et alors je vis mon Elloy qui dormait comme une marmotte, couché sur le plancher, une couverture sur lui avec son drap, rien de plus. Quelques mois après, il me dit : « Je dors par terre aussi bien que dans mon lit, c'est affaire d'habitude. »

dence de Metz. Ce religieux employa, pour connaître la volonté de Dieu, la méthode souverainement sage et efficace que saint Ignace appelle l'*élection*. Il engagea le jeune retraitant à écrire sous l'inspiration de sa conscience, à mesure qu'elles se présenteraient à son esprit, les raisons qui l'inclinaient pour et contre chacune des deux sociétés entre lesquelles, à l'exclusion des autres, se balançait son choix : la Société de Jésus, trois fois séculaire et si riche en saints et en œuvres, et la petite société de Marie, toute jeune encore et à peine connue de lui.

Est-ce cette modestie même qui gagna son cœur humble et doux ? Il a gardé le secret de ses raisons de préférence pour la société de Marie. Ou plutôt il l'a laissé tout à Dieu ; car plus tard il ne s'expliquait pas à lui-même clairement les motifs qui l'avaient déterminé. A quoi bon ? La constance même de sa volonté et la paix de son âme lui donnaient l'assurance qu'il ne s'était pas trompé. Il se sentait sans inquiétude là où l'attrait divin l'avait incliné, au terme de tous ses vœux, en possession de ce qu'il avait entrevu, désiré et conquis. Comme la triomphante Agnès, il disait : *Quod speravi jam teneo !*

Voici en quels termes, à la fin de son noviciat et sur le point de partir pour l'Océanie, il résumait, dans une lettre à son ami Calmus, en date de Chaintré, le 29 mai 1856, l'histoire providentielle de sa vocation. « Vous vous rappelez sans doute une parole que je vous disais, il y a un peu plus de sept ans. Je parlais de mon désir d'être missionnaire : « Je vou-
« drais l'être, ajoutais-je, dans une société religieuse ;
« mais dans une société où l'on ne brusquât pas mon

« départ aussitôt après mon sacerdoce, où l'on atten-
« dît au moins mes vingt-six ans, pour que j'aie le
« temps de mûrir. » J'avais espéré trouver ces conditions dans la société de Marie, vers laquelle je me
sentais poussé comme invinciblement, mais sans bien
savoir pourquoi, puisque je ne la connaissais pas et
que personne autour de moi ne la connaissait.

« Eh bien ! j'ai suivi l'impulsion que j'ai cru être
celle de l'Esprit-Saint, et je ne me suis point trompé.
Je suis dans une société religieuse, j'ai vingt-six ans, et
je pars pour l'Océanie. J'ai voulu vous écrire avant
de m'embarquer, afin d'associer à ma joie celui que
j'ai toujours regardé comme un ami dévoué. Oui,
cher Calmus, je suis arrivé au terme où je tends
depuis douze ans ; c'est vous qui le premier avez
entendu l'expression de mon désir, et il est juste
de vous en faire connaître l'accomplissement.

« Mais, dans la carrière où je vais entrer, j'ai besoin
de puissants secours ; après m'avoir aidé de vos bons
conseils, vous m'aiderez à présent de vos prières. Je
ne compte pas moins sur celles de vos bonnes sœurs.
Elles ont été pour quelque chose dans mon éducation
de prêtre, elles doivent tenir à achever l'œuvre qu'elles
ont commencée; et, puisqu'elles ne peuvent plus agir
que par leurs prières, elles prendront ce moyen, j'en ai
la certitude. De mon côté, je ne vous oublierai pas
non plus, vous pouvez y compter. Et là-bas, sous vos
pieds, par delà l'épaisseur de la terre et l'immensité
de l'Océan, je penserai à vous, je prierai pour vous
tous les jours. »

Dès ce moment Louis fit sa déclaration à son père,

et disposa tout pour un prochain départ. L'heure en allait sonner. Toute la famille était plongée dans une tristesse dont Louis, qui en était la cause, prenait sa large part. Nul parmi les siens ne songeait, il est vrai, à empêcher ni même à retarder les adieux; car le jeune postulant ne leur appartenait déjà plus. On l'a déjà dit : dans cette famille d'une religion éclairée et généreuse, c'était une tradition, dont le neveu de Mgr Elloy se félicitait d'avoir bénéficié à son tour, de regarder comme chose sacrée, et de laisser entièrement à la discrétion de Dieu, celui de ses membres qu'il avait daigné choisir.

Mais la grâce ne détruit pas la nature. Or quel est le cri du cœur qui fasse plus d'honneur à la nature que l'amour de la famille et le culte du foyer? Chez les Elloy ces vertus étaient héréditaires : ils s'environnaient mutuellement d'égards, ils s'aimaient, ils se trouvaient heureux ensemble. C'étaient donc des fibres à rompre, d'autant plus sensibles qu'elles sont d'un ordre plus délicat et que là elles étaient plus développées. Le sacrifice que Dieu demandait, s'il lui était plus honorable puisqu'il lui immolait ses dons excellents, tranchait dans le vif des plus légitimes tendresses et dérangeait tout l'avenir.

Tous étaient donc silencieux dans la demeure de François Elloy, ce soir-là, soir du dernier jour. On s'efforçait, en évitant de se regarder, de se dérober mutuellement la vue des larmes, et l'on étouffait les soupirs. Ainsi se passa la triste et interminable soirée. Le fidèle Calmus était venu de Goin, regardant sa présence comme un devoir. Dans une lettre envoyée à l'auteur, il raconte en ces termes la scène déchirante, mais vraiment sublime, des derniers moments :

« La prière faite, en famille selon les traditions, nous nous retirâmes, Louis et moi, dans une chambre commune ; et, après avoir échangé quelques entretiens, nous nous endormîmes sur le cœur de Dieu. De grand matin Barbe vint nous éveiller, d'une voix pleine de larmes. Nous nous levons, et, notre toilette rapidement faite, nous commençons notre prière. Soudain la porte s'ouvre, le père Elloy paraît : « Mon Dieu ! s'écrie Louis en me prenant la main, les « scènes d'hier vont-elles recommencer ? » — « Je t'ai « promis que non : reste en paix, je ferai entendre rai- « son à ton père qui me témoigne, tu le sais, de la « confiance. »

« Le père entre, et d'un geste indique à Louis qu'il doit rester à genoux. Il tenait à la main une petite branche du buis pascal. Il la trempe dans le bénitier ; puis, debout devant son fils, la tête découverte, avec l'attitude et le visage que devaient avoir les anciens patriarches en ces moments solennels, il fait le signe de la croix sur lui en disant : « Je te bénis, mon « enfant ! et je prie Dieu que tout ce que tu feras pour « sa gloire te réussisse. » Les sanglots lui coupèrent la parole, et il acheva d'une voix couverte et tremblante : « Et moi, j'aurai tous les jours à renouveler « à Dieu le sacrifice de mon enfant. »

« Hors de lui-même, et le front courbé jusqu'à toucher le plancher qu'il arrosait de pleurs, Louis n'entendit pas ces derniers mots. Moi, je les ai parfaitement entendus ; et toute la scène s'est gravée si profondément dans mon cœur, que je sens encore en ce moment mes larmes tomber sur la feuille où je vous retrace ces émouvants souvenirs.

« Je ne doute pas qu'une des récompenses accordées par le bon Dieu au papa Elloy fut sa belle et verte vieillesse, et sa mort plus belle encore, lorsque, dans les tristesses de l'invasion de 1870, il demanda et reçut les sacrements en pleine connaissance, répondant aux prières, et offrant à Dieu de nouveau le sacrifice de son fils, qui hélas! n'était point là pour l'assister dans ses derniers instants. »

Mgr Elloy était alors en France, il est vrai; mais il ne put, comme il l'avait fait au moment de son arrivée, venir réjouir de sa présence et bénir son vieux père. On dira plus loin sous le poids de quelles angoisses, pour toute sa famille et pour son vénéré chef, il dut précipitamment quitter l'Europe, en septembre 1870. Sa mission le réclamait, et la marche des armées envahissantes, rapide au delà de toute prévision, le coupait de la Lorraine et menaçait, s'il ne précipitait son départ, d'entraver indéfiniment son retour.

Ces adieux, dignes des grands âges de l'Eglise, laissèrent leurs traces et leurs fruits: des sentiments si élevés et si purs ne sont-ils pas pleins de Dieu? « Il avait été convenu, nous écrit le neveu justement chéri de notre prélat (1), au moment de ce départ, que chaque membre de la famille réciterait tous les jours un *pater* et un *ave* avec cette invocation : « Saint François-Xavier, priez pour notre oncle l'abbé ! » Et je dois le dire, quoique nous ne connussions pas notre oncle, nous ne man-

---

(1) Le P. Hurlin, missionnaire apostolique de la Société de Marie, aux Fidji.

quions jamais soir et matin de faire cette prière. Lorsque l'oncle fut évêque, la formule ne changea pas pour cela ; toute la famille a continué de dire : « Saint François-Xavier, priez pour notre oncle l'abbé ! » Cette prière était tellement dans l'habitude de nos dévotions, qu'elle était encore récitée, au moins par une petite nièce, un an après la mort de Monseigneur. »

De son côté, Mgr Elloy aimait à exprimer le haut prix qu'il attachait à cette bénédiction de son père. Il se plaisait à dire que, dans ses lettres, il lui demandait de la renouveler souvent, afin qu'elle fût pour lui une source toujours vive de force et de consolation.

Ses compatriotes de Servigny n'oublieront jamais la preuve touchante qu'il leur donna de ce culte aussi assidu que tendre, de sa piété filiale envers son père. Son arrivée en 1867 — nous la décrirons en son lieu — avait mis la paroisse en fête ; elle était là tout entière, heureuse, fière, profondément émue, au pied de la chaire où « le petit Louis » honoré de l'épiscopat, mûri par les travaux et les privations, et l'auréole au front d'un apostolat glorieux, leur adressait ses souhaits de bienvenue. Son vieux bien-aimé père ne fut pas oublié : « J'ai fait le tour du monde, disait le prélat ; j'ai souvent manqué de pain, manqué d'abri. Ne croyez pas, ô mes vrais frères, que je me sois jamais cru à plaindre : la bénédiction de mon père m'a partout accompagné, elle m'a tenu lieu de tout ! »

François Elloy était là, à l'honneur comme il avait été à la peine : que dut-il se passer dans son cœur ?

CHAPITRE II

LE NOVICIAT — LA FORMATION DU MISSIONNAIRE

L'ABBÉ Louis Elloy arriva à Belley le 3 octobre 1849.

Cette petite ville, capitale de l'ancienne province du Bugey, a son importance comme vieille cité épiscopale, à laquelle le Concordat de 1817 a rendu son évêché.

La situation de la ville et du territoire est vraiment à ravir. Des cours d'eau d'une merveilleuse limpidité dessinent les contours de nombreuses petites vallées qui s'enchaînent ou se croisent; et, après s'être grossis d'affluents dont plusieurs tombent en cascades sur la lisière des bois, ils vont, à diverses distances, se jeter dans le Rhône. De quelque point élevé qu'on se place, le regard est charmé par des horizons à surprises, qui l'arrêtent quelquefois contre des croupes aux flancs ardus, ou le reposent sur des lacs gracieusement encadrés, et plus souvent le laissent fuir, à travers des pentes couvertes de vignes en hautains où s'entremêlent les céréales, jusqu'aux plus hautes cimes qui ferment ce vaste amphithéâtre. C'est, au nord, le massif puissant du Colombier, dernier contrefort du Jura méridional, et, à l'est, les prolongements onduleux des Alpes sur la rive gauche du Rhône, qui obligent le fleuve, au sortir de Genève à s'infléchir vers l'Occident. Dans les jours sereins, le Mont Blanc achève la beauté du paysage par l'étincelante blancheur de son sommet.

Les habitants sont de caractère ouvert et de manières agréables, polis et hospitaliers. Ils se montrent sympathiques au clergé, qui est là, en raison de la résidence épiscopale, du Chapitre et du petit séminaire, également nombreux et distingué.

Les PP. Maristes ont à Belley leur plus ancienne résidence, très chère à la société, parce que c'est dans l'humble chapelle de la maison que ses premiers religieux firent leur profession, le 24 septembre 1836, le jour de Notre-Dame de la Merci. Dès ce moment ils ont été, de la part des habitants, l'objet d'une bienveillance qui, sous tous les régimes, ne s'est jamais démentie. Elle leur fut surtout manifestée le jour de l'exécution des décrets d'expulsion, le 5 novembre 1880, et avec un éclat et des circonstances que les Maristes n'oublieront jamais.

Tel est le lieu où notre postulant se rendit en quittant sa Lorraine. Il avait là une double tâche à remplir : achever son cours de théologie, et s'appliquer à l'étude et à la pratique des vertus religieuses. Par une autorisation spéciale de Rome, accordée pour quelques années seulement à la société naissante, les jeunes scolastiques pouvaient alors mener de front les cours de théologie et la formation du noviciat.

En arrivant dans la maison de Belley, il ne fit que

changer de famille ; ou plutôt, sans perdre celle à laquelle il restait fidèle dans son cœur, il en trouva une seconde bien digne de sa confiance, et qui, en l'adoptant avec la plus cordiale affection, lui fit sentir les consolations auxquelles donne droit la promesse que Jésus-Christ a faite à ceux qui ont quitté leur père, leur mère et leurs frères pour lui.

L'esprit de famille dont son vénéré Fondateur s'est plu à imprégner la société de Marie, et qui s'exhale de toutes les pages de ses Constitutions, régnait parmi les scolastiques de Belley dans toute sa fraîcheur. Il entretenait la piété, animait le travail et rendait les peines légères. Il faisait le charme des récréations et des promenades à travers la contrée. Les scolastiques gardent le plus charmant souvenir de ces journées de vacances où, partant de très grand matin, le petit sac de provisions sur l'épaule, ils allaient au sommet du Colombier voir se lever le soleil, ou encore accomplir un pèlerinage pieux, soit à Notre-Dame de Mazières dans la forêt d'Hauteville, soit à la Chartreuse de Portes, si heureusement relevée de ses ruines, soit à l'abbaye d'Hautecombe, qui baigne le pied de ses vieux murs dans le joli lac du Bourget.

Une fois remplis les devoirs de bienvenue, Louis Elloy songea au foyer de Servigny, où son départ avait répandu la tristesse et fait comme la solitude. Le 4 octobre, il écrivit à ses parents, une lettre pleine d'une tendresse profonde et délicate, relevée par cet admirable esprit de foi qui ne cesse de l'animer partout.

Comme la partie la plus digne d'intérêt de la vie de Mgr Elloy est celle de l'apostolat, nous passerons rapidement sur sa jeunesse de scolastique. Ainsi qu'on l'a déjà remarqué, la constance étant l'un des côtés les plus frappants de son caractère, il est facile de conjecturer ce qu'il fut à Belley d'après ce que nous l'avons vu à Metz. Nous nous bornerons à reproduire la lettre qu'un des pères directeurs du scolasticat, au temps qu'il y fit séjour, nous a adressée à son sujet. On verra tout de suite que cette appréciation est celle d'un maître qui connaît les caractères du vrai mérite, de la vertu solide, et qui sait les discerner dans les âmes.

« Quand il nous arriva, dit-il, il était encore bien jeune, dix-huit ans à peu près ; mais, dès le premier jour, tout le monde fut frappé de sa physionomie sérieuse, modeste et respirant toute la beauté de son âme. Dès qu'il fut un peu connu, il gagna l'estime et l'affection de ses confrères. On remarquait chez lui une ardeur extraordinaire pour le bien, mais cependant calme et contenue. Il aimait beaucoup s'entretenir des choses de Dieu, de celles surtout qui se rapportaient au zèle des âmes. C'était bien sa préoccupation de chaque instant.

« J'avais aussi admiré en lui une tendre dévotion au Cœur de Jésus ; il s'était uni à plusieurs de ses confrères pour lui rendre un culte spécial et le faire connaître et aimer dans la communauté. Il avait puisé dans cette dévotion une application continuelle à se renoncer lui-même en toutes choses, par une exactitude irréprochable et constamment soutenue aux plus petits points de la règle et une grande pureté d'intention. Il m'a plusieurs fois avoué qu'il s'appliquait surtout à bien accomplir les mille sacrifices dont les occasions se présentent dans le détail de la vie.

« Extérieurement, il ne paraissait en lui rien d'extraordinaire, si ce n'est ce soin des petites choses et cette attention à ne jamais rien accorder à la nature. Il était vraiment irréprochable; et, quoiqu'il ne fût pas sans doute exempt d'imperfections, je ne serais pas en mesure, en recueillant mes souvenirs, d'en signaler une seule dans sa conduite, tant elle était exemplaire et soutenue. »

Ses condisciples remarquaient en lui, comme il arrive toujours à ceux qui commencent, moins les principes intérieurs de ses vertus que leurs fruits. Ce qui les édifiait, c'était donc surtout son inaltérable charité. *Tout à tous!* l'admirable devise de saint Paul, était la formule de sa vie. En récréation, c'était vers ceux qui avaient des sujets de peine qu'il allait de préférence, quand la règle le laissait libre de choisir. Dans les promenades, s'il y avait un secours à prêter, une charge à porter, Louis Elloy arrivait tout de suite, s'attribuant la plus lourde part, ne la refusant jamais, ce qui est peut-être plus méritoire, et toujours d'un visage souriant.

On lui assigna, la seconde année de son séjour, la charge d'infirmier. Il s'en acquitta à la grande satisfaction et reconnaissance de tous. C'est que, outre les occasions journalières de pratiquer la charité et la patience, il s'y appliquait dans le but de se former d'avance à ces soins médicaux auxquels les missionnaires doivent un heureux accès auprès des indigènes et souvent celui de leurs cœurs. Il parlait gaiement de « sa dignité » à son père : « On m'a fait infirmier ; j'ai la haute intendance des fleurs béchiques, des plantes émollientes, du fourneau à infusions, des cataplasmes, etc. Je suis la terreur de la migraine, des bronchites, des rhumatismes et de la fièvre quarte. A toute heure, j'ai cabinet ouvert et la consultation est gratuite. »

Louis Elloy fut appelé à la profession dans les conditions ordinaires, et il prononça ses vœux le 17 décembre 1852. Quelques mois après il annonçait en ces termes à son digne curé, M. Crosse, son appel à la prêtrise : « Je viens vous apprendre que bientôt aura lieu l'ordination par laquelle je dois être revêtu du sacerdoce. C'est dimanche prochain, 19 juin 1853, que Mgr Chalandon, évêque de Belley, nous imposera les mains. Nous sommes douze Maristes pour la prêtrise. Je me recommande bien, mes confrères et moi, à vos prières, afin que nous soyons fidèles à la grâce que nous allons recevoir, et que, si un jour il plaît à Dieu de nous envoyer sur un rivage lointain, ce que j'espère plus que jamais de sa miséricorde, nous puissions y opérer les fruits de salut qui accompagnent les efforts de l'ardent missionnaire. »

Ardent missionnaire ! Ce mot que sa foi vive inspirait au jeune diacre, devait être le résumé de sa vie future. Ardent missionnaire, c'est en effet ce qu'a été pendant toute sa vie, sans jamais se ralentir, Louis Elloy prêtre, missionnaire mariste et Vicaire apostolique.

Mais, si dès ce moment il était en état de remplir en France tout emploi selon ses aptitudes, il avait à subir une plus longue préparation pour avoir droit à l'appel aux missions d'Océanie.

Dans toutes les sociétés religieuses à qui le Saint-Siège a confié des missions en pays infidèles, les sujets qui s'y destinent sont l'objet d'une longue observation avant d'être appelés, et, l'appel fait, d'une sollicitude qui multiplie pour les former les enseignements de la théorie et de l'expérience.

Le religieux qui demande à être envoyé a donc dû au préalable faire ses preuves. Suffisamment pourvu de santé, d'intelligence, d'industrie, d'activité, d'esprit d'initiative, il faut surtout qu'on ait remarqué en lui les vertus religieuses, qui seules peuvent garantir la solidité et la fécondité des vertus du missionnaire. Pieux et régulier, laborieux, endurant, détaché, obéissant, charitable, bien imprégné de l'esprit propre de son institut sans lequel ses efforts manqueraient de direction et de concert : telle est la tige sur laquelle, si elle est vigoureuse, on pourra enter fructueusement la greffe apostolique.

C'est ce que Mgr Elloy exprimait en deux mots, où il se peignait lui-même à son insu. D'Apia, le 15 mars 1877, il écrivait à son neveu, qui aspirait déjà et qui, peu après sa mort, a été appelé à marcher sur ses traces : « Votre oncle veut être fier de vous : soyez religieux *tout d'une pièce*; rien à demi. Soyez Mariste selon le cœur de Marie et l'esprit de nos Constitutions. Et par là, si Dieu daigne donner suite à votre désir d'être missionnaire, vous serez un véritable apôtre de Jésus-Christ (1). »

(1) On aimera à entendre comme un écho de ces paroles dans la bouche d'un marin, le commandant Aube, plus tard amiral et ministre de la marine. En voyant les missionnaires des Samoa en proie aux difficultés que leur créait la concurrence déloyale des ministres protestants, avec le mépris pour les personnes et l'indifférence pour les doctrines qui en étaient

Or les vertus qui constituent le religieux parfait, et qui feront de lui l'exemplaire auquel le missionnaire devra sa meilleure influence, il faut qu'elles aient été longtemps cultivées et qu'il soit reconnu qu'elles sont devenues vraiment le fond de sa vocation apostolique. Elle a pu naître dans cette heure d'enthousiasme, dont le P. Lacordaire a dit que tout noble jeune homme l'a vue luire une fois et l'a saluée sur son horizon, en la peuplant d'héroïques sacrifices couronnés d'une héroïque mort. Le casse-tête ou le rotin, le chemin sur les bords du rocher à pic surplombant le précipice ou la mer en furie, des climats meurtriers à braver, et en perspective la mort du martyre : une telle vision, si honorable au cœur qui la caresse, apparaît donc souvent à l'origine des vocations ; elle peut en être l'aurore. Mais l'enthousiasme est fugitif de sa nature, et il faut à la vocation une

---

résultés, il remarquait qu'auprès de ces peuples enfants, impressionnables, passionnés, mobiles, c'est la conduite des missionnaires et l'entraînement de l'exemple qui doivent surtout faire triompher leur enseignement ; puis il ajoutait :

« Une influence constante et durable sur de tels esprits ne peut s'obtenir que par la force des qualités les plus rares : la patience unie à la persévérance, la douceur et l'énergie, le désintéressement et surtout l'observance la plus scrupuleuse des préceptes donnés comme constituant la vraie morale. Les premiers apôtres de la Polynésie occidentale semblent avoir réuni ces rares et précieuses qualités. Ils appartenaient d'ailleurs à une génération qui a imprimé sa trace partout où elle a tourné son activité, et qui marquera certainement dans l'histoire du catholicisme. » (*Entre deux campagnes*, p. 147.) — Entre Mgr Elloy et M. Aube s'était formée une amitié fondée par une mutuelle estime. Il est sûr qu'ici l'homme de mer visait le prélat ; et l'on peut trouver son portrait dans l'idéal qu'il trace du missionnaire.

base plus ferme et des constatations longues et sérieuses.

Il faut que les rudes épreuves des privations toujours supérieures à l'attente, quelque idée qu'on ait cherché d'avance à s'en faire, les épreuves de l'obstination et de l'ingratitude des indigènes, des insuccès prolongés, des délaissements de toute espèce : santé, cœur, consolations, même secours spirituels ; — il faut que toutes ces épreuves soient envisagées de près par le sujet, comme devant être certainement subies par lui-même, et plus d'une fois jusqu'à l'agonie ; qu'il s'y essaye, qu'il en goûte d'avance l'amertume, et se demande s'il a l'âme de cette force et à cette hauteur. C'est alors qu'il pourra, comme le prophète, venir au représentant de Dieu et lui dire : *Ecce ego, mitte me !*

Le P. Louis Elloy s'y prêta de toute son âme, et en tira tout le profit qu'un esprit élevé et un cœur sincère et large en pouvaient attendre ; il lui dut ce qu'il a été, missionnaire apostolique dans la plénitude de cette grande vocation.

Dieu, qui le voulait tel, suscita d'ailleurs des circonstances favorables à ce dessein. Le jeune religieux entendait bien, on l'a vu, ne rien précipiter ; mais il ne s'attendait pas à être placé dans une situation qui devait si bien mûrir sa détermination, et lui communiquer, avec la théorie, une expérience anticipée des lieux et des choses. Ses supérieurs avaient d'abord songé à profiter de ses aptitudes théologiques pour lui confier une chaire, pendant les trois années qu'il avait désiré passer en France avant de partir. Mais la charge de *socius* du maître des novices s'étant trouvée vacante, elle lui fut donnée ; et il l'accepta d'autant plus volontiers, qu'il y voyait le moyen de se tremper plus fortement, soit dans la connaissance des vertus religieuses qu'il aurait à enseigner, puisque bien enseigner « c'est apprendre deux fois », soit dans leur pratique, si bien favorisée au noviciat par la régularité parfaite qui y règne, et par cette atmosphère de calme et de ferveur qui émane de la bonne volonté et de l'émulation des jeunes sujets pour leur avancement. De plus, des conférences spéciales y étaient faites à ceux qui se destinaient aux missions d'Océanie ; le futur missionnaire en devait être l'auditeur le plus attentif et le plus docile.

Mais ce qui ne lui fut pas moins avantageux, c'est la part qu'il fut appelé à prendre dans l'élaboration du projet de règlement pour les missions de la Société de Marie. On a dit, à la fin du volume précédent, que le nouveau supérieur général, le R. P. Julien Favre, avait été chargé par la Propagande de préparer un projet, qui serait ensuite examiné et approuvé par le Saint-Siège, en vue d'écarter les occasions de conflit dont les missions avaient eu d'abord à souffrir. En appelant le P. Elloy à lui servir à cet effet de secrétaire, le R. P. Favre ne voulait pas seulement profiter de son esprit pénétrant et judicieux et de sa facilité d'écrire ; il entendait aussi l'initier à la connaissance expérimentale des difficultés auxquelles il était peut-être loin de s'attendre, et qui devaient par conséquent, ou mettre sa vocation en échec si elle manquait de solidité, ou la rendre plus ferme et plus fructueuse si elle venait réellement d'en haut (1).

(1) Il était facile de concilier ces deux fonctions de *socius* du maître des novices et de secrétaire à titre spécial du R. P. Général, parce que le noviciat était alors dans la banlieue de

C'est après avoir bien profité de ces heureuses conditions que le moment vint pour lui de soumettre à ses supérieurs sa détermination définitive. Il a consigné dans son journal, à partir de novembre 1855, les motifs qui l'inspirèrent : ils sont tirés soit de l'enseignement donné aux conférences, soit des avis particuliers qui lui venaient du maître des novices, soit de ses propres réflexions. Le religieux qui remplissait alors l'importante fonction de maître des novices, le R. P. Denis-Joseph Maîtrepierre, jouissait auprès des jeunes sujets de la plus haute comme la mieux méritée confiance.

C'était une de ces âmes d'élite que Dieu ménage au début des sociétés qu'il veut rendre prospères. Tout jeune encore, Denis-Joseph, élevé dans l'obscurité d'une famille de la Bresse, aima l'humilité, l'abnégation, l'union avec Dieu et la charité douce et indulgente, patiente, secourable au prochain. Ces rares vertus se trouvèrent en lui greffées sur un esprit naturellement droit, pourvu d'équilibre, de justesse et de tact : conditions bien précieuses, soit pour maintenir la vertu dans ce milieu qui est de son essence, soit pour lui assurer dans la direction des âmes sa sagesse et son crédit.

Ainsi doué, Denis-Joseph eut peu de peine à mépriser le monde et à se résoudre à le quitter. Il chercha donc des âmes ayant les mêmes aspirations, et Dieu lui fit la grâce de les trouver. Un groupe venait

---

Lyon, au chemin de *la Favorite*. Cette maison, qui fut peu après transférée à Chaintré, près de Mâcon, dans une propriété cédée par les PP. de Verna, était destinée au noviciat des sujets qui avaient achevé leurs études théologiques.

de se former, et il s'était rangé sous la conduite d'un prêtre, l'abbé Jean-Claude Colin, dont la vie retraçait le mieux ces vertus et dont la parole avait le don de les définir et de les faire goûter (1). Notre Bressan y vit le repos de son cœur qui en était avide, et un refuge contre les dégoûts et les dangers d'un monde plus que jamais gonflé d'orgueil, de luxure, de mépris de Dieu et de dédain pour les hommes. Il demanda et il obtint sans peine son admission. Il fut du nombre des vingt premiers profès, et de ceux qui ont le plus contribué à imprimer sur la société naissante l'esprit religieux propre, qui est le sceau providentiel de toute nouvelle institution.

Le P. Maîtrepierre avait, entre autres dons, celui de communiquer son âme dans les entretiens particuliers; il annonçait donc une rare aptitude pour les fonctions de maître des novices. C'est, en effet, pour les sujets un devoir de premier ordre de tenir leur cœur ouvert à celui qui doit les bien connaître, s'ils veulent être bien formés. Mais il faut en retour qu'ils se sentent attirés à l'ouverture, compris, même devinés, ménagés et conseillés avec douceur autant qu'avec sagesse; qu'ils soient convaincus que l'amour du devoir et l'intérêt éclairé et paternel pour leurs

(1) Dans le chapitre des Constitutions de la Société de Marie qui a pour titre : *De Societatis spiritu*, et qui en marque avec inspiration l'idée, la forme, le caractère distinctif, se trouvent exprimées ces grandes vertus fondamentales : *Spiritum humilitatis, propriæ abnegationis, intimæ cum Deo unionis, et ardentissimæ charitatis erga proximum*. Cet esprit y est attribué, comme caractère, à la sainte Vierge et doit être « puisé et respiré » par tous dans leur dévotion filiale envers la divine Mère.

âmes inspirent seuls le langage et les conseils du père. Or, rien ne pouvait mettre en doute la réalité des bons sentiments que le P. Maîtrepierre éprouvait pour ses novices, et en peu de temps il se montrait à eux comme un oracle de bons conseils.

A un rare degré il possédait le bon sens, « ce maître de la vie humaine », et le don de conseil, c'est-à-dire la faculté d'appliquer heureusement le bon sens à la conduite des autres. Il était vraiment, et au premier rang, de ces esprits sincères et réfléchis auxquels leur expérience, selon la remarque de saint Thomas (1), donne la claire vue des meilleurs partis à prendre selon les circonstances. Sans jamais transiger sur les principes, il savait qu'ils ne peuvent être appliqués à outrance, et que, pareille à la lumière, la vérité se soumet, dans une certaine mesure, à l'influence des milieux. Le premier Maître n'a-t-il pas aimé à proportionner ses préceptes à la capacité de l'obéissance, et réservé à propos pour l'avenir ce que l'heure présente n'avait pas la force de porter (2)?

Le P. Maîtrepierre pénétrait donc d'un coup d'œil les dispositions du novice, ses besoins et ses moyens, sa puissance d'obéir, ses résistances secrètes; il faisait la part de l'élan, mais il calculait la persévérance. De tout cela il déduisait comme une résultante d'après laquelle il donnait sa règle de conduite; avec un rare bonheur, tout en ne faisant jamais fléchir la loi, il l'ajustait au cas présent. Le jeune sujet sortait d'auprès de lui également plein de confiance et d'ar-

---

(1) *Summ. theol.*, 2ᵃ 2ᵃᵉ quæst. XLIX, art. III.
(2) Non potestis portare modo. JOAN. XVI, 16.

teur; car il emportait une direction bien spéciale, raisonnable et proportionnée, douce et ferme à la fois, décidé à une cordiale obéissance d'où venait à son âme toute sécurité et toute joie.

Tel fut le maître dont la discipline contribua à faire acquérir au P. Elloy l'esprit religieux et le zèle apostolique qui à un degré éminent formèrent son caractère. On trouve résumé dans son journal l'enseignement des conférences et les mots décisifs des entretiens particuliers. En lisant ces notes, on ne sait vraiment ce qu'il faut le plus admirer, soit de sa fidélité à reproduire, et les principes généraux, et les règles particulières de conduite qui prévoient les moindres difficultés; soit de sa docilité à tout s'appliquer et, dès le moment, à lui-même. Sans remettre au lendemain, il se sert tout de suite de ce qui est dit des origines et des marques de la bonne vocation pour bien s'assurer de la sienne. Il se montre, sans délai, fidèle observateur du règlement et des conseils afin de mériter ensuite la grâce, qui se mesure d'ordinaire pour l'avenir sur le bon usage qui en a été fait dans le présent.

L'année révolue, il crut qu'il était temps d'adresser au T. R. P. Favre la demande motivée de partir. Les notes contiennent la copie de sa lettre, que nous regrettons de ne pouvoir reproduire. Il y expose toute l'histoire de sa vocation, son origine, ses progrès, les encouragements qu'il a reçus au séminaire, le consentement accordé par son père et les touchants adieux de Servigny. Il pèse avec maturité les raisons qui l'autorisent à croire à la réalité du divin appel, et il énumère les obstacles qu'il a tous prévus avec sagesse, et qu'il déclare humblement vouloir outrepasser avec la grâce de Dieu.

Il termine par ces mots, qu'inspire le plus parfait esprit religieux : « Voilà, mon Révérend Père, ce que j'ai cru devoir vous exposer. Je l'ai fait par écrit, afin que, au moment où vous examinerez ma vocation, cette lettre puisse vous redire ce que moi-même je ne pourrai plus vous apprendre de bouche, puisque vous m'envoyez en Angleterre ; car, je l'espère avec la grâce de Dieu, je ne changerai pas.

« A présent que vous êtes suffisamment éclairé, faites de moi ce qu'il vous plaira : que je parte bientôt ou que j'attende encore, je serai sûr de faire la volonté de Dieu en faisant la vôtre, puisque tout en moi est connu de vous. Ainsi, partout où vous me placerez, j'espère y vivre en paix. »

Un langage si nettement empreint d'abnégation, de sagesse et de foi, ne pouvait manquer d'être accueilli. Le P. Favre comprit qu'il eût été téméraire de prolonger plus longtemps l'épreuve. Le 7 janvier 1856, de l'avis de son conseil, il décida le départ du modeste et intrépide religieux pour la mission de l'Océanie centrale, à laquelle on sait que le beau vicariat des Samoa, ou Navigateurs, avait été annexé.

On ne tardera pas à voir combien cette détermination, qui rendit le P. Elloy si heureux, fut bénie de Dieu et féconde pour les Samoa principalement, mais aussi pour le vicariat central où, en l'absence de Mgr Bataillon, puis finalement à sa mort, il eut aussi à exercer son apostolat.

CHAPITRE III

L'APPEL — LE DÉPART

Le P. Elloy exprime dans son journal, à la date du 7 janvier 1856, le bonheur que lui a causé son appel, en ces termes qui font plus d'honneur encore à sa grande sagesse pratique qu'à son cœur ardent d'apôtre :

« Je viens d'apprendre que je dois prochainement partir pour l'Océanie : cette nouvelle m'a causé une grande joie. Pendant plusieurs jours, il me semblait que je ne vivais plus sur la terre. Mais bientôt le bon Dieu m'a fait comprendre que je ne dois pas m'attendre à goûter longtemps de telles consolations, et que, pour être toujours en paix, je dois m'attendre à tout faire, non par goût et pour le bonheur qui m'en reviendra, mais par amour du devoir et uniquement pour lui. J'ai compris aussi que je dois me confier uniquement en sa grâce; car, si lui-même ne me soutient, le moindre revers me déconcertera. Je lui demanderai donc tous les jours sa grâce, surtout dans les circonstances difficiles; et, pour m'en rendre digne, je veux bien faire mes exercices de piété et travailler avec une entière pureté d'intention...

« A l'égard de mes supérieurs et de mes confrères, je fortifierai dans mon esprit et dans mon cœur tout ce qui peut me les faire aimer, je laisserai le reste de côté, soit leurs défauts, soit leurs torts. Si on me place dans un poste très difficile, et que mon salut ne soit pas en danger, je serai heureux d'y mourir pour la religion, ou de maladie ou de fatigue. Si on m'isolait, je ferais respectueusement une observation; mais, ce devoir rempli, si on insistait, je me dévouerais. Seulement, fallût-il faire trente ou quarante lieues pour aller trouver mon confrère le plus voisin, si j'avais besoin de me confesser, je ferais le chemin au péril même de ma vie, et cela aussitôt après la faute.

« Je joins la résolution de passer très légèrement, dans mes lettres, même à mes supérieurs, sur les peines que j'aurais pu éprouver; ils savent bien qu'on n'est pas allé là pour y trouver ses aises; si j'en parle, ce ne sera que pour m'en égayer.

« Attendre tout de Dieu et rien de mes efforts, et cependant agir comme si tout dépendait de moi ! Donc confiance en Dieu, défiance de moi-même, zèle et charité. »

Pour peu qu'on ait l'expérience des âmes, on trouvera que des dispositions si vraies, si calmes, si généreuses, qui attestent une telle humilité et défiance de soi et tant de sages prévoyances, qui enfin aboutissent à une telle conclusion, que des dispositions aussi parfaites sont bien rares, et qu'en signalant à nos yeux une vertu très haute et très exemplaire, elles sont le garant des bénédictions, bien rares également, que Dieu répandra en retour sur le religieux qui a pu s'y établir aussi solidement.

Après Dieu, son cœur délicat et reconnaissant devait songer au vénéré supérieur qui avait été pour lui l'instrument de cet appel d'où lui venait une si profonde et si pure joie. Il s'épanche, en ces termes émus, dans une lettre adressée au R. P. Favre, en date du 19 janvier 1856 :

« Mon très révérend Père,

« Je sens que je suis arrivé au terme de mes désirs; car, c'est avec la joie d'un homme qui est sur le point d'atteindre un but longtemps envisagé, que je répète ces douces paroles : « *Dominus regit me et nihil mihi deerit ; in loco pascuæ ibi me collocavit !*

« Je vous remercie, mon Père, de m'avoir ouvert cette voie de mérites et de sacrifices que le Seigneur m'indiquait depuis bientôt quinze ans, et dans laquelle il m'a préparé les secours abondants de sa grâce, comme j'en ai la douce confiance ; aussi j'espère bien fermement qu'au ciel je vous remercierai encore.

« C'est avec ces sentiments d'affection et de reconnaissance que je vous demande ici, à genoux, votre bénédiction, et que je serai toujours, en Marie et avec son puissant secours, aux îles de l'Océanie aussi bien qu'en France, dans l'épreuve aussi bien que dans la consolation, votre fils tout dévoué et obéissant. »

Son père, que nous avons vu accomplir d'avance son sacrifice, avec sa grande foi antique, dans le brisement de son cœur, son père ne pouvait non plus être oublié. Il lui écrit vers la même époque ; sa lettre peut être regardée comme un chef-d'œuvre de délicatesse ; nous dirions d'habileté oratoire, si ce mot, un peu suspect, pouvait convenir à un cœur si droit et si simple. Tout en épargnant à la douleur paternelle le mot qui lui eût été cruel, il le laisse entendre, mais en éveillant des souvenirs qui honorent trop son père pour qu'il puisse se montrer inférieur à ce qu'il a été ; il l'enveloppe en quelque sorte dans les mérites qu'il s'est à tout jamais assurés en donnant son enfant à Dieu. Heureux le fils qui peut parler à son père un si noble langage ! heureux le père qui a pu le mériter !

« .... Je me prépare de mon mieux à faire tout ce que la volonté de Dieu va exiger de moi. Il est si bon, n'est-ce pas, mon bien-aimé père, de pouvoir dire au bon Dieu : « J'ai fait tout ce que vous m'avez de-« mandé ! » Après cela, on a bien plus de confiance pour lui dire : « Seigneur, faites aussi pour moi ce que « je vous demande : donnez-moi votre grâce en ce « monde, et votre gloire éternelle en l'autre ; accor-« dez le même bienfait à tous ceux qui me sont chers « ici-bas ! »

« Cette confiance me vient en me rappelant tout l'avantage que vous avez droit d'attendre pour avoir fait généreusement le sacrifice que Dieu vous demandait. Oh ! oui, continuez à le renouveler toujours bien volontairement, ce sacrifice : le Seigneur vous en tiendra certainement le plus large compte.

« Au commencement de cette année, qui se finira pour moi aux îles où Dieu m'envoie, bénissez-moi encore comme vous m'avez béni avant mon départ de Servigny ; souhaitez-moi de plus en plus un entier succès dans ce que j'entreprendrai pour la gloire de Dieu et le salut des âmes. Et surtout, priez, priez, pour moi. Dieu attache une efficacité particulière à la prière qu'un père fait pour son fils, comme autrefois à la bénédiction que les patriarches donnaient à leurs enfants.

« Prosterné donc en esprit à vos genoux, comme je le suis devant Dieu en ce moment où je vous écris, je vous demande votre bénédiction. Vous me la donnerez de la chère église de la paroisse, en assistant au saint sacrifice de la messe. »

Bientôt, les pères destinés au même départ et déjà désignés, les PP. Joly et Monnier, s'embarquèrent avec lui pour l'Angleterre. Et après quelques jours donnés à Londres aux derniers préparatifs, ou imposés par l'état de la mer, ils s'embarquèrent à Gravesend, sur le *Portland*, le beau jour de la Fête-Dieu, 22 mai 1856. Ainsi qu'on l'a déjà dit, c'était le dix-septième convoi de missionnaires que la société de Marie députait à ses missions d'Océanie, jusque-là si meurtrières à ses fils. Le P. Elloy était le soixante-dix-septième de cette liste des vaillants sur laquelle il a conquis une des premières places.

Peu de jours après que le *Portland* eut pris la mer, une tempête furieuse obligea à relâcher sur les côtes d'Irlande. « Il profita de ce petit séjour, nous écrit M. l'abbé Debusy, pour m'envoyer une dernière fois de ses nouvelles. Je regretterai toute ma vie de n'avoir pas conservé une lettre que tous nos amis m'ont disputée. Ce qui m'en reste de souvenir, c'est la magnifique expression de sa confiance en Marie, alors que tous les trois, d'une voix vibrante, chantaient sur le pont l'*Ave maris stella*, accompagné du terrible mugissement des vagues et des bruits éclatants du tonnerre, et que les passagers et l'équipage lui-même, quoique en grande partie protestants, s'associaient en tremblant à la prière catholique qui a préservé de tant de naufrages. Sa tendre piété envers Marie se peignait sous sa plume en termes capables d'émouvoir les cœurs même les plus étrangers aux sentiments et au langage de la foi. »

Arrivés à Sydney le 21 septembre 1856, il se hâta d'écrire au R. P. Favre. Sa lettre résume les principaux incidents de la traversée; elle se recommande encore mieux par la peinture de leur vie à bord. On verra, par quelques extraits, comment la piété, avec ses divers exercices dont nul n'est omis, l'étude régulière et des entretiens fraternels, font fuir le temps sans que jamais il pèse, et comment les prévenances et les attentions d'une charité toujours aimable aux autres et oublieuse de soi répandent les meilleurs charmes possibles sur des journées si monotones, honorant ainsi aux yeux des gens du monde l'esprit de foi qui les inspire : « Nous avons peu souffert, dit-il; nos santés ont même gagné. Les jours et les semaines nous semblaient passer comme une ombre. Vraiment le bon Dieu nous a bien bénis : il n'a pas permis qu'il y eût un seul jour de malaise entre nous.

« Ce qui a surtout contribué à nous faire trouver le voyage aussi agréable que possible, c'est que nous avions su nous créer différentes occupations, partager notre temps, et que nous aimions à nous trouver ensemble. Nous avions des heures réglées pour le lever, l'oraison, le bréviaire, le rosaire, le travail, les récréations; tout en faisant la part de nos dispositions particulières, de l'état de la mer et des circonstances exceptionnelles qui ne manquent pas de se présenter dans une longue traversée. Chaque semaine nous avions trois conférences sur la théologie morale, deux sur les rubriques, et deux conférences spirituelles ; chaque mois, la coulpe et la retraite de préparation à la mort, et la monition. A la fin de la traversée, nous avons fait une retraite de trois jours pleins, suivie d'une consécration à la sainte Vierge, qui nous avait accordé tant de faveurs durant le voyage. Nous avions le grand bonheur de célébrer tous les dimanches.

« Nous n'avons pas eu le moindre désagrément avec qui que ce soit des passagers ou de l'équipage. Nous ne pouvions sortir de nos cabines sans être salués amicalement par tous ceux que nous rencontrions, même des matelots. Le Second du navire nous était particulièrement attaché ; on l'appelait *mon ami* ; voici comment cette amitié commença :

« Un soir nous avions tempête, et selon mon habitude, je n'en voulus pas moins faire ma promenade ordinaire sur la dunette, malgré les vents et les vagues qui couvraient le pont et rejaillissaient par intervalles jusque sur mes pieds. C'était le second qui était de quart cette nuit-là. Je vis qu'il était indisposé, et je commençai à lui adresser quelques paroles. Puis j'en vins à lui demander s'il y avait danger : nous étions près du cap de Bonne Espérance. Non, me dit-il, Dieu veille sur nous, nous avons confiance en lui, il ne permettra pas que nous périssions. » — « Très-
« bien, lui répondis-je, en saisissant sa main que je ser-
« rai avec enthousiasme ; j'aime à voir ces sentiments
« dans votre cœur : ils augmentent encore l'estime

« que j'avais déjà pour vous. » Alors il me demanda si j'avais encore mon père et ma mère, si je pensais les revoir. Il fut bien étonné quand je lui appris que nous partions pour notre vie. C'est alors que, me montrant le ciel, il me dit : « Vous êtes des hommes vraiment « bons, votre récompense est là-haut. »

« Depuis cet entretien, nous fûmes encore plus amis. Pour cimenter notre amitié, je lui offrais de temps en temps de l'eau-de-vie, dont nous avions une petite provision. Nous en faisions autant avec le troisième, en sorte que tout le monde nous était dévoué. Il n'a pas été question du baptême de la ligne.

Une chose contribua aussi à nous gagner l'estime du bord, c'est que nous n'avons jamais discuté avec personne ; nous ne nous sommes jamais plaints et nous n'avons jamais fait de réclamations. Si parfois on venait se promener dans le même endroit que nous, insensiblement nous cédions la place, lorsque nous remarquions que la compagnie n'était pas bien convenable. Cette attention à ne gêner personne, ces légères complaisances que nous avions pour tout le monde, faisaient tomber plus de préjugés que la controverse et nous valaient l'estime et l'affection de tous. On nous voyait délicats, et on nous rendait la pareille. Le capitaine dit même une fois en pleine table, alors que nous ne comprenions pas encore bien l'anglais, que jamais il n'avait eu de passagers aussi paisibles et aussi faciles à contenter que nous...

« Ce n'est pas que nous ayons été gâtés à bord sous le rapport de la table; mais nous ne pouvions disconvenir que des mets plus recherchés ne nous étaient pas nécessaires. Nous mangions à notre appétit, qu'est-ce qu'un missionnaire peut désirer de plus? ne doit-il pas s'attendre à moins?

« On cherchait toutes les occasions de nous venir en aide et de nous faire plaisir... Chaque dimanche se faisait l'office religieux protestant ; mais par délicatesse on cherchait le lieu et le temps où nous en devions être moins incommodés. »

La lettre se termine par ces paroles, où le P. Maîtrepierre ne pouvait manquer de reconnaître le fruit le plus substantiel des soins qu'il avait donnés au P. Elloy, et dont il s'empressa de grossir le trésor de ses notes de maître des novices :

« Nous allons bientôt partir pour les différents postes qui nous sont assignés. Priez, mon révérend père, et faites beaucoup prier pour nous. Pour ne pas être torturé dans ces îles, il faut avoir fait dans les voies de la perfection plus que le chemin ordinaire ; il faut savoir se mettre le dernier partout, et avoir mortifié l'amour-propre jusque dans ses derniers retranchements. Les meilleures intentions, les meilleurs caractères sont contrariés, s'il n'y a pas dans chaque établissement une provision extraordinaire de charité, de condescendance, d'humilité et de mortification. Ce n'est guère ici qu'un religieux pourrait acquérir les vertus de son état, s'il ne les avait pas. Autant il est difficile de trouver au milieu des sauvages ces provisions matérielles qu'il faut faire en France ou ailleurs, autant, et cent fois plus, faut-il avoir fait en Europe l'acquisition des dons surnaturels qui font les apôtres, si l'on ne veut pas éprouver dans ces lieux un dénûment terrible. Nous comptons sur vos prières et sur celles de la Société, pour acquérir ce qui nous manque des vertus qui font les apôtres et les saints. »

LIVRE SECOND

LE R. P. ELLOY
A L'ŒUVRE DU MISSIONNAIRE

CHAPITRE PREMIER

SAVAÏ — LES PREMIERS TRAVAUX

C'est le 21 septembre 1856 que les trois missionnaires débarquèrent à Sydney. Après quelques jours de repos à la procure, dans la délicate et cordiale hospitalité du R. P. Rocher, le P. Elloy reprit la mer sur le *Nightingale*. Après diverses haltes aux stations qu'il devait visiter, le brick mouilla à Apia, et de là il se dirigea vers les côtes nord de Savaï, en mettant le cap sur Mataoutou.

On se rappelle les graves aventures de mer que ce vrai « cap des tourmentes » avait fait subir aux PP. Roudaire et Violette. « L'esprit des tempêtes » y veillait encore pour en rendre au P. Elloy l'accès aussi difficile. Il a raconté lui-même au R. P. Favre les lenteurs et les dangers de la traversée d'Apia à Mataoutou.

« Nous avons quitté Apia le 18 décembre. Le *Nightingale* attendait le vent ; enfin une petite brise se lève et nous voilà voguant vers Savaï. Mais elle tarda peu à manquer, alors que nous étions encore près des récifs. Le courant, qui nous entraînait avec force vers les brisants, nous eut bientôt mis à quelques pas de la mort. J'avais déjà offert à Dieu le sacrifice de ma vie ; mais il ne me voulait pas encore. Quatre chaloupes d'un navire baleinier, arrivé au port depuis quelques jours, s'empressèrent de venir à notre secours. Elles nous retinrent à force de rames contre le courant, puis le vent se leva de nouveau : nous étions sauvés. Avec une bonne brise on peut aller d'Apia à Mataoutou en six heures ; nous mîmes sept jours !...

« Débarqué à Mataoutou, j'avais encore cinq ou six kilomètres à faire, le long du rivage, pour arriver à la station de Toapaïpaï, où je trouvais le P. Ducrettet. Le P. Violette était à Léalatélé, environ cinq kilomètres plus loin, du côté de l'est, en s'enfonçant un peu dans les terres. C'est dans l'église de Léalatélé, le jour de Noël, à minuit, et en présence de tous les catholiques de l'île réunis pour la fête, que je célébrai pour la première fois la messe dans cette île de Savaï où le Seigneur a conduit mes pas. Il y avait sept mois et vingt jours que j'avais quitté la France. »

Le P. Elloy donne ensuite quelques détails sur les vicissitudes qu'avait traversées la mission, par suite de la maladie des PP. Vachon et Palazy, et sur les ravages qu'y avait faits l'hérésie, profitant de ce sommeil forcé des vrais pasteurs. En 1865, aidé du P. Ducrettet, le P. Violette était venu s'y installer, et la jeune chrétienté commençait à refleurir. Comme le village de Léalatélé était peu central, isolé et coupé de bois, manquant d'eau, il était urgent de fonder une station d'accès plus facile, et à peu de distance de la rade de Mataoutou, Toapaïpaï avait été choisi. Le nouvel arrivé devait être l'auxiliaire du P. Ducrettet, dont la santé avait subi, comme chez tant d'autres pères, les atteintes des privations. Quant au P. Violette, il n'attendait que le renfort pour se rendre à l'est, à Safotoulafai.

On se rappelle (1) que c'était le point important de l'île de Savaï, où le vicaire apostolique avait envoyé dès le premier instant ses deux missionnaires; qu'ils y étaient allés en effet de Léalatélé, mais que le mauvais vouloir du ministre Pratt avait fait échouer leur tentative; qu'ils avaient dû, sur le conseil du chef Latou-maï-Langui, passer outre jusqu'à Salélavalou, où le vieux Moë leur ménagea un asile. Ils avaient conservé au cœur l'espoir de réussir à Safotoulafai, en des jours plus heureux qui semblèrent au P. Violette être enfin arrivés. Ce fut donc le champ qu'il se choisit pour achever, en fondant là une chrétienté qui devint florissante, d'établir entre les diverses stations une chaîne continue qui assurât leur mutuelle prospérité.

Le P. Elloy se mit à l'œuvre avec une énergie qui annonça tout de suite ce qu'il serait pour la mission, et qui ne s'est jamais ralentie. Un an après, l'intré-

---

(1) Il y a ici allusion au précédent volume : *Les Samoa*, p. 233 et suiv.

pide visiteur des missions, le P. Poupinel, que nous retrouverons à travers ces îles, écrivait de lui : « J'ai admiré le zèle de notre cher P. Elloy, qui parle la langue de Samoa avec une facilité vraiment merveilleuse. On dirait qu'il ne connaît pas la fatigue, il ne se donne point de repos pour gagner des âmes à Dieu. Il est allé jusqu'à la pointe la plus occidentale de Savaï (1). Jamais prêtre n'y avait paru. Sur sa route, il a fait connaître la vraie foi ; il s'est acquis de franches sympathies, et il a laissé à chaque départ plusieurs petits groupes qui font notre prière et apprennent notre doctrine. Si l'on pouvait faire quelques visites chaque année dans ces quartiers, l'Eglise catholique y compterait bientôt de nombreux enfants. Mais j'ai dû modérer le zèle de notre jeune et dévoué confrère : en peu de temps il serait épuisé. Le récit naïf de ses courses a réjoui son âme ; et j'ai béni Marie, notre commune Mère, des dispositions vraiment extraordinaires de ce véritable apôtre, dont la jeunesse donne les plus grandes espérances. »

Le missionnaire aux pays infidèles doit être vraiment « l'homme de Dieu prêt à tout bon travail (2) ». Il est vrai : son but ce sont les âmes. Mais ces âmes, il faut les atteindre par la parole ; et pour les élever à Dieu, il faut des temples. Le travail donc, le rude travail de la pierre et du bois, avec la truelle, le marteau et la scie : voilà par où le P. Elloy eut à commencer. Il en écrivit au P. Favre avec son inaltérable bonne humeur :

---

(1) Ce périlleux voyage sera raconté au chapitre suivant.
(2) II Tim. iii.

« Nous entreprîmes, le P. Ducrettet et moi, de scier des coraux pour faire le pavé du chœur de notre église de Notre-Dame-de-Bon-Secours. Le père est architecte et maçon en chef ; moi je ne suis que goujat. Je préparais donc le mortier, et j'aidais à mettre en place les coraux. Je crois que même aujourd'hui je ne serais qu'un bien mauvais maçon. Mes progrès ont été plus rapides comme scieur de long : ces grosses mains que le bon Dieu m'a données agissent à merveille quand elles appuient lourdement sur les poignées de l'instrument. »

Nous ne tarderons à voir, d'après le résultat final, que l'ouvrier, aussi humble que laborieux, refusait de se rendre justice.

Les intervalles de repos étaient consacrés à l'étude de la langue. C'est l'instrument d'action sur les âmes : notre missionnaire s'y appliqua avec toute l'ardeur apostolique dont il brûlait d'aborder enfin le ministère. Le P. Poupinel vient de nous dire quel fut son succès ; et voici au prix de quelle industrieuse et infatigable activité il le remporta. Il s'imposa, comme il le dit dans une lettre à son père, la rude tâche de copier le vocabulaire. Il en portait les feuillets avec lui ; et il les repassait dans sa mémoire et en jetait les termes au vent dans ses promenades, dans ses courses et même pendant que « ses grosses mains », ruisselantes de la sueur qui inondait tout son corps, conduisaient la scie sur les troncs d'arbres et sur le corail. Puis il résolut d'écrire ses instructions et de les lire à son auditoire, afin d'être, sans plus de délai, en état d'enseigner. Les lenteurs du blocus répugnaient à ce soldat d'élite : à peine installé, il voulait donc attaquer. Nous allons voir avec quelle intrépidité il fit ses premières armes. Ce fut d'abord à petite distance de Toapaïpaï et sur le territoire de Léalatélé.

« Dans la partie nord de l'île, où se trouve notre paroisse, écrivait-il, sur une étendue d'environ trois lieues et demie, semée de marécages et de roches basaltiques qui sont de rudes tapis pour les pieds, nous allons faire le culte dans cinq endroits différents ; car les naturels sont un peu paresseux et ils n'aiment pas à se déranger. Ils craignent la pluie s'il y a des nuages, et la chaleur s'il fait beau. Que deviendrait la mission si nous avions toutes ces délicatesses ? C'est le métier du missionnaire d'aller par tous les temps. Nous avons à passer trois ou quatre rivières, d'ailleurs peu profondes sinon après les orages. Quelquefois j'ai de l'eau jusqu'à la poitrine ; mais un petit bain, par notre température, c'est bon à prendre : on tâchera de sécher. Ah ! si notre Rédempteur n'avait eu que de telles peines à souffrir !... Tant que notre sang n'aura pas coulé, aurons-nous seulement commencé à acquitter notre dette ? Que n'avons-nous ici de plus grands dangers à braver ! Mourir promptement, mourir martyr, n'est-ce pas l'idéal du missionnaire ? » Un tel langage, chez un religieux qui fit toujours plus qu'il ne dit, explique assez les inquiétudes du visiteur, et les recommandations qu'il avait cru devoir lui faire en le quittant.

Plus loin, le P. Elloy fait connaître au R. P. supérieur général l'état intérieur de la mission et les premières consolations qu'elle donne.

« Dans la partie nord est de l'île, dit-il, où la mission a commencé il y a passé dix ans, on n'a encore que cent soixante-sept baptêmes, en y comprenant les enfants et les adultes *in articulo mortis*. De ces baptisés, soixante-douze seulement vivent encore aujourd'hui, Tous ne sont pas des modèles; plusieurs cependant nous donnent de la consolation : ils ne manquent jamais la messe, même sur semaine ; ils sont très exacts à la prière du soir ; et souvent ils la font une seconde fois dans leur famille, sans doute par respect pour ces habitudes auxquelles, même dans les temps païens, les meilleurs insulaires se piquaient d'être fidèles (1).

« J'ai été tout ému de la dévotion d'un bon vieux, qui était autrefois prêtre du démon et qui est baptisé depuis trois ans seulement. Il avait accompagné l'embarcation qui emmenait le P. Violette à Safotoulafai : il avait voulu lui donner cette marque d'affection, malgré un rhume de poitrine assez fort, qui le tenait depuis plusieurs semaines. On lui disait qu'il s'exposait : n'importe, il voulut partir. Il revint quelques jours après avec une fièvre très forte, et dans un état de faiblesse qui nous fit craindre pour sa vie. En rentrant de le visiter, je pensais que probablement le lendemain je devrais retourner dans sa case pour l'administrer ; et le P. Ducrettet, qui le visita ensuite, était du même avis.

« Quel ne fut pas notre étonnement le lendemain, lorsque tout à coup nous entendîmes tousser notre bon vieillard dans le fond de l'église ! Il avait devancé le lever du soleil pour venir assister à la messe ; et

(1) On a fait connaître dans les *Samoa*, p. 167 les habitudes traditionnelles de piété en usage dans les bonnes familles païennes.

remarquez qu'il avait un bon kilomètre de chemin à faire pour se rendre chez nous. Je vous avoue que sa présence me mit vraiment en ferveur. Vous pourriez croire qu'il était guéri : pas du tout, la fièvre n'avait pas même diminué. Le bon Dieu récompensa sa sainte imprudence : il continua à venir tous les jours à la même heure pour assister au saint sacrifice, et aujourd'hui il va bien.

« Outre les baptisés, il y a des gens, au nombre de trois cent cinquante, qui se sont déclarés pour nous. Ils viennent assez assidûment nous entendre quand, chaque dimanche, nous allons faire dans leurs villages les exercices du culte catholique. Mais il faut nous mettre à leur portée, en nous multipliant. Quant au baptême, la plupart d'entre eux n'y songent pas. Du reste leur conduite ne permet pas qu'ils reçoivent ce sacrement; et il faudra des grâces de Dieu bien puissantes pour changer les coutumes immorales universellement reçues chez ce peuple, et dont ne sont pas exempts même ceux qui se sont déclarés pour nous, à l'exception des baptisés. L'hérésie les a habitués à se regarder comme chrétiens, tout en conservant les mœurs du paganisme. Il est difficile de les tirer de leur ornière et de leur faire comprendre que, pour être des disciples de Jésus-Christ, il ne suffit pas de savoir lire la Bible et de chanter des cantiques. Cependant, s'ils viennent à tomber sérieusement malades, ils demandent le baptême. »

Ces lenteurs étaient prévues, et nous avons admiré avec quelle hauteur de foi le jeune missionnaire, sage autant que dévoué, avait pris ses précautions contre les illusions des premiers temps. Aussi, bien loin de se montrer déconcerté : « Faut-il croire, ajoute-t-il, qu'on ne fera rien de ce peuple ? Oh ! loin de nous une telle pensée ! N'avons-nous pas la parole de Celui qui a tout pouvoir sur les cœurs ? n'avons-nous pas sa parole : « Je puis changer des cœurs durs comme la « pierre en vrais enfants d'Abraham ? » N'avons-nous pas sa promesse à ses apôtres : « Ayez la foi, vous « commanderez alors à un arbre de prendre racine « au milieu des flots de la mer, et vous serez obéis. » Dieu est patient dans ses œuvres parce qu'il est éternel ; et, quand on le voit attendre quatre mille ans pour donner le Sauveur au monde, peut-on dire, après dix ans d'attente, qu'il a fait pour ces peuples tout ce qu'il a résolu dans le dessein de sa providence ? Non, il veut que nous puissions bien reconnaître que lui seul a fait l'œuvre ; il veut que l'hérésie ait le temps de s'user et de pourrir au milieu de ces peuples, afin qu'amenés à la lumière, ils soient dégoûtés pour jamais de toutes les ténèbres de l'erreur.

« Du reste, le moment semble arrivé où il va faire éclater sa miséricorde. Les dispositions des naturels ont bien changé à notre égard. Quand nos pères abordèrent pour la première fois à Savaï, tous les fuyaient comme des monstres, ou plutôt comme des génies malfaisants, et se cachaient dans leurs maisons en criant : les *popés !* les *popés !* On les avait peints sous des couleurs si noires !

« Aujourd'hui, ces cris retentissent encore quelquefois à nos oreilles ; mais la terreur panique que leur causait notre présence est tombée. Généralement on ne nous craint plus, et l'on commence aussi à ne plus nous haïr. On nous méprise encore, parce que nous n'avons pas le faste qu'affectent les ministres d'Angleterre, et qui frappe ces peuples encore tout matériels. Mais on trouve que nous sommes plus désintéressés : nous ne faisons point payer les remèdes, nous n'exigeons aucun tribut d'huile, nous n'avons pas à notre suite une troupe de serviteurs et de servantes. On commence à comprendre qu'il y a plus de dévouement dans notre conduite que dans celle des ministres protestants, on nous trouve plus semblables aux apôtres ; et c'est une opinion générale, même parmi beaucoup de ceux qui restent encore hérétiques, que notre religion est la vraie. »

Ces espérances sont loin d'être sans fondement : d'autres faits plus édifiants encore les justifient. « Les chefs les plus influents, continue-t-il, commencent à demander le baptême, lorsqu'ils se voient près de la mort. L'un deux, qui a été baptisé ces jours derniers, a avoué que depuis longtemps il ne tenait plus de cœur à l'hérésie, et que, s'il ne s'était pas plus tôt déclaré pour nous, c'est parce qu'il s'était laissé entraîner par la masse. Puis il a fait venir les membres de sa famille, et les a exhortés à ne pas attendre comme lui pour se déclarer en faveur du vrai culte de Jésus-Christ.

« Il n'y a pas un mois que j'administrai le baptême à un autre chef gravement malade, et notre voisin. Depuis que le père Ducrettet était arrivé pour s'établir à Toapaïpaï, ce chef n'avait cessé de parler contre lui, et d'user de toute son influence pour éloigner ses parents de notre religion. Aussi était-il cher au ministre protestant : celui-ci était venu le voir jusqu'à deux fois pendant sa maladie, chose peu ordinaire à ces messieurs. Mais, lorsque la grâce de Dieu veut triompher d'un cœur, il n'y a rien qui puisse lui résister. Malgré ces marques d'attention, malgré les instances de son catéchiste, Soulasio voulut mourir dans la religion qu'il avait persécutée.

« Il fit venir le P. Ducrettet, et en présence des principaux de l'endroit, en présence du père et de tous les assistants, il abjura son erreur, demandant pardon à Dieu et au missionnaire de tout ce qu'il avait fait contre la religion. Chose tout à fait extraordinaire pour un Samoan, sa douleur et son repentir allaient si loin, qu'il fondait en larmes en demandant au père : « Penses-tu que le bon Dieu me pardonnera « tant d'iniquités? Tu dis que le baptême efface tous « les péchés; oh! baptise-moi vite, afin d'effacer tous « les miens avant que je ne meure. » Le père commença à l'instruire.

« Sa femme alors se mit de la partie, à la rescousse du démon. Comme celle de Job, elle lui parlait avec ironie du Dieu qu'il cherchait et qui le laissait mourir. Au moment même où j'allais verser l'eau sainte sur son front : « Que veux-tu faire de ton baptême? « lui dit-elle, tu as donc le démon dans le corps? » Toute sa réponse fut un regard de désir et d'amour vers moi, en même temps qu'il joignait les mains en les élevant vers le ciel. Quelques jours après, les *manou* (1) partaient dans toutes les directions, en répétant leur cri lugubre, pour annoncer à leur manière que le chef était sur le point d'expirer. Quelques minutes après, le moribond rendait le dernier soupir, et

(1) Les hérauts chargés d'annoncer la mort des chefs.

la sérénité de son visage annonçait, après sa mort, la paix dont il avait joui dans ses derniers instants. »

Comme partout, c'est la jeunesse, âge que le vice n'a pas durci encore et qui porte en lui l'avenir, c'est la jeunesse qui attire le missionnaire. Le P. Elloy cite avec amour ce beau trait de respect humain vaincu. « Nos jeunes gens, dit-il, commencent à porter vaillamment le chapelet au cou, même avant le baptême. Voici qui vous intéressera. Je venais de débarquer à Mataoutou, en face de la maison du ministre. Aussitôt je fus environné par plusieurs jeunes gens. L'un d'eux me souriait avec une grâce charmante. Enhardi par ce témoignage, je tâchai de me faire comprendre, et lui demandai s'il y avait des catholiques parmi eux. Plusieurs baissèrent la tête, d'autres accueillirent ma demande par un éclat de rire. Quant à Léota, c'est le nom de mon bon jeune homme, il s'avança vers moi et, d'une voix très élevée : « Moi, je suis catholique, » dit-il, et, en présence de tous, il fit un beau signe de croix.

« Ainsi qu'il arrive ordinairement quand le démon du respect humain est vaincu, cette démonstration généreuse encouragea plusieurs de ceux qui avaient d'abord rougi de Jésus-Christ. Eux aussi ajoutèrent : « Nous sommes catholiques ! » En effet, il y avait deux mois qu'ils s'étaient déclarés, mais sans oser au dehors l'affirmer.

Ce n'est pas un des moindres profits à retirer de l'étude des missions dans les peuplades infidèles, que d'y reconnaître à quel point l'homme se montre le même partout, avec ses travers comme avec ses passions. Donc, aux Samoa comme dans notre France, le P. Elloy rencontra, parmi les catholiques, de ces hommes dits tolérants, qui redoutent l'éclat de la lumière totale : pour eux d'abord, parce que, si peu qu'on soit logique, elle entraîne l'obéissance totale, qui coûte tant à la nature; pour les autres ensuite, sous le faux prétexte de respecter en eux une liberté de croyances, aussi dangereuse cependant à ceux qui s'y retranchent, qu'injurieuse au Dieu qui n'est mort que pour le plein triomphe de la vérité. Telle est la tactique de la prudence humaine, que les cœurs mal trempés aiment à réputer habile.

Nous ne serons donc pas étonnés d'entendre notre « religieux tout d'une pièce » se féliciter des assauts qu'il livre de front à l'erreur. « Autrefois, dit-il, nos pères ne pouvaient attaquer directement l'hérésie pour en démontrer les faussetés, sans exciter, même parmi les nôtres, une espèce de murmure soulevé par la crainte d'indisposer les hérétiques. Il n'en est plus ainsi aujourd'hui.

« Le dimanche 29 mars 1861, après avoir dit la sainte messe à Toapaïpaï, pour les quelques baptisés que nous y avons, j'allai du côté de Mataoutou, pendant que le P. Ducrettet se rendait à Léalatélé. Dans mon instruction, je démontrai, en termes nets et explicites, que tous devaient quitter l'hérésie parce que son principe fondamental est injurieux à Jésus-Christ. En disant qu'ils sont venus pour réformer son Eglise, tombée en ruines depuis plusieurs siècles, les hérétiques supposent, en effet, que le Sauveur n'a pas voulu, ou qu'il n'a pas pu, exécuter la promesse qu'il avait faite d'être toujours avec elle et d'empêcher les puissances de l'enfer de prévaloir. Je fis comprendre la chose par plusieurs comparaisons. Je ne les avais jamais vus aussi attentifs. Chacun semblait triompher en disant: « C'est bien, j'ai une réponse préparée pour « ceux qui me plaignent d'être catholique. »

« Je ne m'étais pas trompé. Comme je repassais vers midi à Mataoutou en revenant d'un village plus éloigné que Toapaïpaï, où j'étais allé faire le culte dans la même matinée, tout à coup un des chefs de l'endroit, qui s'est déclaré pour nous depuis peu et qui avait entendu l'instruction du matin, accourt à ma rencontre : « Père, me dit-il, veux-tu venir boire le « kava dans ma maison? — Non, je te remercie : il « faut que je retourne à Toapaïpaï pour l'exercice du « soir. — Mais alors tu viendras au moins manger « une banane?» J'allais encore refuser, quand son insistance me donna à réfléchir ; je soupçonnai qu'il m'appelait pour quelque dessein : « Allons, lui dis-je, « qu'est-ce qu'il y a là-dessous ? — Voudrais-tu, me « dit-il alors, répéter dans ma maison l'instruction « que tu as faite ce matin : j'ai eu une discussion à ce « sujet avec plusieurs chefs de Mataoutou; ils ne « veulent pas croire qu'ils sont dans l'erreur, et ils « désirent t'entendre. — Il suffit, j'y vais. »

« Et me voilà escaladant la cloison qui environne sa case. Je me courbe sous le toit pour entrer; et à peine relevé, je jette les yeux autour de moi. J'étais en présence de onze ou douze hommes, tous parvenus à l'âge mûr. Leurs figures étaient toutes nouvelles pour moi ; car jusqu'à ce jour nous n'avions eu de Mataoutou que des jeunes gens. On nous disait bien, depuis plusieurs mois, que les principaux de la rade s'ébranlaient, mais nous étions encore dans l'attente. La pensée que le moment de la grâce était peut-être venu me jeta dans une espèce d'enthousiasme. Je priai Dieu de me fortifier et d'éclairer mes auditeurs ; puis je lus mon instruction avec autant de force que si j'avais prêché dans une église, en sorte que le ministre, dont la maison est voisine de celle où je parlais, pouvait facilement m'entendre de chez lui.

« Quand j'eus fini, un de mes auditeurs fit cette réflexion : « Ta parole a les caractères de la vérité : « nous ne voyons pas ce qu'on peut y répondre. » Plusieurs vinrent me serrer la main, avec des marques d'affection qui semblaient dire : « Non, vous n'êtes « plus pour nous ces papistes qu'on nous a peints « sous des traits si odieux. » Peut-être même qu'au fond du cœur ils ajoutaient : « Vous êtes les vrais en- « voyés de Dieu. » Mais ils n'allèrent pas plus loin hélas ! Comme on le voit trop souvent en Europe, il y a de la distance entre la conviction de l'esprit et l'obéissance de la volonté : il y faut une nouvelle intervention de la grâce. »

Il est permis d'employer ici le langage des Actes des Apôtres et de dire que peu à peu « la parole de Dieu croissait et se multipliait » en Savaï. Dans divers petits villages du district de Léalatélé qui se déploient comme Toapaïpaï sur le rivage, et à Palopolo, groupe populeux avancé dans les terres, des chrétientés s'élevaient, montées en quelque sorte de toutes pièces : instructions régulières par les pères ou par les catéchistes qui commençaient à se former ; exercices de chants liturgiques et de cantiques en samoan ; écoles naissantes; prière de chaque jour, chapelet, etc.

Bientôt ce fut le tour des villages situés plus à l'ouest, Safotou, Safouné (1), Sasina. Le P. Elloy, entraînant ses confrères qui volontiers subissaient son ascendant et suivaient son exemple, se multipliait et semblait être partout à la fois, n'ayant eu garde d'oublier les exemples de Mgr Bataillon qu'on avait proposé pour modèle au noviciat, visitant les gens dans leurs cases, les poursuivant dans leurs travaux, les harcelant sans cesse, surtout quand il les voyait en proie aux recherches du ministre, de toute manière, enfin « il les contraignait d'entrer ». Pour y suffire il fallait dévorer l'espace : il y usa les forces de *Coco*.

C'était un coursier fougueux qu'avait dompté le P. Vachon, et sur lequel il s'était fait la juste réputation de cavalier incomparable. Revenus en effet de la frayeur que les ministres leur avaient inspirée en laissant leurs chevaux ravager les cultures, et reconnaissants des précautions prises par nos pères, les naturels se plaisaient aux prouesses du P. Vachon. Mais, depuis que son état de santé l'avait obligé à quitter cette mission brûlante, Coco n'avait plus de maître : impitoyablement il secouait ceux qui essayaient de le monter. Jaloux de ce qu'il entendait raconter des ex-

---

(1) Safouné est le pays d'habitation d'un Français, M. Eugène Godinet, excellent catholique et ami généreux des missionnaires. Il épousa une indigène, fille d'un chef; et au nombre de ses fils, l'un, Louis Godinet, est venu faire en France ses études littéraires et théologiques ; devenu profès et prêtre, il est retourné au pays le 27 juin 1888.

ploits de son dresseur, ou plutôt voyant dans ce bel animal un moyen providentiel de gagner du temps, le P. Elloy le dompta à son tour, et si bien qu'il fut bientôt parvenu à lui faire franchir, sans plus broncher, les murs en pierres sèches qui s'élèvent pour servir de limites entre les territoires des villages, et qui ont quelquefois un mètre et demi de haut sur presque autant d'épaisseur.

Mais, si vigoureux et si docile que se montrât Coco, on va voir que le missionnaire dut renoncer à ses services par des chemins dont l'âpreté, sans pouvoir arrêter son zèle, devait défier la puissance de jarret de sa monture et la sureté de son sabot. Le P. Elloy ne pouvait en effet se contenter du petit troupeau qui environnait le siège de sa résidence. A l'extrême ouest des brebis abandonnées aux pasteurs mercenaires ne cessaient de solliciter sa charité; et nous allons le voir accomplir de ce côté, à force d'insouciance de toute fatigue et de tout péril, des prodiges de dévouement.

CHAPITRE II

SAVAÏ. — MISSION A L'OUEST. — SATAOUA ET FALEALOUPO.

Peu après la mort de Mgr Elloy, un de ses missionnaires qui l'ont le mieux connu, entre autres qualités qu'il avait admirées en lui, signalait sutout l'activité et la flamme du zèle. « Impossible, disait-il, de porter le zèle à un plus haut degré : il était chez lui à l'état de soif dévorante, qui l'obligeait à aller toujours et partout chercher des âmes. Dieu avait vraiment fait de son ministre « une flamme de feu » (1). C'est le repos qui le fatiguait : on le voyait alors inquiet et mal à l'aise, tandis que les plus grandes fatigues, supportées en vue des âmes, lui étaient comme un doux repos. On eût dit qu'il avait fait vœu de se dépenser sans trêve pour elles : *Libentissime impendam, et superimpendar ipse pro animabus* (2).

C'est surtout dans ses courses à l'ouest de Savaï qu'il se montra tel qu'il est ici dépeint. Ses travaux à

---

(1) Heb., 1, 7.
(2) II Cor., xii, 15.

Toapaïpaï, loin de lui faire sentir le besoin de se reposer au moins quelque temps, avaient enflammé son ardeur pour des entreprises nouvelles ; et l'on pourra juger, par la description d'un seul de ses nombreux voyages, ce que lui a coûté la fondation des deux chrétientés de l'extrémité ouest de l'île.

Sataoua, le moins éloigné des villages qu'il voulait visiter, l'avait été d'abord, en septembre 1857, par le P. Ducrettet. Il eut là quelques succès, que l'impossibilité d'y faire séjour l'avait empêché de consolider. Au commencement de 1858, le P. Elloy s'y était déjà rendu de sa personne, pour affermir ceux qui avaient donné leurs noms et essayer d'en accroître le nombre. Un toulafalé (1), avec toute sa famille et ses gens, fut le fruit de ce voyage. Encouragé par cet heureux commencement, de Sataoua il voulut pousser jusqu'à Faléaloupo, à la pointe ouest extrême. Plus important que Sataoua, ce village excitait donc aussi davantage son zèle. Il était d'ailleurs déjà historique pour nos missionnaires. C'est là qu'en septembre 1845, les PP. Roudaire et Violette avaient touché pour la première fois le sol des Navigateurs, et que les intrigues de l'espion du ministre, aidées de la fausse alerte donnée par le chef, les avaient empêchés de se fixer (2).

Vers le 20 janvier 1858, le P. Elloy était donc parti de Sataoua, et arrivé en quelques heures à la pointe extrême de l'île. Il trouva heureusement à Faléaloupo

---

(1) On a dit, au volume des *Samoa*, que ce titre désigne les chefs de second ordre, ordinairement chargés de porter la parole, p. 152.

(2) Ce curieux incident a été raconté dans le même volume, p. 230.

un noyau de catholiques wallisiens que la guerre avait jadis chassés de leur pays, et qui vivaient là sans être inquiétés. Ils étaient restés fermes dans leur religion, et fidèles à l'habitude de se réunir exactement chaque dimanche pour la prière que leur faisait un catéchiste.

C'est à eux que le père devait ses premiers soins. Mais il ne tarda pas à s'adresser aux indigènes protestants et païens. Fidèle à la tactique sans peur qui lui avait si bien réussi sur la côte nord-est, il aborda les principaux de l'endroit, et il eut peu de peine à leur démontrer qu'ils étaient la proie de l'erreur. Ils eurent l'air de comprendre et de se rendre. Plusieurs autres même, survenus pendant l'entretien qui se prolongea jusque passé minuit, firent avec eux la promesse de persévérer.

Mais, dès ce moment, on commença à leur susciter mille tracasseries ; on alla jusqu'à les menacer de les chasser du pays avec leurs familles. En les quittant donc, non sans inquiétude ni regret, le P. Elloy avait compris qu'il faudrait bientôt revenir consolider cette conquête chancelante. Ce fut la raison du voyage qu'il entreprit au mois de mai de la même année, et dont il va nous donner lui-même le récit palpitant d'intérêt. Il avait fait le premier en grande partie par mer. Pour des raisons qu'il ne donne pas, le manque de pirogue et de rameurs sans doute, il remplaça cette fois les périls des courants et des tempêtes par les rudes chemins des anciens volcans.

« A quinze kilomètres de notre résidence, du côté de l'ouest, écrivait-il au vénéré père Lagniet, en date du

30 juin 1858, le sable du rivage est remplacé par d'énormes roches basaltiques, sur lesquelles la mer, qui déferle du large sans rencontrer de ce côté les récifs de corail, se brise avec des bruits formidables. Quand les vagues s'engouffrent dans les crevasses profondes qui se croisent en tous sens, ce sont des éclats de fort tonnerre, et elles rejaillissent à plus de dix mètres de hauteur (1). Le rivage cesse donc d'être habité, et il devient même impraticable. A partir de Sasina, sur une dizaine de lieues, le chemin s'enfonce dans les terres, ou plutôt se dessine très vaguement sur les dernières pentes du volcan, dont l'idée que je viens d'en retracer fait assez pressentir le mal qu'on s'y donne.

« Plus de cette bonne brise de mer qui rafraichît si doucement le corps haletant et couvert de sueur ; elle est arrêtée par les vastes brousailles qui croissent aux fentes des matières volcaniques, et par les lianes épaisses qui les recouvrent et les enlacent dans leurs mille contours. Mais le Seigneur a lancé dans les airs les belles feuilles du cocôtier, dont les racines savent trouver à vivre à travers la lave ; et, des hauteurs où se balancent les branches majestueuses, elles protègent contre les ardeurs du soleil des tropiques le voyageur qui marche à leur ombre. Elles lui rappellent que, sur cette terre d'exil, c'est toujours d'en haut que l'âme doit attendre la force et la consolation.

« Pas un nuage au ciel ; c'était au milieu du jour. Je cheminais de mon mieux le long du sentier, déjà difficile à reconnaître dans les fouillis épineux. Un jeune indigène, mon seul compagnon, portait la moitié de

---

(1) Voir le volume précédent, p. 29.

mon petit bagage ; le reste avançait sur mes épaules, qui se soulageaient en se remplaçant. Au bout de six kilomètres, plus de cocotiers, plus d'ombre; il fallut, sous le soleil qui dardait à pic ses rayons sur nos têtes, avancer sur la lave aussi brûlante que si elle venait d'être vomie par le cratère; ma cervelle me semblait devenue aussi un volcan prêt à éclater.

« Pour reprendre un peu haleine, j'invitai mon catéchumène à réciter le chapelet, en ralentissant le pas. Comme son divin Fils, Marie se montra « notre « soulagement dans la marche, notre ombrage contre « les feux de la chaleur, notre char dans la lassitude, « notre bâton dans les pas glissants » (1). Le chapelet fini, nous reprîmes notre pas; et, après deux grandes heures de marche soutenue, nous arrivâmes au petit village d'Aopo dont les habitants semblent avoir été placés là par le bon Dieu, tout exprès pour accueillir le voyageur épuisé. C'était bien le cas pour nous qui avions marché presque tout le jour.

« Ce village situé au pied de la montagne, est donc comme une oasis entre les ondulations des scories du volcan. On y respire un air assez pur, mais il n'y a d'autre eau que celle d'un torrent qui coule dans les temps de grande pluie, et qui ensuite laisse dans le creux de quelques rochers toute l'eau potable dont se servent les habitants. Il est facile de concevoir combien est peu rafraîchissante cette boisson, qui, pendant plusieurs mois, demeure exposée à tous les rayons du soleil. Il est vrai que d'ordinaire on n'en offre pas au voyageur, et qu'on s'empresse de cueillir de jeunes cocos pour

---

(1) Prières de l'*Itinéraire*.

en extraire leur liqueur si délicieusement rafraîchissante. Malheureusement, à l'époque de notre passage, il y avait le tapou (1) sur les cocos, c'est-à-dire que l'assemblée des chefs avait défendu d'y toucher pour un certain temps. Cependant, par égard pour le missionnaire, on crut pouvoir permettre une exception ; mais, au lieu de cinq ou six cocos qui nous eussent été nécessaires, on ne nous en apporta que deux, à chacun le sien. »

Il était temps de prendre du repos. Mais les grands usages de Samoa s'imposaient au voyageur : ventre affamé doit là-bas avoir des oreilles, sous peine de donner fâcheuse idée de celui qui ne saurait pas faire passer l'éloquence avant l'appétit. Le P. Elloy était entré dans la case d'un toulafalé qui, dans son précédent voyage, lui avait donné l'hospitalité, assez économique d'ailleurs, d'un quartier de fruit d'arbre à pain. Le village est loin de vivre dans l'abondance, et le missionnaire ne pouvait guère espérer mieux chez un autre.

Or, cette case, en ce moment, servait de lieu de réunion aux chefs en train de décider une haute question : lequel d'entre eux était le plus digne de la natte d'honneur. Il fallut s'excuser de la liberté prise d'entrer ainsi dans l'auguste assemblée, échanger les saluts, prendre part à la grave délibération. Enfin le kava fut mâché, clarifié et versé. Le P. Elloy, en qualité d'hôte, eut la première tasse qu'il trouva exquise. Après quoi on lui servit, à lui et à son jeune compagnon, un festin dont tout le menu était de

---

(1) Voir *les Samoa*, p. 168.

deux taros froids qui furent mangés avec délices.

Le missionnaire allait-il enfin pouvoir se livrer au sommeil? La nuit était venue, même déjà avancée. Mais un entretien s'était engagé dans un sens favorable à la religion catholique. On admirait le courage et le désintéressement du missionnaire, qui, pour n'être pas à charge au troupeau qu'il venait évangéliser, partait au loin par les plus rudes chemins, portant une grande partie de son bagage pour ne pas écraser son compagnon. On le comparait avec le train relativement fastueux des ministres, leur hauteur, leurs exigences. On répétait, mais pour en faire justice, leurs odieuses calomnies. Le P. Elloy ne pouvait donc interrompre une conversation où la vérité trouvait sa gloire. Enfin, il fit à haute voix la prière, dont les assistants, qui écoutaient en silence, admirèrent aussi les belles formules; et ils se retirèrent les uns après les autres, le laissant seul avec les gens de la famille.

« Aussitôt, continue-t-il, on étendit deux nattes par-dessus celle où j'étais assis. On suspendit le *siapo*, destiné à servir de moustiquaire, et l'on me donna le petit banc de bois qui devait être mon oreiller. Tel est le lit du missionnaire. On n'avait pas de siapo à offrir à mon néophyte. Il me restait, ou bien à l'envoyer ailleurs partager la couche d'autres jeunes gens, au grave détriment probablement de sa vertu ou même de sa foi, ou à partager moi-même avec lui. Je n'hésitai pas à prendre ce dernier parti, quelque pressentiment que j'eusse des suites qu'il pouvait entraîner... L'amour des âmes a bravé de bien plus redoutables morsures!

« A mon réveil, je me sentis donc tout le corps en

ébullition. Des centaines de parasites, dont il est inutile de dire autrement le nom, avaient changé de domicile, et passé du Samoan sur l'Européen dont le sang leur avait paru une vraie friandise. Je les voyais faire à l'aise sur ma personne la promenade d'après le dîner. Mais la profondeur de mon sommeil m'avait dispensé de les sentir pendant la nuit; et je comptais sur l'activité du voyage pour me faire oublier pendant le jour ces hôtes importuns : chien qui chasse, comme dit le proverbe, ne sent pas les piqûres.

« Aussi le soleil n'était pas levé que déjà nous reprenions notre course à l'ouest, vers le *Mou-Tele*, le grand volcan. Là, en effet, tout à l'ouest de l'île, dans la direction de Faléaloupo, se trouvent les traces d'un volcan célèbre, qui depuis peu, est éteint. On dit qu'il n'y a guère eu que deux générations depuis que le cratère a cessé de fumer.

« Ce n'est pas sans quelque appréhension que nous en approchions. La route que nous suivions est peu fréquentée par les naturels, et, quand ils s'y aventurent, il leur arrive assez souvent de s'égarer. L'enfant qui m'accompagnait ne la connaissait aucunement; je ne la connaissais pas mieux, et j'avoue que je me reprochai un moment ma témérité. Cependant, nous étions là pour faire l'œuvre de Dieu; je ranimai ma confiance en sa bonté, je me recommandai à mon ange gardien, et nous nous engageâmes dans ces routes, d'autant plus difficiles et dangereuses qu'elles nous étaient plus étrangères.

« Nous avancions sur la lave toute nue et encore luisante, comme si elle ne se fût figée que de la veille. La matière en fusion a pris les formes les plus bizarres.

Parfois elle s'est tordue comme un câble gigantesque que l'on aurait étendu le long d'une pente ; d'autres fois elle s'est durcie en formant des moulures de mêmes dimensions en demi-cercles, comme du mortier de maçonnerie que l'on refoule. Ici, c'est une vague pétrifiée au milieu de son essor ; là, c'est un dôme bien arrondi ; le tout entrecoupé de profondes crevasses, qui obligent bien souvent à faire de longs détours pour trouver une issue. C'est alors que l'on est le plus exposé à perdre les traces du sentier. Que de fois l'œil est porté à prendre le luisant de la pierre volcanique pour l'empreinte qu'a dû laisser le pied du voyageur ! Si, au lieu de tourner la roche, on suit cet éclat trompeur, on se trouve tout à coup en présence d'une large étendue de lave, semblable aux débris d'une immense forge, où il est impossible d'avancer sans se déchirer cruellement les pieds.

« Et encore comment avancer ? Faut-il prendre à droite, faut-il prendre à gauche, pour retrouver le sentier perdu ? rien ne l'indique. Aller à l'aventure, c'est s'exposer à s'égarer pour plusieurs jours ; revenir sur ses pas n'a pas moins d'inconvénients : on n'a pas laissé de traces sur le sol, et l'on ne sait plus en quel endroit on est sorti du vrai chemin.

« Or, après avoir marché pendant environ vingt minutes, je me trouvai subitement en présence d'un de ces monstrueux amas des vomissements du cratère, où l'on n'aperçoit aucune issue. Je me retournai alors vers mon compagnon de route ; il avait l'air inquiet : « Eh bien, lui dis-je, nous sommes égarés, arrêtons« nous. Où penses-tu qu'est le chemin ? » Le jeune homme n'osa me répondre. « Tu ne sais pas où est le

« chemin, repris-je d'un air déterminé, je ne le sais
« pas non plus ; mais nos bons anges le savent. Nous
« allons réciter une prière, et nous chercherons du
« côté où ils nous inspireront. »

« Aussitôt dit, aussitôt fait ; et nous voilà tous les deux à genoux. « Enfant, dis-je ensuite au jeune Sa-
« moan, allons à gauche, c'est là que nous trouverons
« le sentier. — Je le crois aussi », me répondit-il.
En effet, nos bons anges n'avaient pas trompé notre confiance. Nous rencontrâmes bientôt les traces du sentier, et après une heure de marche à travers les scories amoncelées, nous nous avancions sous l'ombre d'arbres séculaires, et nous ne tardions pas d'arriver au village de Sataoua, où nous étions attendus. »

Le P. Elloy trouva sa petite chrétienté fidèle à ses promesses, groupée au nombre de quarante autour du toulafalé. Il en fallait moins pour lui faire oublier ses fatigues. Pendant les quinze jours qu'il y passa, il s'en convertit encore une vingtaine. Il eut le bonheur de baptiser deux indigènes en danger de mort, un petit enfant qui prit son essor vers le ciel quelques secondes après avoir reçu le sacrement, et un jeune chef, qui y apporta les plus édifiantes dispositions, mourut paisiblement le lendemain. Ce sont là, pour le missionnaire, des joies inénarrables ; et c'est sous leur douce influence qu'il continua son chemin jusqu'à Faléaloupo.

Les circonstances étaient favorables. Un état de flagrante inconduite avait obligé le ministre à disparaître : les calomnies qu'il avait préparées contre les popés se retournaient contre lui. « J'avais donc hâte de m'y rendre, dit le P. Elloy dans la lettre dont on vient de citer quelques fragments. Je visitai les faibles, et j'eus la joie de les voir rougir de leurs hésitations et s'affermir dans leurs promesses. Je fis des catéchismes et des classes de chant. Je parlai ferme au chef le plus influent, qui avait refusé, par frayeur, de faire la prière publique dans sa grande case ; je lui déclarai que je cesserais de le tenir pour catéchumène s'il ne me faisait la promesse solennelle de n'y plus manquer désormais. En même temps, j'annonçai que j'y ferais le lotou le dimanche suivant.

« Ce jour venu, je choisis le moment où les hérétiques se rendaient, en grand nombre hélas ! à la case qui leur servait de temple ; puis, saisissant mon crucifix, je le tins haut en le pressant de temps en temps sur mes lèvres, et je croisai, sans baisser ni la tête ni les yeux, les groupes protestants. Leurs regards trahissaient la colère, même la rage ; nul cependant n'entreprit rien sur moi.

« Arrivé à la case déterminée, quelle ne fut pas ma joie de voir un assez grand nombre de visages inconnus ! Un autre chef et son toulafalé nous avaient envoyé leurs femmes et leurs filles ; le petit troupeau dépassait la quarantaine. On m'écouta avec intérêt, et j'annonçai, pour tâter leur fermeté, un entretien et le chapelet pour midi. Tous sans exception furent exacts. J'avais le cœur épanoui ; je leur parlai avec la plus confiante expansion, sentant que j'avais affaire, non plus avec des curieux, mais avec des catéchumènes avides de s'instruire. Le grand chef, se voyant soutenu, me promit de se mettre à la construction d'une église. Je chargeai officiellement le catéchiste du pays de faire le catéchisme aux enfants et la prière publique le dimanche. Puis, je bénis ce troupeau bien-aimé et je pris congé, l'âme surabondant de consolation et d'espérance. »

La vocation de ce catéchiste mérite qu'on s'y arrête un instant : c'est un beau triomphe de la grâce, aux prises avec une de ces natures élevées, sincères, généreuses, que Dieu se ménage partout, et qui donnent, en se rendant, une leçon salutaire, toujours bonne à prendre en tous lieux. Le P. Elloy va nous la fournir dans une lettre postérieure, adressée au R. P. Favre.

« Il n'y a pas bien longtemps, dit-il, que ce catéchiste s'est fait des nôtres ; il était autrefois protestant, et de plus, de ce qu'on pourrait appeler la bande joyeuse. Il quitta le protestantisme, il y a environ un an ; mais il fréquentait encore les danses, il n'était pas converti. La première fois que je visitai son pays, je ne vis pas le jeune homme pendant les trois premiers jours de ma visite ; il était encore occupé à faire la pêche du requin.

« Notre catéchiste était le conducteur de la petite flotte dont j'attendais le retour pour avoir nos catholiques réunis. Il y avait eu gros vent la nuit précédente, nous n'étions pas sans inquiétude sur leur sort. Enfin, vers le soir du troisième jour, nous vîmes blanchir au loin trois petites voiles : c'était le retour des pêcheurs. Bientôt nous pûmes entendre le son joyeux du tambour d'une embarcation ; les deux autres voyageaient en silence : c'est que la première avait fait bonne pêche, les deux autres rentraient *taoufoua*, c'est-à-dire bredouille.

« Après quelques félicitations aux uns, quelques

doléances aux autres, je pris en particulier le jeune homme dont je voulais faire un catéchiste. « Tonga, « lui dis-je, laisse la pêche des poissons et les autres « soins du monde : tu vas m'aider à la pêche des âmes. « Veux-tu me suivre, et venir passer quelque temps « chez nous, dans notre résidence, pour te préparer à « devenir catéchiste ? Tu reviendras ensuite affermir « l'œuvre de Dieu dans ton pays, et tu gagneras une « belle couronne dans le ciel. »

« Je vis en lui un moment de combat. Car enfin je parlais à un jeune homme à qui le monde souriait et applaudissait en toute rencontre ; mais la grâce triompha. Elle répandit soudainement dans son âme ce sentiment de l'infini, sous l'influence duquel tout se décolore et se désenchante autour de nous : « Père, me « dit-il, d'un air grave et d'un ton de profonde mélan- « colie, tu as raison : voilà longtemps que je travaille « pour les hommes et pour moi ; et cependant je ne « suis jamais plus avancé en bonheur un moment ou « un autre : plaisirs, louanges, tout est parti en fu- « mée. Oui, c'est vrai, il n'y a que ce que l'on fait « pour Dieu de vraiment bon. Eh bien, père, puisque « tu m'appelles, je te suivrai ; seulement je te prie de « n'en rien dire à personne, de peur qu'on ne cherche « à me retenir. »

« Deux jours après, j'annonçai mon départ : « Père, « me dit tout bas le jeune homme, à quelle heure par- « tirons-nous ? — Dès que tu seras prêt, lui répondis- « je. — Bien, je vais avertir ma famille, dire adieu à « mon frère, congédier la femme avec laquelle je co- « habitais sans être marié, l'avertissant que, si elle « veut aussi servir Dieu, elle n'a qu'à rester sage

« pendant mon absence, et à se préparer. » Et il disparut. Bientôt j'entendis les pleurs et les gémissements dans la maison voisine.

« Il y avait grande agitation dans la parenté, qui est presque toute hérétique ; on voulait retenir le jeune homme ; car, outre le dépit de le voir embrasser le lotou des popés, on craignait qu'il ne revînt plus. De la case où j'étais assis, j'examinais tout. Tonga tournait de temps en temps les yeux vers moi comme pour se fortifier. Enfin je le vis se lever, essuyant ses larmes, et se diriger de mon côté : « Père, la séparation est faite, « partons vite. » — Oui, à l'instant, » répondis-je, et nous nous mîmes en route.

« Quand nous fûmes sortis du village, nous rencontrâmes un jeune homme qui était aussi un des chefs de la bande joyeuse, et comme le second de celui que j'emmenais. « Tonga, lui dit-il, où vas-tu ainsi avec le « missionnaire ? — Adieu, dit le converti, je quitte « l'œuvre du démon pour celle de Dieu. » Ce fut toute sa réponse.

« Après trois heures de marche dans la forêt, nous arrivâmes au village de Sataoua, où nous passâmes la nuit. Il nous restait encore une marche d'environ dix-sept lieues pour arriver à notre résidence, à Toapaïpaï ; mais les pieds de mon compagnon redoutaient les laves du volcan que nous devions traverser en suivant la voie de terre, et nous prîmes pour le retour la voie de la mer. »

Ce ne fut pas sans de terribles péripéties que la pirogue aborda dans la crique de Toapaïpaï. Mais le cœur du missionnaire surabondait de joie : il ramenait au bercail une brebis arrachée à l'hérésie, dont il espérait faire, et dont il fit réellement, une brebis mère.

« Tonga, continue la lettre, est aujourd'hui baptisé, il s'appelle Basile; la jeune insulaire qu'il avait congédiée est aussi baptisée, et elle est devenue sa femme légitime. Sa foi n'est pas moins vive que son zèle ardent; il en a donné dernièrement une preuve bien frappante, où l'intervention de Dieu parut sensiblement.

« Il avait construit quelque temps auparavant une pirogue de pêche dans le genre de celle qui nous ramena de Sataoua, et il en avait fait cadeau à son frère, chez qui il demeurait. Ce dernier, hérétique ardent, avait vu avec peine que Tonga devînt catholique, et surtout aspirât à être catéchiste; il lui suscita des tracasseries pénibles, et voulut tout employer pour le dégoûter de sa nouvelle religion. Le jeune homme tint bon; mais, voulant s'arracher à cette persécution incessante, il quitta la maison de son frère et alla habiter ailleurs.

« Sur ces entrefaites, on fit à Faléaloupo une grande pêche aux thons; la petite barque donnée par Tonga à son frère fut de la partie. La pêche se trouva extrêmement heureuse pour tous, excepté pour le tafaouga de l'hérétique qui ne prit pas un seul poisson. De retour au village, il criait partout qu'évidemment son frère était irrité contre lui, qu'il avait jeté un sort sur l'embarcation, et que c'était la raison de sa honte. Il envoya même un exprès à Tonga pour le prier de venir s'accorder.

« Notre catéchiste, dans la ferveur de sa foi, ne crut pas tenter Dieu en lui demandant une sorte de miracle authentique. Il se rendit sur le rivage, en présence de son frère et de plusieurs amis. Là, il déclara qu'il n'avait nullement maudit l'embarcation et qu'il ne conservait aucune rancune contre son frère; qu'il allait prier Dieu de bénir désormais la pêche de cette barque, afin que par là son frère et les autres pussent reconnaître la vérité de la religion catholique, en voyant le Dieu qu'elle proclame exaucer les prières de ceux qui mettent en lui leur confiance. Cela dit, il se jeta à genoux et pria tout haut.

« L'hérétique voulut tout de suite faire l'expérience de l'efficacité de la prière du popé. Il partit incontinent pour la pêche. A peine la petite pirogue eut-elle quitté les récifs, qu'elle prit un thon, puis un second tellement gros que le bambou destiné à le soulever se cassa; cependant on parvint à le ressaisir, et avec lui sa magnifique proie. On continua la pêche avec ce tronçon de bambou; et l'on prit encore, en peu de temps, dix nouveaux thons. L'embarcation ne pouvait pas en porter davantage; on revint au village en triomphe; jamais tambour de pêche n'avait battu si fort.

« Cette nouvelle, quoique minuscule, édition de la pêche miraculeuse, n'a pas été sans influence sur les résultats de notre mission à Faléaloupo. Mais les esprits touchés par l'hérésie sont comme des anguilles ou des mollusques sur lesquels la parole n'a pas de prise; mieux vaudraient des requins, dussent leurs dents nous broyer! »

Rentré à sa résidence, le P. Elloy y trouva le P. Ducrettet en train de pousser activement les travaux de l'église de *Notre-Dame-du-Bon-Secours*, qu'on voulait être bientôt en état de bénir. Deux frères, Jacques Peloux, que nous avons vu déjà à l'œuvre, et Lucien Manhaudier, rivalisaient d'habileté et de dévouement pour en faire une demeure aussi digne que possible du Dieu de l'Eucharistie et de la divine et *secourable* Mère. Le P. Elloy leur prêta, avec plus de cœur que jamais, le secours de « ses grosses mains » et de son infatigable ardeur; ajoutons, de son goût beaucoup mieux inspiré qu'il ne voulait en convenir. Il s'agissait d'en faire un monument qui, par ses proportions, sa solidité et sa grâce, laissât bien loin le temple protestant. Et vraiment la question ainsi posée n'était pas difficile à résoudre.

L'hérésie ne saurait mettre beaucoup de cœur à élever à Dieu un édifice qui ne sera pas sa demeure, et qui n'a pas même l'honneur de posséder, comme le temple de l'ancienne loi, des témoignages parlants de sa complaisance pour les hommes. Prodiguer des trésors d'architecture et de tous les arts du dessin dans le simple but de grouper chaque semaine quelques fidèles au pied d'une chaire, quand d'ailleurs les droits du libre examen lui ôtent son meilleur prestige, n'est-ce pas dépasser toute proportion?

Pourquoi ces voûtes, représentant les lointains mystérieux d'un ciel que Dieu ne doit pas remplir? Pourquoi ces nefs qu'on fait converger vers un centre qui apparaît dépouillé et désert? Pourquoi ces verrières tout animées qui entretiennent les fidèles de dogmes qu'ils ne sont pas tenus de croire, ou de souvenirs de saints personnages qu'il leur est interdit d'invoquer?

De toutes ces belles choses l'autel est l'idée finale,

l'autel et le tabernacle, le lieu de l'immolation et le séjour du Dieu qui peuple ce temple de ses ineffables tendresses, lesquelles communiquent toutes ses grandeurs : « C'est ici le lieu de mon repos, et ma demeure fidèle : venez, venez tous à moi ! » La foi en ces paroles devait donner au génie son plus haut essor ; et, de même qu'elles ont inspiré à la théologie ses pages les plus sublimes, elles ont élevé à sa plus haute puissance l'art chrétien, qui a su faire exprimer par la pierre toute une poésie nouvelle d'adoration, d'espérance et d'amour. Supprimez cette foi, ôtez l'autel au temple, tout est renversé ; plus d'ordre, plus d'harmonie, plus de raison d'être : c'est un corps que son âme a quitté. Dans nos cathédrales du moyen âge que l'hérésie a usurpées, le visiteur catholique éprouve la sensation des tombeaux.

Le P. Elloy était plein de ces fortes et riches convictions. Aussi, en plusieurs de ses lettres, il aime à revenir sur la construction de son église de Toapaïpaï. Il est bien loin d'espérer faire quelque chose de comparable ; mais il a voulu au moins que cette demeure du Dieu vivant l'emportât de beaucoup sur la case vide où celui qui prêche défend, à ces déshérités d'en haut, de croire au mystère qui anticipe la jouissance du ciel sur la terre d'exil ; et déjà la construction produisait son effet sur les insulaires.

« Père, disaient-ils quelquefois à tel ou tel missionnaire, que ces murs sont hauts ! veux-tu donc qu'on les élève encore ? — Oui, ils monteront encore, et beaucoup, beaucoup. — Mais, père, où veux-tu donc qu'ils aillent ? — Toujours plus haut vers le ciel ; êtes-vous ennuyés de travailler pour Dieu et pour son Fils Jésus qui veut habiter au milieu de vous ? — Oh! non, père; mais nous voulons savoir pourquoi tu fais toujours monter les murs, auprès desquels nos cases ne sont que des cages de ramiers. »

« Ecoutez, mes enfants, une église est l'image du ciel, où le bon Dieu nous fera une place, comme nous lui faisons son *fale* (sa maison) parmi nous. Ces murs donc qui montent toujours, et les belles voûtes arrondies qui les réuniront, et le superbe clocher qui montera plus haut encore, ne cesseront jamais de vous crier par toutes leurs pierres, comme autrefois le Sauveur le disait à Jérusalem, elles ne cesseront jamais de vous crier, à vous et à vos enfants, que vos pensées, vos affections doivent sans cesse monter vers le ciel. — Oh! père, que c'est beau, ce que tu nous dis là! Oh! oui nous travaillerons pour le bon Dieu et pour Jésus-Christ. »

Et en effet, c'est bien de tout cœur qu'ils se prêtaient au travail. On avait fait tout le possible pour alléger leur peine : ainsi un petit char à deux roues avait été construit pour amener les matériaux à pied d'œuvre. Les naturels en étaient stupéfaits d'admiration, outre la joie de n'avoir pas leurs épaules meurtries par les lourds et âpres blocs de corail. « Aussi, disait encore le P. Elloy, c'était merveille de voir arriver les bois, les pierres, la chaux, le sable, au chant des airs nationaux joyeusement cadencés. Orphée et Amphion, devant les murs de Thèbes, en eussent été jaloux. En même temps les femmes et les jeunes filles de toutes les conditions rivalisaient de zèle à tresser les nattes destinées à couvrir, au jour solennel, le pavé du sanctuaire. »

Le P. Elloy insiste, dans une des lettres qui nous donnent ces détails, sur l'autel que les frères ont construit. « Il serait, dit-il, de prix en Europe. Nous y avons employé les deux bois les plus estimés et les plus rares du pays, l'ifilélé et le paou. Ces bois sont d'un tissu très fin, susceptible d'un beau poli ; et hors de l'eau, ils sont incorruptibles. Ce ne fut pas sans peine que nous vînmes à bout de nous les procurer : le paou ne pousse que dans les environs de Faléaloupo, à une vingtaine de lieues de distance. Quant à l'ifilélé, il y en a dans notre voisinage, mais seulement dans une forêt consacrée jadis aux aïtous et aujourd'hui possédée par les protestants. Grâce à la divine Mère, toutes difficultés tombèrent, et nous avons aujourd'hui la joie de célébrer le saint Sacrifice sur un autel dont la tapou diabolique nous a conservé le bois avec tant de jalousie, sans se douter assurément que le culte du vrai Dieu y trouverait sa gloire.

« Le jour de la bénédiction ayant été fixé au jeudi, 4 août 1859, nous résolûmes de déployer toutes nos pompes, afin de frapper les naturels par la plus haute solennité possible. Nous convoquâmes donc tous nos pères d'Oupolou comme de Savaï. Les PP. Dubreul et Verne furent retenus par la construction de leurs propres églises. Les autres voulurent bien accourir, savoir : de Savaï, les PP. Violette et Garnier, d'Oupolou, les PP. Servant, Schall et Sage. Avec le P. Ducrettet et moi, nous étions sept. De tous les points des diverses îles les néophytes s'empressèrent, les chefs en tête, vêtus de leurs belles nattes traînantes.

« L'église une fois bénite, la grand'messe fut chantée. C'était la première depuis plus de trois ans que j'ai quitté la France. Assurément notre solennité eût pâli auprès des vôtres. Mais, après nos longs jeûnes de grandes cérémonies, il me semblait jouir pour la première fois des douces splendeurs de notre culte ; c'était un jour du paradis.

« Après la messe vint la réception des hôtes par nos indigènes de Taopaïpaï. Même abondance ou profusion que dans celles des voyages des chefs (1). Mais quelle différence dans la tenue, la cordialité, la décence ! C'est là surtout que se remarquent les changements opérés par notre sainte religion, si réellement civilisatrice, dans les coutumes du pays. Ce n'était plus une contribution imposée à contre-cœur pour être dépensée en débauches; mais les offrandes de la charité, faites joyeusement à des frères dans la sainte joie de la maison de Dieu (2). Il était quatre heures du soir quand, les discours étant finis, on se mit à table, c'est-à-dire on s'assit sur le gazon frais.

« Le *benedicite* fut dit à haute voix dans les divers groupes; chez nos chers néophytes, il n'y a à craindre ni indifférence, ni sot respect humain : notez ces deux points-ci. Puis, le signal fut donné de nouveau, et la bénédiction du Très Saint Sacrement termina cette ravissante journée. Qui se plaignait de ses peines ? On s'embrassait en pleurant de joie. Avoir contribué à donner au bon Maître son logement au milieu de nous, n'est-ce pas, grâce à son infinie miséricorde,

---

(1) V. *les Samoa*, p. 106.
(2) Ici se trouvent, dans la lettre, des détails sur les vivres offerts, que nous supprimons parce qu'ils seront largement décrits la veille du sacre de Mgr Elloy.

prendre un gage sur sa belle hospitalité du ciel ? Oh ! qu'il fera bon alors se rappeler, dans l'immortelle effusion de son accueil, les fatigues, les sacrifices que nous aura coûtés le soin de notre salut et du salut des âmes ! Que cette perspective soit toujours sur nos têtes pour soutenir notre courage ! *Lætabuntur coram te, sicut qui lætantur in messe !* (1). — *Lætati sumus pro annis quibus vidimus mala* (2). »

C'est la dernière lettre du missionnaire datée de Savaï. Elle se termine par ce *post-scriptum* :

« 21 octobre. Mgr Bataillon arrive. Il me destine à la mission d'Apia ! »

---

(1) Ils se réjouiront devant vous, Seigneur, comme on se réjouit à la moisson. Is. ix, 3.
(2) Nous avons été dans la joie, en raison des jours que nous avions passés dans la peine. Ps. lxxxix, 15.

CHAPITRE III

APIA. — LE P. ELLOY PROVICAIRE APOSTOLIQUE. — LE TOUR DE L'ILE D'OUPOLOU

Le vicaire apostolique visitait donc les Navigateurs sur la fin de l'année 1859. Il revenait de Rome et de France, avec un convoi de onze pères, frères ou sœurs, destinés aux diverses îles de son vaste vicariat.

« Cette tournée apostolique, disent les *Annales des missions de la Société de Marie*, fut un véritable triomphe pour la religion, et une fête perpétuelle pour le pasteur. Il était si heureux de revoir, après trois ans d'absence, cette chère population de Wallis, dont la conversion lui avait coûté tant de peines et de sacrifices; de retrouver chez ceux qu'il avait enfantés en Jésus-Christ une foi enracinée, des habitudes plus chrétiennes, de bénir de nouveaux enfants que la grâce avait arrachés au paganisme ou à l'hérésie pour les amener dans la famille catholique; de voir enfin les conversions se multiplier dans les îles jusque-là rebelles à la grâce, et partout un élan remarquable vers notre sainte religion.

« Impossible de décrire l'enthousiasme avec lequel

il fut reçu par les populations chrétiennes ; elles étaient si heureuses, elles aussi, de revoir leur évêque et leur premier apôtre, et de pouvoir donner un éclatant démenti aux calomnies que le démon de l'hérésie n'avait pas manqué de répandre pendant l'absence du prélat ! Sa Grandeur laissa des sœurs à Wallis et à Foutouna, forma deux stations nouvelles à Tonga et une à Fidji ; enfin elle accorda quelques missionnaires aux instantes demandes du P. Dubreul et des missionnaires de Samoa. »

Monseigneur eut promptement jugé par lui-même des rares qualités qui avaient si hautement établi la réputation du P. Elloy. Il songea à lui pour l'établir, en qualité de provicaire et de procureur, à la tête de toutes les stations de l'archipel.

Le P. Dubreul avait rempli jusque-là ces fonctions avec le plus grand mérite. Mais ses longs et laborieux services ; ses courses, à titre de visiteur, à travers toutes les stations de la Société, la Nouvelle-Zélande, la Nouvelle-Calédonie, le Centre, les Navigateurs ; ses sollicitudes de procureur des missions : l'avaient prématurément vieilli. Il parlait difficilement les langues soit du pays, soit d'Angleterre ; et, aussi humble que dévoué, il se jugeait incapable de faire bonne figure en face des Blancs qui commençaient à s'établir à Apia.

Il pressait donc l'évêque d'Enos de lui donner un successeur, et de lui permettre de se consacrer aux indigènes dans une station qui fût encore pure de tout mélange européen. En même temps, il lui désignait le P. Elloy ; et Monseigneur, très satisfait de voir sanctionner par un confrère en qui il avait toute confiance le choix qu'il avait déjà fait secrètement, n'hésita pas à prendre le parti de confier cette double charge au vaillant missionnaire qui avait produit en tout Savaï un si prompt et si heureux bouleversement.

Mais le chef-lieu de ces fonctions ne pouvait être que, en Oupolou, à Apia, port d'accès facile, et fréquenté, on l'a dit, par les vaisseaux marchands d'Europe et d'Amérique, d'où il était plus aisé de communiquer avec tous les points de la grande mission. Or, on pressent assez quelles attaches retenaient à Savaï l'âme aussi sensible que forte du P. Elloy. Quand l'évêque d'Enos aborda à Toapaïpaï, l'église que le père avait contribué, à force de fatigues, à achever si heureusement, venait seulement d'être bénite, et il préparait un beau baptême de trente adultes. Quelle fête, pour son cœur de père, que ces riches épis prêts à tomber sur l'aire à peine achevée et déjà sur le point de se remplir !... « *Sic vos non vobis !* lui dit tout à coup le vicaire apostolique; j'ai besoin de vous à Apia, faites vos malles. » Et il ne s'expliqua pas davantage.

Les supérieurs aiment à en agir ainsi avec les religions de forte trempe. Mais, si c'est à ceux-ci grand honneur d'être jugés dignes, à force de magnanimité et d'obéissance, d'être traités sans plus de façons, la nature garde ses droits, ne fût-ce que pour fournir, à celui qui néglige ses plaintes, le sentiment du sacrifice et le mérite de la victoire. Nul doute que le P. Elloy n'ait été douloureusement ému de se trouver brusquement, contre toute attente, enlevé à un troupeau qu'il avait aimé au prix de tant de peines, et qui lui rendait, en reconnaissance et en docilité, amour pour amour. Mais sa correspondance ne porte aucune trace de regrets. Les larmes que sa tendresse de cœur, si connue de tous, ne put manquer de lui arracher, furent dévorées en un silence qui n'eut que Dieu pour confident, et même pour témoin. Il partit pour Apia sur la fin d'octobre 1859.

Il fut reçu de ses confrères avec les témoignages de la plus parfaite estime, affection et confiance, tous s'estimant heureux de dépendre désormais d'un missionnaire qui avait fait en si peu de temps de si grandes preuves de haute valeur, et dont les conseils étaient d'avance appuyés par les grands exemples et les beaux succès de son apostolat à Savaï. Mais le père était loin de penser de lui ce que pensait tout le monde, et son humilité s'alarmait de porter une charge dont il se sentait écrasé.

« Hélas ! disait-il dans une lettre au R. P. Favre, je ne refuse pas de me dévouer pour mes confrères ; mais j'aurais voulu qu'un ancien eût la responsabilité. On a mis un enfant à la tête de vénérables prêtres, vieillis dans les fatigues de l'apostolat ; eux-mêmes l'ont demandé, mais n'ont-ils pas trop présumé du désir que j'ai de me dévouer pour eux ? Je n'en sais rien. Quoi qu'il en soit des pensées humaines qui voudraient m'inquiéter, je me rappellerai toujours que c'est Dieu, par l'organe de mes supérieurs, qui m'a imposé ce fardeau. C'est en lui que je mettrai ma confiance : *Omnia possum in eo qui me confortat.* Et puisque, le plus jeune, on m'a placé à la tête, je recourrai au petit enfant de la Crèche, et je le prierai de nous conduire tous entre les bras de sa mère : *Puer parvulus minabit eos !*

La correspondance du P. Elloy porte ici des traces de vives souffrances morales; mais dans ses lettres seulement à ses supérieurs. Il s'était fait une loi de ne jamais prendre des confrères pour confidents de ses peines, et, les ouvertures une fois faites selon les règles religieuses, c'est dans la prière et dans l'activité du zèle qu'il cherchait sa consolation. Dès les premiers jours il s'était mis à l'œuvre sur son nouveau terrain.

Il débuta par un grand coup. Il faut le raconter, car il fait le plus grand honneur à l'intrépidité de son zèle, et il reste glorieux à sa mémoire par les terribles effets qu'y attacha visiblement la justice de Dieu.

Tout près d'Apia s'étendait à l'ouest le district de Faléata, dont un des villages, aujourd'hui hélas! en ruines, Lépéa, avait à sa tête Faamouina, ce chef qui s'était empressé (1) de faire accueil aux PP. Roudaire et Violette. Son fils avait reçu le baptême étant encore enfant, et il avait grandi en donnant des preuves sincères de son attachement à la foi catholique. Quinze ans s'étaient écoulés; il était en âge de contracter mariage, et son père venait de lui choisir pour épouse une jeune fille de bonne famille et de bonne réputation, protestante, il est vrai, mais désireuse du baptême et déjà presque mise en état de le recevoir.

Tout faisait donc espérer une de ces fêtes pieuses, qui partout sont du meilleur augure pour la nouvelle famille prête à se former sous l'œil de Dieu, mais qui, aux Samoa, devaient avoir une heureuse influence pour aider à ruiner les habitudes mal éteintes des pra-

(1) V. *les Samoa*, p. 260.

tiques scandaleuses du mariage païen. Malheureusement Faamouina fut faible.

Dans son entourage on ne se résignait pas à se priver d'une série de nuits d'orgie. Telle est d'ailleurs l'influence de l'esprit de ténèbres sur les esclaves qu'il tient dans sa puissance depuis des siècles, que la femme elle-même, dont la dignité recevait en cette occasion les plus outrageantes atteintes, tenait à honneur de n'en pas être privée. La famille de la fiancée joignait donc ses instances à celles des parents de Faamouina. Vainement le P. Dubreul, aidé de ses confrères, du P. Gavet notamment, qui a raconté ce fait douloureux, s'était efforcé de prévenir ce scandale. Ils avaient fait des neuvaines ferventes ; ils avaient agi sur les intéressés en les menaçant, s'ils cédaient à des désirs dissolus, de la colère divine, toujours plus à redouter pour ceux dont la foi a éclairé la conscience, et dont les défaillances prennent en certaines grandes occasions un caractère d'apostasie. Tout fut inutile, et les préparatifs commencèrent.

La grande place de Lépéa fut nettoyée et parée de guirlandes. Les familles alliées arrivaient de tous les points de l'archipel, chargées de présents. Des centaines de nattes fines, des monceaux de fruits, des porcs sans nombre prêts à mettre au four, s'étaient accumulés en montagnes, et les danses abominables dont il a été donné une idée au volume précédent (1), les infernales Pooulas, avaient commencé depuis deux jours.

Pendant toute la nuit, nos pères avaient le chagrin

(1) *Les Samoa*, p. 99.

d'entendre les échos lointains des chants, le bruit de la peau de vache tendue qui sert de grosse caisse, des *lali* (1) et des claquements de mains battant la mesure de la bacchanale échevelée. Enfin, la troisième nuit, celle où la débauche atteint les derniers excès, commençait à tomber, et tout se préparait pour l'entière consommation du mal.

Le P. Elloy, n'écoutant que son grand courage, s'élance tout à coup, et, se frayant un passage dans la foule étonnée, même consternée, il entre et se tient debout au milieu de la place. Il leur parle de la mort, des jugements de Dieu sur ceux qui profanent leur baptême, mais avec une éloquence manifestement inspirée et qui l'étonna lui-même, avec des accents qu'il ne se connaissait pas. Il prie, il conjure les époux de prévenir, en renonçant à de si damnables usages, la colère qu'il voit suspendue sur leurs têtes.

L'assistance était émue, ébranlée. Quelques-uns se levaient déjà dans l'attitude du départ. « Laisse-nous, lui dit alors un des anciens, laisse-nous à nos usages. Vous autres Européens, vous avez les vôtres pour les mariages ; laisse-nous suivre les rites de nos pères. » — « Vos rites sont les coutumes de Satan ; c'est pour vous arracher à son empire que nous avons tout quitté, reprend vivement le missionnaire. Au nom du Dieu vivant, je vous ordonne de vous disperser. » — « Laisse-nous, dit un proche parent du jeune Faamouina, ce sera la dernière fois ; nous serons ensuite tout à ton

---

(1) Troncs d'arbres évidés et dépouillés de leur écorce, qu'on frappe du marteau de bois, et qui donnent des sons divers, non dépourvus d'harmonie.

Dieu. Eloigne-toi. » — « Je reste reprit résolument le missionnaire, osez vous livrer, devant le ministre du vrai Dieu, à vos abominables excès ! »

L'émotion redoublait sensiblement, et l'assemblée était sur le point de se dissoudre, lorsqu'un protestant des plus éhontés s'écria : « S'il reste, le popé, c'est qu'il veut voir ; eh bien, commençons ! » Et le voilà qui, jetant bas sa ceinture de feuilles, se livre à d'horribles contorsions. Le démon avait vaincu ; le P. Elloy, levant au ciel ses yeux inondés de larmes, et joignant les bras dans une convulsion de douleur, se retira en offrant à Dieu sa propre tête pour conjurer les calamités qu'il pressentait dans un avenir plus ou moins prochain. A peine avait-il fait quelques pas que les odieux instruments donnèrent le signal.

Dieu eut son tour, où la miséricorde devança et couronna la justice, tout en la laissant apparaître dans sa rigueur ; il avait jugé un grand exemple nécessaire. Tous donc étaient retournés dans leurs villages respectifs. La nouvelle épouse tint parole en demandant le baptême, avec une telle ferveur que le P. Elloy ne put hésiter à le lui accorder. Il fut même émerveillé de la docilité de cette âme à l'action des grâces de choix dont il plut à Dieu de la combler, une fois soustraite à l'influence que l'hérésie donnait sur elle au démon. Sa première communion fut celle d'un ange. Le jeune chef, entraîné par ses vertus, devint aussi un modèle, et le nouveau ménage fut l'édification de tous. Les enfants arrivèrent, en bonne constitution, furent baptisés, élevés avec soin. Mais tous, à l'âge de six, sept ou huit ans, frappés de maladies imprévues et soudaines, furent enlevés à la tendresse de leurs parents.

« Il y a plus, nous écrivait le R. P. Gavet, à la date de juin 1886, tous ceux de la famille qui avaient tenu pour la fête païenne moururent prématurément, attribuant leur sort, mais sans amertume, à la malédiction que la douleur de l'apôtre avait, sans qu'il l'eût cependant appelée, attirée sur eux. Les deux époux aussi sont morts encore jeunes et dans des circonstances extraordinaires. Toute la famille est aujourd'hui éteinte. Le pays lui-même, le gracieux village de Lépéa et son bruyant forum ont cessé d'exister. Plus de cases, mais des morts sous les tombes, qui elles-mêmes disparaissent sous la vigoureuse végétation des tropiques. Quelques années encore, et le tragique événement n'aura de traces que dans le souvenir des habitants. Mais là, il ne périra jamais. »

En quittant Apia, au terme de son voyage d'octobre 1859, le Vicaire apostolique, tout en destinant le P. Elloy aux fonctions de provicaire et de procureur, lui avait assigné comme sa station propre presque toute la côte nord d'Oupolou, depuis Fangaloa à l'est, jusqu'à Samatoa, point extrême de l'ouest, dans le royaume d'Aana. Il le chargea spécialement d'initier à la vie de missionnaire le P. Gavet qu'il avait amené avec lui, et qu'il désigna pour Faléfa, à sept lieues est d'Apia.

Au premier janvier 1860, les deux pères s'étant souhaité la bonne année, après avoir célébré la sainte messe, se mirent en devoir d'occuper chacun leur poste. Le P. Elloy, fixé de sa personne à Apia, accompagna jusqu'à Vaïlélé, à une petite lieue, celui qui venait d'être mis à son école, et il lui fit ses recommandations : elles prouvent avec quelle précision il s'était déjà rendu compte de la topographie des pays de sa juridiction. « Vous marcherez constamment, lui dit-il, le long du rivage ; mais défiez-vous des vagues, qui plus d'une fois recouvriront le sentier. Vous aurez une vingtaine de ruisseaux à traverser ; ne vous noyez pas, voyez où mettre le pied ; et ne manquez pas d'invoquer Celle qui est aussi bien la Reine des eaux vives que l'Etoile de la mer. Si vous marchez bien, vous arriverez avant la nuit à Faléfa, où le P. Schall, qui est appelé ailleurs, aura soin de vous installer avant de partir. »

Peu après, le P. Elloy, dont l'ardent amour pour les âmes ne pouvait souffrir un jour d'inactivité, voulut connaître l'île tout entière, afin de s'assurer par lui-même de l'état des stations, au double point de vue des progrès de la foi et des ressources des missionnaires. Les difficultés des voyages, on a vu qu'il en tenait peu de compte. Or, il y avait partout une impulsion à donner, des besoins à satisfaire, des établissements matériels à créer.

Jusqu'à ce moment, on avait trop présumé des ressources que pouvait fournir la reconnaissance des indigènes. Mais cette race indolente et imprévoyante, on l'a vu, ne se suffisait pas à elle-même ; et que de fois les pères avaient senti leur zèle paralysé par les privations qui ruinaient leurs forces ! On ne pouvait pas, on ne devait pas, espérer une assistance miraculeuse de la Providence ; et saint Paul n'avait-il pas appris par son exemple à travailler pour se pourvoir ? Les pères étaient donc d'avis que le moment arrivait de se procurer des ressources fixes par des terrains dont on développerait la culture. On avait vu les beaux succès du P. Vachon; et déjà le P. Sage, à Lotofanga, avait sondé Toupouola, un des chefs d'Atoua, dans l'est d'Oupolou, dont sa station était dépendante, et il en avait obtenu des promesses.

Le P. Elloy convoqua auprès de lui, sur la fin de janvier 1860, les PP. Dubreul, Schall et Gavet; et les voilà traversant les rivières grossies, franchissant les montagnes, sans même songer à se plaindre des pluies qui tombaient alors par torrents. Le P. Sage méritait la première visite; il la reçut, elle fut fructueuse. Toupouola lui céda un espace suffisant pour y construire, au centre d'un terrain de culture, une maison dont le missionnaire avait préparé d'avance les matériaux. Comme la fourmi, il recueillait soigneusement tous les débris des naufrages, et il montra à ses visiteurs émerveillés un ample magasin de tronçons de bois, de ferrailles, d'outils dépareillés, etc..., dont ils lui firent compliment, en l'assurant qu'on ne trouverait pas mieux dans le plus riche bazar juif d'Alexandrie.

Ce fut ensuite le tour du P. Verne, à Aléipata, pointe est de l'île. Là, le grand chef d'Atoua, le fidèle Mataafa, fut loin de se laisser vaincre en générosité, et il céda un terrain considérable à son missionnaire au cœur tendre et à l'infatigable dévouement, qu'il savait apprécier. Enfin, à Apia, le P. Elloy fit l'acquisition de quelques terrains adjacents à celui qui avait été acquis de M. Pritchard.

Comme complément de cette sollicitude qui visait ainsi à assurer l'avenir des missionnaires, il voulut encore prendre sur lui de porter à domicile les secours qu'envoyait le procureur central de Sydney aux procureurs des principales stations du vicariat. Jusque-là on laissait aux pères de venir, chacun selon ses moyens, à la procure particulière d'où il relevait, pour y recevoir sa part proportionnelle. Mais nombre de causes, l'âge, l'infirmité, la saison, rendaient à quelques-uns ces voyages de ravitaillement difficiles; et ils étaient contraints de souffrir dans le délaissement. Le P. Elloy se crut obligé, vu sa charge et sa vigueur de santé, ne prenant d'ailleurs conseil que de son esprit d'abnégation, il se crut obligé de porter lui-même à chaque station sa part. Dès le voyage dont on vient de parler, il prit, pour la garder tout le temps de son administration, autant qu'il lui fut possible, cette habitude dont on ne peut dire combien tous se montraient reconnaissants. Et il est inutile d'ajouter que la part qu'il se faisait à lui-même était invariablement la plus modeste, quand il ne lui arrivait pas de ne rien se réserver. Nos pères reprochaient au bon frère Abraham (1), le compagnon et le confident du P. Elloy, de trop se prêter à ses combinaisons dont sa charité le rendait la victime.

Tel que nous commençons à le connaître, il est à prévoir que ces soins matériels étaient loin de l'absorber. Il leur faisait une part, parce que le travail au salut des âmes ne peut s'accomplir en toute sécurité qu'en se mettant à l'abri du besoin; mais ce salut était le grand et incessant objet de toutes ses préoccupations.

(1) Le frère Abraham MARQUET, du diocèse de Lyon, mort à Apia en 1870.

Et d'abord, fidèle aux résolutions que nous lui avons vu prendre, c'est son âme qu'il entendait avant tout cultiver. Il demeurait profondément convaincu de cette vérité, que le P. Maîtrepierre aimait tant à inculquer dans l'esprit de ses novices, que « celui qui serait assez mauvais à lui-même pour se négliger ne pourrait être bon à personne (1) », ou encore que le renouvellement surnaturel des hommes ne peut s'opérer qu'en raison même de l'esprit surnaturel des prédicateurs : *prius sanctificari, deinde sanctificare.* Car tout agent, selon la maxime de l'école, produit semblable à lui-même (2). Il s'acquittait donc avec une régularité inflexible de ses exercices de piété, sans quoi, il le savait, la routine envahit, et bientôt le relâchement. Il avait d'ailleurs si bien acquis l'esprit d'oraison, que son âme se tenait habituellement unie à Dieu à qui tout le rattachait, les fatigues, les difficultés, les privations, les succès.

Il se faisait surtout une loi de s'entretenir l'âme dans cette pureté qui en est la force et la gloire, en lui assurant les lumières, les énergies et les consolations divines. Aussi, malgré les sept lieues du chemin qu'il fallait faire, très souvent impraticable, même dangereux, pour aller trouver à Faléfa son confrère le plus voisin, il s'était arrangé avec lui pour que l'un des deux fît régulièrement le voyage tous les quinze jours.

« Mais, comme le dit ce missionnaire, il m'aimait avec la tendresse d'un père, et il venait bien plus souvent qu'à son tour, pour m'épargner des fati-

---

(1) Qui sibi nequam est, cui alii bonus erit ? Eccli. xiv, 5.
(2) Omne agens generat simile sibi.

gues qu'il se disait plus en état de supporter. En effet, il faisait preuve d'une santé de fer qui secondait admirablement son infatigable activité. Hélas ! que ne l'a-t-il moins prodiguée ! nous jouirions encore de sa présence qui nous a été si précieuse. »

Dans les haltes qu'il faisait, jamais il ne manquait l'occasion, quelle que pût être sa lassitude, de faire une allocution aux néophytes, ou une conférence aux protestants. Et c'était merveille de voir comme son visage et sa voix s'animaient, comme ses forces se relevaient, à mesure qu'il prenait la parole. Jamais cordial n'a produit un effet aussi sensible et si prompt. Se fixait-il pour un temps, c'était dans la station une vraie retraite, par les exercices qu'il donnait soir et matin, et où tous s'empressaient d'accourir. Il parlait si bien la riche et suave langue samoane, et il était si poli, si insinuant ! La charité apostolique ne saurait avoir d'organe plus authentique.

Et Dieu, ne pouvant manquer d'agréer un zèle si élevé, si pressant et si pur, lui accordait de temps en temps des bénédictions signalées. C'est ainsi que, dans une course à Faléfa, une femme noble se rendit avec toute sa famille, les Louafalé-Mana, composée de quinze personnes, à la suite d'une controverse qui dura plusieurs jours. La dame était wesleyenne, même savante et fervente; c'était la sainte de l'endroit. Douée d'intelligence et de mémoire, et cultivée avec soin par les ministres, sa tête était un répertoire de textes dont elle savait faire des objections tour à tour subtiles ou sérieuses. Elle n'eut de paix qu'après l'avoir vidée jusqu'à la dernière. Et, comme elle avait l'âme droite, elle y sentit, aussi bien que la Samaritaine, l'action du don de Dieu ; « elle eut soif de l'eau qui rejaillit « jusqu'à la vie éternelle » ; et, comme elle aussi, elle se fit l'heureuse apôtre de tous les siens.

Chez le P. Elloy l'amour des âmes, étant parfaitement sincère et aspirant à devenir tout fructueux, se montrait aussi intime et délicat dans les détails, qu'il était dans l'ensemble fort et persévérant. On demandait un jour au P. Poupinel, l'intrépide et secourable visiteur des missions, quel est le meilleur missionnaire. « C'est celui, répondit-il, qui aime comme une mère sans jamais se lasser, en s'aveuglant sur les défauts. » Il avoua plus tard qu'il pensait au P. Elloy quand il donnait cette magnifique définition.

Entre autres preuves, on lira avec intérêt ce qui se passa quand un certain nombre de néophytes de Toapaïpaï, et parmi eux tous ceux qu'il avait préparés au baptême à la veille de son départ, vinrent peu après, conduits par le P. Garnier, visiter à Apia leur missionnaire chéri. Si cette visite fit, de leur part, preuve d'une bien touchante reconnaissance et fidélité, elle prouva aussi à quel point ils avaient excité et conservaient son paternel intérêt.

« Ce fut, dit un témoin oculaire, une série de questions très personnelles, même minutieuses, qui supposaient la connaissance intime de chacune des familles auxquelles appartenaient les catéchumènes : les difficultés qui avaient retenu dans l'erreur, et qui avaient même failli empêcher le baptême ; l'opposition de certains chefs de famille, des imprévus, des lacets jetés par le démon, des maladies, etc...

« Au premier abord, nous eussions été tentés de traiter cela de choses inutiles. Mais le cœur qui animait ces entretiens, le but surnaturel qui était toujours en vue, l'attendrissement des indigènes, et l'ardeur de leur foi qui éclatait dans le ton de leurs réponses : tout bientôt nous apparut relevé dans la grandeur de l'apostolat. Ainsi, nous disions-nous, eût agi saint Paul. Comme l'Apôtre, « il s'était fait infirme au mi-
« lieu des infirmes, il s'était fait esclave, il s'était fait
« tout à tous, pour les gagner tous à Jésus-Christ (1).
« Il s'était rendu tout petit au milieu d'eux, comme
« la nourrice qui caresse ses petits enfants (2). Nul
« n'était faible qu'il ne sentît et partageât sa faiblesse ;
« et nul ne recevait le scandale, sans que lui-même
« ne se sentît brûler (3). »

A quelques jours de là, le cœur du père, excité par les grandes joies dont cette visite de ses bien-aimés l'avait rempli, n'y tint plus : il voulut aller voir ses chers nourrissons du district de Léalatélé. La Providence venait de servir son zèle à souhait, en mettant une belle embarcation européenne à sa disposition.

Une corvette française, *la Thisbé*, mouillée dans la rade de Moulinouou, avait à bord une jolie baleinière qui, se trouvant mal amarrée, fut, pendant la nuit, jetée par un coup de vent à la mer. Le temps manquait au navire pour la reprendre, entraînée qu'elle était par

---

(1) Cum liber essem ex omnibus, omnium me servum feci... I. Cor., ix.
(2) Facti sumus parvuli.., tanquam si nutrix foveat filios suos, I. Thess., ii, 7.
(3) II. Cor., xi, 29.

les courants. M. de Cintré, le commandant de la *Thisbé*, dit au P. Gavet que, si l'on parvenait à la retrouver, on eût à la garder en pleine possession, ajoutant « qu'il serait enchanté de la voir au service d'excellents Français, comme les missionnaires maristes ».

Or, elle fut retrouvée, au bout de quelques jours, près d'*Apolina*, petit îlot du détroit qui sépare Savaï d'Oupolou. Les indigènes, qui purent ainsi la recueillir, revinrent triomphants et chantant avec enthousiasme les plus beaux airs de leur répertoire catholique et national ; car le lotou du P. Loutovio allait avoir la plus belle embarcation de Samoa. Rien n'avait été perdu ; les rames, la tente, le tapis, le drapeau, tout était au grand complet. « La mission de Samoa, écrivait le P. Poupinel, le 8 décembre 1861, n'avait pas besoin de ce canot pour conserver un précieux souvenir de la *Thisbé*. Mais notre reconnaissance en a été augmentée ; car ce canot continue et continuera longtemps le bien que la corvette avait fait à son passage, et il rend toujours de grands services à la mission. »

« Nous partîmes donc, écrit le P. Gavet, que le provicaire avait choisi pour l'accompagner, sur la fin de l'année 1860. Après une halte de deux jours à Safotoulafai, chez le P. Violette, nous nous mîmes en marche pour faire par terre les sept lieues de rude chemin qui nous séparaient de Léalatélé. Au premier bruit de notre arrivée, tout le village accourut, et ce fut une explosion de bonheur *Loutovio ! Loutovio !* s'écriait-on de toutes parts, et puis les embrassades !... nez contre nez et lèvres contre lèvres ! Dans un pays où l'usage du mouchoir est parfaitement inconnu, quand l'attendrissement a gonflé les narines aussi bien que les yeux, et que l'affection rend l'étreinte pressante, on conçoit, sans qu'il soit besoin de le dire autrement, quels soulèvements la cérémonie doit causer à un cœur d'Européen. «Vous n'y êtes pas obligé, me dit le P. Elloy, » qui eut bientôt remarqué mes répugnances. Pour lui, il y allait de toute son âme, et pressait au moins autant qu'il était pressé. N'étaient-ce pas ses enfants? et quand une mère, puisque le missionnaire est une mère, quand une mère est restée longtemps éloignée de ses petits enfants, attend-elle qu'ils se soient mouchés pour les couvrir de ses embrassements ?

« Ce qu'il s'en suivit de réunions à l'église, d'entretiens, ou familiers, ou plus solennels, de présentations, de kavas, d'offrandes, etc..., on le pressent assez. Mais ce qui nous frappait surtout, nous les confrères du P. Elloy, c'était la sincérité et la persévérance de son émotion. Tous les jours son cœur resta en fête. Il nous répétait, de manière à nous émouvoir profondément à notre tour, combien il se trouvait dédommagé des peines qu'il avait prises à cultiver des âmes qui le comblaient d'une si douce récompense. Il y trouvait un avant-goût des joies de la charité qui, au ciel, réunira tous les cœurs sur le cœur de Dieu. Oh ! quelle leçon nous prenions là de la vraie vie apostolique ! »

Un zèle si ardent et soutenu, une charité si vraie, devaient attirer de grandes bénédictions sur ces îles dont l'heure avait sonné. De diverses lettres, soit du provicaire, soit des pères qui travaillaient avec lui, quelques extraits en donneront une bien édifiante idée.

« On appelle quelquefois ces peuples-ci des sauvages. Ils ont pu l'être autrefois, mais ils ne le sont plus, même ceux qui sont protestants. Seulement ces derniers ont remplacé leur sauvagerie par une morgue et un orgueil qui ne blessent guère moins que leur ancienne brutalité. Mais quand l'esprit d'humilité, que porte avec soi le vrai christianisme, a pris naissance dans les cœurs, il y a alors un mélange d'innocence, de douceur et de foi vive, qui fait aimer ces bons néophytes, et qui donne parfois au missionnaire l'occasion de s'humilier en voyant tant de bonne volonté et de franche piété en des hommes venus, souvent depuis peu, à la connaissance de la vraie foi...

« Une fois arrachées à l'hérésie, les âmes deviennent ferventes et se livrent volontiers à une dévotion solide, dont Dieu se plaît, comme il arrive souvent aux premiers temps de la conversion, à leur faire goûter les douceurs. De plus en plus le mal devient rare. Ce n'est point une exagération de dire que presque tous les adultes baptisés à l'âge d'environ trente ans gardent l'innocence baptismale. Quant aux enfants baptisés à l'âge de raison, un grand nombre conservent une si haute idée du baptême, que le péché leur inspire une vraie terreur, et qu'on les voit faire de grands efforts sur eux-mêmes pour ne pas compromettre l'innocence qu'ils ont trouvée dans le bain régénérateur...

« Les néophytes s'adonnent facilement aux exercices de piété, et nous avons à prendre garde de les trop multiplier au gré de leurs désirs. A peine l'église est-elle ouverte, c'est-à-dire un peu avant le jour, que tous nos gens, baptisés ou non, se font un devoir de venir passer quelques minutes devant le Saint Sacrement. Ce n'est pas nous qui leur avons commandé cette pratique, ils en ont trouvé l'inspiration dans leur foi. Au soleil levant, on donne le signal de la prière, qui est suivie de la célébration de la sainte messe ; et aussitôt tous ceux que des travaux extraordinaires ne retiennent pas s'empressent de se rendre à l'église, où tous ensemble récitent à haute voix les prières du matin. Des chœurs de garçons et de filles chantent pendant la messe des cantiques en leur langue, sur des airs que vous seriez étonné d'entendre, car ce sont toujours des airs français. Nos naturels, quoi que puissent faire les protestants, comprennent très bien la dévotion à la sainte Vierge ; et beaucoup ne sortent pas de l'église, sans avoir été saluer une petite image que, faute de statue, on a appliquée contre le mur.

« Vers le soir, nous nous trouvons encore réunis à nos brebis, et nous faisons, comme le matin, la prière en commun, après laquelle un des anciens récite le chapelet pour ceux qui veulent y prendre part. »

Mieux encore que tous ces témoignages, si édifiants qu'ils soient, un grand triomphe de notre foi doit trouver ici sa place et réjouir les âmes pieuses qui s'intéressent à notre récit. Nos missionnaires avaient compris dès le premier jour — on l'a vu dans le précédent volume, — le parti que la grâce pouvait tirer du goût des Samoans pour les formes polies et les belles cérémonies.

Comme d'ailleurs, ainsi qu'on l'a vu encore,

leur nature était religieuse d'instinct, on devait trouver dans les pompes de notre admirable liturgie un grand moyen de développer cet instinct et de le régler en y donnant satisfaction (1). Aussi le P. Elloy s'appliquait-il à les déployer avec toute la dignité possible et avec les magnificences que lui permettaient ses moyens. Nous aurons grande joie à l'entendre nous décrire la belle procession de la Fête-Dieu du 19 juin 1862, la première qui se soit faite aux Navigateurs.

Il n'y a point de journées, dans notre culte qui en a de si belles, qui mette l'âme en fête comme la solennité du Très Saint Sacrement. Le peuple chrétien, dont la langue est souvent de haute inspiration, l'a appelée par excellence la *Fête-Dieu* : nulle autre en effet n'exprime si parfaitement Dieu descendu sur la terre et nous appelant à son ciel.

Quand, par un beau soleil d'été, dans les rues de nos villes ornées de fraîches tentures et de feuillage, ou bien entre les haies de nos campagnes en fleurs, se déploient les rangs des enfants et des vierges vêtus de blanc et couronnés, suivis des prêtres, parés comme aux plus grands jours, et des fidèles de toute condition ; quand les chants liturgiques et les fanfares, dominés par la grande voix des cloches et du canon, remplissent l'air de triomphe et de bonheur, est-il possi-

(1) La philosophie chrétienne s'est toujours plu à montrer les sympathies réciproques de la nature droite et de la grâce, et de quelle manière l'une fournit à l'autre des points d'appui et des prises. C'est ainsi que, d'après saint Thomas, la France, prédestinée à être la défense de la foi catholique, se trouva préparée à cette mission par la discipline religieuse que les Druides avaient imprimée au caractère national. *De regim. princip.* Lib. I, cap. xix.

ble de ne pas sentir Dieu présent? Peut-elle n'être qu'un froid souvenir, l'hostie à qui sont décernés de si vivants hommages? La paix profonde et radieuse, l'allégresse pure, les vives et substantielles espérances qui font battre à l'unisson tous les cœurs chrétiens, est-ce l'effet d'une cause vaine, d'une imposture, d'une idolâtrie qui courberait l'élite du genre humain devant un peu de poussière, comme le sauvage au pied de son manitou?

Le P. Elloy avait l'intuition vive, le sentiment profond de la raison d'être de cette incomparable solennité. Voilà pourquoi il aspirait depuis longtemps à la célébrer, avec tout l'éclat possible, sur son cher territoire d'Apia. On sera étonné, en lisant sa lettre, non certes de la piété ardente et naïve qui s'en exhale, mais des ressources qu'il avait pu se procurer en des commencements si laborieux. On partagera sa joie, et aussi sa reconnaissance envers ce consul allemand qui lui prêta un si empressé et si honorable concours.

« On y est venu de tout Oupolou, écrit-il, ç'a été un vrai triomphe, un jour de paradis sur terre, comme le disaient nos néophytes au comble du bonheur, et cependant moins heureux que leur pauvre missionnaire. Nous avions un magnifique dais, dû au travail du P. Schall; douze oriflammes, six blanches pour les jeunes filles, six rouges pour les jeunes garçons; deux bannières, quatre encensoirs; dix enfants de chœur avec des corbeilles de nos fleurs les plus belles et les plus parfumées. Le temps était magnifique, la mer paisible, toute d'argent sous les feux du soleil, les cocotiers nous couvrant de leurs ombres, nos deux cloches à toute volée, et le canon, oui, le canon du vaisseau de Hambourg, faisant retentir la terre, l'océan, le ciel! Quelle fête, cher père, quelle fête! Sept coups au moment où notre doux triomphateur parut sur le seuil de l'église, porté par le P. Schall; sept coups au reposoir pendant la bénédiction du saint Sacrement, après un sermon que je fis en plein air à une foule recueillie de trois mille auditeurs; sept coups, lorsque la divine Hostie rentra dans son temple. Le consul de Hambourg fit plus. Avec un grand nombre de Blancs, il suivit la procession, et pendant la bénédiction il se mit à genoux. C'était à porter d'un seul essor au seuil même du ciel.

« Si vous aviez vu le ravissement de nos néophytes! Les protestants eux-mêmes étaient saisis : « *Oua ma-« malou*, s'écriaient-ils, *oua mamalou!* c'est digne, « c'est majestueux! » Vainement les ministres ont multiplié de fausses explications pour détourner le coup, l'hérésie n'a pas gagné à ce jour si beau, et l'on dira longtemps aux Samoa que le lotou catoliko seul sait honorer Dieu et élever les cœurs jusqu'à lui. »

Le père cite en témoignage une curieuse conversation du ministre à cette occasion avec le fidèle et intelligent Mana, qui eut de si belles répliques au commencement même de sa conversion (1). « Quelques jours après, dit-il, le ministre rencontrant Mana : « Que « signifie, lui demanda-t-il d'un air dédaigneux, votre « fête de l'autre jour ? » Mana répondit : « Nous avons « porté en triomphe le corps de Notre-Seigneur Jé-« sus-Christ. On semait des fleurs et des branches

---

(1) V. *les Samoa,* p. 281.

« sur son passage, comme firent autrefois les enfants
« à l'entrée de Jérusalem. — Mais, dit le ministre,
« comment le corps de Notre-Seigneur peut-il être
« ici à Samoa, et en même temps dans le ciel, en Eu-
« rope, en France, à Tonga ? — Ah ! répondit notre
« spirituel néophyte, j'ignore comment cela peut se
« faire, mais je sais, je crois que cela se fait ; j'y crois
« plus qu'à ma vie, que je donnerais en gage de ma
« foi. » Puis prenant l'offensive : « Et toi, Misi, ex-
« plique-moi pourquoi c'est le même vent qui nous
« rafraîchit ici le visage et qui, aussi loin que porte
« notre regard, fait frémir la cime des cocotiers.
« Explique-moi comment, à chaque œil qui de divers
« endroits se porte sur la mer, se présente l'image du
« même soleil ! comment la parole s'insinue la même
« au fond du cœur de mille auditeurs, tant qu'elle a de
« portée ! La parole, le Verbe de Dieu, est d'une por-
« tée infinie, et... »

« Le ministre, embarrassé devant la conclusion qui
se faisait pressentir, l'interrompit et se rejeta brusquement sur le chapitre des calomnies. On va voir
qu'il y fut encore moins heureux. « Tu ne remarques
« donc pas, lui dit-il, que votre religion est fausse :
« voilà que des centaines de prêtres l'abandonnent
« pour se faire protestants et se marier. Avant quatre
« ans vos missionnaires auront des femmes. —
« Misi, répond Mana, tu parles d'une manière bien
« inconvenante et tout à fait calomnieuse. Au lieu de
« crier toujours : Vous allez voir les mauvaises ac-
« tions des prêtres ! montrez-les-nous enfin ; jusqu'à
« présent nous n'avons vu dans les nôtres que des
« exemples de haute vertu. Vous autres, au contraire,

« si vous venez à perdre vos femmes, vous donnez
« aussitôt des scandales à Samoa. Ainsi a fait le mi-
« nistre qui était à Faléaloupo, et un autre qui était à
« Manono et qui s'est coupé le cou après s'être mal
« conduit avec l'épouse d'un autre, etc.

« Puis votre confrère qui était ici à Apia, misi Malé,
« pourquoi est-il allé à Sidney se faire rebaptiser,
« lui qui avait prêché à Samoa que le baptême n'est
« qu'une pure cérémonie ? et pourquoi a-t-il quitté le
« culte qu'il avait prêché à Samoa ?... » Le ministre,
embarrassé, répondit : « C'est ainsi que l'on fait quand
« on devient vieux ; on veut se bien préparer à la mort,
« et alors on se fait rebaptiser. » Et Mana de répondre :
« Si le baptême est ainsi utile aux vieux, pourquoi ne
« pas le donner aux jeunes et à tous ? Pourquoi
« prêchez-vous qu'on va au ciel sans le baptême ?
« C'est assez ; je vois que tu es un ministre de l'er-
« reur... » Le pauvre prédicant dut bien se repentir
d'avoir attaqué notre brave Mana ; je pense qu'il ne
recommencera pas de longtemps. »

Tant de gages de la faveur du ciel, bien loin d'autoriser le P. Elloy à se livrer à un repos dont il devait sentir le besoin, l'excitaient à se multiplier tous les jours davantage. C'est à cette époque qu'il faut placer une conférence, qui est restée célèbre, avec deux ministres protestants, à Loufiloufi, chef-lieu de la puissance du fidèle Mataafa. Pareil aux restaurateurs de la cité sainte et du temple, tout en édifiant des chrétientés qui ne devaient plus périr, le provicaire tirait contre les agresseurs le glaive d'une victorieuse parole. Combien nous regrettons que les bornes de notre volume nous empêchent de reproduire le compte rendu que nous avons sous les yeux, et qui fait preuve d'une éloquente dialectique ! Suivons-le, du moins, dans deux importantes fondations qui furent pour lui, vers le même temps, une source de saintes joies, les seules qu'il ambitionnât.

A l'ouest d'Apia, dans le royaume d'Aana, les ministres wesleyens avaient fondé un grand établissement de catéchistes, à Maloua. M. Turner s'étend avec complaisance sur les débuts, les progrès et l'ordre parfait de cette institution commencée en mars 1844, sur l'invitation du conseil de la mission, par ses soins unis à ceux de M. Hardie. Il énumère les sujets qui furent, à diverses reprises, admis à suivre les cours de formation ; les dispositions prises pour réunir ensemble, sans manquer en rien aux lois de la réserve, de jeunes ménages pour les former à instruire les deux sexes dans les lieux où ils seraient ultérieurement envoyés (1).

Ces détails font suffisamment comprendre avec quelle sollicitude les ministres devaient veiller à ce que le *papisme* ne vînt pas troubler, en mettant le pied sur ce territoire, dans ce *paradis,* comme ils aimaient à l'appeler, une possession qui leur était si avantageuse. Ils font comprendre aussi quel avantage ce devait être pour nos missionnaires de fonder là un solide établissement. Mais il y fallait la main de la divine Providence : elle ne fit pas défaut aux ardentes prières que le P. Elloy et les siens ne cessaient de lui adresser. C'est à Soléimoa, à courte distance et à

---

(1) *Niueteen years in Polynesia..* Chap. XIII, p. 124, et suiv.

l'ouest de Maloua, et que pour cette raison les protestants appelaient la *Porte du ciel*, que nous allons voir cet heureux événement s'accomplir.

On se souvient de cette mère de famille des Louafalé-Mana, que nous avons un peu plus haut rencontrée et appelée Samaritaine, parce que, pareille à cette généreuse femme de l'Evangile, elle amena tous les siens à la vraie foi. Une de ses filles, la jeune Sapa, âgée de dix-sept ans, se distingua bientôt par sa vertueuse conduite, sa piété sincère et son grand zèle pour la cause qu'elle avait cordialement embrassée. Elle aimait à venir demander au missionnaire de Faléfa les enseignements et les conseils dont elle sentait le besoin, pour s'affermir dans la foi au point de la faire connaître aux autres, et pour diriger sa propre conduite. Le R. P. Gavet n'eut donc aucune peine à lui faire prendre la résolution, que sa fermeté de caractère la mettait en état de tenir, de ne donner sa main qu'à celui qui serait catholique ou qui promettrait de le devenir.

Or, issue d'une grande famille, et de sa personne bien faite, gracieuse, intelligente, la charmante Sapa était un parti fort recherché. De tous côtés se présentaient des prétendants; et il en vint un de Soléimoa, fils de chef, qui finit par être le plus assidu et par obtenir des espérances. Mais déclaration lui fut aussitôt faite de la résolution de la jeune fille, et d'un ton qui ne souffrait pas de réplique. Il en prit son parti et la suivit volontiers auprès du missionnaire, qui reconnut en lui un désir sincère d'être éclairé et de partager les croyances de celle qui avait pleinement gagné son estime aussi bien son cœur. Il crut et fut baptisé, et, comme celle qui allait bientôt devenir sa belle-mère, il entraîna toute sa famille à sa foi.

Quelle joie pour le provicaire ! Il saisit aussitôt l'occasion que lui fournissait la Providence ; et, pour parvenir à faire un établissement solide de ce petit germe de la famille du jeune chef, il s'y dévoua corps et âme. Il réussit à acheter, à Soléimoa, par un contrat en règle, un terrain d'étendue suffisante d'où nul ne pût désormais évincer les catholiques. Puis, appelant à lui le brave P. Schall, il y vint passer de longues semaines pour donner l'instruction et construire une église.

Payant comme partout de sa personne, il se pendit à la scie, au grand étonnement des protestants, qui, n'ayant jamais vu leurs ministres à pareille peine, se demandaient s'il fallait trouver cette sorte de zèle répréhensible ou louable. Lui, laissait dire et sciait toujours, sauf à citer dans ses conférences l'exemple de saint Paul, qui le mettait dans la meilleure compagnie possible.

Après avoir travaillé et prêché le jour pour les catéchumènes qui avaient le courage de leur foi, il se donnait la nuit à ces faibles qui se cachaient, comme jadis Nicodème, pour venir entendre à leur aise des enseignements dont ils étaient ravis, s'écriant qu'on les avait trompés et qu'ils n'avaient jamais rien entendu de pareil. Plus d'une fois les timides écoutèrent, sans se montrer, tapis dans l'ombre, derrière la cloison de l'église.

Il ne se donnait ainsi point de repos. Il se fit même alors, au sujet d'une visite qu'il reçut en ces jours-là et où sa charité lui valut une conversion de grand effet, il se fit une loi de ne jamais renvoyer les visiteurs qui viendraient, à quelque heure que ce fût, solliciter de lui un entretien. Voici en quelle occasion.

« Un soir, dit Mgr Vidal, il était rentré dans sa case harrassé de fatigue, en proie à une fièvre violente. Il s'était jeté sur sa natte, sans avoir pris aucune nourriture, et il goûtait, sinon le sommeil, du moins un peu de repos, lorsqu'il entendit frapper à sa porte. Se sentant complètement abattu et brûlant, il eut la pensée de renvoyer au lendemain le malencontreux visiteur. Mais à peine a-t-il donné congé, qu'il s'en fait un reproche; il se lève et le rappelle. Il le fait entrer et asseoir, et, sa petite lampe allumée, il reconnaît en lui Jérémiah, un des catéchistes les plus déterminés de la secte.

« Pressé par une curiosité qui fut pour lui l'heureuse amorce de la grâce, il était venu et, en cachette, il avait entendu le père; ses paroles ardentes avaient bouleversé son esprit et pénétré vivement son cœur. Après avoir vu se disperser les catéchumènes, il s'était donc laissé aller à courir le long du rivage, moins battu par les flots de la mer que son cœur par les émotions qu'il ne pouvait maîtriser, et qui le poussaient en sens contraires, ou vers sa case en reculant, ou vers l'apôtre, au-devant de la lumière.

« Deux heures durant, il fut en proie à cette lutte intestine. Enfin hors de lui et comme poussé par une main invisible, il frappa à la porte ce coup qu'il se reprocha tout aussitôt. Aussi, devant le premier refus, avait-il éprouvé un moment de satisfaction; il se retirait joyeux comme d'avoir esquivé une chaîne, lorsqu'il s'entendit rappeler et se vit introduire. Il tombait dans l'heureux piège que lui avait tendu sa docilité à la grâce ; et il avoua avoir fait là un effort suprême qu'il n'aurait pu renouveler. »

Il est bien inutile d'ajouter que le P. Elloy ne pensa plus à la fièvre et qu'il donna à Jérémiah tout le temps qu'il voulut. Le lendemain fut pour lui une journée de brisement de tout son corps; mais son âme surabondait de joie, d'autant plus que son nouveau catéchumène annonçait des dispositions sincères et fermes, qui devaient faire de lui, après son baptême, un des meilleurs catéchistes romains qu'ait jamais fournis Samoa. Mais Dieu le trouva vite mûr pour la couronne, et l'on verra bientôt quels regrets a laissés sa mort prématurée.

C'est devant cette belle proie, qu'en cédant un instant de plus à la maladie il aurait laissée pour toujours dans les eaux de l'erreur, qu'il prit, pour n'y jamais manquer, la résolution de recevoir à toute heure et en quelque état qu'il pût se trouver. Nous croyons qu'on lira avec édification plusieurs détails donnés par Mgr Elloy, qui nous fera bientôt connaître intimement cette âme d'élite, prévenue et comblée de grâces de choix, et si tôt couronnée.

Mais nous avons encore à raconter, avant de clore ce chapitre, un autre établissement, de date contemporaine, où éclate le mépris de la mort et le grand cœur du P. Elloy, comme à Soléimoa on a pu voir le peu de cas qu'il faisait de la fatigue. C'est à Léfanga, au royaume d'Aana et sur la côte sud-ouest d'Oupolou, que nous allons le voir à l'œuvre vers le même temps. Un chef et quelques naturels du pays s'étaient décidés à prendre le lotou popé, dont ils entendaient dire partout des choses admirables; ils envoyèrent au provicaire pour lui demander un prêtre.

Le P. Elloy n'était pas homme à laisser à d'autres un beau coup d'apôtre. Le voilà aussitôt qui part d'Apia, franchit, par les chemins qu'on sait, les montagnes qui séparent les deux rivages et s'installe à Léfanga. Et c'est là, comme partout il l'a fait, qu'il se donne, des jours entiers, à instruire, à apprendre des cantiques, à recevoir et à entretenir ceux qui se présentent des mystères et de l'histoire de notre foi. Il y oublie le dormir comme le manger; car ces entretiens se prolongent à une heure très avancée de la nuit. Le Samoan, on l'a vu, est de nature indolente; et, le soir venu, avant de s'étendre sur les nattes, on n'en finit pas de raconter tout ce qui s'est fait, tout ce qu'on a entendu dire pendant le long du jour. De plus, la discrétion ne sera pas de longtemps dans ses habitudes; car, porté à la causerie indéfinie, il ne doute pas que ce passe-temps ne fasse les délices de tous, et il n'est pas obligé de se souvenir que le popé qu'on interroge a été accablé toute la journée, et que c'est miracle qu'il puisse répondre encore à tout ce qu'on ne cesse de lui demander.

Quant au P. Elloy, il se garde bien de laisser paraître la moindre lassitude, ou échapper le moindre signe qui puisse rebuter ses visiteurs. Au contraire, il est si bon et si affable, si intéressant dans ses récits, si pressant dans ses appels, que leur nombre s'accroît de jour en jour. On le comprend, on le goûte; et voulant lui rendre amour pour amour, on va répétant à tous les échos les cantiques qui expriment et célèbrent la doctrine et les mystères de notre foi, la divinité de l'Eucharistie, la gloire de la sainte Vierge, etc.

« Le grand ennemi de la femme » frémit, et il n'eut pas de peine à communiquer sa fureur aux ministres et aux chefs protestants du district. Une assemblée se tint, où l'on prit, en la gardant secrète, la résolution de fondre de nuit sur le village, d'assommer à coup de casse-tête ce qu'on pourrait de catéchumènes, et de profiter de l'épouvante pour les chasser tous du territoire. Ce qui fut dit fut fait, ou du moins entrepris.

Peu de jours après, le P. Elloy se réveille au bruit d'un tumulte qui va croissant de minute en minute; il se lève, et voit, à la clarté vraiment infernale de torches qu'ils ont en main, la bande furibonde qui arrive aux premières maisons. En même temps, les priants catholiques sortaient de leurs cases en désordre, les enfants et les femmes poussant des cris lamentables.

Mais déjà, entre eux et les assaillants, le missionnaire était debout, sa croix levée en haut, qui aux reflets des torches semblait lancer des éclairs. Il s'arrête sur le front de bataille, et les retenant du geste, avec une voix qui parut surhumaine : « Gens d'Aana, s'écrie-t-il, qu'avez-vous fait des mœurs hospitalières de vos ancêtres? Vous venez pour égorger des frères endormis ! Et bien c'est moi qui suis le coupable, et vous ne les atteindrez qu'après m'avoir frappé le premier, en marchant sur mon cadavre. Et demain, mes frères à moi viendront l'enlever et dire à toute l'Europe qu'Oupolou cache sous ses cocotiers des repaires d'assassins ! »

Les armes tombent des mains des agresseurs, les

catholiques se rassurent, et tous se rendent à la case publique pour un fono improvisé. A la guerre de casse-tête, heureusement avortée, succède celle de l'éloquence, plus longue mais moins meurtrière. Bref, Dieu et Marie aidant, on finit par conclure que chaque village, étant maître chez soi, devait pouvoir choisir le lotou à sa convenance. Certains Etats d'Europe eussent pu prendre d'eux une leçon assez opportune sur la manière d'entendre la liberté.

Quoi qu'il en soit, ce fut une double défaite pour les ministres ; car Léfanga garda sa foi qui s'y affermit définitivement, et les priants de l'hérésie jurèrent qu'ils ne se laisseraient plus désormais entraîner par le misi à des entreprises qui leur causaient en ce moment une profonde horreur.

Et maintenant revenons à Jérémiah, et par lui à un autre jeune naturel, l'un et l'autre dignes d'être connus.

CHAPITRE IV

DEUX CATÉCHISTES

N donna à Jérémiah le nom de Paul, au jour de son baptême. Avait-on pressenti de quel zèle il allait brûler pour la foi, qui s'était insinuée si parfaitement dans son âme ? le fait est qu'il l'a justifié par tout ce qu'il entreprit dès ce moment pour la défendre et la propager. Harcelé sans cesse par les lettres et les visites de ses anciens confrères de l'école de Maloua, il eut toujours raison de leurs objections, grâce à la connaissance relativement profonde qu'il avait acquise de la Bible, et qui lui permettait, une fois éclairé, de retourner contre les agresseurs toutes leurs attaques.

Il prit d'ailleurs une vigoureuse et vaste offensive, et le P. Elloy estime à plus de cent le nombre des lettres qu'il écrivit avant de partir pour Sydney, afin de gagner ses anciens amis à Jésus-Christ. Il était toujours plein de son zèle, s'animant en face des interprétations des textes, priant avec ardeur et quelquefois tout haut, étudiant sans cesse, et interrompant son travail pour remercier Dieu de la grâce insigne qu'il avait daigné lui faire en lui dessillant les yeux. Il eût voulu en finir en un jour avec l'erreur ; et certainement il lui a arraché un bon nombre de victimes. A quel point sa piété était droite et tendre, quelques lignes du P. Elloy le feront connaître.

« Père, me disait-il, j'ai eu de bien beaux moments quand je lisais la Bible ; mais je n'avais jamais connu ce que j'ai goûté le jour de mon baptême. Je ne puis dire ce que j'éprouvais en pensant que mon corps était devenu un temple où Dieu habite. Mon bonheur approchait de ceux qui le voient dans le ciel, car il me semblait le sentir à côté de moi et en moi. »

« Il composa plusieurs hymnes d'actions de grâces d'une poésie élevée et suave, qui m'ont ravi. Je demeurais étonné, en les lisant, de la justesse et de l'élan de la pensée et de l'exquise délicatesse des sentiments. J'ai trouvé dans ses papiers, après sa mort, hélas ! si prompte, tout un cahier rempli de ses affections et de ses résolutions après le baptême. Rien de plus vrai, de plus grand et de plus pratique, dans ce qu'on raconte de nos plus illustres convertis. Oh! quelle soudaine et puissante transfiguration la grâce de mon Dieu opère dans les âmes! et faut-il plus que cela pour le voir présent, croire en lui et l'aimer de toute son âme ?

« Dans sa reconnaissance, il pensait aussi à moi, souvent il me disait : « Père, que te rendrai-je à toi « qui as quitté le doux ciel de ta famille, de ton pays « chrétien, de tes amis, pour venir, comme le Sau- « veur, vers des misérables ? Si encore ils se mon- « traient touchés et dociles ! Oh ! que je t'aime pour « eux ! » Le soir de son baptême, il vint vers moi, tenant à la main une grosse branche de sandal du plus riche parfum : « Prends, me dit-il, prends ce « bois que je brise à tes pieds, comme le fit Made-

« leine au Jésus bien-aimé. Je n'ai rien à t'offrir ; mais
« ces odeurs qu'il exhale expriment si bien la joie qui
« déborde en mon cœur de toutes les saintes choses
« dont tu l'as rempli ! » Il ajouta : « J'ai eu des jours
« de triomphe, lorsqu'ayant reçu des ministres le
« droit d'enseigner, je voyais l'enthousiasme éclater
« dans les masses qui m'écoutaient. Mais que c'est peu
« de chose auprès de mon bonheur d'aujourd'hui ! Oh
« oui, père, je suis au ciel ! »

Le P. Elloy se plaît ensuite à envoyer à son ami, l'abbé Calmus, la traduction d'une lettre de Paul à un de ses anciens confrères, où sa science des choses de la foi éclate, aussi bien que sa charité persévérante envers ceux qu'il avait une fois aimés. On se demandera, en lisant les extraits suivants, si elle peut être vraiment de lui ; aussi est-il bon de faire connaître auparavant cette déclaration de notre prélat, affirmant « qu'aucun des pères n'y a touché, et que c'est bien son cher Paul qui l'a écrite tout seul ». Il ajoute qu'il n'y a pas trop lieu de s'étonner du talent dont elle fait preuve, attendu qu'il était réputé, n'ayant encore que vingt-trois ans, un des plus habiles catéchistes sortis de Maloua, et que ses sermons, ainsi qu'on a pu le voir par une précédente allusion de sa part, avaient un succès prodigieux. Ce qui est admirable, c'est qu'une telle lettre ait été écrite huit mois seulement après avoir cessé de prêcher contre les popés avec une furie de sectaire : autre trait de ressemblance avec l'Apôtre dont on lui donne si justement le nom (1).

(1) L'auteur s'est permis de faire quelques transpositions pour grouper ensemble les idées de même espèce qui se trou-

« Eliah ! mon cher ami, je t'aime toujours beaucoup, ainsi que ta chère Salomé ; car pourquoi ne nous aimerions-nous pas toujours, pourquoi me retirerais-tu ton amitié ? Je t'en prie, qu'il n'en soit pas ainsi ; aimons-nous à jamais tendrement, ainsi que le recommande saint Paul dans ses lettres, où il nous dit que l'amitié réciproque a mille bons résultats.

« Mon cher frère, tu me dis que je suis malheureux dans la religion catholique ! mais j'ai réfléchi longuement sur ce qui est malheur et ce qui est bonheur. Etre pauvre, comme je suis maintenant, quand on croit aux divines Béatitudes, non, ce n'est pas un malheur. Sache bien que je me réjouis d'avoir un peu à souffrir ici-bas, afin d'avoir à me reposer éternellement dans les richesses et la gloire de notre Sauveur.

« Tu me dis que je suis dans l'erreur, et tu m'engages à étudier et à chercher. Mon cher, c'est déjà fait et bien fait : je me suis intimement convaincu qu'il n'y a pas ombre d'erreur dans ma religion. J'ai mûrement réfléchi à l'origine et à l'existence du pouvoir établi chez les catholiques. L'institution de ce pouvoir, sous l'aile duquel on ressent tant de paix, de bonheur et de liberté, se trouve clairement dans nos Saints Livres, où je lis ces paroles du Maître à saint Pierre : « Sois le gardien de mes agneaux et de mes brebis. » J'y lis encore : « Obéissez au pouvoir établi de Dieu. » Et aussi : « Les portes de l'enfer ne prévaudront ja« mais contre ce pouvoir... je demeurerai tous les jours « avec vous jusqu'à la consommation des siècles. » Voilà ce que j'ai trouvé et ce que je crois...

vent dispersées dans le texte ; il a aussi modifié légèrement quelques termes, mais le fond reste substantiellement le même.

« Tu me dis que le journal de Samoa, le *Soulou* (flambeau), a annoncé l'apostasie de huit mille prêtres catholiques ! où sont les preuves ? Si quelques-uns ont trahi leurs engagements sacrés, c'est qu'ils ont été tentés par le démon, comme le diacre Nicolas, comme l'apôtre Judas. Mais que prouve cette chute en face de ceux qui restent fervents, au nombre de plusieurs centaines de mille ? Vos ministres, au témoignage de votre prétendu *flambeau*, sont en tout au nombre de cent soixante-deux. Est-ce par eux que le monde sera régénéré ?

« O Eliah ! que c'est mal de se complaire dans les calomnies que nous apportent les livres d'Europe ! Dans le livre de Jésus, il ne renferme point de paroles amères, point de mensonges. C'est parce que nos prêtres le lisent qu'ils ont sur les lèvres un langage tout de charité, de zèle et de paix.

« Tu trouves étrange le culte que nous rendons à Marie, aux anges et aux saints. Mais ce culte se rapporte finalement à Dieu. Car ce sont ses dons que nous honorons dans leurs personnes ; ils sont là-haut en sa présence, et ils s'intéressent à nous ; ils nous offrent, pour arriver où ils sont et partager leur bonheur, leurs prières puissantes et leurs beaux exemples.

« Tu avances qu'il n'y a point de texte dans tout le Nouveau Testament qui autorise à invoquer Marie (1)? Mais ces admirables paroles : « Je vous salue, ô pleine de grâces, vous êtes bénie entre toutes les femmes », ne nous pressent-elles pas d'elles-mêmes, si douces qu'elles sont, de les répéter souvent avec l'Ange ? Et

(1) TURNER : *op. cit.*, p. 127.

qu'a voulu l'Evangéliste, en nous faisant entendre cette parole d'une mère en admiration devant le Sauveur : « Heureuses les entrailles qui vous ont porté ! » qu'a-t-il voulu, sinon exciter en nous une semblable admiration qui, d'elle-même ensuite, montera du cœur aux lèvres pour s'exhaler en une heureuse prière? Et quand la divine Mère, à qui son humilité n'a pu voiler dans l'avenir ses destinées incomparables, se déclare « l'objet des bénédictions de toutes les générations de « l'avenir », n'est-ce pas le devoir filial de tous d'y mêler tour à tour leurs voix ? et les Samoans, les derniers venus des îles de la grande mer, quand leur jour s'est levé, se priveraient du bonheur de mêler les accents de leur humble langage à ce concert de la terre avec le ciel !

« Mon cher frère, oh ! que je vous plains tous de vous obstiner à ignorer toujours le grand sacrifice de l'hostie immaculée ! Jehovah, tu le sais, a annoncé dans Malachie que toutes les immolations des victimes cesseraient un jour. Ce jour a lui pour nous. Que de bonheur, que de courage, on puise au pied de l'autel où s'opère la pure oblation ! Oh ! si tu savais le don de Dieu ! Viens-y prier, viens partager avec nous : nous lutterons d'amour ensemble pour tâcher de l'aimer comme il nous aime. Ne fuis pas devant Jésus qui t'attend, qui te cherche ; ne fuis pas comme le Manou alii (1), qui se dérobe aux moindres approches et se tient caché sous les roseaux.

« Pour moi, je resterai avec lui à la vie, à la mort. On pourra me trancher la tête ; nul mal ne pourra

---

(1) Grand oiseau des marécages.

m'enlever au culte de Jésus et à l'Eglise de Jésus.

« Adieu, aimons-nous toujours, c'est mon désir à moi, qui t'aime sincèrement.

« Moi, Jeremiah Paul, catholique. »

Quelles espérances ne donnait pas une nature si riche, si vite disciplinée et si pleinement fécondée par la grâce ? On voulut achever sa formation, en l'envoyant à Sydney, à l'école que Mgr Bataillon venait de fonder à Clydesdale, dans la pensée de créer à la longue un clergé indigène. Paul devait en être les prémices. Il le fut, mais pour le ciel. Peu après son arrivée en Australie, il tomba malade et mourut dans les sentiments les plus édifiants. Qui sait si Mgr Lamaze, le digne successeur de Mgr Elloy, ne doit pas à ce sacrifice les premiers épis de la moisson d'un sacerdoce indigène qui, dès l'année 1886, par ses succès dans l'étude de la théologie, par sa piété et ses vertus, commence à combler les vœux les plus chers du prélat ?

A côté de Jéremiah se présente de lui-même le nom d'un autre catéchiste, dont les débuts furent aussi pleins des plus belles promesses et dont nous aurons bientôt à raconter les derniers actes, quelques-uns héroïques, et la mort, hélas ! également prématurée.

Le P. Elloy, une fois arrivé à Apia, s'était préoccupé de trouver et d'essayer d'attacher à sa personne quelques jeunes catéchumènes, qui pussent l'accompagner dans ses voyages et l'aider aux travaux de l'intérieur. Il est bien inutile d'ajouter qu'il ne regardait pas à sa peine ; on a assez vu avec quel entrain il se portait à tout ce qu'il y avait de plus dur. Mais il regrettait le temps que ces travaux prélevaient sur celui qu'il était si heureux de dépenser à son ministère. Les naturels qu'il interrogea s'accordèrent à lui indiquer un enfant du village de Vaïousou, à petite distance d'Apia, du côté de l'ouest, du nom de Faléono.

Le jour même, le P. Elloy, après s'être recommandé à Dieu, se rendit dans le village. L'enfant était absent et, suivant l'habitude du pays, occupé, loin de toute surveillance, à parcourir les bois et à tendre des pièges aux oiseaux. « Quand pourrai-je le voir ? » dit le missionnaire aux parents. — « Demain, lui répondirent-ils; nous l'avertirons de ta visite. »

Le lendemain, le P. Elloy revint à Vaïousou ; l'enfant avait été prévenu et attendait le missionnaire, non sans être fort étonné de se trouver ainsi l'objet de sa visite. « Mon enfant, dit le père, je viens te trouver pour voir si tu veux me suivre. J'ai tout quitté pour vous, famille et patrie. Et voici que j'ai besoin de quelqu'un pour rester et pour voyager avec moi, pour m'aider de toute manière ; j'ai jeté les yeux sur toi : veux-tu venir ? Tout ce que j'aurai, nous le partagerons. Je t'apprendrai à lire et à écrire, je t'aimerai, je t'instruirai de mon mieux. »

Faléono écouta le père ; puis, après un petit moment de silence, d'un ton résolu, il répondit : « Je te suivrai ! » L'indépendance des enfants était telle à Samoa qu'on regardait la permission des parents comme superflue. Néanmoins le P. Elloy entendait ne pas autoriser par son exemple ce qu'il regardait comme une infraction aux devoirs prescrits par le quatrième Commandement. La mère de Faléono était présente ; interrogée par le P. Elloy : « Fais ce que tu voudras, dit-elle à l'enfant ; je te laisse libre. »

Faléono vint donc s'établir à Apia, dans la case du missionnaire. Il fut chargé de préparer la nourriture, travail peu difficile, étant données l'extrême simplicité de vie et la bonté du provicaire. Il se mit aussitôt à une plantation de taros. Il lui restait beaucoup de temps, qu'il consacrait, avec un amour de l'étude très rare dans l'archipel, à son instruction. Aussi bientôt sut-il lire et écrire. Mais ce qui attirait de préférence cette âme prévenue de la grâce, ce qui le charmait, c'était le catéchisme. Moins d'un mois après, vers la fin de 1860, le beau jour de Noël, il put donc recevoir le baptême, sous le nom de Victor (Vitolio).

« Je n'ai jamais vu d'une manière plus sensible et plus ravissante, disait le P. Elloy, les progrès de la grâce sur la nature dans une âme d'adolescent. La vertu dans laquelle il a excellé ce fut l'obéissance. » Entre autres preuves, nous tarderons peu, hélas ! de le voir quitter son père bien-aimé pour se dévouer au chevet du P. Breton, malade, et y trouver la mort en le rendant à la santé.

« Les tentations ne lui furent pas épargnées. Voué à une vie qui, après tant d'années passées dans l'oisiveté et le vagabondage, ne pouvait manquer de lui paraître dure, ses frères et ses amis venaient encore le déranger dans ses études ou dans son travail à la terre ou à la cuisine. Ils lui racontaient leurs heureuses chasses aux ramiers. Ils le raillaient sur son application aussi inutile, disaient-ils, que pénible. « Viens, « les cochons et les ignames ne manquent pas à la « maison. Viens courir, jouer et te reposer en cau-

« sant ; qu'avances-tu à te fatiguer ainsi ? » Et lui :
« Est-ce que Dieu nous a placés sur terre pour nous
« amuser ? N'a-t-il pas commandé à Adam de travail-
« ler pour se nourrir ? C'est lui qui nous jugera et qui
« nous récompensera. Allez, vous autres, moi je reste
« auprès du popé : il est si bon ! »

Jamais Victor ne se faisait commander une même chose deux fois. Même il poussait à l'extrême cette disposition à obéir. Un jour il se montra fort embarrassé. Le P. Elloy, en mettant de l'ordre dans sa case, avait trouvé au fond d'une barrique un quartier de bœuf salé qui tombait en putréfaction. « Va, mon Vitolio, dit-il à l'enfant, et enterre cette mauvaise viande aux pieds d'un bananier ; l'arbre en profitera. » Puis il ajouta : « Qui sait ? peut-être il en poussera un bœuf ! » Victor regarda avec étonnement et le père et le quartier qu'il avait déposé entre ses mains ; et, tout pensif, il s'acquitta avec soin de sa commission. Trois jours après, profitant d'une course qui lui permettait de causer plus à l'aise avec lui : « Père, lui dit-il, est-ce bien vrai que, de la viande que tu m'as fait enfouir, il pourrait venir un bœuf ? » — « Non, mon enfant, c'est une plaisanterie que j'ai faite. » — « Il me semblait bien, reprit l'enfant, que cela ne pouvait pas se faire selon l'ordre des choses. Mais tu me parles toujours si sérieusement, que je ne savais si je ne devais pas m'attendre à une sorte de miracle. » C'était une leçon, donnée naïvement. Le père en tira cette conséquence qu'il ne faut rien dire qui puisse en aucune manière, aux yeux des indigènes, déroger à la haute idée qu'ils ont du prêtre catholique, de sa sincérité et de sa gravité.

Avide de s'instruire, surtout des choses de Dieu, c'était le grand bonheur de Victor d'interroger le père et de lui ouvrir son cœur. Cependant il était discret, et il arrêtait ses questions sur ses lèvres, même ses pas sur le seuil du lieu de son travail, quand il le voyait occupé ou soucieux. Mais c'était pour lui une peine profonde que de rester quelque temps privé de la direction qu'il sentait lui être si avantageuse, et si l'épreuve se prolongeait, il tombait en des accès de tristesse et d'humeur.

En voici un exemple. Vers la fin de 1862, le P. Elloy s'occupait d'élever le clocher de l'église d'Apia. Comme d'ailleurs il ne consentait jamais à négliger les travaux apostoliques courants, il en résultait pour lui un surcroît de travail et de préoccupation, et Victor n'osait l'aborder. De là sa tristesse, que bientôt le père remarqua : « Vitolio, mon enfant, lui dit-il non sans un peu de sévérité, voici deux ans que tu es chrétien, souvent tu vas à la sainte table, et tu retombes dans ta vilaine humeur ! » L'enfant éclata en sanglots : « Père, pardonne-moi, je me suis oublié ; mais si tu savais comme c'est dur de n'avoir pas un mot de son père pour chasser les tentations et se fortifier le cœur ! » Le P. Elloy prit à reproche cette douce plainte filiale, et il se promit bien de ne jamais refuser à une âme, qui en profitait merveilleusement, les conseils auxquels il plaisait à Dieu d'attacher tant d'efficacité.

L'heureux Victor avait donc fait sa première communion : ce fut au mois de mars 1860, trois mois après son baptême. Il avait alors quinze ans. Avec quelle ferveur il se présenta à la sainte table, on le pressent assez ; et le P. Elloy ne nous étonnera pas en nous disant que le néophyte frappa tous les assistants par sa tenue de séraphin et le doux éclat de son front. On en jugera par le trait suivant que le père raconte en ces termes :

« J'avais, dit-il, prévenu les premiers communiants qu'ils renouvelleraient quatre semaines après. Mon Vitolio ne put attendre jusque-là. Le samedi de la seconde semaine, il vint me trouver. Je n'eus pas de peine à remarquer quelques légères ombres sur son visage, qui avait pris et qui avait gardé, depuis le jour de sa première communion, une expression céleste de sérénité et de joie. « Père, me dit-il, je voudrais me « confesser pour communier demain. » — « Attends « huit jours encore, lui répondis-je, tu communieras « avec tes camarades. » — « Huit jours encore ! oh ! « que c'est long ! ah ! père, rends-moi mon Jésus ! Si « tu savais ! le jour de ma première communion, je « croyais toujours le voir. Il me semblait l'entendre « me parler, et moi, je l'écoutais toujours. Toute la « semaine qui a suivi, ce fut le même bonheur. Par- « tout, dans mon travail, la nuit en me réveillant, je « le voyais, je l'entendais. Il me disait : « courage ! » « Et maintenant il s'efface ; je t'en conjure, rends-moi « mon bonheur, rends-moi mon Jésus ! »

Etait-il possible de repousser cette naïve et ardente prière ? et est-il nécessaire d'ajouter qu'il mit toute sa vie sa meilleure joie dans la communion fréquente ?

Aussi Victor ne manquait pas d'être remarqué par les autres missionnaires de l'archipel, et ils aimaient à le choisir pour parrain dans les baptêmes qui se faisaient en sa présence. Victor ne déclinait pas l'honneur, mais il l'acceptait à titre de charge. Il prenait donc au sérieux ses devoirs de parrain, et il se croyait obligé de s'attacher à maintenir ses filleuls dans les engagements de leur baptême, et de les avertir quand ils venaient à se relâcher de leur première ferveur. Il ne manquait pas de leur rappeler qu'il avait répondu pour eux devant Dieu, qu'il était comme leur père aux yeux de l'Eglise, et que, s'ils voulaient rester ses amis, il fallait de toute nécessité demeurer fidèles. Il écrivit plusieurs fois à cet effet des lettres empreintes d'une dignité et d'une autorité qui semblaient au-dessus de son âge et de sa condition.

On comprend que l'angélique enfant devait s'attacher plus que jamais à celui qui se montrait si bien son père. C'est donc de tout cœur qu'il le suivait dans ses courses apostoliques, s'appliquant à le soulager de son mieux et à le prévenir des plus filiales attentions. Par terre, il portait ses bagages; par mer, il refusait de lui livrer les rames et il ne lui laissait que le gouvernail. Un jour que l'état de la mer toute démontée les avait obligés à prendre avec eux quatre rameurs, la violence des lames ne leur donna point de trêve de six heures du soir jusqu'au lendemain vers midi. Ils se relevaient de temps en temps pour prendre un peu de nourriture et de repos. Mais Victor, quelques instances qu'on lui fît, ne consentit pas à laisser un instant sa pagaie; il resta tout ce temps à la peine, ne voulant rien épargner pour préserver les jours de son missionnaire bien-aimé et pour hâter la fin de cette périlleuse navigation.

Une autre fois le danger fut plus aigu encore ; et ce n'est pas sans une protection signalée de la Providence qu'on parvint à le conjurer. Le P. Elloy se rendait de l'île d'Oupolou à celle de Savaï. Au milieu du détroit, la pirogue fut surprise par un coup de vent si soudain que, les marins n'ayant pu carguer, le mât fut brisé et jeté à la mer avec sa voile. La pirogue désemparée embarqua coup sur coup deux fortes vagues; une troisième ! et elle eût versé. Or, à trois lieues du rivage, c'en était fait du père qui, on s'en souvient, ne savait pas nager. Se tenant en équilibre de son mieux, il invoquait à haute voix l'Etoile de la mer, et il recommandait à son vaillant équipage et à l'intrépide Victor de s'unir à son invocation. On aborda, après s'être vingt fois attendu à périr. Quand le missionnaire de Salélavalou, le bon P. Violette, les aperçut, il tomba à genoux de reconnaissance et d'admiration. « Vous êtes des enfants de miracle, » s'écria-t-il en levant les yeux au ciel. Le vent avait été à terre d'une même violence, et il avait emporté la toiture de sa case. Le P. Elloy lui raconta les péripéties de cette traversée redoutable, les courageux efforts de ses rameurs; mais il ne savait pas tout.

Sans qu'il s'en fût aperçu, sous l'inspiration de Victor, ils s'étaient dit : « Il faut sauver le père à tout prix. Quatre ou cinq Samoans de plus ou de moins, qu'est-ce à dire ? Loutovio est nécessaire au salut de l'archipel. » Et ils étaient convenus ensemble, même par serment, que si la barque venait à être renversée, chacun d'eux saisirait d'une main un débris, et de l'autre soutiendrait le père, et que, jusqu'au dernier souffle du dernier survivant, on le disputerait à l'abîme. Pouvait-on s'attendre à tant de grandeur d'âme et d'abnégation dans ces insulaires à peine régénérés par le baptême?

CHAPITRE V

LES TOKELAOU, TOUTOUILA.

N même temps que le P. Elloy déployait à la conversion de l'archipel un zèle si largement béni d'en haut, il fit preuve, au synode d'Apia, de ses talents de théologien et d'administrateur. Mgr d'Enos était revenu aux Navigateurs aux premiers mois de 1863 ; non moins que ses succès d'apôtre, il admira, en présidant ce synode, les remarquables rapports du provicaire. Tous ses confrères se plaisaient à voir en lui l'homme de l'avenir, celui qui devait être un jour la tête du vicariat comme il en était si bien le cœur. Et le vicaire apostolique, partageant l'opinion générale, entrait dès ce moment dans les vues de la Société de Marie, dont le R. P. Poupinel avait été l'interprète auprès de lui. On ne tardera pas à en connaître l'objet et le succès.

Mais en attendant, ce fut encore un sacrifice qu'il eut à lui demander.

Sa Grandeur avait fondé à Clydesdale, en Australie, à trente milles de Sydney, une école de sujets océaniens, où il se proposait un double but : former des catéchistes, et peut-être des prêtres indigènes ; et inspirer aux élèves le goût, leur donner la pratique, de la culture. Aussi avait-il fait à ce propos des acquisitions de terrains considérables. Mais l'organisation en était difficile ; il fallait un homme de tact, de tête et de dévouement, pour mener de front cette double formation. L'évêque d'Enos compta sur le P. Elloy. Lui, qui n'eut jamais rien de plus cher que l'obéissance, ne songea pas à examiner si le parti que prenait son évêque était le meilleur pour l'intérêt de la mission ; il se mit en devoir de partir, quittant ses chrétientés chéries de Savaï et d'Oupolou, sa belle couronne et les délices de son cœur !

Il prit la mer le 19 juin 1863. Avant de le suivre dans sa traversée, qui le mit pendant plusieurs jours en péril de mort, nous reviendrons en arrière pour raconter les grandes choses qu'il avait accomplies, dans l'espace de temps que nous venons de parcourir, en dehors de ces deux îles. Nous les avons réservées pour ne pas rompre la trame des précédents récits.

Un chapitre consacré aux Tokélaou, dans le volume des *Samoa* (1), a fait connaître les événements providentiels qui amenèrent ces malheureuses populations à la vraie foi : les pirogues perdues en mer en 1846, qui échouent à Wallis ; la famine de 1852, les secours envoyés par Mgr d'Enos et l'expatriation à Wallis d'un grand nombre de Tokélaouans ; enfin la visite du prélat en 1861, suivie du débarquement de deux catéchistes indigènes qui demandèrent à rentrer au pays pour l'évangéliser. Un acte de foi sublime appela de

(1) *Les Samoa*, p. 366.

nouveau, sur ces îlots sauvages, l'attention de nos missionnaires. Dans son rapport, cité en ce lieu, Mgr Elloy le raconte en ces termes, ainsi que la détermination que cet acte lui inspira.

« Les catéchistes originaires de Tokélaou, qui, une fois devenus chrétiens à Wallis, avaient voulu, sous l'inspiration de la douce et vaillante Bérénice, venir se dévouer dans leur pays en 1852, n'y avaient pas perdu leurs peines. Des insulaires en assez grand nombre avaient appris d'eux la doctrine et la prière, surtout la puissante prière du chapelet. Mais il leur manquait l'Eucharistie, la Pénitence, la Confirmation. Un vif désir s'empara d'eux, ils résolurent d'aller trouver des prêtres catholiques. Pour accomplir ce dessein, il fallait une résolution héroïque ; car l'entreprise était très difficile et périlleuse, pour ne pas dire téméraire. Trois cent cinquante milles les séparaient des Samoa, qu'ils n'avaient jamais visitées et dont ils ne connaissaient que vaguement la direction en mer. De plus, ils n'avaient pour moyens de transport que leurs pirogues, creusées dans des troncs d'arbres à l'aide du feu et des coquillages.

« Qu'importe ? Leur confiance sera leur boussole et leur salut. Pendant toute la traversée, ils ne cessèrent pas de réciter le chapelet, et l'on peut dire que leur succès final doit être ajouté aux miracles sans nombre que cette grande prière des catholiques a opérés dans le cours des siècles. Ces pirogues, qui auraient dû sombrer mille fois, ont abordé à Savaï, l'île occidentale du groupe samoan, et de là ont été pilotées jusqu'à Apia par nos néophytes, enthousiasmés de cette foi magnanime.

« Quels ne furent pas mon étonnement, mon admiration, ma reconnaissance envers Dieu, lorsque, de la bouche de ces intrépides catéchumènes, j'entendis le récit de leur miraculeux voyage! Nous nous empressâmes d'achever leur instruction et de les admettre à la sainte Communion et à la Confirmation qu'ils reçurent avec les dispositions les plus édifiantes ; puis ils se disposèrent à retourner dans leur île par la première occasion qui s'offrit. Mais nous ne voulûmes pas les laisser remonter dans leurs pirogues, que nous gardons à Apia comme souvenir, et nous les fîmes partir sur un vaisseau plus solide et pourvu d'un équipage et des ressources de la navigation.

« Toutes ces circonstances nous déterminèrent à envoyer avec eux d'autres catéchistes aux îles de Tokelaou ; car nous n'avions malheureusement pas assez de prêtres pour les disséminer sur tant de rivages. C'était demander à ces néophytes le plus douloureux sacrifice. Il leur faudrait se condamner à l'exil et se résigner à la plus pauvre nourriture. Plus d'ignames, ni de taros ; plus de cette boisson du kava, moins délicieuse aux lèvres qu'elle rafraîchit, qu'aux cœurs qu'elle rapproche. Pour tout aliment, des noix de cocos, non pas fraîches mais sèches, substance huileuse dont les Samoans se fatiguent, et que même ils laissent le plus souvent aux pourceaux.

« Et, cependant, ce sacrifice n'était pas le plus pénible. On finit par s'habituer aux privations du corps : les privations de l'âme sont plus difficiles à supporter. Pour aller aux Tokélaou, il fallait renoncer à l'usage des sacrements de pénitence et d'eucharistie, qui donnent à l'âme tant de force et de consolation.

Il fallait même s'exposer à mourir sans prêtre. Ils eurent la force de tout accepter, comptant, dans l'intelligence et la fermeté de leur foi, que Dieu ne se laisserait pas vaincre en générosité, et qu'il leur rendrait au centuple les secours et les joies saintes qu'ils sacrifiaient à une charité bien supérieure à tous les éloges que nous pourrions lui prodiguer. »

On ne peut s'empêcher de s'arrêter devant de si grandes vertus. Et ne serait-ce pas un intéressant problème que de chercher lesquels eurent le plus de mérite devant Dieu, ou de ces aventuriers sublimes qui, ne pouvant maîtriser le désir des sacrements, se lancent sur l'Océan à de grandes distances, sans boussole, sans ressources, sans route tracée, à travers les mille périls de la tempête et de la faim ? ou de ces catholiques d'hier, apôtres magnanimes aujourd'hui, qui, pressés par un zèle digne de ce qu'a vu de plus beau l'histoire de l'Eglise, abandonnent tout, jusqu'au ciel que l'Eucharistie leur a fait dans leur île, pour aller vivre, sur des rochers stériles, de leur simple foi, en la partageant avec ceux qui en étaient déshérités ? Mais non : ce n'est pas à l'homme à disputer sur les mérites des saints. « Dieu les connaît, lui qui les a, dit l'Imitation, appelés par sa grâce, attirés par sa miséricorde, conduits dans leurs épreuves, consolés avec magnificence, embrassés d'une inestimable dilection. C'est lui qu'il faut louer en tout (1) ! »

Reste Toutouila. On se rappelle que cette île, la plus orientale de l'archipel, n'avait pas participé, dès

(1) III. Imit. LVIII.

les premiers temps, avec Savaï et Oupolou, aux visites de nos missionnaires. Elle ne pouvait toujours se dérober au zèle du P. Elloy. Assis quelquefois, dans ses rares moments de repos, sur le rivage oriental d'Atoua, en Oupolou, il laissait son regard, baigné de larmes, sonder au loin la mer dans la direction de l'île livrée en proie au paganisme et à l'hérésie ; et, tendant son rosaire vers le ciel, il conjurait la Reine des Apôtres de hâter l'heure et de donner le signal.

On apprit un jour qu'un grand fono avait été tenu dans le village de Léoné, capitale du royaume de l'ouest, en Toutouila, et qu'il y avait été décidé que quiconque logerait les popés dans sa case serait immédiatement jeté avec les siens dans une pirogue sans agrès et sans provisions, et abandonné en pleine mer. Le péril enflammait toujours le zèle du P. Elloy. Il se ressouvint de la famille aimée de Jésus, de Lazare, Marthe et Marie, dont une pareille persécution avait fait les apôtres de la Provence. Il y vit le signal de Dieu et fit ses préparatifs de départ, bien décidé d'ailleurs à coucher tant qu'il le faudrait en plein air, afin de n'exposer que lui-même aux suites de son dévouement.

Un navire sur lest était en rade d'Apia ; le P. Elloy convient avec le capitaine qu'on le conduira à Toutouila, qu'on le déposera sur le rivage, et que, six semaines après, on viendra le reprendre : tout le reste à la garde de Dieu ! Il voulait, par ce moyen, faire preuve aux yeux des insulaires d'une énergique et irrévocable détermination.

Ainsi fut dit, ainsi fut fait. Au bout de deux jours et de deux nuits de navigation, la goëlette est en vue de Léoné, et s'en approche autant que le permettent les bas-fonds. En ce moment, la chaloupe se détache. Conduite par deux matelots, elle amène à terre le missionnaire et son fidèle Victor, et les y dépose avec une petite malle qui renfermait les objets nécessaires à la célébration du culte divin. C'était le soir; dans les feux du crépuscule, ils virent lentement s'éloigner le navire qui les avait amenés.

Restés seuls, ils s'agenouillèrent pour prier, demandant à la divine Mère, moins de leur donner le vivre et le couvert, qui étaient leur médiocre souci, que de disposer favorablement le pays à recevoir la vraie foi.

Les naturels ne tardèrent pas d'accourir, et ils se trouvèrent bientôt en foule autour d'eux. Assez familiarisé avec la langue samoane pour comprendre le dialecte de la nouvelle île, le P. Elloy entendait les questions qu'ils s'adressaient mutuellement : « Quel est ce blanc ? quel singulier vêtement il porte ! que vient-il faire à Toutouila ?... » Ce langage, dénué de toute bienveillance, allait continuer sur ce ton, lorsqu'un naturel qui avait voyagé : « Je le connais, s'écria-t-il, c'est un popé ! » Aussitôt grand tumulte : « Hors d'ici les popés ! ces hommes qui viennent nous empoisonner et nous asservir ! Jamais, jamais popé ne sera reçu à Toutouila ! » Puis ce fut un torrent d'injures et de railleries.

Sans s'émouvoir, le P. Elloy s'assit sur la malle, faisant signe à Victor de se placer à côté de lui, et ils attendirent le secours de Dieu. Il tarda peu à se déclarer.

Soudain un naturel s'approche : c'était le frère d'un chef. Il est pâle et se traîne avec peine : on voit qu'il est souffrant, mais un rayon d'espérance brille dans son regard éteint. « Viens, dit-il au missionnaire. » Aussitôt le père se lève ; il offre son bras au pauvre malade, qui, en s'appuyant sur lui de tout le poids de son corps et en le regardant tristement, lui dit : « Guéris-moi ! »

Ce que le père déploya de tendresse à le consoler, puis à lui prodiguer ses soins, il est inutile de le décrire. Dieu y attacha récompense : le malade guérit. Ce fut un triomphe ; on ne parla plus d'expulsion, et le prêtre catholique put recevoir, sans danger pour ses hôtes, un asile pour la nuit et sa pauvre nourriture de chaque jour. Il profita de cette circonstance si providentielle, presque miraculeuse, pour rayonner en toutes les directions autour de Léoné, rencontrant encore bien des injures, et exposé à d'incessantes privations, mais jetant partout les germes qui devaient lever un jour.

Le chef, frère du malade guéri, connu sous le nom même de l'île, Toutouilé, et un autre du nom de Ilaloa, aimaient à s'entretenir avec lui : ils le questionnaient sur la France, sur la religion, sur le caractère des missionnaires, sur la cause qui leur avait fait quitter leur patrie, et sur le but qu'ils se proposaient en venant dans ces îles de si loin. Au bout de quelques jours, la case de Toutouilé devint comme un vrai cercle, où l'on se rassemblait chaque soir pour interroger et écouter le missionnaire.

Ils admiraient ses réponses et en étaient quelquefois attendris. Quelle différence entre un langage si vrai, attestant un dévouement tout désintéressé et vraiment héroïque, et l'idée de ces êtres voluptueux et inhumains sous laquelle les ministres leur avaient représenté ces hommes de Dieu ! Aussi les cœurs, gagnés par cette charité inouïe, s'ouvraient peu à peu à la vérité ; et, si les obstacles que les pères ont rencontrés partout retenaient encore le plus grand nombre dans l'erreur, du moins les préjugés tombaient et la moisson se préparait pour l'avenir.

Dans cette prise de possession de l'île orientale des Samoa, le jeune Victor eut sa grande part de mérite. Le lecteur aimera à suivre les progrès de la grâce dans cette âme candide et généreuse, née d'hier à la foi.

Pendant ces longs entretiens du père avec les indigènes, Victor n'avait qu'à garder le silence ; et, comme ils se prolongeaient bien avant dans la nuit, sur l'invitation paternelle du missionnaire, mais sans jamais la devancer, l'enfant sortait pour aller prendre son repos. Un jour, le P. Elloy le trouva en rentrant agenouillé, le chapelet à la main. La conférence avait été cependant plus longue qu'à l'ordinaire ; mais elle avait été aussi plus animée. En exposant les titres de la religion catholique, il s'était laissé aller à toute son ardeur d'apôtre, et il avait eu la joie de voir l'assemblée saisie, presque entraînée. « Pourquoi n'es-tu pas couché, mon enfant ? lui dit le P. Elloy. Tu ne veux donc plus obéir ? » — « Père, lui répondit-il, je t'ai vu si beau, si pressant, quand tu conjurais ces pauvres hérétiques de venir au bercail du bon Maître ! J'ai pensé qu'il était de mon devoir de prier pour qu'il daigne donner l'efficacité à ta parole. »

Il accompagnait le père dans tous ses voyages, et partageait, sans se plaindre jamais, les privations qu'il fallait endurer. Plus d'une fois, en effet, la case à laquelle ils frappaient manquait de provisions ou refusait d'y puiser pour le popé suspect ; à peine une tranche de taro ou d'igname était offerte de mauvaise grâce. Victor s'efforçait, sous un air joyeux, de dissimuler sa propre faim. Il s'ingéniait à trouver de quoi satisfaire celle du père ; car il l'aimait pour lui-même et pour ses compatriotes qui avaient tant besoin de lui. Afin d'obtenir une part au moins suffisante, il n'est sorte de services qu'il ne se plût à rendre aux naturels, qui ne pouvaient, à la longue, s'empêcher de l'admirer et de se rendre à ses désirs. Dans les courses du milieu du jour, quand il le voyait épuisé de fatigue et de faim, c'était son bonheur, avant le moindre signal, de s'élancer sur le premier cocotier ; il en détachait quelques noix, qu'il se hâtait d'ouvrir pour lui en offrir la fraîche et bienfaisante liqueur.

Les injures ne leur étaient pas toujours épargnées. Arrivés, un soir, dans un village nouveau pour eux, les enfants s'attroupèrent, leur lançant des injures et des pelures de fruits. Le P. Elloy marchait tête baissée, le visage calme, sans rien répondre. Victor frémissait et il avait toutes les peines à se contenir. Mais, comme il le voyait garder le silence, il ne se croyait pas autorisé à parler. Quand les enfants se furent éloignés, Victor s'approcha du P. Elloy, et tout en marchant il lui dit : « Père, est-ce que tu n'as pas senti de la peine en entendant ces enfants de ma race t'insulter comme ils l'ont fait ? Ah ! sans doute, en venant au milieu de nous, tu t'es préparé à tous les sacrifices, mais qu'il a dû te coûter celui-là ? »

Il avait compris, le cher enfant, par la seule, mais

exquise, délicatesse de son cœur, quelles souffrances surpassent toutes les autres dans l'âme de l'apôtre. Se rapprochant alors du père et le regardant avec la plus filiale tendresse : « Père, ajouta-t-il, pardonne à ces ingrats. Comme nous, un jour, ils auront appris à te connaître et ils t'aimeront ! »

Ces vertus de leur jeune compatriote excitaient l'admiration des insulaires et leur donnaient à réfléchir. Une fois devenu catholique, le chef Ilaloa disait un jour au P. Elloy : « Ce qui m'a décidé a embrasser ta religion, c'est d'abord de te voir venir pauvre et dénué de tout. Tu étais loin d'avoir l'air de ces tyrans qu'on nous avait représentés dans la personne de tous les prêtres catholiques. Ce fut encore ce bon vouloir que tu montras à tous les malades, en les visitant et en les soignant avec tant de cœur. Mais ce qui m'a frappé comme une chose tout à fait étonnante, c'est de voir le changement que ta religion a opéré dans un homme de notre race. En regardant Vitolio, je me suis dit : « Une religion qui a tant d'influence pour « rendre un Samoan si bon ne peut être que la vraie « religion. »

La moisson que ces laborieux essais ne pouvaient manquer de préparer, ce fut le P. Gavet d'abord, puis le P. Vidal surtout, qui eurent le bonheur de la féconder et de la récolter. Au bout des six semaines que le P. Elloy avait fixées au capitaine de la goélette, il dut repartir pour Apia, et bientôt après pour Sydney. Il envoya donc à Léoné le P. Gavet, qui, à deux reprises, y fit séjour et eut le bonheur de conférer le baptême à quinze néophytes. Combien le zélé provicaire regretta de n'avoir pas assez de missionnaires pour en envoyer un à poste fixe ! Réduite à deux catéchistes imparfaitement formés et à de rares visites du prêtre, cette mission demeura stagnante. Mais le sol resta fidèle aux germes qui y avaient levé ; et, dix ans après, le P. Vidal fut l'heureux moissonneur.

Disciple chéri de Mgr Elloy, qui se l'était attaché dans une visite au séminaire de Rodez, dont il était un des meilleurs sujets, ce fut donc à Léoné que le P. Julien Vidal fit ses premières armes. C'est là qu'il acquit cette expérience et déploya ce zèle qui ont tout récemment attiré sur lui l'attention de Léon XIII, et que le souverain Pontife a voulu couronner en lui confiant la préfecture apostolique des Fidji, érigée en Vicariat, le 10 mai 1887.

Un coup d'éclat, que nous racontons ici par anticipation, lui permit de fonder définitivement à Toutouila le culte catholique. Un chef du nom de Maounga voulut avoir son lotou, et demanda un prêtre à Mgr Elloy, devenu évêque, qui se hâta de lui envoyer le P. Vidal. Or il arriva un jour que les deux lotous se faisaient à la même heure, et à petite distance l'un de l'autre. Les catholiques, ayant commencé les premiers, finirent aussi les premiers. Le P. Vidal se retira et les néophytes se dispersèrent.

Le ministre avait cédé sa place à un catéchiste, et du haut d'une colline il observait tout. Quand il vit qu'il n'avait plus en face de lui l'adversaire qu'il redoutait, il descend, se donnant un air inspiré, s'empare de la chaire et, parcourant du regard son auditoire avec lenteur et solennité : « Maounga, s'écria-t-il, où est Maounga ? » Tous le regardent en silence. Après un moment : « Le toulafalé de Maounga ? » Même silence. « Et le popé! le popé qui est venu vous corrompre et vous perdre !... Il a quitté la place, il a fui !... » Payant alors d'audace comme d'effronterie, il élève le plus haut qu'il peut sa grosse bible sur sa tête, et, plus solennel que jamais : « Comme Moïse, je descends de la montagne, où je me suis entretenu avec Jéhovah ! Comme Moïse, j'ai les tables de la loi dans les mains, comme lui je viens de voir les élus de Léoné, à la voix du pasteur d'enfer, se prosterner aux pieds du veau d'or !... Et moi aussi je devrais déchirer ma bible de douleur et d'indignation, remonter à Jéhovah et vous abandonner à votre apostasie. Je devrais... » Il s'interrompit en sanglotant. Tous mêlèrent leurs larmes à celles du misi, en le conjurant de rester.

Ce but atteint, il se refit des yeux secs, et reprenant son grand air, il alla dans sa case trouver Maounga. Là il recommença sa harangue. Quand il en fut à l'endroit pathétique : « Moïse, dit froidement le chef, en lui coupant la parole, Moïse avait au front, quand il descendit du Sinaï, deux rayons de lumière ; tu les as perdus en chemin, ou bien oubliés dans ta case, car la mienne reste obscure, malgré toute ton éloquence. Remonte les chercher, je reste au popé jusqu'à ton retour. »

Le coup porta. Le ministre comprit qu'il s'était rendu ridicule, et il n'essaya plus de s'opposer par la violence à l'établissement de la vraie foi.

Cependant, le 19 juin 1863, le P. Elloy, ainsi qu'il a été déjà dit, avait pris la mer pour se rendre, par Wallis, Foutouna et les Fidji, à sa destination de Sydney.

Il avait pour instruction de visiter les stations de ces diverses îles. Il emmenait avec lui quatorze jeunes Samoans, dont était le fidèle Victor, et qui devaient faire partie de l'école de Clydesdale ; avec eux, le frère Jacques Peloux, dont la santé avait un pressant besoin de repos et d'un ciel plus tempéré. Hélas ! il ne devait pas parvenir au terme de cette navigation, et c'est au sein de Dieu qu'il était sur le point d'aller goûter le repos meilleur qu'il avait si vaillamment mérité.

LIVRE III

LE P. ELLOY ÉVÊQUE,
COADJUTEUR DE MONSEIGNEUR D'ÉNOS

CHAPITRE PREMIER

CLYDESDALE. — L'ÉLECTION. — DÉPART POUR APIA.

Le vaisseau qui portait le provicaire, l'*Elisa*, avait déjà nombre d'années de service. Dans ces mers si souvent soulevées par les vents, les bâtiments vieillissent vite ; l'*Elisa* donna des inquiétudes dans la traversée de Samoa à Wallis et à Foutouna. Arrivés aux Fidji, où le programme du voyage marquait relâche et séjour, on représenta au P. Elloy que, pour un si long voyage, il n'y avait point de sécurité avec un bâtiment assez disjoint pour laisser, aux premiers coups de mer, de larges voies d'eau s'ouvrir : « Je me suis aperçu moi-même, répondit-il, du danger auquel je m'expose ; mais j'ai des ordres et je n'ai pas le choix. Il faut nous abandonner à la Providence et à la bénédiction de notre évêque qui en est la garantie. » Bientôt le danger attendu éclata : à côté d'une voie d'eau déjà signalée et incomplètement aveuglée, une autre s'était ouverte. Avec deux pompes manœuvrées sans relâche, on parvenait avec peine à tenir tête à la mer qui montait rapidement dans la cale. Et voilà qu'au moment le plus critique, un des deux instruments de salut refusa tout à coup son action : une soupape s'était brisée. L'alarme fut vive ; et les matelots cessèrent de se contraindre. A demi-voix, ils se désespéraient de se trouver ainsi en face du naufrage, loin de toute terre, dans la nuit, au milieu des flots qui ne cessaient de grossir.

Le P. Elloy s'était plu longtemps d'avance à prévoir tous ces périls, et plus d'une fois il les avait bravés. Il gardait donc son sang-froid, et s'employait à remonter tous les courages. Cherchant avec autant d'à-propos que d'esprit de foi, dans un motif de piété envers la sainte Vierge, une diversion aux frayeurs de la mort menaçante : « Mes enfants, dit-il à ses néophytes, nous sommes dans l'octave de l'Assomption ; confessez-vous afin de vous rendre plus dignes de la protection de la divine Mère. » Tous suivirent son conseil ; et, avec la paix de la conscience et la grâce du sacrement, le cœur revint à tous et les forces avec le cœur. Tour à tour, et le père à leur tête, ils relevèrent à la pompe, avec un nouvel entrain, les matelots harassés.

Bientôt un cri de joie se fit entendre : il partait du fond de la cale, où le charpentier cherchait dans l'eau à reconnaître l'origine de la seconde voie qui inondait surtout le navire. Par un hasard bien providentiel, en amenant à lui une planche dont il avait besoin, il avait mis la main sur l'ouverture. Il parvint à la boucher, non sans bonheur, mais non pas au point de dispenser jusqu'à la fin des plus grands efforts. On dut encore travailler aux pompes douze heures de temps sur vingt-quatre, pendant les trente jours que dura le voyage. Pour comble de détresse, les vivres avariés en partie firent défaut ; et, au moment où la fatigue réclamait la nourriture avec plus d'abondance, il fallut se mettre à la ration et disputer ainsi sa vie, jusqu'à la dernière heure, et à l'abîme et à la faim.

La divine Mère ne voulut pas cependant tromper la confiance de son missionnaire ; et, après tant de privations, de fatigues et d'angoisses, ils entrèrent enfin sains et saufs au port de Sydney, le beau jour de la Nativité de Notre-Dame, le 8 septembre 1863.

Le premier usage que le P. Elloy fit de ses forces, après quelques jours d'un repos aussi nécessaire que mérité, fut de suivre l'impulsion de son esprit de foi et d'obéissance religieuse, en ouvrant son cœur à son supérieur général. Sa lettre est du 20 septembre 1863.

Et d'abord, il lui donne, sur les missions qu'il avait eu ordre de visiter, des détails de nature à réjouir son cœur de père. Partout, à Wallis, à Foutouna, aux Fidji, il a trouvé les missionnaires Maristes à leurs postes, fidèles et courageux, exacts aux exercices religieux, qui sont avant tout le relèvement de l'âme et la garantie, pour le zèle, de persévérance et d'efficacité. Aux deux premiers groupes d'îles où l'hérésie ne s'est pas implantée, les chrétientés naissantes donnent l'image des vertus de la primitive Eglise. Aux Fidji, aux stations que le P. Elloy a pu visiter dans cet immense archipel, la lutte contre l'erreur se soutient avec énergie et non sans avantage.

A Rewa, une de ces stations, il a eu le bonheur de retrouver l'infatigable P. Grosselin, qui s'y dépense depuis trois ans, avec le plus grand courage, dans une position militante. Le P. Grosselin avait été un de ses professeurs de théologie au scolasticat de Belley, de si douce mémoire. Le bonheur de rafraîchir avec ce bon maître de précieux souvenirs de sa jeunesse religieuse valait bien la peine de faire en pirogue douze lieues à travers les récifs. Il laisse donc l'*Elisa* se refaire, comme elle pourra, au port d'Ovélaou, et il part tout joyeux. En traversant une des passes les plus difficiles, il n'a garde d'oublier le P. Benjamin Aubry qui y a sombré le 15 janvier précédent, en se rendant comme lui à Rewa. Il prie pour ce confrère enlevé à la fleur de l'âge et envie sa couronne prématurée. Enfin le voici dans les bras du P. Grosselin. Mais quel désenchantement !

« Croiriez-vous, mon père, dit-il dans la lettre que nous analysons, que je n'ai pas été reconnu ? J'ai eu beau lui rappeler plus d'une circonstance de mes beaux jours au pied de sa chaire, où je goûtais tant ses leçons, mon nom ne lui est pas venu sur les lèvres. Je l'ai mis sur le chemin, en lui disant que je venais lui apporter de vive voix la réponse à une lettre qu'il avait eu la bonté de m'écrire à son arrivée de France à Sydney. Il interrogeait toujours sans succès ma figure. Bref, il a fallu me nommer. Inutile, mon très Révérend Père, d'ajouter quel accueil il m'a fait, pour réparer, disait-il, cette défaillance de sa mémoire dont son cœur n'était pas le complice. Il paraît donc qu'on vieillit vite dans nos îles. N'importe, d'ailleurs, qu'on y prenne plus d'une année en douze mois : on y est heureux, et l'on n'en marche que plus vite vers le ciel. Je ne sais point de place au monde contre laquelle je voulusse échanger celle que vous m'y avez asssignée. »

Il entre alors au vif de son ouverture. La simplicité et la délicatesse avec lesquelles il s'exprime sur la mesure qui l'a enlevé à ses néophytes bien-aimés pour lui confier une œuvre d'avenir incertain, moins conforme à ses goûts; le respect pour ses supérieurs et son obéissance de jugement comme de volonté; la foi avec laquelle il cherche dans cette épreuve la volonté de Dieu, « cette volonté toujours bonne, toute de bienveillance et de perfection (1) », et avec cette volonté, le repos et l'avantage de son âme : tout ici est exemplaire et digne d'être médité : « Je n'entre pas, dit-il, en considérations sur l'opportunité de mon envoi à Sydney. Mgr Bataillon est en même temps mon évêque et mon supérieur religieux. Il me commande; je n'ai qu'un mot à lui répondre, comme à Dieu dont il est pour moi le représentant autorisé : *Fiat voluntas tua !* Il m'a dit ne m'envoyer ici qu'à titre provisoire; mais j'entends bien y faire toutes choses, comme si j'y devais rester toujours : n'est-ce pas, avec la grâce de Dieu, le seul moyen de réussir ?

« Cependant, mon très bon Père, puisque je vous dois toute la vérité comme au père de mon âme, je vous dirai que j'aborde sans goût naturel et par pure obéissance ce nouvel emploi. Mes attraits restent les

---

(1) Voluntas Dei bona et beneplacens et perfecta. ROM. XII, 2.

mêmes, plus vifs peut-être que jamais, pour nos chers archipels. Mais j'ai hâte d'ajouter que, si je retourne dans nos missions comme Mgr d'Enos a bien voulu, de son propre mouvement, me le donner à espérer, je regarderai toujours comme une grâce insigne d'avoir été pour quelque temps arraché au torrent par lequel je m'étais laissé entraîner. Je m'étais créé trop d'ouvrage de tous côtés. J'étais trop aux autres et pas assez à moi-même ; j'avais donc grand besoin de rentrer, au moins quelque temps, dans une vie plus calme, plus régulière, et de retrouver le recueillement bien négligé, hélas ! ainsi que le soin de mon âme, au milieu de ces travaux trop multipliés et trop pressants.

« J'entends dire aussi — et les hésitations du P. Grosselin donnent pour moi crédit à ce qu'on me répète — que j'ai besoin pour ma santé de ce changement de climat et d'occupation. Je sens bien maintenant que mes forces diminuaient rapidement. Que Dieu donc soit loué de tout ! De tout !... même de m'avoir enlevé à ma chère et si douce mission des Samoa, au moment où, devenue partout florissante, elle commençait à me donner des consolations dont je n'avais pu pressentir ni l'abondance ni la suavité, ni les souvenirs qu'elle laisse au plus profond de mon cœur ! »

Ainsi qu'il l'avait résolu, le nouveau supérieur de l'école de Clydesdale se mit à son œuvre d'organisation, avec toute la volonté qu'il apportait toujours à obéir, sans la moindre arrière-pensée ni réserve sur l'avenir. Son premier soin fut de reconnaître le terrain sur lequel il fallait établir et la culture et l'éducation dans cette institution nouvelle. C'était un bas-fond de médiocre fertilité, d'un tènement de mille acres anglais, à trente milles (dix lieues) de Sydney, du côté des montagnes bleues et sur les bords de la Clyde, d'où le lieu a tiré son nom de Clydesdale, la vallée de la Clyde. Il y avait des terres marécageuses à drainer, des inondations à prévenir, de vastes défrichements à faire. Pour suffire à une si vaste étendue de terrains, il fallait des bras et des engrais en quantité, des sommes considérables eussent été nécessaires : inutile d'ajouter qu'elles manquaient.

Quant à l'éducation, il s'agissait ensuite de faire vivre ensemble vingt-huit insulaires, réunis là de toutes les missions du double vicariat de Mgr d'Enos, de leur parler leurs divers idiomes, de leur communiquer le goût de la culture et de l'étude, qui était loin de leurs habitudes. Il fallait trouver un sage tempérament entre ces deux genres de travail, de l'un par l'autre, et établir ainsi une sage discipline.

La bonne volonté de leur part ne fit jamais défaut; même dans les premiers jours, nul ne se laissa prendre par le mal du pays dans un tel éloignement et dans un genre de vie si nouveau. La grâce secondait donc sensiblement et récompensait les grands efforts que la nature avait à subir. Mais il y eût fallu des maîtres; et le nombre des missionnaires envoyés de France était trop restreint pour les prodiguer à cet établissement, si digne qu'il fût d'intérêt. Des auxiliaires gagés, capables d'entrer dans les vues du fondateur, étaient rares à trouver. Il y avait donc des prodiges d'intelligence et de dévouement à faire pour mettre de l'ordre dans ce chaos.

Le P. Elloy était l'homme de ces difficiles débuts; et l'on ne peut douter que les résultats obtenus, tout incomplets qu'ils aient été, ne soient dus à son dévouement.

Il y était tout entier depuis deux mois, lorsque lui parvint une nouvelle à laquelle il était loin de s'attendre, et qui, en bouleversant son âme si humble, changea le cours de ses pensées.

Le 17 novembre de cette même année 1863, un visiteur se présente à la porte de l'école. C'est le bon P. Rocher, le procureur des missions de la société de Marie, en résidence à Sydney. On s'empresse, on lui fait fête; c'est grande joie parmi les pères, et aussi parmi les jeunes gens de la colonie océanienne. Après le dîner, on l'entoure pour lui faire les honneurs de la propriété. Pressé de remplir un dessein dont il est visiblement préoccupé, le vénéré père parvient cependant à s'isoler avec le P. Elloy, en s'engageant avec lui dans les terres en défrichement. Le long de la promenade, après avoir causé vaguement des besoins de l'œuvre naissante, des espérances qu'elle donne, et échangé des nouvelles, une cabane se rencontre où les ouvriers déposaient leurs outils : « Voulez-vous que nous nous reposions un moment ? » dit le P. Rocher à son hôte. Ils entrent, et le P. Rocher s'asseoit sur le premier siège venu, en l'invitant à faire de même et à se préparer à recevoir une grande communication.

Il tire alors de son portefeuille un gros pli fermé qu'il met respectueusement sur les genoux du provicaire, en disant qu'il l'a reçu avec ordre de le lui apporter sans délai. Il le prie d'ouvrir. Le père prend en tremblant, rompt le sceau et commence à lire. Tout aussitôt il devient pâle, et un torrent de larmes s'échappe de ses yeux. C'étaient les bulles, en date du 21 août, qui le nommaient évêque titulaire de Tipasa, et coadjuteur avec future succession du vicaire apostolique de l'Océanie centrale et des Navigateurs. Le coup le frappait à l'improviste et sans moyen de le parer ; car le supérieur général, se méfiant avec raison de sa modestie, avait résolu de ne le prévenir qu'après la chose faite, Rome ayant parlé. Tout avait été concerté avec Mgr Bataillon, par l'entremise intelligente et active du R. P. Poupinel.

« Moi évêque ! s'écria-t-il. C'est impossible, je n'ai pas la moindre des qualités que suppose une telle charge, surtout en face de missions si importantes. Je vais écrire pour qu'on revienne, qu'on s'adresse à meilleur que moi : il y en a tant dans la société de Marie ! » — « Ce serait désobéir, car la chose est faite, répondit le P. procureur ; or, désobéir à vos Supérieurs, c'est désobéir au Souverain Pontife. C'est en face des plus hautes autorités de la terre et de leurs ordres les plus authentiques que, pour la première fois, vous commettriez une pareille faute ! » Et se jetant à ses genoux : « D'ailleurs c'est inutile. Vous êtes évêque, Monseigneur, vous ne pouvez plus décliner une charge d'où doit dépendre le salut de mille et mille infidèles. Donnez-moi, je vous en conjure, la première de vos bénédictions. »

Telle est la grande scène où s'accomplissaient, dans un humble réduit des terres d'Australie, les plus lointaines du monde, entre deux modestes religieux, les décrets du représentant de Jésus-Christ, qui a juridiction sur tout le monde et a droit à y être partout obéi. Les anges de tous ces archipels, où le nouveau prélat allait pousser avec tant de succès l'œuvre du vaillant évêque d'Enos, eurent sans doute connaissance de l'heureux avenir qui s'ouvrait sur les âmes confiées à leur tendresse. Comme ils durent tressaillir de joie et chanter avec de nouveaux transports l'hymne de leur éternelle adoration ! Et quand Mgr Elloy va apparaître aux yeux des néophytes, qui l'ont déjà tant aimé, revêtu de la plénitude du sacerdoce et animé d'une ardeur non pas plus vive, mais plus autorisée, plus puissante, avec quelle reconnaissance ils reporteront leur pensée à ce lieu béni où l'élu a courbé la tête sous l'ordre descendu du ciel !

Le lecteur, qui aura pris intérêt à l'âme si sympathique et de si haute vertu de celui que nous devons dès maintenant appeler Monseigneur Elloy, ne peut manquer de désirer connaître les sentiments qui durent l'animer en ce moment solennel de sa vie. Nous en trouverons l'expression très spontanée dans la correspondance des mois de novembre et de décembre, et surtout dans les notes qu'il en a prises et que l'on a eu le bonheur de retrouver.

A son digne ami, l'abbé Calmus, après lui avoir rendu compte des dangers qu'ils ont courus pendant ce voyage terrible, surtout dans l'Octave de l'Assomption, il signale une singulière coïncidence : « C'était, dit-il le 21 août ; j'attendais, en priant Marie, le moment où notre vieux navire allait s'abîmer et la mer furieuse nous engloutir, quand la tempête se calma et la plus menaçante des voies d'eau fut reconnue et bouchée. Hélas ! ce jour-là même une autre croix, bien lourde, m'était imposée par le Souverain Pontife... Ayez pitié de votre pauvre ami, et ne cessez de prier pour lui. Si indigne déjà d'être simple missionnaire, comment pouvoir être évêque ? Malheureusement l'ordre formel de notre Supérieur général me presse et je ne puis refuser... »

Il répond à son père tant aimé qui, ayant eu connaissance avant lui de sa promotion à l'épiscopat, lui avait envoyé ses félicitations. « Cette nouvelle qui vous cause tant de joie m'écrase : comment mes faibles épaules pourront-elles supporter un fardeau si pesant ? Mais on m'ordonne d'accepter ; et d'ailleurs l'épiscopat dans les missions n'est qu'un surcroît de fatigues et d'angoisses. De même donc que je ne veux pas désobéir, je ne reculerai pas devant les croix qui m'attendent. » Puis son cœur filial se confie à cette bénédiction à laquelle nous l'avons vu, dès le début, attacher tant de prix. « Mon bien-aimé père, continue-t-il, plus que jamais vous renouvellerez la bénédiction que vous m'avez donnée au moment de mon départ. Vous me bénirez comme père ; moi, je vous bénirai comme évêque. Vous prierez tous pour moi, tous les jours sans exception ; car c'est bien maintenant que je vais avoir besoin de votre souvenir devant Dieu. »

Au P. Yardin, procureur des missions, en résidence à Lyon : « Vous m'avez donc fait proclamer évêque, sans que j'aie eu le moindre soupçon de ce que l'avenir me réservait !... Ah ! si vous saviez ce qui s'est passé en moi quand je me suis retrouvé à Samoa (1) !

---

(1) On résume ici deux lettres de dates différentes, l'une de

Ce fut comme si je sortais d'un rêve : je voyais se soulever devant moi toutes ensemble les mille et mille difficultés qui de toutes parts se croisent ici contre nous. J'en ai voulu à notre bon et vénéré Supérieur général, au R. P. Poupinel et à vous. L'idée m'est même venue de me dérober en m'enfuyant sur un des navires qui étaient dans le port... Ce n'était pas faisable : quelle lâcheté, quel scandale ! La prière m'a fortifié contre cette sorte de désespoir ; j'en ai été quitte pour une nuit sans sommeil et quelques jours sans pouvoir prendre de nourriture...

« Ah ! cessez de vous réjouir de ce qui va être à présent le déchirement de ma vie jusqu'à ma mort. Puisse du moins ce tourment de tous les jours tourner à la plus grande gloire de Dieu et à la consolation de nos frères en mission ! C'est ce que vous demanderez et ferez demander pour moi au bon Dieu, je l'espère. Vous avez la direction de plusieurs communautés ferventes : faites-les prier beaucoup pour le pauvre missionnaire à qui on vient d'imposer un fardeau si fort au-dessus de ses forces. »

Il lui confie en terminant l'exécution de ses armoiries, où se peignent si bien sa piété filiale envers Marie et cette tendresse apostolique qui n'a jamais, à l'égal de l'ardeur qui l'enflamme, cessé d'imprégner son zèle. C'est une *Colombe essorée dans un champ d'azur*, image de la douce et Immaculée Colombe venue du ciel, avec les premières paroles de la filiale prière du *Sub tuum* pour devise. Mais il entend que l'oiseau symbolique

Sydney en ce mois de novembre 1863 ; l'autre d'Apia, quand, plusieurs mois après, Monseigneur s'y rendit pour le sacre.

ait au bec le rameau d'olivier, « ce signe de la douceur qui doit être la première qualité d'un missionnaire en Océanie, et le gage du message de paix : *Beati pedes evangelisantium pacem!* Le missionnaire n'est-il aussi pas la colombe qui apporte l'olivier de la réconciliation à ces pauvres infidèles sauvés, par leur appel dans l'arche de l'Eglise, du déluge de l'idolâtrie ? »

Le Saint-Siège avait autorisé Mgr d'Enos à choisir deux de ses prêtres pour assistants au sacre de son coadjuteur, faute d'avoir à portée les deux évêques que prescrit le Pontifical. Il restait donc à attendre les dispositions du Vicaire apostolique, et il y fallait du temps, vu la lenteur et l'incertain des communications entre Sydney et les divers archipels. Ce ne fut que vers la fin de mars qu'on eut les instructions attendues: elles portaient que le sacre aurait lieu à Apia, le dimanche 30 octobre de l'année suivante, 1864. Ainsi qu'on le verra, on fut obligé de le retarder d'un mois.

En attendant le moment du départ, Mgr Elloy continua à diriger l'installation de Clydesdale. Il s'occupa en même temps de l'impression d'un catéchisme suivi d'un recueil de prières en langue samoane. Le besoin en était devenu urgent. Bien avant nous, l'hérésie avait imprimé sa bible, pleine de pièges. Il fallait donc fixer l'enseignement et la liturgie et armer ainsi les catéchistes indigènes, pendant les absences des missionnaires, contre les défaillances des catéchumènes et les fluctuations insidieuses des ministres. Ce travail fut aussi long que dispendieux. Mettre entre les mains des ouvriers un manuscrit de trois à quatre cents pages, d'une langue absolument inconnue et dénuée de toute analogie apparente avec les langues indo-européennes : que de travail pour la composition, que de patience dans la correction des épreuves et quelles interminables retouches ! Ce ne fut donc que dans le courant du mois de mai 1864 qu'il vint à bout de cette importante tâche ; et c'est au moment de faire ses adieux aux élèves de Nazareth, qu'il leur apporta les exemplaires à eux destinés.

Nazareth ! c'est en effet le nom de précieux souvenir et d'heureux symbole qu'on avait donné à la maison, où l'on voulait faire grandir en âge et en sagesse ceux qui devaient être un jour, on l'espérait, des catéchistes et peut-être des prêtres de Notre Seigneur Jésus-Christ. Il y avait là de vingt à trente adolescents, comme on l'a dit, des divers archipels, tous parfaitement ouverts et dociles. Plusieurs d'entre eux annonçaient de vrais talents. « Ils auraient pu, écrivait Mgr Elloy, dans un collège bien pourvu, atteindre le niveau des meilleurs élèves. Malheureusement le travail matériel prélevait beaucoup trop du temps nécessaire aux classes. » Le jeune prélat y faisait la fonction de supérieur, d'aumônier, de professeur principal, et enfin de directeur de ferme.

On se rappelle en effet que l'apprentissage de la culture entrait dans le programme tracé par Mgr Bataillon. Mais il était nécessaire de s'en occuper à un titre plus rigoureux encore : le pain de chaque jour à gagner par un travail aussi assidu que pénible. La main-d'œuvre coûte fort cher en Australie ; faute de ressources, les jeunes Océaniens avaient donc à payer de leur personne et à remuer la terre comme des journaliers.

Si encore elle avait rendu en raison des sueurs qu'elle absorbait ! Dieu avait ses desseins contre lesquels Mgr Elloy n'était pas homme à murmurer ; et c'est bien du cœur le plus soumis qu'il énumérait dans sa correspondance, au moment de partir pour Apia, la rude et interminable succession des fléaux qui s'étaient, dès le début, abattus sur la colonie : sécheresse, inondations, grêle, rouille des blés. « Nous avons été, disait-il, inondés trois fois dans le courant de 1864 ; et nous avons à redouter de l'être une quatrième fois, à cause des pluies persistantes. Nous avons perdu les récoltes et les semis. Nous venons de jeter en terre, pour la quatrième fois, ce qui nous restait d'avoine ; l'inondation qui nous menace va peut-être détruire nos dernières espérances de l'année. »

L'inondation vint : elle tint toutes les menaces. Elle a été racontée dans la vie du P. Delahaye (1). Là aussi on pourra lire un acte d'obéissance accompli, au péril de ses jours, par notre Victor Faléono. Voulant aller, à travers les eaux déchaînées, à la recherche des provisions, il fut saisi d'une crampe qui lui permit à grand'peine de toucher la terre. Et là, sur un signal qu'il prit à tort pour une invitation à revenir, il traversa de nouveau le torrent, malgré l'épuisement et la douleur, et vint tomber mourant aux pieds du prélat.

On trouvera plus admirable encore l'acte par lequel

---

(1) *Vie du P. Jules Delahaye*, par le R. P. Grenot S. M. p. 145 (Paris : Casterman).

il n'hésita pas, pour obéir, à broyer lui-même son cœur.

Le Coadjuteur allait partir pour Sydney, en vue de ses derniers préparatifs avant le sacre. Trop peu maître de son temps, on craignait dans la colonie de ne pas le revoir, et c'était pour tous une anxieuse préoccupation. Plus que tous ses compagnons, Victor se désolait. Un immense désir de quitter Nazareth pour suivre le père, que son élévation lui rendait également plus cher et plus auguste, brûlait son cœur; mais la crainte d'empiéter sur l'obéissance en retenait l'expression, et il était déchiré. On était aussi partagé autour de lui. Le P. Delahaye demandait à le garder à Nazareth, où son exemple soutenait et entraînait tous ses camarades; Mgr Elloy pensait à l'emmener avec lui, moins en vue de ses services que par crainte que la séparation ne lui fût trop dure à supporter. Il résolut de lui abandonner la décision. L'enfant refusa de répondre, en disant que la volonté de son père était seule pour lui l'indice de la volonté de Dieu. Comptant sur la générosité de cette âme d'élite, et sur l'action que la grâce avait en elle, Monseigneur lui dit alors : « Eh bien, mon enfant, faisons tous deux le sacrifice : ici tu rendras des services et tu achèveras de te former quelques mois encore. Séparons-nous, reste à Clydesdale ! »

Le pauvre Victor avait-il trop présumé de sa force d'âme ? Soudain on le vit pâlir et trembler, prêt à défaillir; deux torrents de larmes jaillirent de ses yeux. Déjà le prélat ouvrait la bouche pour donner une décision plus clémente. Mais à l'enfant son grand cœur était revenu : « Père, lui dit-il, ce sont mes larmes que tu as vues : maintenant vois ma volonté ! Bénis-moi et pars : je veux rester ici, digne de toi ! » Cette victoire sur la nature en présageait une autre, bien plus magnanime, qui devait coûter la vie à l'héroïque enfant ; le récit en viendra à son jour.

Le moment du départ était arrivé. Au mois d'août 1863, après avoir attendu quelques jours les vents favorables, une belle brise du sud-ouest enleva le vaisseau. Quelques semaines d'une assez heureuse navigation suffirent à la traversée ; et, sur la fin d'octobre, il déposa le coadjuteur sur le rivage d'Apia.

On l'a vu : il n'avait eu de sa chapelle que bien peu de souci. Il savait que « le pontificat de la loi nouvelle tire sa gloire, non pas de la beauté des vêtements, mais de l'éclat des âmes (1) ». Il s'était donc attaché à donner à la sienne « ce que l'or et le riche travail de la parure épiscopale a surtout pour but de signifier ».

Un seul objet le rendait heureux : la crosse de Mgr Epalle, vicaire apostolique de la Mélanésie, massacré dans l'île d'Isabelle le 19 décembre 1845. Le R. P. Favre la lui avait envoyée ; il y voyait, avec la protection du martyr, une pénétrante leçon de l'esprit de sacrifice dont il entendait s'inspirer toujours davantage.

(1) *Pontif. roman.* Præfat. post litanias.

CHAPITRE II

LE SACRE

Tout était en mouvement à Apia, lorsque y arriva le Coadjuteur. Mgr Bataillon s'était rendu en Oupolou, pour faire à Soléimoa un grand baptême et donner la confirmation aux néophytes que le zèle de la jeune Sapa et les soins empressés du P. Elloy avaient gagnés en grand nombre à la foi. Le P. Gavet cultivait avec amour cette église naissante, et c'est à sa prière que le Vicaire apostolique était venu la visiter. On était aux premiers jours de l'année 1864.

Pendant le temps qu'il passa en Oupolou, un jour arriva un courrier fort chargé. Dans le dépouillement des lettres, le prélat laissa échapper une exclamation dont le sens fut aisément interprété par les pères qui étaient présents : « C'est donc déjà fait ! » Et en même temps il rompait le sceau d'une dépêche qui avait toutes les apparences d'un pli de la Propagande. Le secret avait été gardé; mais le P. Dubreul, le P. Sage, le P. Gavet, étaient trop pénétrés du mérite de Mgr Elloy, et du besoin que la vaste mission éprouvait d'un coadjuteur, pour tarder à comprendre. Ils écla-

Résidence épiscopale et église cathédrale à Apia.

tèrent à leur tour. Cependant il fallait procéder avec solennité à la divulgation d'une si grande nouvelle. Monseigneur exigea donc le secret et s'occupa à prendre les mesures nécessaires pour informer les insulaires et pour tout préparer en vue de la cérémonie.

L'église du lieu était trop petite pour contenir les fidèles que le prélat voulait inviter de toute l'île et même du reste de l'archipel. Comme de plus elle avait le désavantage d'obliger, pour s'y rendre, à traverser le quartier des blancs qui n'offrait pas toujours des sujets d'édification à la jeunesse, il saisit volontiers cette occasion d'en construire une autre en meilleur lieu. Il s'adressa donc aux gens du district de Faléata, dont Apia est la capitale, pour les décider à entrer dans ses vues, sauf à appeler à leur aide tous ceux du royaume de Touamasanga, dont relève ce district.

Les indigènes de Faléata ne trompèrent point l'attente de leur évêque. Comment d'ailleurs résister à l'entraînement de son exemple? Tous les matins, après avoir célébré la messe, le prélat, en tenue d'ouvrier en chef, c'est-à-dire en soutane râpée et tablier de basane, allait sur les chantiers. Là tour à tour, ou en même temps, charpentier ou maçon, au gros du soleil, il maniait la scie, la truelle et la hache. Si bien que, sur la fin de septembre, on put jeter une immense toiture, recouverte en feuilles de canne à sucre, sur des piliers de neuf pieds de haut. Le terrain couvert mesurait cent pieds de long sur trente de large. De murailles, on n'avait pas le temps d'en élever, et ce n'était pas de nécessité première dans un pays de si haute température; il y avait même avantage à laisser de l'espace ouvert pour la foule qui ne pouvait toute pénétrer dans l'enceinte. On se réserva donc de les monter plus tard. Aussi, après la bénédiction qui eut lieu le 29 novembre, la veille du sacre, le P. Sage, qui avait volontiers le mot pour rire, reprochait-il au vénéré P. Dubreul, délégué pour la cérémonie, d'avoir fait plus d'une entorse à la liturgie en prenant pour des murs les épaules des officiants qui avaient eu à recevoir, sans se plaindre d'ailleurs, les coups redoublés de son aspersoir.

Le mobilier fut fabriqué à l'avenant : la table de communion, d'un beau tronc de cocotier; l'autel, de planches rapprochées avec assez de goût. Il devait d'ailleurs disparaître sous une vraie profusion de chandeliers, de tentures et de fleurs, dont le père Sage nous donnera bientôt une de ces descriptions qui font naître l'envie. Le P. Schall avait construit en tapisserie une chaire très élégante. Il n'y manquait même pas l'orgue; car, au témoignage du P. Gavet, l'industrieux P. Louyot, de débris d'accordéons ramassés dans le port d'Apia, avait fini par construire un harmonium qui tint fort bien sa place à la messe pontificale et soutint les chants d'une manière heureuse.

Tel était à Apia l'élan universel en vue de la cérémonie, qui avait mis d'avance tous les cœurs en fête. Mgr Elloy avait laissé là de trop profondes affections pour n'y pas recevoir le plus cordial accueil. Il avait partout aimé, prêché, baptisé. En plusieurs lieux il avait créé le culte catholique, et, dans tous les autres, il l'avait affermi et développé. C'était le missionnaire de l'archipel. Après dix-huit mois d'absence, on le retrouvait doux, humble comme auparavant, et s'efforçant de tempérer par sa modestie, son aménité et son ouverture, l'auguste caractère dont sa personne était rehaussée. La réception qui lui avait été faite à Savaï, lorsqu'il y revint d'Apia, se renouvela donc avec encore plus d'empressement et de tendresse, et il est inutile de nous répéter.

Quant à lui, ses préoccupations étaient plus hautes et trop sincères pour se livrer, autrement que par charité, à toutes les démonstrations dont il était l'objet. On trouve dans toute sa correspondance le cours de ses pensées. Une lettre au P. Yardin, datée du 11 novembre, nous fait connaître en même temps le délai que les circonstances imposèrent à la date de la grande cérémonie. « Le jour de mon sacre, lui disait-il, était fixé, quand je suis arrivé; pour achever l'église, Mgr d'Enos a voulu prendre encore le mois de novembre, et c'est le 30 qu'il a choisi. C'est le jour de saint André, le jour anniversaire de mon baptême et le patron de ma paroisse natale : quelle coïncidence providentielle et quelle leçon ! C'est l'Apôtre qui a aimé d'amour la croix du bon Maître : qu'il m'obtienne de la porter avec résignation. N'est-ce pas la vertu par excellence d'un évêque missionnaire ? Dieu veuille que je sois bon à sa gloire, et daigne le Saint-Esprit me transformer tout entier ! J'ai été un prêtre si mauvais et si lâche, que je ne vois qu'en tremblant s'approcher l'heure où je serai évêque. Évêque, évêque mariste, comblé de nouvelles grâces, ne vais-je pas enfin me convertir ? Priez, faites prier; recommandez à l'Archiconfrérie de Fourvière un grand pécheur qui sent le besoin d'un prompt et complet renouvellement. »

C'est dans ces dispositions, qui ont tant de crédit sur le cœur de Dieu, qu'il attendit le moment de commencer sa retraite. Il la fit longue et sérieuse, du 14 au 30 novembre. Chaque jour est marqué par des notes qui rappellent les passages des méditations dont il s'est nourri, et l'on a bientôt reconnu, sans qu'il le désigne, les idées fortes, substantielles, pratiques du P. Judde, ou les applications qu'il s'en est faites à lui-même, les impressions dont la grâce l'a pénétré. Bornons-nous à de courts extraits.

C'est d'abord une fine analyse de son cœur : elle montre sur quel terrain élevé s'engageait habituellement en lui la lutte imposée à tout homme venant en ce monde entre la nature et la grâce. Ce qu'il a à se reprocher, ce ne sont pas des défaillances du cœur, arrêté un moment, même chez les meilleurs, par les qualités des créatures auxquelles il se dévoue. Ce sont des déviations du zèle qui se recherche en aspirant trop à réussir, qui ne met pas assez Dieu au-dessus des dons qu'il en attend pour les âmes dont s'occupe son ministère. Il avoue avoir trop donné à son activité infatigable et ardente, aux dépens de cet esprit intérieur, qui est le foyer de la vraie force et de la fécondité apostolique comme de la paix et de la consolation personnelles de l'apôtre, et qui, en soumettant tout à la grâce, tout ce qui est de l'ouvrier aussi bien que tout ce qui est de l'œuvre, lui assure, avec la plénitude de ses mérites, les vrais succès seuls durables. Et l'on va voir avec quelle pénétration il sait découvrir la cause de ces écarts, leurs premières traces, leurs progrès, leurs dangers, et avec quelle confiance et tendresse de cœur il recourt au remède et rentre dans la voie.

« VIe *jour de la retraite.* J'ai repassé devant Dieu toute ma pauvre vie. J'ai reconnu que trop souvent les créatures m'ont distrait et entraîné hors de Dieu. J'ai commencé par de petites négligences dans mes exercices de piété, par des préoccupations trop vives du succès de mes entreprises. L'esprit d'oraison s'est évaporé, l'esprit de foi s'est obscurci. Je me suis donné beaucoup de mouvement, mais en me négligeant moi-même.

« En tel état pouvais-je être vraiment utile aux autres ? Mon zèle a été plutôt celui d'un homme qui veut faire avancer une œuvre qu'il regarde comme sienne, que d'un homme de Dieu qui n'envisage que la gloire de son maître, dans la stérilité comme dans l'abondance, dans l'impuisance comme dans le succès.

« Au fond, c'est donc moi-même que j'ai souvent cherché, sans même m'en rendre compte, parce que je ne prenais pas assez le temps de réfléchir. Aussi est-ce moi-même que j'ai trouvé avec mes misères et mes fautes. J'ai négligé de m'entretenir avec Dieu, et il s'est lui-même refroidi avec moi. Ses paroles intimes ne se sont plus fait entendre à mon âme. J'étais alors vraiment, Seigneur, comme le voyageur égaré dans les sables brûlants du désert, épuisé, haletant, ne sachant plus où vous trouver, vous, Jésus, celui qui désaltère, qui réconforte et qui ramène à la lumière et à la paix ! Mes ennemis me harcelaient sans trêve, et moi je me croyais perdu, ne sachant même plus voir, pour le saisir, votre bras miséricordieux toujours tendu pour me défendre ! Et cependant vous étiez à mes côtés ; vous veilliez tendrement sur moi et vous n'avez pas rejeté cet enfant ingrat.

« Soyez béni et mille fois remercié, Seigneur !

Soyez béni de m'avoir ranimé dans la lumière de votre miséricorde (1), de m'avoir montré de nouveau la douceur de votre visage ! »

Cette page, digne des meilleures parmi celles qu'ont écrites les maîtres de la vie spirituelle, ces profonds connaisseurs de l'âme, se termine par une touchante effusion d'amour, et par des promesses énergiques d'abandon dans le cœur de Jésus-Christ même.

Cependant les préparatifs de la fête s'achevaient par un joyeux travail que tous poussaient à l'envi, pères et néophytes, sous la direction et à l'exemple de l'évêque d'Enos. Chacun des derniers jours de novembre, arrivaient, de tous les ports de l'Archipel, les missionnaires convoqués. A quel point ils avaient le cœur en douce allégresse, quelques lignes du P. Sage le donneront à entendre. Le lecteur se laissera gagner par la naïve expression de ces joies de la famille religieuse, unique, mais bien douce et bien édifiante, consolation dans les peines de leur volontaire et laborieux exil.

« Combien j'étais heureux, écrit-il à un prêtre de ses amis (2), en revoyant Apia ! Apia, que j'aime tant après n'y avoir fait cependant qu'un séjour d'une année ; Apia où j'allais retrouver, arrivant de leurs villages divers, tous ces néophytes que j'ai vraiment chéris, et qui ne m'ont pas oublié : ils m'en ont donné de charmants témoignages. Et Monseigneur notre vénéré vicaire apostolique ! Et tous les confrères et nos

---

(1) III Imit., xxx, 1.
(2) M. l'abbé Lambert, curé de Chirens, au diocèse de Grenoble.

chers frères coadjuteurs que j'aime autant que vous !
Ne vous en fâchez pas, je vous prie, c'est manière de
dire à quel point je vous aime toujours. Et le cher
ancien qui arrive de Sydney, un confrère que j'aime
ut pupillam oculi, que j'ai aimé dès que je l'ai connu,
qu'aiment tous ceux qui le connaissent ; un confrère
qui nous permettra, c'est sûr, quand du cœur le plus
respectueux nous lui dirons « Monseigneur », de
nous souvenir que, sous le nom de P. Elloy, il fut le
plus aimable et le plus doux, comme le plus exemplaire, de tous. C'est lui qui sera le héros de la fête.
Quelle joie on ressent en espérance, mais que la réalité sera encore meilleure !

« Cependant, au milieu de nos premiers épanchements, tout à coup on signale un navire. Tout aussitôt se fait le silence, les lunettes sont braquées, et les
habiles de s'écrier : « C'est lui ! » Le navire s'approche, et peu à peu sur le pont, entre les mâts, presque
à leur hauteur, un géant en soutane ! C'est donc bien
lui ; c'est le P. Delahaye, dont on ne peut voir le front
qu'en levant les yeux vers les étoiles (1). Il est jeune,
il est vaillant, il est fort : grande consolation pour
nous les vieux, les infirmes, inclinés vers la tombe,
de voir arriver ces généreuses recrues qui feront
après nous mieux que nous, tandis que de là-haut
nous les regarderons à l'œuvre : que Dieu en soit
béni !

« Et que Jésus aussi nous bénisse et soit au milieu

---

(1) Un voyageur confirme en ces termes ce portrait tracé par
le P. Suge : « La haute taille et les allures martiales du P. Delahaye faisaient l'admiration de notre équipage. » AYLIC MARIN ;
En Océanie, p. 153.

de nous ! Voilà que nous sommes douze arrivés, douze comme les Apôtres. Ah ! si nous avions quelque chose de leur zèle, quelle flamme embraserait les Samoa ! Enfin nous sommes douze pères, quatre frères, deux religieuses, deux évêques ! Quelle réunion magnifique et inattendue ! Il y a de quoi donner à réfléchir aux misis (1) et faire fuir les derniers aïtous qui auraient gardé encore domicile en quelques coins de l'archipel. Les misis se démènent et ne nous ménagent pas les paroles de mauvais augure. Hier, temps de bourrasque et de brouillards, — nous sommes en effet dans la saison des pluies : — « Je vous « souhaite grand plaisir pour votre fête, dit l'un « d'eux à un de nos catéchistes ; vous aurez plus « d'eau que de soleil dans votre grand temple. » — « Attends à demain, lui répondit notre néophyte ; et « tu verras qui l'emportera, ou des orages du démon, « ou du soleil du bon Dieu ? Est-ce qu'il a jamais « manqué de nous l'envoyer pour nos grandes fêtes ? » Ne vous semble-t-il pas, mon cher ami, que Dieu le devait à cette naïve confiance ?

« Il ne l'a pas trompée. Donc, la veille du sacre ; le 29, le soleil se leva avec ses rayons des grands jours. Il avait à éclairer d'abord la cérémonie de réception ; réception des villages de tout le royaume de Touamasanga, et réception des provisions qu'il est d'usage en pareil cas d'apporter en surcroît. Point de fêtes aux Samoa sans que des fleuves d'abondance aient versé à flot aux pieds des convives les vivres de tout

---

(1) On se rappelle que c'est le nom donné par les naturels aux ministres protestants.

genre, viandes et fruits. La solennité est en raison directe de la quantité. »

Le P. Sage donne ici des détails dont le lecteur a pu avoir l'idée par la description, faite en son lieu, des coutumes et de l'hospitalité samoanes. Nous n'avons qu'à noter ce qui donna à la fête du 29 et du 30, par une dérogation respectueuse à des usages de haute tradition, un caractère plus proprement religieux.

Donc le vicaire apostolique est assis sur un fauteuil, en face de la mer, ayant à sa droite l'évêque nommé, qui a dû quitter pour un moment sa chère retraite. Devant eux les Pères et les Frères, les religieuses avec leurs élèves. Tout autour, décrivant les trois quarts d'un vaste ovale ouvert devant les prélats, tous les villages assis et en grande attente. A quelques centaines de pas, les jeunes néophytes des deux sexes, destinés à apporter les vivres selon le plus grand cérémonial, se dérobent sous les arbres, les hommes d'un côté et les femmes de l'autre, prêts à apparaître, comme le *Deus ex machinâ*, et à pénétrer dans le cercle pour déposer aux pieds des notables, qui en doivent faire la distribution, le magnifique menu du jour.

Au signal donné les jeunes gens s'élancent; puis, formant une colonne de quatre au rang, ils prennent un pas plus grave et cadencé, en chantant de fort beaux couplets composés à la louange d'*Enosi*, le vénérable pontife que le grand pape Pie IX a chargé de faire un évêque; de Tipasa, l'apôtre bien-aimé, dont tous les échos des trois îles ne cessent de redire la douceur et l'amour. Aucun des pères n'est omis. Puis c'est le tour des chefs; ce serait chose grave d'en oublier un seul. Le chant est animé, varié, harmonieux. Le costume n'y gâte rien. Ils portent flottantes, retenues à la ceinture par une tresse de feuilles aromatiques, les plus belles nattes de leurs collections. Ceux qui, à tort ou à raison, se trouvent de la bonne grâce, ne manquent pas de la rehausser par de jolies couronnes de coquillages bleus, par des colliers de petits fruits d'éclatante couleur, entremêlés de fleurs odorantes. Même çà et là des roses de Chine, d'un rouge vif, sont semées dans leur chevelure, avec un goût à inspirer de la jalousie, ou peut-être des modes nouvelles, à nos élégants de France.

Devant eux, ils tiennent à demi élevés, les uns de gracieux paniers d'écorce pleins d'ignames, de taros, de fruits d'arbres à pain; les autres, deux à deux, ou quatre à quatre, selon le poids, des porcs rôtis, farcis d'herbes de bon goût et d'une réjouissante odeur. A un nouveau signal, ils poussent une acclamation qui éveille au loin tous les échos de l'île, et déposent leurs appétissants fardeaux.

C'est le tour des femmes. Elles viennent sur deux rangs et chantent en parties des strophes vraiment musicales, dont toute l'assistance répète en grand chœur le refrain. Chacune tient dans ses mains, qu'elle élève avec grâce, un fruit ou une poule, un cochon de lait, un poisson cuit. Il est d'usage qu'elles se présentent en trois évolutions successives : la première, en nattes rouge et noir, brillantes et sonores de la gomme où elles ont été trempées, et de longue traîne; la seconde et la troisième, en nattes d'étoffe dite *peau d'ours blanc*, tressées avec des fils d'écorce, qui deviennent d'un beau blanc au lavage, et qu'elles laissent déborder en franges. Inutile d'ajouter qu'elles n'ont pas négligé les couronnes et les colliers de roses et de coquillages ; elles en tirent avantageusement parti pour leurs cheveux, que retient au sommet de la tête un peigne en nervures de feuilles de cocotier.

Cette fois, pour donner à la fête son caractère religieux, elles sont convenues de porter, par-dessus le costume qui vient d'être décrit, une *tipouta*, espèce de tunique ou de scapulaire qui descend, par-devant et par derrière, un peu au-dessous de la taille, couvrant ainsi le cou, les épaules et le corsage. Le lecteur rendra hommage à l'esprit de décence qui les a inspirées ; et peut-être se dira-t-il qu'elles donnent là à nos dames d'Europe un exemple que celles-ci, sans doute, hors la saison des manteaux, se garderont bien d'imiter.

Et cependant tout n'est pas perdu pour l'art de plaire avec cette modeste parure. On saura charmer le regard par des changements opérés sous le feuillage à chaque tour. Au premier, la tipouta est jaune ; au second, rouge avec des franges blanches ; au troisième, bleue semée d'étoiles. « On dirait, dit le P. Sage, une procession de religieuses de trois ordres différents ; et la gravité de leur marche, l'ordre, la bonne tenue achèvent l'illusion. »

Faut-il, avec notre bon missionnaire, dire un mot de l'intermède ? En tête du cortège des jeunes gens marche un personnage qui rappelle assez le *fou* des cours féodales. Son visage osseux et grimaçant est enlaidi à plaisir par un épais barbouillage. Son corps, ramassé en boule, est porté sur de longues jambes maigres en échasses. Son front fuyant de singe est ombragé d'une sorte d'abat-jour en tresses de feuilles de cocotier, dont les côtes pointues s'écartent menaçantes comme les poils de la barbe du chat. Il est costumé de tiges traînantes d'une espèce de haricot sauvage qui fait un bruit de petits grelots. Comme le gracieux Polyphème, il porte son instrument pendu au cou. Ce n'est pas un orgue, c'est un tambour. Il y frappe en accompagnant son chant, qui sort à larges volées de sa bouche, ouverte comme celle d'un poisson hors de l'eau. Sa voix est à l'avenant, grêle et fausse comme ses jambes. Il tourne, il danse d'un mouvement des jarrets aussi rapide que celui des baguettes de son tambour, jusqu'à ce que, ruisselant de sueur et hors d'haleine, il s'arrête pour respirer un moment.

Mais bientôt on le relance, car c'est grand plaisir pour l'assemblée. On s'avance, tous, jeunes et vieux, pour ne rien perdre de sa pantomime; les colonnes des porteurs de vivres seules restent impassibles, évoluant et chantant sans se permettre le moindre sourire. Les enfants l'agacent; il se lève et les poursuit, en s'armant contre eux de tout ce qui lui tombe sous la main, bâtons ou projectiles. Mais il a soin de manquer toujours, comme, en son chant faux, il n'a jamais omis d'attendre le silence du chœur, pour ne pas le troubler par ses étranges discordances. Il est donc inoffensif et respectueux, même par calcul, et il n'ôte rien à l'ordre et au meilleur plaisir de la fête.

Ainsi la table est approvisionnée : il ne reste qu'à faire les parts, après quoi on procédera à la bénédiction de l'église et l'on fera ensuite honneur au festin. Mais qui aura la préséance dans la distribution? C'est une question grave, et qui ne se tranche pas d'ordinaire sans de longs discours. Avant qu'on ait terminé la nomenclature des noms et titres qui donnent les droits, accompagnée des éloges qui doivent être de la dimension des titres, puis discuté ces droits, de longues heures peuvent s'écouler et la cérémonie sainte va se faire attendre ; sans parler des réclamations de l'appétit qu'on a coutume, aux Samoa, de soumettre inflexiblement aux exigences de l'étiquette. Ici encore la religion eut le pas, et tout céda devant de hautes et si légitimes exigences.

Les principaux toulafalés se lèvent, se mettent en ligne debout, appuyés sur le bâton ou la lance : c'est leur sceptre de parole. Ils échangent un entretien grave, à voix basse ; c'est fini en un quart d'heure. Parler bas et parler peu : deux choses rares chez les orateurs samoans ! Mais par tout pays, et dans les trois genres d'éloquence, que d'orateurs sont Samoans en loquacité ! Bref, tous peu à peu se retirent ou s'assoient ; c'est signe de renoncement à la parole.

Celui qui demeure debout est le grand orateur du district qui reçoit. Il fait remarquer, d'un ton également grave et bienveillant, que l'assemblée est réunie pour un motif d'ordre supérieur, d'où toute question de politique générale ou communale doit rester bannie ; qu'il est de toute convenance que la bénédiction solennelle ne soit pas retardée, afin de ne pas faire attendre Leurs Grandeurs, et de laisser ensuite le temps pour les préparatifs de la grande cérémonie du lendemain. Puis, il déclare que, pour donner l'exemple, le chef du district renonce à ses droits à présider ; il invite les chefs des villages qui sont venus à la fête à choisir entre eux celui qu'ils jugeront digne de cet honneur. Eux aussitôt d'en délibérer ensemble.

Après un entretien de quelques minutes, ils déclarent à leur tour se désister; et, rendant courtoisie pour courtoisie, ils veulent que le chef du lieu ait la préséance et qu'il fasse la grande distribution. Quelques assauts de politesse se font encore pour la forme, et la chose s'accomplit comme on l'a si religieusement décidé. Peu de temps après chaque village avait enlevé sa part, et la cloche sonnait la bénédiction.

« Le lendemain, dit le P. Sage, air pur et serein, soleil radieux, petite brise, magnifique journée qui s'annonce et qui tiendra parole. C'est le jour du sacre, cérémonie nouvelle, même pour la plupart d'entre nous, jour à jamais mémorable pour Samoa! Tous, pasteurs et néophytes, nous l'attendions avec impatience, nous le saluons avec joie. *Hæc dies quam fecit Dominus: exultemus et lætemur in ea!* »

A huit heures, le cortège sort de la case qui sert de palais au vicaire apostolique, en tête les frères en habit de chœur; l'un, revêtu d'un superbe costume de suisse, marque le pas de sa hallebarde brillante et frangée d'or. Les pères ont les vêtements sacrés des beaux jours, autant que leur pauvreté le permet. Mgr Bataillon vient le dernier dans toute son auguste gravité qui commande le respect, comme le souvenir de ses longs services de près de trente ans d'apostolat, de sacrifices, de vertus héroïques, impose la reconnaissance et l'admiration. Le doux évêque de Tipasa est à côté de lui, son angélique figure abîmée dans la pensée du mystère et penchée comme le front de la victime parée pour l'autel.

La procession s'avance en chantant l'hymne prescrite par la liturgie aux jours où l'on espère « les grandes choses de Dieu. » Deux belles cloches, dont l'une est un don spécial arrivé d'hier, servent de fond à la mélodie incomparable du *Veni Creator*. En face la mer, la mer calme et scintillante, caresse le rivage en murmurant; et, jusqu'aux derniers lointains, les cocotiers se balancent, comme en mesure, au souffle régulier du vent qui vient du large, frais et paisible. La foule, évaluée à quinze cents ou deux mille personnes, recueillie, émue, sans mouvement, sans respiration, subit le charme de la scène : c'est le silence des cœurs dans les solennelles attentes, comme celui qui se fit dans la vision de saint Jean à l'ouverture du dernier sceau (1). On n'est plus de ce monde, tout va se passer dans les cieux.

En entrant dans l'église, comme jadis à Reims Clovis et ses catéchumènes, les néophytes de Samoa eussent pu s'y méprendre et se croire introduits au paradis. Sur le sommet de la façade flottent le drapeau de l'Église et le drapeau de la France; souvent, aux caprices de la brise, ils entrelacent leurs couleurs et leurs plis; comme la mère et la fille aînée, leurs caresses. C'est le seul ornement à l'extérieur; mais au dedans ce sont des richesses inouïes pour le pays. Tous les chandeliers des églises aux environs, tous les tableaux, les bouquets, les lustres ont été réunis par les religieuses et disposés avec goût. Une superbe garniture de chandeliers, don du frère de Mgr d'Enos, dans toute leur fraîcheur, et un beau tabernacle avec exposition et flèche dorée, servent de centre à toute cette

---

(1) Apoc. vii, 1.

parure, qui éclate sous les feux des cierges : ce jour-là, on ne les a pas ménagés. Des draperies pourpre, retenues et couronnées par des guirlandes de feuilles parsemées de fleurs vives et pleines d'arôme, garnissent tout le chœur et encadrent gracieusement le maître autel et le trône principal. Sur ce fond bien garni se détache à droite l'autel plus modeste de l'élu. Tout est lumière, riches couleurs et parfums.

Ce serait prétention d'essayer de décrire, dans notre cadre restreint, les cérémonies d'un sacre. On nous pardonnera cependant, si nous nous laissons un peu aller aux impressions que les circonstances singulières de celui du 30 novembre, à Apia, étaient si bien de nature à inspirer.

On sait comment la cérémonie commence. L'évêque consécrateur est assis à l'autel principal, tourné vers le peuple. Les deux évêques assistants, ici, en vertu de l'indult, les PP. Dubreul et Violette, lui conduisent l'évêque élu et lui demandent de « l'élever à la charge de l'épiscopat ». — *Habetis mandatum apostolicum?* — « Avez-vous un mandat du Saint-Siège ? » répond le prélat; et, sur la réponse affirmative, *Habemus*, il ordonne d'en faire lecture à haute voix : *Legatur!* Quelle grandeur! et comme éclate ici la divinité de l'Église !

Qui donc a pu lui octroyer ce droit d'envoyer partout, mais d'envoyer seule, les évêques à tous les lieux du monde, aux rivages de tous les océans, à mesure que la science, l'ambition, les aventures les découvrent? Qui a pu l'investir de ce caractère qui la fait vraiment *catholique*, c'est-à-dire apte à s'étendre dans l'univers? qui, si ce n'est le Verbe, par qui a été créé l'univers, « qui a reçu en héritage toutes les nations de la terre », soleil des âmes, « dont les ardeurs n'en veulent laisser aucune sans l'embraser ».

Et qui a pu forger cette chaîne d'or sans fin, indissoluble, qui, soudée à l'auguste assemblée du Cénacle, depuis les apôtres jusqu'à nous, va augmentant ses anneaux des âmes fidèles de tous les âges? qui, si ce n'est Celui qui, en donnant la mission aux apôtres, leur a promis d'être avec eux toujours, de communiquer partout à leur ministère ses perfections propres, son unité, son immutabilité, son invisible et toute-puissante vertu? *Ecce Ego vobiscum sum!* « Voici qu'avec vous JE SUIS! » Dieu seul peut affirmer ainsi, dans un présent perpétuel, cette assistance assurée au cours mobile de l'avenir jusqu'à la fin des temps.

Dans le sacre d'Apia, comme partout où se fait une soudure dans la succession des pasteurs, le Christ était donc présent, mais plus sensiblement que partout ailleurs, en raison des lieux, de la distance, de l'époque. Sur ce rivage si longtemps oublié au sein de la plus vaste des mers, Jésus-Christ avait enfin apparu. Il était là déjà avec l'évêque envoyé de Rome, avec ses prêtres, ouvriers de la première moisson qui avait levé sur la terre infidèle. Or voici que l'évêque s'est reconnu impuissant devant les sillons qui s'étendent de jour en jour, il a senti le besoin d'un aide; averti par la vieillesse que ses travaux ont hâtée, il réclame un successeur formé par lui, apte à entrer dans son œuvre! Rien de plus raisonnable; mais rien ne sera légitime, rien n'assurera des garanties d'avenir, si Rome n'a pas donné mission : car c'est Rome seule qui, au nom du Christ, ouvre la porte du bercail où les brebis sont fidèles et sûres de l'éternel lendemain, la porte qu'il est lui-même. *Ego sum ostium!*

Faisant les fonctions de notaire et chargé de donner lecture des bulles, le P. Joseph Garnier, qui avait ordre aussi d'expliquer la cérémonie, débuta à peu près en ces termes : « Enosi, le vieillard sacré, s'assure que Tipasa est pourvu du mandat de Rome, et qu'il entre par la porte des pasteurs. » Et en effet, ce que se proposait le missionnaire, ce n'était pas seulement de suggérer à l'auditoire quelques-unes de ces belles considérations de la liturgie, où la foi trouve des jouissances si élevées et si douces. On était en face des protestants, dont plusieurs s'étaient glissés dans la foule et d'autres observaient en cachette ; eux-mêmes étaient subjugués. Il fallait profiter d'une occasion unique et faire témoigner les actes éloquents de la cérémonie. Rien n'était plus facile que d'établir à leur aide, d'une manière victorieuse, ce point qui domine et qui tranche toute la controverse, l'authenticité des titres de l'Église, marquée avec une irrésistible évidence, et exclusivement à toutes les sectes hérétiques, de ce double caractère essentiel à l'œuvre divine, la durée et l'étendue.

Voilà Enosi qui sacre Tipasa, en vertu du mandat du successeur de Pierre, Enosi sacré lui-même en vertu d'un mandat pareil. Et Pierre, qui se survit dans la succession ininterrompue des évêques de Rome, a reçu directement son mandat de Jésus-Christ, comme Jésus-Christ a reçu le sien de son Père. Tipasa, Enosi, Pie IX, Pierre, Jésus-Christ, le Père éternel ! Voilà la source et le canal ; voilà la transmission du pouvoir, authentique et solennelle, éclatante irrécusable. Voilà la succession qui relie au ciel et à l'éternité la petite chrétienté de Samoa, dont l'heure du salut a sonné à son tour, et qui se trouve ainsi participante à toutes les grandeurs, à toutes les saintes joies, à toutes les espérances infinies ! Que l'hérésie justifie son origine en Jésus-Christ, elle qui a, violemment et de son chef, rompu la chaîne apostolique (1).

Tel est le thème que le P. Garnier développa avec ampleur de sa claire et forte voix. Elle atteignait les gens qui n'avaient pu pénétrer dans l'enceinte et jusqu'à ceux des protestants qui, ayant honte d'eux-mêmes et désireux cependant de voir, rôdaient à l'entour. « Quant aux fidèles, dit le P. Sage, c'était une attention palpitante de sympathie. On voyait, à leurs yeux vifs et intelligents qui semblaient dévorer l'orateur, à leur sourire de contentement, qu'ils se sentaient fiers d'entendre dire que Pie IX s'occupait d'eux comme s'ils étaient seuls au monde, qu'il parlait à leur missionnaire chéri à travers les espaces, qu'il lui parlait d'eux et de leurs plus chers intérêts. Mais on remarquait aussi entre eux un échange de regards malicieux, quand on avait aperçu dans la foule quelques protestants baissant l'oreille et faisant triste

---

(1) On sait que le rituel anglican, qui a conservé ce qu'il a pu de nos cérémonies liturgiques, pose aussi, au début de leur manière à eux de sacrer les évêques, la question initiale ainsi retournée : « Avez-vous commission de la Reine ? » Sur la réponse affirmative, le prélat consécrateur remet à l'élu une sorte de tablier de soie qui, attaché à la ceinture, pend jusqu'aux genoux. Juste, mais lamentable preuve de l'origine de ce culte et de sa dépendance ! Ce tablier est le souvenir de celui qu'Elisabeth détacha de son vêtement, quand on lui demanda pour ses évêques un insigne d'investiture ! ! !

mine. Ce regard disait clairement et finement : « Qu'ils nous fassent une si belle preuve ! »

Cette attention dura jusqu'à la fin, soutenue par l'explication des principales cérémonies que le P. Garnier avait aussi donnée, et qui permettait aux fidèles d'en comprendre au moins suffisamment le sens. D'ailleurs le jeune prélat était tant aimé ! Et puis il justifiait si bien, par sa vie et son ministère antérieurs, tout ce que lui demandait le Pontifical.

Les graves questions posées par le consécrateur se résolvaient d'elles-mêmes dans le sens le plus favorable, par les vertus dont il avait donné des preuves continues, souvent éclatantes ; et le magnifique symbolisme de la liturgie s'adaptait naturellement à toute sa personne. « Pour lui, disait le P. Sage, je ne pouvais me lasser de le contempler. Par son attitude pénétrée et son visage tout céleste, il me faisait penser à saint Louis de Gonzague. Quelquefois il semblait s'affaisser sous un poids qui l'écrasait, ainsi que le bon Maître au jardin des Oliviers, et je demandais à Dieu de lui envoyer son ange. Comme j'aimais à penser que le Saint-Esprit trouvait en lui un « beau « vase d'élection destiné à porter le nom du Sauveur « aux infidèles et aux hérétiques de ces contrées avec « une efficacité nouvelle » ! Comme je me réjouissais d'espérer que, rempli des meilleures grâces et des plus abondantes, il verserait de sa plénitude sur nous tous et sur nos néophytes ! »

Quelque longue qu'eût été la cérémonie, et malgré la grande fatigue du premier pasteur, ses ouailles attendaient sa parole. Aussi un grand silence se fit encore lorsque, la mitre en tête et la crosse à la main,

Mgr d'Enos monta en chaire et, dans sa tenue majestueuse que l'âge n'avait pas courbée, de sa voix la la plus éclatante, il commença à parler, en bénissant Dieu des grâces de ce grand jour : « O Samoa, s'écria-t-il ensuite, îles heureuses et bien-aimées du ciel, quelle preuve nouvelle de ses tendresses Dieu ne vient-il pas de vous donner ! Votre vieil évêque, mes enfants, est accablé d'années et d'infirmités ; il voyait avec douleur venir pour lui le soir, sans avoir accompli la tâche de la journée. Hélas ! il reste encore parmi vous tant d'âmes obstinées dans l'erreur, et tant d'infidèles ! Quelle douleur c'eût été pour moi de mourir sans garder l'espérance de vous voir tous un jour, car vous êtes tous mes enfants, vous rendre à la vérité, au sein de l'Eglise, sur le chemin du bonheur !

« Je me suis donc adressé au grand Pasteur de l'univers. Je l'ai supplié de m'envoyer un aide pour le présent, un successeur pour l'avenir. Et ce bon père, par amour pour vous, a daigné m'écouter. Vous venez d'entendre les paroles qu'il a adressées à ce missionnaire, que depuis longtemps vous avez connu et aimé et que j'avais désigné à son choix. Vous êtes témoins de cette solennelle transmission sur sa tête des pouvoirs de Jésus-Christ par Pierre toujours vivant. Ah ! quelle grâce Dieu m'a faite ! Est-il beaucoup de chefs et de pasteurs qui aient le même bonheur ? Ils descendent dans la tombe sans savoir qui leur succédera, inquiets sur l'avenir de leurs sujets ou de leurs troupeaux, et sur le sort de l'œuvre à laquelle ils ont consacré toute leur vie.

« Mais moi je puis mourir en paix ; je sais qui je laisse après moi. Il vous aime comme moi, il vous sera dévoué comme moi. En attendant qu'il me remplace, il va être le bâton de mes vieux jours et mon bras droit. Vous l'aimerez plus encore qu'auparavant, vous le respecterez et lui obéirez, car il est seigneur et évêque comme moi ; il est mon fils aîné, l'héritier de mon siège et de mes pouvoirs que déjà il partage. Et il est vigoureux, dans la force de l'âge ; il fera longtemps le bien parmi vous. Il vous visitera pour vous bénir, vous encourager, vous donner les sacrements : vous recevrez Tipasa comme un autre Enosi.

« Et vous, ô nos frères qui restez soumis à l'erreur, vous, mes enfants rebelles, et qui êtes cependant mes enfants, puisque Dieu vous a donnés à moi et que je vous porte tous dans mon cœur, non : vous ne me fermerez plus les vôtres. Maintenant qu'il va mêler ses ferventes prières d'évêque aux miennes et unir ses sacrifices et son dévouement à mes sacrifices et à mon dévouement, Dieu nous accordera à tous deux la grâce de voir toutes les brebis de ces chers Samoa s'ébranler pour entrer dans l'unique bercail, et d'entrevoir de loin l'aurore du jour où le vicaire apostolique, envoyé de Rome, sera le seul pasteur de toutes les tribus de l'archipel. Alors comme Siméon, Seigneur, aux premières clartés de ce bel avenir, vous laisserez aller votre serviteur en paix ! »

Telle est l'idée que le P. Sage nous donne d'une des plus grandes solennités de la liturgie, accomplie ce jour-là en des conditions qui la rendaient peut-être plus auguste encore et digne plus que jamais de l'intérêt des fidèles. Il ajoute, et on le comprend, que l'attendrissement, quelque rare qu'il soit aux Navigateurs, était général, et que les larmes coulaient de tous les yeux.

Mais les plus belles choses de ce monde ont leur fin. Après le repas de famille qui eut aussi sa modeste solennité, et dont le menu ne pouvait être que largement pourvu après la part faite aux pères dans les distributions de la veille, il fallut songer au départ. « Donc, les grâces dites, nous allâmes, ajoute notre cher chroniqueur, faire visite à nos bonnes sœurs, les deux évêques en tête, qui trouvaient tout le long du chemin le peuple groupé en haie et s'agenouillant pour être béni. De là nous continuâmes notre promenade avec le même cortège. Sur le bord de la mer étaient massés les gens des villages des environs, qui attendaient pour monter dans leurs pirogues et rentrer dans leurs foyers.

C'était le moment du kava, l'indispensable kava qui rapproche les cœurs désunis, cimente les amitiés nouvelles et consolide celles qui ont déjà vieilli. Sans la coupe du kava, la fête, si belle qu'elle fût jugée par tous, eût laissé des regrets dans le souvenir des indigènes. Les chefs se réunirent donc pour l'offrir aux évêques qui en eurent les honneurs et aux missionnaires. Puis les pirogues se remplirent et, après avoir reçu la bénédiction, s'éloignèrent en chantant les cantiques des grands jours. Bientôt les chants se perdirent dans l'immensité et les embarcations disparurent sur l'océan.

Les pères ne pouvaient manquer de profiter de leur réunion pour faire la retraite annuelle ; elle fut prêchée par le P. Verne. Il eût été difficile de l'inaugurer d'une manière plus édifiante. Elle fut suivie d'un synode où se réglèrent diverses mesures destinées à résoudre les difficultés pendantes, et à mettre le concert dans l'administration des différentes stations du vicariat des Navigateurs.

Il ne faut pas essayer de peindre les sentiments qui se pressaient en ce moment dans l'âme de Mgr Elloy, telles que ses notes de retraite en font foi. Il y en a des traces dans sa correspondance des premiers mois de l'année 1865. Ce qui domine dans ces lettres, c'est la pensée de la croix. L'extrait suivant de celle qu'il adressa à son cher abbé Calmus, à la date du 23 mai, donnera suffisamment l'idée de toutes. On y retrouvera aussi, et non sans charme, ces souvenirs d'amitié affectueuse et reconnaissante qui entrent si bien dans son caractère, et que la dignité d'évêque, pas plus que la profession religieuse, ne devaient jamais altérer.

Les deux sœurs de l'abbé lui avaient envoyé une aube, dont la broderie avait pendant plusieurs mois occupé leur temps. Il l'a portée au jour de son sacre; il la portera à tous les beaux jours de fête; c'est un nouveau titre, dit-il, à compter cette excellente famille au nombre de ses bienfaiteurs. Alors, se reportant aux années lointaines où, tout jeune externe au séminaire de Metz, il recevait d'eux une hospitalité cordiale et tutélaire : « J'ai dit *un nouveau titre*, continue-t-il, car je n'oublie pas, croyez-le bien, les attentions et les tendres soins dont « le pauvre petit (1) » a été l'objet dans cette chère maison de la rue Saint-Marcel, où je me rendais toujours avec un nouveau plaisir, malgré la longueur du trajet à faire de là au séminaire. Car, là,

---

(1) On se rappelle que c'est le nom que donnait habituellement sa mère à son cher septième enfant.

l'enfant un peu gâté retrouvait sa mère dans Anna, qui joignait quelquefois la petite réprimande aux soins affectueux, et sa sœur dans Marie, qui, comme Bibi, savait faire les gâteaux, préparait mon déjeuner, mais me grondait moins qu'elle, quoique j'en eusse bien souvent besoin. Depuis ce temps-là le « pauvre petit » a grandi; la bonne mère, qui prononçait ce mot avec tant d'affection, nous a quittés pour une vie meilleure. La rue Saint-Marcel eut aussi son deuil, nous y étions tous. Il s'est donc passé bien des choses; mais je me rappelle toujours avec bonheur, et reconnaissance envers Dieu comme envers les hommes, ces premières années de ma vocation dans le sanctuaire de l'Eglise de Dieu. Dans le ciel, nous comprendrons encore mieux tous ces bienfaits; quel bonheur ce sera alors et quel enivrement d'amour envers Celui qui a bien fait toutes choses, pour sa gloire et pour notre éternelle félicité !

« J'ai donc pensé à vous le jour de mon sacre, comme c'était convenu; j'ai eu intention de faire parvenir jusqu'à vous cette première bénédiction que je donnais à nos fidèles assemblés de tous les points de Samoa. Ce fut le 30 novembre, jour anniversaire de mon baptême, qu'on me mit sur les épaules, comme un pesant fardeau, le livre des Évangiles, et au cou cette croix dorée qui en amène tant d'autres, lesquelles ne sont pas tout à fait aussi brillantes, mais qui, je l'espère, donneront leur lustre dans une autre vie. Celles-là sont bien plus précieuses et nous en avons tous notre petite part ; les évêques l'ont un peu plus grande, et c'est pour cela qu'ils en portent visiblement l'emblème sur le cœur. »

CHAPITRE III

TRAVAUX APOSTOLIQUES DU COADJUTEUR AUX SAMOA
JUBILÉ DE 1865 — FAITS EXTRAORDINAIRES

Le vicaire apostolique invita le coadjuteur à s'occuper d'abord de Savaï. Il est inutile de dire qu'il y déploya toute son activité. Sans tenir plus compte que par le passé de l'âpreté des chemins de terre et des périlleuses traversées des détroits, il s'abandonna totalement aux inspirations de son zèle. L'île avait grand besoin de se renouveler dans la ferveur première. On a dit que le naturel samoan est mobile. Pour y maintenir les grands résultats que le P. Elloy y avait obtenus, il eût fallu une culture assidue, seul moyen de triompher à la longue des habitudes païennes, comprimées mais non anéanties, et des retours offensifs de l'hérésie qui grondait toujours autour de son ancienne proie. Or, malheureusement les ouvriers faisaient défaut. La société de Marie envoyait périodiquement un bon nombre de sujets; mais les limites des missions s'étendaient de jour en jour, et de toutes ces îles, en quelque sorte innombrables, d'ardents appels se faisaient entendre. De plus, le climat et l'excès du travail éprouvaient rigoureusement, soit les anciens, soit les nouveaux arrivés ; et il fallait chercher, en des changements trop fréquents, un moyen de conserver à la mission des santés si précieuses.

Quand donc le coadjuteur aborda à Léalatélé, le 25 janvier 1865, il y eut peu d'empressement à le recevoir. Quel contraste avec l'accueil qu'il avait reçu en 1860, lorsque, sur la baleinière de la *Thisbé*, il était venu rendre à ces néophytes bien-aimés la visite qu'ils avaient voulu lui faire les premiers à Apia ! Mais le fond avait été trop bien travaillé pour ne pas donner à espérer encore : à l'appel ardent de l'évêque, Savaï sortit bientôt de l'engourdissement. Y avait-il moyen de résister ? Souffrant d'une douloureuse enflure au bras, Mgr Elloy ne se ralentit pas un jour, et en peu de temps, dans toute sa longueur, de Safotoulafai à Faléaloupo, l'île fut parcourue et retournée. Des conférences, des retraites, des visites aux chefs et aux malades, de grands offices, des confirmations, remuèrent profondément un sol qui n'était pas de lui-même ingrat, et qui, sous l'influence d'un tel souffle apostolique, se ressouvint de ses premières moissons.

Une double circonstance favorisa cet heureux élan. Ce fut d'abord la promulgation du jubilé extraordinaire de 1865, puis la détermination prise par Mgr Bataillon de laisser pour un temps le coadjuteur aux Samoa. Le R. P. Poupinel, parti de France pour la seconde tournée des missions, était arrivé à Apia le 18 juin de cette même année 1865. Le vicaire apostolique, sur sa proposition, se décida à aller donner les exercices à Wallis et à Foutouna, en laissant le coadjuteur les présider dans les trois grandes îles des Navigateurs. C'est ainsi que s'étendit le champ de sa charité, de Savaï à Oupolou et à Toutouila, et qu'il resta, pendant cet intervalle de temps, maître de son action apostolique.

On n'a qu'à se rappeler le passé pour se représenter ce que fut la prédication du jubilé dans tout l'archipel. Nous ne nous répéterons pas, nous bornant à quelques faits vraiment saillants, dignes d'intérêt et de nature à édifier. Il en est qui attestent une intervention extraordinaire, pour ne pas dire miraculeuse, de la Providence; d'autres montrent surtout le grand crédit dont jouissait le coadjuteur dans l'archipel.

A Toutouila, dit le P. Sage, à qui nous empruntons le fond de ce récit, au moment où les catholiques de Léoné se réunissaient pour célébrer la fête de l'Assomption de la sainte Vierge, un chef hérétique qui faisait habituellement rage contre le *lotou popé*, revenant de son champ avec une charge de taros, dit à un de nos néophytes qu'il rencontra : « Laisse là ta sainte Vierge et viens avec nous manger un taro. » Et, comme le fidèle détournait la tête avec indignation : « Eh bien, si tu tiens tant à elle, invite-la à venir partager avec nous ! » Ce dégoûtant blasphème étant rapporté à Mgr de Tipasa, il s'écria : « Le misérable ! c'est le serpent qui l'inspire ; mais il ne sait donc pas que le Fils de Dieu ne laisse jamais impunis les outrages faits à sa Mère ? Qu'il tremble : ses jours sont comptés ! »

Quelques semaines après, le coadjuteur étant revenu à Apia, une caravane de Léoné y vint débarquer. Les gens racontèrent que le mot de l'évêque avait causé une grande impression dans tout le district, et qu'elle fut bien plus vive quand, au bout de peu de temps, l'événement vint le justifier. Chose singulière, que le missionnaire n'explique pas ! La veille même, un célèbre aïtou du voisinage de Léoné avait dit avec un affreux ricanement, du blasphémateur qui disputait à un de ses amis la direction d'une pirogue : « Il ne la gouvernera pas longtemps ! » Or donc, dès le lendemain, le malheureux fut pris d'une violente et soudaine attaque ; et, pendant deux jours, il attendit la mort sans nul espoir, les dents serrées et ne pouvant prononcer la moindre parole.

En Oupolou, deux châtiments exemplaires contribuèrent aussi à imprimer, dans l'archipel, une crainte salutaire dont le réveil de la foi eut le profit. C'est encore le journal du P. Sage qui nous en donne le fond. On verra de plus, par ces deux faits, à quel point Dieu se montre jaloux de la fidélité des âmes qu'il a le plus favorisées ; c'est sur elles qu'il aime à exercer de préférence sa justice d'abord, puis sa clémence. « Plus, en effet, dit saint Grégoire, s'accroît le nombre de ses dons, plus doit être rigoureux le compte qu'il en demandera. »

Donc, le jour même de Noël de l'année 1865, à Faléfa, village important du royaume d'Atoua, situé sur la côte nord de l'île, les offices avaient été célébrés avec la solennité attrayante de cette fête, qui met le ciel au foyer des familles chrétiennes. Or, près de là, à Salatélé, une femme baptisée, du nom de Salomé, donna un grand scandale. Non seulement elle affecta de s'abstenir de la messe, mais elle se mit en devoir de travailler à sa natte. Au rebours de ce qui arrive d'ordinaire en France, ce fut son mari qui intervint : « Tu n'as pas honte, lui dit-il, de profaner notre saint jour ! » Et il lui arracha le travail des mains.

Salomé s'obstina, et, tournant brusquement le dos à son mari : « Eh ! bien, j'irai à la pêche, » s'écriat-elle, et elle sortit. Mettant le comble à sa défection par l'apostolat du mal, elle entraîna avec elle trois de ses amies, dont une seule était baptisée. Les voilà arrivées sur la falaise qui borde la côte en cet endroit. Elle est haute, abrupte, et entrecoupée de ravins. C'est, en petit, ce que présente Savaï sur ses côtes nordouest, où la mer fait entendre ce qu'on appelle les *trompettes de marée*, en s'engouffrant dans les cavernes (1).

Nos aventureuses s'étaient arrêtées sur une roche en plate-forme, à demi hauteur, pour admirer le jeu des vagues, qui fouettaient les rocs avec fracas et élevaient jusqu'à elles, en rejaillissant, leur folle écume. Soudain, sans qu'elle se fût annoncée comme d'ordinaire par un accroissement progressif, une vague terrible se jette sur elles avec violence et les emporte toutes quatre à la fois. Ballottées par le flot, deux cependant parviennent à s'accrocher à la rude muraille qui les a meurtries : ce sont les deux païennes. Elles appellent leurs compagnes et leur tendent la main. L'une des naufragées — c'est la chrétienne détournée par Salomé — est assez heureuse pour saisir la main qui est à sa portée, et parvient à monter sur la plateforme. De là elles cherchent l'autre couple du regard : il avait été moins heureux.

(1) Voir *les Samoa*, p. 29.

Au lieu de réussir à retirer de l'eau sa compagne, celle qui lui avait tendu la main glissa sur le rocher et fut par elle entraînée de nouveau dans l'abîme. Or la femme qui venait ainsi d'entraîner celle qui avait voulu la sauver, et qui, avec elle, se retrouvait en proie à la plus cruelle mort, c'était Salomé ! Sans cesser de se tenir par la main, les infortunées sont roulées quelque temps par les vagues ; enfin un tourbillon violent, qui devait les broyer contre la falaise, fut pour un instant leur salut. Il les jeta dans une caverne, où elles purent enfin respirer et se reconnaître. Mais quelle situation ! Obscurité profonde, bruit étourdissant de la mer, et dans l'eau jusqu'à la ceinture !

Le premier usage qu'elles firent de cette légère éclaircie dans leur désastre, fut de demander pardon à Dieu. La païenne était catéchumène : Salomé lui devait et lui donna l'exemple. Elles avouèrent qu'elles avaient été justement punies pour avoir profané la grande fête de Noël, et se mirent à réciter le chapelet. Mais quel parti prendre ? Elles ne distinguent rien dans ces ténèbres, et elles se voient à peine l'une l'autre ; elles ont la plus grande peine à échanger quelques mots. Que vont-elles devenir ? Impossible de franchir la redoutable barrière mouvante dont les vagues ferment la caverne qui va être leur tombe ; impossible de se faire entendre au dehors, dans ce vacarme des grandes eaux, et d'attirer vers elles les secours qu'on songe sans doute à leur porter.

Cependant leurs compagnes qui ont échappé à la mort, ne voyant plus traces d'elles sur la mer, les jugent noyées ? Elles courent donc porter la nouvelle au village. Aussitôt on arme les pirogues et on s'élance à la recherche, au moins des cadavres. On appelle, on crie, on passe et l'on repasse devant le rocher qui cache dans ses flancs les pauvres pécheresses repentantes. Le soleil était sur le point de se coucher, et l'on allait se retirer avec le plus triste insuccès, lorsqu'au bas d'une étroite crevasse, au moment où la vague reculait, on crut voir une main s'agiter à la surface. Les pirogues s'approchent avec les précautions que les pointes menaçantes des rochers rendaient nécessaires. La main avait bientôt disparu; mais un corps humain se montrait flottant à la merci des vagues. On parvient à le saisir : c'est la catéchumène. Elle est sans connaissance, la tête en sang et les épaules toutes déchirées.

Les Samoans, exposés qu'ils sont à tant d'aventures de mer, sont très habiles dans les soins à donner aux noyés. La jeune femme revint à elle; on l'interrogea : comment a-t-elle échappé à la mort ? Et Salomé ! qu'est devenue Salomé ?

Salomé, la plus coupable des quatre, l'instigatrice de cette équipée impie, était donc la dernière dont on pût, en poussant la confiance à sa dernière limite, espérer le salut. Sa compagne répond que, depuis un intervalle de temps qu'elle estime à quatre heures, au milieu de l'obscurité et du tumulte, elle ne l'a ni vue ni entendue : Salomé a dû périr !... « Qu'on ait au moins son corps, » cria le chef, en dirigeant son embarcation vers le lieu où lui est signalée cette grotte inconnue. Les autres le suivent; on cherche, on pousse de grands cris. La nuit a beau être venue (1), la mer s'est calmée,

---

(1) Il était huit heures du soir, Noël tombant, pour les Antipodes, au solstice d'été.

on continue sans se ralentir. Le jour vient, mêmes courageuses poursuites, même insuccès. Alors le chef commande les *fétagisi*, c'est-à-dire les funérailles des morts dont on ne retrouve pas les corps. Le deuil et les lamentations lugubres se prolongent jusqu'au soir.

Tout était terminé, et les gens rentrés au logis. La catéchumène arrachée à la mort se tenait, à l'entrée de la nuit, au bord de sa case, le visage du côté du rivage où elle avait été l'objet d'une si merveilleuse protection de la Providence. Elle ne pouvait distraire sa pensée de la pauvre Salomé ; et, du fond de son cœur entièrement renouvelé, elle conjurait Dieu de lui faire miséricorde et de lui accorder bientôt à elle-même la grâce du baptême.

Soudain une silhouette de femme apparaît, se détachant en noir sur le crépuscule. « Grand Dieu ! Salomé ! c'est Salomé ! » s'écrie vivement la pauvre femme, saisie de surprise et d'épouvante. « C'est son ombre, ajoute-t-elle, elle est venue faire ses derniers *alofa* (1) à son mari et à son enfant ! » En même temps elle reculait épouvantée dans sa case. On sait à quelle terreur superstitieuse se laissent en ce cas aller les Samoans ; aussi tous les gens du quartier qui avaient entendu ce cri, voyant le fantôme, s'enfuirent éperdus.

C'était bien elle cependant, en corps et en âme ; c'était bien Salomé. Après avoir pris un peu de nourriture, dont elle avait grand besoin à la suite d'un jeûne rigoureux de plus d'un jour et d'une nuit, et de

(1) C'est le mot qui exprime la tendresse, les saluts affectueux.

tant de fatigues et d'angoisses, elle raconta l'histoire de son salut inespéré.

Quand, sur le soir du second jour, elle vit que la mer en baissant rendait un grand effort possible, peut-être fructueux, elle se rapprocha de l'ouverture de la caverne, où elle n'était plus autant exposée. Puis, se recommandant à la Sainte Vierge, elle s'élança. Une vague, envoyée du ciel, vint à point la prendre et la déposa doucement au lieu même d'où, la veille, la vague terrible l'avait entraînée avec ses trois compagnes. La mer avait exercé le châtiment; elle servait d'instrument à la miséricorde.

Une fois sauvée, Salomé s'était jetée à genoux pour rendre grâce, puis elle avait pris le chemin du village. En terminant son récit, elle fit à haute voix le serment de ne jamais plus profaner les saints jours. On comprend quelle leçon l'aventure donna à tous les gens du village, puis de l'île tout entière qui en eut en peu de temps connaissance.

C'est encore la miséricorde qui eut le dessus dans l'autre châtiment qu'il nous reste à raconter. Des catéchistes sont cette fois en cause. Ayant bien plus reçu que les fidèles, l'abus des grâces et la violation de leurs promesses entraînent aussi plus de gravité dans la faute. Or donc, un nouveau ministre protestant était venu s'installer à Léouloumoenga, dans le royaume de Touamasanga, au nord-ouest d'Oupolou. On en racontait merveilles: d'un regard il devinait les maladies; d'un seul remède, il les guérissait. Ainsi disait la renommée, prompte chez les Navigateurs à exagérer les choses et à faire, puis à démolir, les réputations.

Deux catéchistes, donc, l'un de Solosolo, l'autre de Loufiloufi, se laissent séduire ; et ils forment le dessein d'aller le consulter, l'un pour sa femme, et l'autre pour lui-même. Ils se gardent bien de demander congé au missionnaire ; ils partent, manquant ainsi à l'obéissance promise et aux devoirs de leur charge, et, ce qui était plus grave, s'exposant à l'occasion prochaine de perdre la foi.

Or, le ministre merveilleux était parti pour Savaï. Nos catéchistes se résolvent à l'attendre ; et, pendant quinze jours, ils vivent dans l'oisiveté. Au bout de ce temps, revenant un matin de la pêche, un joli poisson tente l'appétit du catéchiste de Solosolo ; et, comme il arrive souvent parmi les indigènes, il le porte cru à sa bouche, la tête la première. En cherchant à s'échapper, la pauvre bête s'engage au fond de la gorge et pénètre dans l'œsophage. Malgré les plus violents efforts, soit pour rejeter, soit pour avaler, la malencontreuse pitance, le patient reste en proie à la plus horrible situation. Les nageoires qui retiennent le poisson lui déchirent la gorge : il étouffe, sa figure se décompose et les yeux lui sortent des orbites.

En cet état, il entendit les reproches de sa conscience. Il se frappait la poitrine, et il donnait à comprendre que son accident était la juste punition de son péché. Il demandait pardon d'être parti contre tout devoir et d'être demeuré si longtemps sur un territoire dévoué à l'erreur, au mépris du ministère dont on avait daigné l'honorer et au péril de sa foi. Puis il conjura le catéchiste de Loufiloufi de l'emporter dans sa pirogue et de le conduire aux pieds du père pour y recevoir l'absolution, l'extrême-onction et mourir pardonné ! Dieu lui fit grâce. A peine les pagayes avaient-elles ébranlé la barque, qu'un mouvement convulsif s'opéra dans la gorge du malade; il vomit le poisson et recouvra aussitôt la santé.

Ces deux faits se présentent avec les meilleures garanties d'authenticité. Ils sont là, dans le journal que le P. Sage rédigeait pour lui seul, dans un curieux pêle-mêle qui n'a d'autre ordre que la chronologie, et où de menus détails de ménage et des incidents de basse-cour interrompent, de la manière la plus pittoresque, les nouvelles d'Europe et les événements de la mission. C'est l'absence la plus complète de toute prétention; et il est impossible de mettre en doute la bonne foi du missionnaire. Or, en même temps, ce sont des faits de toute publicité, qui eurent des témoins nombreux, désintéressés, et pour résultat des conversions de durée et d'un certain éclat. Enfin, en ce qui concerne le fait de Salomé, le nom de *grotte de Madeleine*, donné à la caverne, en constitue un monument authentique; et l'on trouve ce nom dans le journal de Mgr Elloy, à la date du 12 septembre 1871. Mais, d'ailleurs, n'entre-t-il pas dans le plan de la Providence d'opérer ses miracles au sein de l'infidélité ? *Signa infidelibus*, dit saint Paul (1). Et saint Grégoire compare cette intervention extraordinaire de Dieu à l'arrosage que le jardinier multiplie, en raison même de la jeunesse des plantes qu'il a confiées à la terre (2).

Cependant à cette même fête de Noël, où se pas-

(1) I. Cor. xiv, 22.
(2) Hæc necessaria in exordio fuerunt..... Quia et nos, cùm arbusta plantamus, tamdiù eis aquam infundimus, quousque in terrâ jam coaluisse videmus. *Hom.* xxix *in Ev.*

saient, dans les deux îles de l'est, les événements extraordinaires qu'on vient de raconter, le coadjuteur donnait le jubilé à Léalatélé en Savaï. Il avait pour aides le R. P. Gavet qui nous a fourni les documents dont nous allons profiter et le regretté P. Delahaye. L'île tout entière, de Safotoulafai à Faléaloupo, avait été convoquée, et de partout étaient accourus des fidèles. Il faut savoir que, par un violent effort de l'enfer, une sorte de ligne maçonnique s'était formée contre la mission. Les procédés du démon, il est bon de le remarquer, sont les mêmes partout. Un personnage influent organise l'opposition ; des clubs clandestins excitent les esprits et répandent les mots d'ordre. Puis on agit sur les subordonnés, et l'on monte des fêtes de tapage et de licence. L'analogie sera complète quand nous aurons ajouté que, dans ce nouveau monde comme dans le nôtre, tant il est vrai que c'est une seule et même malédiction d'origine qui pèse sur tous les deux ! c'est surtout quand les hommes de Dieu entreprennent de grandes choses pour sa cause, qu'éclate cette rage du mal. Ainsi en arrivait-il à Léalatélé.

Un jeune chef, de famille étrangère à ce district, mais autorisé à y faire figure à cause d'un titre qu'il y portait, Létouna-Salaa, fut l'instigateur de la machination impie. Il se disait protestant, mais il était païen. Cette manière commode de couvrir, d'une étiquette religieuse, une vie désordonnée n'était pas rare aux Samoa, et l'on a expliqué en son temps comment le protestantisme se prêtait à cette pratique hypocrite (1). Elle convenait à un jeune homme débauché

(1) V. les Samoa, p. 181.

qui s'était, pour cette cause, pris de haine contre la vraie foi. Les vieilles mœurs, que nos missionnaires avaient vivement combattues et commencé à flétrir, lui fournissaient un moyen de satisfaire du même coup et ses honteuses passions et sa rage contre les pieuses réunions du jubilé. Il annonça donc, dans son club, une série de ces abominables danses de nuit, dont M. Hubner nous a donné une idée, les *pooula* (1); et, le soir même de l'ouverture des exercices, elles commencèrent. Les complices et les dupes de Létouna affectèrent même de pousser les cris les plus violents, dans le double but de contrarier la sainte cérémonie et de troubler l'esprit des fidèles par la pensée des scènes licencieuses que ces cris ont l'habitude de provoquer.

Ce fut un moment de vive anxiété pour le coadjuteur et ses missionnaires. Ils résolurent d'employer toutes les ressources de la liturgie et toutes les industries du zèle, pour conjurer un échec qui eût nui gravement, et pour de longues années, à la cause de la foi. Léalatélé de si bon souvenir, si hospitalière aux deux fondateurs de la mission dans l'archipel! Léalatélé où, pour la première fois sur la terre des Navigateurs, il y a eu vingt ans le 15 septembre, le saint Sacrifice a été célébré (2); le pays de Touala, qui fit si bonne contenance contre les retours de l'hérésie; Léalatélé, inscrite en lettres d'or dans les annales de nos missionnaires d'Océanie, par une apostasie cent fois pire que son premier état dans l'erreur, redeviendrait la proie de l'esprit du mal!

(1) Ibid., p. 99.
(2) V. *Les Samoa*, p. 247.

Le P. Gavet se décida à prendre à part cinq ou six des plus influents de la bande malfaisante, qui lui promirent de s'en détacher. On multiplia les visites ; on résolut d'avoir recours aux grandes cérémonies qui ont coutume, par tout pays, d'intéresser et d'émouvoir les fidèles : celle de la consécration à la sainte Vierge, celle de la réparation solennelle des injures, celle surtout des prières pour les morts, qui eut là, comme on va le voir, un cachet exceptionnel de grandeur.

La nuit s'était faite et l'heure venait de sonner. Monseigneur, entré le premier à l'église, priait au pied de l'autel. Après le cantique ordinaire d'invocation, il se retourne pour prendre la parole. Hélas ! le tapage infernal commence au moment même, et l'église était loin d'être pleine !... Le prélat, en proie à la plus douloureuse émotion, retombe à genoux et éclate en larmes et en sanglots. « C'était, dit le P. Gavet, à mouiller le sol à ses pieds et à se fendre la poitrine. Le P. Delahaye et moi, nous en étions bouleversés. Les fidèles eux-mêmes se montrèrent profondément saisis. Après avoir contemplé longtemps leur évêque abîmé dans son chagrin et sa prière, ils s'écoulèrent peu à peu dans un morne silence. Nous-mêmes, nous dûmes rentrer dans notre case. Quant à Monseigneur, il resta là immobile, priant et pleurant, jusqu'à une heure très avancée de la nuit. »

La légende de saint Pierre Chrysologue rapporte qu'un jour, dans la véhémence de son action oratoire, la voix lui fit tout à coup défaut. Elle ajoute que cette preuve de l'ardent amour de leur archevêque produisit sur les fidèles de Ravenne un si grand effet, qu'il ne cessait de remercier Dieu d'avoir fait tourner son accident au profit de leurs âmes. Il en fut de même à Léalatélé. Le petit nombre de fidèles qui avaient assisté à l'explosion de sa douleur criaient partout en se retirant : « Tipasa a pleuré ! Tipasa a pleuré ! » Le lendemain, les deux missionnaires n'eurent garde de laisser tomber cette salutaire impression. Ils se répandirent, dans les instructions, en reproches véhéments, mais délicats, tendres, sur l'ingratitude des gens qui étaient l'objet d'un si vif amour de la part de l'auguste envoyé de Pie IX, et en accents indignés contre les misérables qui lui avaient broyé le cœur. Ce fut une réprobation unanime contre Létouna : ceux qu'il avait entraînés le quittèrent, et il fut honteusement chassé du territoire de Léalatélé.

Pour en finir avec ce suppôt de Satan, disons qu'il se réfugia chez un chef protestant voisin, d'où il vint ensuite plus d'une fois, à la tête d'une troupe armée de six ou huit bandits, troubler la paix et ravager les champs de nos fidèles. Enfin, il reçut le prix de ses débauches et de ses crimes : une belle nuit, il fut tué d'un coup de fusil à bout portant. Tous virent un juste jugement de Dieu dans cet acte qui mit fin à tous ces scandales.

Cependant, tout avait changé dans la chrétienté sous le coup qui avait révélé, avec plus de vivacité que jamais, en Mgr Elloy, cette âme de pasteur et de père que tous les échos de la contrée avaient si souvent jadis reconnue et bénie. Le succès final ne laissa donc plus la moindre inquiétude, et la cérémonie des morts, pour nous borner là, fut émouvante et salutaire bien au delà de ce qu'on en avait espéré.

Il avait été décidé qu'on exhumerait les corps des fidèles baptisés, dispersés dans le territoire du village, et qu'on les porterait en grande pompe dans le cimetière qu'on allait bénir. Le jour venu, chaque famille apporta les siens. Ils étaient religieusement enveloppés dans de belles nattes, et déposés dans des cercueils de planches, ornés et couverts avec profusion de plantes aromatiques. Un immense catafalque avait été dressé dans l'église, en gradins qui, larges à la base, s'étageaient en une pyramide montant jusqu'à la toiture. Là, chaque cadavre prit son rang. Aux Samoa, moins que partout ailleurs, la noblesse ne perd dans la mort ses droits aux honneurs. Nos pères les avaient respectés : pourquoi froisser des traditions d'ailleurs si respectables au point de vue de l'ordre social, dont le culte des morts et la garde de la hiérarchie sont de solides garanties ? Tout autour se déployaient des cordons de la belle lumière que donne l'huile de coco. La nuit venue, tout ce grave mouvement s'apaisa, nul mort ne manquant plus à l'appel ; et l'on attendit, dans le recueillement et la prière, l'arrivée du coadjuteur. Il était allé donner l'exercice à Toapaïpaï.

Qu'il nous suffise de dire que son éloquence fut à la hauteur du sujet et de cette scène incomparable. Comme il remua les âmes par le souvenir des morts et la pensée du jugement qu'ils avaient subi, jugement où nul de leurs fils ici présents ne pouvait dire qu'il n'eût pas été en cause ! Il évoqua les vivants au même tribunal, aux accents de la trompette terrible. Il imprima en eux une crainte qui alla plus d'une fois jusqu'au tressaillement. Puis il se répandit en paroles d'espérance, arrachant à la mort, par les mérites du

Sauveur, son aiguillon et sa victoire, et ouvrant, comme Samson, la gueule du monstre terrassé, pour en tirer le miel de la confiance en Jésus, en Marie, en tous les dogmes consolants de notre foi.

Il ne pouvait être question de dormir : jamais plus fervente veillée des morts. On passa la nuit à faire le chemin de la croix, à réciter le rosaire, le tout mêlé des chants les plus sympathiques. Le lendemain, office pontifical solennel. Après le *libera,* toutes les familles s'ébranlèrent pour reprendre chacune leurs morts. Puis, sans la moindre confusion, la foule pénétrée, priant et chantant tour à tour, prit le chemin du nouveau cimetière. « Je n'ai jamais rien vu de si émouvant, dit le P. Gavet, que ce défilé des morts venant, après la bénédiction, prendre en paix possession de leur dernière demeure, sanctifiée par les cérémonies de l'Eglise et la foi profonde de leurs enfants. Dès ce moment, le jubilé fut tout consolation pour nous. Oh! qu'un tel moment fait oublier de mécomptes, de privations, de sacrifices et d'angoisses ! »

Ce jour resta mémorable dans tout le pays. « Et cependant, dit aussi le même père, c'est encore la nuit éplorée de Mgr Elloy qui produisit l'impression la plus durable. On répétait avec émotion en nombre de circonstances : « Tipasa a pleuré ! » Et pendant longtemps, tout ce qui arrivait de calamiteux dans l'île, on l'attribuait à la cause qui avait fait couler les larmes de Tipasa.

Nous omettons ici nombre de faits où le dévouement toujours plus ardent et infatigable du prélat se montra couronné des meilleures bénédictions du ciel.

Mais nous signalerons une conversion éclatante qui eut, sur les affaires politiques des Samoa et sur la prospérité de la foi catholique, une longue influence, encore puissante aujourd'hui. C'est un nom connu, et nous osons dire, aimé de nos lecteurs (1), qui revient dans notre récit pour y reparaître ensuite à diverses reprises jusqu'à la fin.

Vers le temps où se prêchait dans l'archipel le jubilé de 1865 (2), le vieux grand chef d'Atoua, royaume de l'est d'Oupolou, Mataafa, mourut. On a raconté, au volume précédent, son accueil aux missionnaires Roudaire et Violette, sa loyale et généreuse affection, les grands actes qui précédèrent et accompagnèrent sa déclaration de catéchumène catholique. Dans le présent volume, on a dit à quel point il se montra libéral envers le P. Verne, en concédant des terrains pour assurer la subsistance à nos missionnaires.

Avant d'en venir à l'intervention de Mgr Elloy, laissons le P. Verne lui même nous raconter les dernières années et la mort de Mataafa. Il écrivait à un ami en date de juillet 1865 : « Peu de temps après mon arrivée à Samoa, je fus placé à Aïmaïlé, dans le grand district d'Aléipata du royaume oriental d'Atoua. Je fis résidence auprès du roi de cette partie de l'île, excellent homme, fervent chrétien, vieillard vénérable. Je ne clorai pas cette lettre sans vous dire un mot de ce chef, le plus grand de l'île sans contredit, comme le plus religieux et le meilleur ami des missionnaires;

---

(1) V. *les Samoa*, introduction.
(2) On ne saurait cependant garantir l'exactitude de cette date, ce qui importe peu au fond.

personne n'a pu le connaître mieux que moi. Pendant cinq ans, j'ai été à sa table, et il était à la mienne, matin et soir, privilège unique de la part d'un chef; et il payait bien son hospitalité.

« Je ne pense pas que, pendant les cinq à six ans qui se sont écoulés depuis son baptême jusqu'à sa mort, Mataafa ait perdu l'innocence baptismale par une faute mortelle. Je ne pense pas qu'il ait manqué un jour de chanter longuement les prières du matin et du soir avec accompagnement de cantiques, de lire les prières de la messe, de réciter en entier le rosaire, outre une psalmodie de cantiques, pour laquelle il avait un chœur d'enfants et de jeunes personnes, ses parents pour la plupart. Un jour que je lui faisais observer que ses neveux et nièces n'y tenaient plus et en avaient la voix rauque, il me répondit qu'ils n'avaient rien de mieux à faire que de louer Dieu le jour et la nuit : courir les bois et la mer, est-ce occupation plus sage ? Et d'ailleurs le roi David avait bien d'autres affaires, et cependant il chantait sept fois par jour les louanges du Seigneur !

« Admettons que ce fût un peu rude, et ne le proposons pas pour modèle; vous conviendrez au moins que c'est un grand acte, un acte admirable, sinon tout imitable, de religion. Et vraiment je doute que l'on puisse trouver en Océanie une foi plus vive, un respect plus profond pour Notre-Seigneur dans la Sainte Eucharistie, une dévotion plus tendre envers la Sainte Vierge et plus de zèle à prêcher la religion catholique à tous ceux qui l'abordaient, enfin un cœur plus dévoué et plus porté à faire plaisir aux missionnaires. Frappé de paralysie cinq à six mois avant sa mort, il n'a pas discontinué toutes ses pratiques de dévotion ; et, lorsque le moment de la consécration approchait, rien ne pouvait l'empêcher de se mettre à genoux.

« Sa mort a été l'écho de sa vie. A la dernière attaque qui l'a emmené, j'étais en voyage à sept ou huit lieues. Je le trouvai, à mon arrivée, en pleine connaissance ; je lui administrai les derniers sacrements qu'il reçut avec de grands sentiments de piété ; puis, entouré de toute sa parenté, il déclara avec fermeté qu'il mourait dans la religion catholique, la seule véritable ; il pria tous les chefs de sa famille de se tourner vers elle, il leur demanda comme marque d'amitié de la protéger comme il avait fait. Ce n'est qu'avec peine qu'il pouvait articuler quelques mots, à mesure que la maladie augmentait ; cependant, il parla près d'une heure et toujours en grand chrétien, demandant aux chefs de vivre après sa mort dans la paix et l'union, de terminer tous leurs différends, et de renoncer à la guerre dont ils avaient la pensée. Il ne cessait de répéter les noms de Jésus et de Marie ; il regardait souvent si j'étais à côté de lui, car il m'avait prié de ne plus le quitter. Il expira le matin, qui était un dimanche, à l'heure de la messe, et au dernier *Gloria* du chapelet que l'on récitait à son intention.

« Son corps est à Aïmaïlé, sur une terrasse élevée qui domine au loin la mer, en face de l'île Toutouila. Tout près de là est le tombeau de son père et de son aïeul. »

Hélas ! ce ne fut pas alors le cas de redire, avec le vieil ami classique de notre adolescence : *Talis pater, talis filius!* Son fils, dont il avait fait son successeur, par ce sentiment de faiblesse paternelle dont l'histoire de tous les pays atteste que les rois se sont souvent laissé aveugler, son fils était catéchumène de nom, mais païen de mœurs. Loin de se préparer au baptême, il menait une vie licencieuse, et s'était déjà choisi plusieurs femmes. C'était un grand scandale, et la cause de vives préoccupations pour l'avenir de la foi dans le royaume. Mgr Elloy s'empressa d'accourir; et, après avoir rendu au père les devoirs d'une sépulture solennelle, il appela le jeune prince près du lit de parade où reposait le corps embaumé et d'une physionomie encore vivante.

« Il débuta, dit Mgr Vidal, de qui nous tenons ce grand acte d'évêque, par un magnifique éloge de Mataafa, louant surtout, d'une voix pleine de larmes, sa piété et son zèle pour la défense de la religion, qui est elle-même le salut des peuples. Puis, interpellant tout à coup le fils : « En qui va revivre désormais,
« s'écria-t-il, ce roi que nous pleurons? J'avais espéré
« en toi, jeune prince : l'héritier de son nom ne de-
« vait-il pas l'être de ses vertus ? Et voilà que ce nom,
« ce grand nom, va devenir avec toi l'enseigne de tous
« les vices !

« Dans ce beau royaume d'Atoua, l'Église aimait à
« honorer Mataafa comme son noble enfant, à le bé-
« nir comme son protecteur; et, peut-être demain,
« devra-t-elle passer devant sa case en détournant la
« tête et en pleurant !

« Mais non, continue-t-il en serrant avec tendresse
« sur son cœur le jeune prince attendri; non, non, tu
« ne feras pas cette injure à la foi qui a rendu ton

« père si glorieux et qui lui a mérité une si belle place
« au ciel ! Tu vas changer et devenir digne de lui,
« digne des hautes espérances que je veux fonder sur
« toi ! »

« En même temps, il l'entraîna aux pieds du cadavre royal. Tous deux se prosternent, fondant en larmes, dans un silence qu'interrompaient seuls leurs sanglots et les frémissements de l'assistance. Puis le prélat se lève, et saisissant la main du jeune Mataafa, il la tient fixée sur le cœur de son père, et, d'un ton inspiré : « Réponds-moi, lui dit-il, quels sont tes « sentiments ? quelle sera ta conduite ? » — « Je jure, « s'écria Mataafa, d'une voix émue mais ferme, je « jure de marcher sur les traces de mon père, et d'être « comme lui un roi chrétien ! »

Il s'agenouilla aux pieds de Monseigneur, qui le releva après l'avoir béni, en le serrant respectueusement dans ses bras. Mataafa sortit, d'un air qui ne laissait aucun doute sur les graves résolutions qu'il avait prises. A l'instant même il renvoya ses femmes, n'en gardant qu'une à laquelle il se fit unir par un mariage légitime. Quelques mois après, il se présenta au baptême et fit sa première communion avec la plus édifiante ferveur. Sa conduite depuis ne s'est jamais démentie ; c'est celle d'un chef intelligent, sensé et vertueux, d'un vrai et grand chrétien, ne voulant que le bien de son pays et le triomphe de la religion. « On a tout dit, conclut le P. Verne, quand on a nommé Josefo Mataafa ! »

Quelques traits recueillis çà et là dans la correspondance de nos missionnaires, terminés par un acte magnanime de pardon qui fait à sa foi le plus grand honneur, suffiront, en édifiant le lecteur, à justifier ce témoignage.

Il est impossible de trouver, c'est l'aveu de tous, un homme plus ferme dans sa conduite. Jamais plus le moindre scandale, ni même le moindre regard en arrière. Il n'admet pas qu'on ait la foi sans en pratiquer toutes les conséquences, qu'on puisse croire en chrétien et vivre en païen. Pendant la guerre, où, même parmi les bons, plusieurs se laissent aller à la licence, Mataafa garde l'intégrité de sa vertu.

Point de respect humain : chez lui toute la vie extérieure subit l'influence de la religion ; la religion n'est pas chose accessoire, mais principale ; la conduite et le langage, aussi bien public que privé, relèvent d'elle en tout et partout. Il veut que ses pirogues soient bénites, et qu'elles portent en proue et en poupe la croix ; à la première, après son baptême, il donna le nom de Pie IX ! Le chapelet ne quitte jamais son cou, et il se plaît à l'égrener sous ses doigts à tout instant. S'il fait visite au missionnaire et qu'il le trouve absent, il entre dans l'église et attend son retour sans se lasser de prier.

Prêchant ainsi d'exemple, il est autorisé à reprendre ; il use donc de son droit de chef pour rappeler ses subordonnés au devoir, et plus d'un lui doit d'avoir gardé sa vertu contre tous les entraînements.

Peu d'années après sa conversion, il fut frappé par un jeune chef qui lui était inférieur. Bouillonnant de colère, il eut cependant la force de se contenir, et il réfléchit, roulant mille projets dans son esprit. Il peut se venger ; s'il s'abstient, que pensera l'île ? Le voilà déshonoré et, avec lui, tous ses enfants. Il va trouver l'évêque et lui demande une règle de conduite. Le prélat lui montre la croix qu'il portait sur sa poitrine : « Imite, lui dit-il, le Dieu qui t'a tant pardonné ! » — « Qu'il vienne donc, répond Mataafa, le malheureux qui s'est oublié envers moi ! » Le coupable croyait marcher à la mort. « Tiens, lui dit-il, en échangeant la racine de kava, prions l'un pour l'autre, et que tout soit effacé ! »

CHAPITRE IV

VOYAGE EN AUSTRALIE. — MORT ET FUNÉRAILLES DU PRINCE DE CONDÉ

PENDANT son séjour à Apia, le coadjuteur ne se lassait pas de remercier Dieu de la prospérité vraiment inespérée qu'il avait accordée à la mission. En même temps que le jubilé donnait ses admirables résultats, l'établissement matériel de l'église, des écoles et de la maison des missionnaires, se consolidait et s'agrandissait. En se rappelant le dénuement des premiers jours, Mgr Elloy se laissait aller à l'effusion de son cœur; et il prenait le R. P. Favre pour confident de sa reconnaissance et de sa joie. Il lui écrivait d'Apia, le 10 février 1866 :

« Quand on pense aux difficultés que nous avons eu à surmonter autrefois, pour obtenir dans ce même port d'Apia un simple emplacement de maison (1), et cela parce qu'on ne voulait pas nous y laisser prendre pied, on ne peut s'empêcher de manifester son admiration et d'exprimer sa gratitude à l'Auteur de tout

---

(1) On se rappelle l'acquisition du terrain Pritchard, faite par Mgr Bataillon en 1852, et les premiers travaux de construction de l'église, dont la première pierre fut bénite le 8 décembre. V. les *Samoa*, p. 397.

bien, qui change tellement les volontés humaines, quand il lui plaît, que ceux-là mêmes, soit Européens, soit Samoans, qui d'abord avaient le plus fortement tenu à nous éloigner, ont été les premiers à nous vendre les terrains qui leur appartenaient, même au risque de s'attirer les reproches amers de leurs compatriotes ou coreligionnaires. »

Il donne ensuite quelques détails sur l'état actuel de l'établissement, tel qu'il se trouve avec les terrains qui viennent d'être achetés. De ces lots divers, on a constitué une propriété d'un seul tènement, d'environ soixante hectares. « Atteignant le rivage par ses deux extrémités, elle enveloppe comme d'un demi-cercle les habitations des Européens qui sont dans cette partie de la baie et qui n'occupent qu'une très mince largeur sur le bord de la mer. »

Il fait du tout une gracieuse description : « Le terrain, dit-il, est des plus fertiles qu'on puisse trouver aux Samoa. Une belle fontaine, sortant du pied de la montagne, dont une partie nous appartient, forme un ruisseau qui se dirige à travers la propriété, et se partage en plusieurs branches pour l'arroser dans tous les sens. Un autre cours d'eau, venant de plus loin, forme une petite rivière qui limite d'abord notre terre du côté est, puis fait un coude rentrant vers l'ouest. Là nous avons ses deux rives; ensuite elle revient encore former nos limites jusqu'au rivage. Près de l'embouchure de cette rivière, se trouvent l'établissement des missionnaires et l'église. Cette dernière est solidement bâtie en corail et en pierres de taille, amenées de Sydney; elle a un beau clocher dont la flèche s'élève à quatre-vingts pieds. »

Le lecteur connaissait déjà ces derniers détails, que nous abrégeons. La lettre en donne d'autres sur l'école des catéchistes, que notre bon P. Violette dirigeait avec ce dévouement intelligent, patient et soutenu, dont nous l'avons vu, en mainte occasion, donner tant de preuves. Nous les passons, parce que cette intéressante fondation doit, sous le nom de Vaéa, revenir dans notre récit. A distance de cette école, le prélat décrit aussi celle que des religieuses, qui commencent à arriver de France, dirigeaient avec cette abnégation et cette délicatesse dont le sexe pieux a le secret, quand il en prend l'inspiration dans une droite et solide piété.

C'est la première fois que nous entendons notre saint religieux s'étendre ainsi avec complaisance sur des détails qui ont pour objet le côté matériel de la mission. Mais il les devait à la société de Marie, qu'il importait de rassurer et de consoler, après que les longues détresses de ses fils l'avaient si douloureusement préoccupée. Il les devait à un autre titre encore, parce que les agrandissements dont il parle étaient d'une grande dépense qu'il tenait à justifier, et parce qu'il en résultait la nécessité d'un voyage qu'il était sur le point d'entreprendre.

Nos établissements d'Apia avaient été l'objet de tracasseries fort pénibles, qui étaient surtout dirigées contre la maison des sœurs. On sentait le besoin urgent d'isoler cette maison et de l'enfermer au milieu d'un enclos. Le journal du P. Sage donne à ce sujet d'intéressants renseignements. Ce qui va être raconté est du mois d'avril 1866.

École et résidence des Religieuses à Apia.

Ces vexations venaient surtout des Allemands, qui commençaient à faire le commerce aux Navigateurs. Ils confondaient dans leur mauvais vouloir, en la personne des pères, le Français, le catholique et le missionnaire, et en raison de leur faiblesse, ils s'attaquaient surtout aux religieuses. C'étaient leurs chevaux et leurs vaches qu'ils laissaient errer dans nos plantations et qui les ravageaient, sans même que les enfants osassent les chasser, par crainte de ces malveillants qui les menaçaient de leurs fusils. C'étaient des empiètements sur nos cultures ou sur les chemins qui les desservaient. C'étaient même des ouvriers qui s'introduisaient dans la cuisine des sœurs, avec un costume tel que la supérieure osait à peine s'en approcher pour les faire sortir.

Un jour cette indignité s'accomplit avec un caractère odieux qui tourna heureusement contre l'Allemand, en vérifiant la parole du psalmiste : « L'iniquité s'est elle-même confondue (1). » Donc, un beau matin, une des plus grandes élèves, se levant un peu avant l'heure, crut apercevoir un homme couché sous la vérandah. Sans bruit, elle court avertir la surveillante, la sœur Rose, femme de tête et de décision. Celle-ci vient constater le fait, qui n'avait pu se produire sans effraction de la clôture extérieure, et elle fait lever et descendre en grand silence les sœurs et les enfants, sans qu'elles se soient approchées. En même temps elle mande deux catéchistes qui avaient près de là leur séjour, et leur commande de lier le malfaiteur solidement en commençant par les pieds.

(1) Ps. xxvi.

Aussitôt dit, aussitôt fait. En se sentant saisir et serrer, il se réveilla. Il cria, il menaça ; il promit dix piastres si on le laissait aller ; l'on n'en eut garde. En faisant de violents efforts pour briser les cordes qui lui enchaînaient les mains, il se les mit en sang. Voyant alors passer la supérieure : « Ayez pitié de moi, Madame ; voyez en quel état vos gens m'ont réduit. » Mais le moment n'était pas à la compassion : « Tenez-vous tranquille ; c'est vous-même qui vous blessez, lui répondit-elle ; on va venir vous délier. Il importait de laisser dans son évidence palpable le corps du délit, qui devait entraîner un prompt jugement et des mesures décisives.

En effet, M. Williams, le consul anglais, mandé aussitôt, accourut ; et, après une forte réprimande au coupable, il le fit délier sous sa responsabilité. Il convoqua une assemblée des notables du pays, parmi lesquels on fit une place d'honneur à Mgr de Tipasa et aux PP. Violette, Sage et Schall. Tous se montrèrent sympathiques aux religieuses et firent l'éloge de leur caractère personnel et de leur œuvre ; ils conclurent qu'elles avaient droit à une protection efficace, et les mesures en furent arrêtées. Il arriva donc providentiellement que cette crise de la persécution en fut l'heureuse fin ; l'opinion publique se déclara aussi très fortement en faveur de la cause injustement opprimée.

Cependant il eût été imprudent de s'en rapporter uniquement à des garanties morales, qu'un changement de personnes pouvait faire rapporter. Il fallait les soutenir par des mesures efficaces, dont voici les points importants, déjà indiqués dans les lettres de

Monseigneur, savoir : acquérir assez de terrains pour suffire à en faire un seul tènement, sans enclaves où des étrangers pussent s'établir; mettre les habitations au centre, et protéger les cultures par une bonne enceinte : voilà ce qu'avait voulu le coadjuteur et qu'il avait eu le bonheur de mener à bonne fin.

Mais cette acquisition avait été faite sur le prix de sept mille francs. « Je n'avais pas un centime, dit Mgr Elloy à son ami l'abbé Calmus (1). Nous étions même endettés par suite des premiers frais d'établissement de nos écoles et de l'entretien de quatre-vingts sujets qui en formaient le personnel, enfin par les frais d'impression de nos livres en samoan (2). Je croyais en conscience n'avoir fait que mon devoir ; comptant sur la Providence, je signai donc deux traites payables à Sydney, à quarante jours de vue, et je me décidai à partir pour l'Australie afin de me procurer de l'argent. J'avais pendant cinq mois prêché le jubilé à tout l'archipel, et je pouvais sans grand inconvénient faire quelques semaines d'absence.»

La Providence prouva à quel point la confiance du prélat était fondée, en faisant naître plusieurs circonstances inattendues, dont l'une, très mémorable, qui lui permirent de recueillir deux fois plus qu'il n'était nécessaire pour faire face à ses traites. Il faut nous y arrêter un instant.

Le P. Sage, dont le climat de l'archipel avait éprouvé gravement la santé, fut le compagnon de

---

(1) Sa lettre est du 29 novembre 1866, après son retour de Sydney.

(2) On se rappelle que ç'avait été là une de ses grandes occupations pendant son séjour à Clydesdale.

voyage du coadjuteur. Ils partirent d'Apia le 11 avril 1866. La navigation fut favorable, et le 1ᵉʳ mai, à l'entrée de la nuit, apparut le phare de Sydney. Le 3 mai, à l'aide d'un remorqueur, ils arrivèrent sur le soir au mouillage.

En arrivant, le coadjuteur, après quelques jours de repos à *Villa-Maria*, la résidence des PP. Maristes, fit une tournée à cette maison de Nazareth à Clydesdale, où il avait appris sa nomination épiscopale. Puis il s'empressa de donner avis de sa présence à Lyon avec nouvelles de son voyage. Quelques lignes de sa lettre attestent son état d'âme et méritent d'être citées :

« Je ne sais, disait-il au P. Yardin, procureur des missions, à quel point la divine Mère me donnera de réussir en ce voyage ; mais j'espère en sa bonté. Je me propose, quoi qu'il arrive, de rester plusieurs mois à Sydney, attendant de quel côté le vent de la volonté de Dieu et des événements va souffler.

« J'aurais bien toutes sortes de belles aventures à raconter sur Samoa et les six dernières années que j'y ai passées ; mais je ne suis plus en veine. *Suspendimus organa nostra, cùm recordaremur....* » Malgré sa grande résignation, Samoa, son bien-aimé Samoa, restait son amour de prédilection. Sans être sûr encore que Dieu lui en demandât le sacrifice, il le pressentait ; et, comme il arrive d'ordinaire aux âmes généreuses, l'attente était plus douloureuse que le moment de l'immolation définitive.

Mais bientôt le mouvement auquel il fut obligé de se livrer, pour se créer les ressources qu'il était venu chercher en Australie, et les circonstances providentielles qui le favorisèrent bien au-dessus de ses espérances, furent pour son angoisse une heureuse diversion. Par une coïncidence où le doigt de Dieu apparaît, il se trouva que Mgr Polding, archevêque de Sydney, était allé faire un voyage à Rome. D'où il arriva que, dans les deux occasions qui suivent, l'honneur qui revenait au métropolitain, fut déféré à Mgr Elloy.

La première de ces occasions fut un événement de triste mémoire qui eut son retentissement dans le monde entier. En même temps que le coadjuteur lui dut d'être mis en grande évidence, sa présence fut une consolation précieuse à une auguste douleur. C'est en ce mois de mai 1866 que le prince de Condé vint, à la fleur de l'âge, mourir à Sydney.

Louis-Philippe-Marie-Léopold d'Orléans, fils du duc d'Aumale, le quatrième fils de Louis-Philippe et de Marie-Caroline-Augusta de Bourbon, princesse des Deux-Siciles, était né à Paris, le 15 novembre 1845, en pleine prospérité du règne de son aïeul. Son père, légataire universel des vastes domaines des Condé, voulut que cet aîné en prît le nom, pour le perpétuer en créant une seconde race. Ce ne fut pas un heureux présage pour le jeune héritier. Bien peu de temps après, la révolution de 1848 entraînait son berceau dans la proscription de sa famille. Puis, après dix-huit ans d'exil, à deux mille lieues des siens, sa jeunesse allait être prématurément tranchée par la mort, en des circonstances qui mêlèrent ses derniers jours à ceux de notre évêque, et qui se présentent ainsi à raconter.

Le duc d'Aumale, se prêtant aux goûts de son fils, avait voulut qu'il achevât son éducation par un voyage autour du monde. Il le confia aux bons soins d'un homme d'intelligence et de cœur, qu'il honorait de sa bienveillance, M. le docteur Gingeaud. Au moment où nous en sommes arrivés, le prince abordait à Sydney. Une très légitime réputation d'esprit distingué et courtois, de caractère aussi vertueux qu'aimable, l'y avait précédé. Quand il parut, l'éclat du malheur dignement supporté qui lui faisait une auréole, la mort récente de sa mère qui attristait toujours sa loyale physionomie, l'ombre du grand nom qui lui avait été donné et sous lequel il ne semblait pas fléchir, tout lui attira l'intérêt et une considération respectueuse et empressée. Il fut recherché, entouré et fêté; plus hélas ! ou au moins plus tôt que la prudence ne l'eût conseillé.

Les catholiques surtout s'attachèrent à lui, à cause des religieux exemples qu'il donna dès le moment où il mit pied à terre. Il n'avait rien eu de plus à cœur que de demander un prêtre pour se confesser, et le lendemain il avait communié dans une des chapelles de la ville. Il se montrait à son aise dans la compagnie des ecclésiastiques, mais surtout des missionnaires Maristes, avec lesquels la communauté de pays et de langue d'abord, puis bientôt des sympathies d'un genre plus intime, le lièrent d'une sincère amitié.

Les pères ne pouvaient manquer d'admirer et de louer son assiduité aux pratiques chrétiennes : libres de tout respect humain, mais simples et sans ostentation, elles tournaient à la gloire de la religion catholique. Lui, il aimait à leur dire qu'il devait ses convictions et sa fidélité à son aïeule paternelle, l'infortunée et sainte reine Amélie. Il en parlait avec tendresse. Il rapportait volontiers les catéchismes qu'elle lui faisait sur ses genoux et, les jours d'été, sous les chênes de Claremont. Il s'attendrissait en redisant mille traits qui faisaient ressortir sa dignité et sa résignation dans l'épreuve, son abnégation de mère et d'épouse chrétienne, son inaltérable patience, sa bienveillance envers tous, sa charité qu'il n'avait jamais vue se démentir. Or, de son côté, la société de Marie pouvait-elle oublier l'accueil fait aux Tuileries, par la reine, à ses premiers missionnaires ?

C'est elle qui avait obtenu du gouvernement leur transport gratuit sur les navires de l'Etat. Elle s'était montrée attendrie et généreuse, accompagnant ses actes de ces paroles délicates que seules, la foi d'une part, et de l'autre l'expérience d'une vie déjà longue et tant éprouvée, pouvaient inspirer à un cœur de mère et de reine. Eux-mêmes s'étaient sentis émus profondément, en l'entendant recommander avec larmes à leurs prières ses nombreux petits-enfants, qui alors, dans les splendeurs du pouvoir, formaient autour de l'aïeule une gracieuse couronne, toute faite, semblait-il, de joie et d'espérance.

Ces souvenirs, où s'entremêlaient des deux côtés la reconnaissance et les regrets, faisaient revivre la patrie, et, sous le charme de ces illusions, le cœur du proscrit et le cœur des apôtres, si bien faits pour s'entendre, se pénétrèrent mutuellement d'attachement et d'estime. Hélas ! la sainte femme elle-même, sans qu'ils en eussent le soupçon, écoutait du haut du ciel ceux qui échangeaient ses louanges sur la terre étrangère. En ce temps-là même en effet, la reine Amélie rendait son âme à Dieu. Mais les derniers moments de son bien-aimé petit-fils ne furent point attristés par cette nouvelle, et c'est au sein de Dieu qu'il apprit, en l'y retrouvant à jamais vivante, la mort de la reine exilée.

La sienne tarda bien peu ; elle fut prompte, mais non imprévue. Il eut le temps de la voir venir et le mérite de s'y préparer. Pouvait-il en être autrement d'un prince ainsi formé, qui s'était laissé si bien mûrir par le malheur ?

On connaissait son goût pour les grands exercices. Voulant fêter son arrivée, on se hâta de préparer, pour le lundi 14 mai 1866, une grande partie de pêche, dont on vint lui offrir les honneurs.

Le docteur Gingeaud se montra alarmé. Le prince était assez faible de constitution, et mal remis encore des fatigues de son long voyage. Au mois de mai, qui correspond dans l'autre hémisphère à notre mois de novembre, les jours sont courts et, sous le climat de la Nouvelle-Galles du Sud, plus rapprochée du pôle, les soirées fraîchissent subitement après la chaleur du jour : il pressa donc le prince de décliner l'invitation. Mais la crainte de désobliger des hôtes si bienveillants l'emporta sur le conseil : il saurait se ménager, éviter toute imprudence, concilier la sagesse avec la courtoisie.

Hélas ! il avait compté sans son ardeur naturelle ; elle l'entraîna, et ses forces le trahirent. Il s'oublia jusqu'à se jeter à l'eau pour gouverner un filet qui allait laisser passer la proie. Le soir même, il fut saisi d'une fièvre qui prit tout de suite un caractère alarmant.

La nouvelle circula très vite et répandit partout la consternation. Mgr Elloy, accompagné des PP. Poupinel et Joly, se présenta le lendemain au domicile de l'auguste malade. Mais il était en délire. Le docteur les reçut tout en larmes. Sa science médicale lui avait vite fait comprendre la gravité du mal; son cœur d'ami et de père était broyé. Et puis, il entrevoyait les suites; et, aux amertumes de la dernière heure qui allait bientôt sonner, se mêlait le pressentiment de la responsabilité que, malgré ses prévisions et ses conseils mal écoutés, et tout en ayant rempli fidèlement son devoir, l'opinion ferait peut-être peser sur lui.

Le mercredi soir, le calme revint sans que le danger s'éloignât : le prince se rendit compte de son état; et, se tournant vers Dieu, il demanda les sacrements. Il les reçut comme sa vie chrétienne donnait à l'espérer, avec des sentiments de douce piété et d'abandon, sans craintes ni regrets. Le vendredi soir, 18 mai, il expira en murmurant, dans ses dernières invocations, les noms de sa famille et de la France.

Il n'y avait dans la New-South-Wales d'autre évêque que le jeune vicaire apostolique. Il fut prié de présider pontificalement l'office et la cérémonie des funérailles. Avec quel cœur et quelles ardentes prières! ceux qui l'ont connu en pareilles circonstances peuvent seuls le comprendre. Il a décrit lui-même la cérémonie funèbre dans une lettre à M. l'abbé Calmus, en date d'Apia, le 29 novembre de cette même année 1866.

« Le cortège, dit-il, fut le plus beau qu'on eût encore vu à Sydney. Le gouvernement, les consuls, les autorités locales, en firent partie, et assistèrent à la messe et aux obsèques. On rendit au cercueil les honneurs militaires. Tous les magasins étaient fermés. L'assistance fut estimée à vingt mille âmes. Le défilé dura trois heures. »

Ce fut donc un deuil public, une émotion sincère et profonde. Les foules chrétiennes, quand les passions révolutionnaires ne les arrachent pas à leurs instincts naturels, se laissent toucher par les malheurs illustres. Mourir si jeune au delà des grands océans et loin de tous ceux qu'on aime, à la fleur des plus belles espérances qu'une fortune immense et les chances de la politique, qui recommençait à sourire, semblaient donner à un prince de grande race et de sang vaillant, au jeune héritier de celui dont Bossuet disait sur son tombeau : « Dans son silence son nom même nous anime ! » au seul fils sur qui le duc d'Aumale, le plus populaire alors des princes d'Orléans, pût reposer l'avenir de sa famille !....

Monseigneur ne porta pas la parole. Il était trop affaibli par ses travaux et ses longues privations pour se faire entendre de la foule ; d'ailleurs il ne maniait pas la langue anglaise avec assez d'aisance pour communiquer aisément les grandes pensées dont son âme était pleine.

Mais que de fois il s'en entretint avec ses prêtres et avec les fidèles capables de les apprécier et de les partager ! D'elle-même ne venait-elle pas à la mémoire et sur les lèvres cette langue que Bossuet s'est faite pour dire, dans les lugubres clartés de la mort, aux grands du monde des vérités qu'ils éloignent d'eux avec tant de soin dans la bonne fortune ? « Ces exemples redoutables qui étalent aux yeux du monde sa vanité tout entière !... Ces extrémités des choses humaines : les espérances sans bornes aussi bien que les misères!... Le néant des pompes et des grandeurs!... »

Le duc d'Aumale témoigna grandement sa reconnaissance à Monseigneur. Une croix pectorale du plus beau travail et un riche anneau lui furent remis de sa part des mains du consul d'Espagne.

Telle fut la cause inattendue qui mit tout de suite le prélat en évidence et lui valut des offrandes inespérées. Sa présence fit sensation. Tous les regards se fixaient sur ce si jeune évêque, de figure intelligente et sympathique, amaigrie et pâlie par les privations de tout genre et par les fatigues excessives de sa carrière apostolique déjà longue, à travers toutes les îles du grand Océan. Il s'en félicitait en ces termes, dans sa lettre au cher abbé Calmus :

« Si une bonne santé, disait-il, n'est pas à dédaigner quand on est accablé de travail, il n'est pas inutile parfois d'avoir l'air un peu souffrant. Le fait est qu'un mois après les funérailles du petit-fils de Louis-Philippe, ma dette était acquittée, et j'avais reçu dix fois plus qu'il ne me fallait pour payer la terre achetée, et faire les frais, soit de l'établissement de nos écoles, soit de l'impression de mes livres en langue de Samoa. »

Un succès, dit le proverbe, ne vient jamais seul : le sacre de Mgr Shiell, évêque élu d'Adélaïde, fut encore pour notre cher coadjuteur une excellente occasion de paraître, et par là même d'intéresser et de faire récolte. Le 8 août, il reçut à Sydney un télégramme qui le priait de venir à Melbourne remplir au sacre les fonctions d'évêque assistant ; on se chargeait des frais de voyage, qu'il ne pouvait être question de mettre à la charge d'un évêque missionnaire, et on laissait espérer que cet acte de haute charité ne resterait pas sans dédommagement. Mgr Elloy n'hésita pas à se rendre à l'invitation, et le sacre s'accomplit le beau jour de l'Assomption de Notre-Dame.

Il y fut l'objet d'une sorte d'ovation. Au dîner de cérémonie qui suivit, et qui réunit à la table épiscopale les principaux catholiques du pays et plusieurs notables parmi les protestants, il reçut des témoignages unanimes de sympathie. Il lui fallut répondre en anglais, et « quoique j'eusse mieux aimé cent fois, disait-il, le *faasamoa*, ou l'éloquence à la langue et mode samoanes, j'ai cru lire dans l'attitude de l'assistance que je ne m'en étais pas trop mal tiré. » Il en eut une preuve plus décisive dans les belles offrandes qui suivirent.

« Grâce à toutes ces générosités, ajoutait-il, outre la facilité qui me fut donnée d'acquitter mes lettres de change, il me fut permis d'acheter à Sydney une maison toute faite, en bois dur, tel que nous ne pouvons pas nous en procurer à Samoa. Cette maison sera la demeure de l'évêque et des missionnaires d'Apia, comme aussi la maison où se réuniront pour les retraites et convocations tous les missionnaires de l'archipel. Là encore ils viendront se reposer dans la maladie et après les grandes fatigues. De tout cela, grâces soient rendues à l'auteur de tout bien, et aussi au bienheureux saint Joseph, à l'intercession duquel j'avais surtout recommandé le succès de mon voyage. »

Mgr Elloy n'avait plus qu'à retourner à Apia d'où il était venu, et y attendre les dispositions de la divine Providence. Il avait compté sur des lettres d'Europe pour aplanir les difficultés qui l'avaient fait souffrir et qui pouvaient s'aggraver. Elles arrivèrent au commencement d'octobre, mais sans les trancher. Il se mit donc plus que jamais entre les mains de Dieu, bien déterminé à faire ce qu'il disposera pour lui, et lui demandant avec une vive ferveur de lui manifester sa volonté, dont il ne veut s'écarter à aucun prix. Il lui demande aussi de faire tourner à l'expiation de ses fautes et à son progrès en vertus, en esprit de foi et d'union avec lui, ce temps d'obscurité et de malaise dont il juge à propos de l'éprouver. Enfin il se résout à « attendre en attendant »(1), selon une expression favorite de saint François de Sales, c'est-à-dire à remplir pleinement et cordialement le devoir de chaque jour et en chaque lieu, jusqu'à ce que les circonstances, le conseil, l'inspiration droite et soumise de son cœur lui aient fixé définitivement sa voie.

Telles sont les dispositions dont fait foi son journal, qui n'a que quelques pages consacrées au séjour de Sydney. Il s'embarqua en cette ville le jeudi 11 octobre, et, un mois après, il arriva à Apia.

(1) Exspectans, exspectavi Dominum. Ps. xxxix.

CHAPITRE V

VISITE AUX TONGA. — MORT DU JEUNE VICTOR FALÉONO. — MORT DU P. DUBREUL. — LE COADJUTEUR EST APPELÉ A LYON.

Le séjour que Mgr Elloy fit à Apia fut de courte durée. *L'histoire du vicariat de l'Océanie centrale* dit en quelques mots que « il fut convenu avec le vicaire apostolique qu'il irait se fixer quelque temps à Tonga, où sa présence mit beaucoup d'entrain ». L'archipel de Tonga devant être, s'il plaît à Dieu, l'objet d'une étude spéciale, quand viendra la Vie du R. P. Chevron (1), nous passerons rapidement sur le séjour qu'y fit alors le Coadjuteur. Dans ses lettres, on remarque, sans qu'il cherche aucunement à le laisser comprendre, sa tristesse, son courage et son admirable résignation. C'est toujours d'ailleurs le même amour des âmes et, pour leur profit, le même oubli de soi, la même insouciance des dangers et des fatigues, le même mépris de la mort. Enfin ce sont aussi, pour sa récompense, des consolations précieuses que Dieu ne lui refuse pas.

(1) Au témoignage du P. Mangeret, le P. Chevron fut comme l'âme de la mission de Tonga, dont il était le supérieur. *Mgr Bataillon*, IIe volume, p. 228.

On s'attendait à Servigny qu'il viendrait à Rome, et l'on désirait ardemment une visite. Il répond en ces termes à son père : « Quant au voyage en France, dont on vous a parlé, ou du moins dont me parlent vos lettres, il est possible qu'il ait lieu un jour; cependant je ne le ferai qu'autant qu'il sera nécessaire au bien de la mission. Aura-t-il lieu, et quand? je n'en sais rien. Ce serait pour moi une bien grande consolation de vous serrer encore une fois dans mes bras, et de vous demander encore une fois votre bénédiction de père, après vous avoir donné moi-même ma bénédiction d'évêque. Mais, si je ne devais vous revoir qu'au ciel, du moins ne manquons pas ce rendez-vous, ni l'un ni l'autre; et puisque vous avez été si heureux, ah! bien plus que je ne l'ai été moi-même, de me savoir élevé à la dignité épiscopale, demandez au bon Dieu qu'il me donne les lumières et les vertus nécessaires à un évêque missionnaire, afin que, lorsqu'il faudra lui rendre compte de toutes ses grâces, et de la charge qu'il m'a confiée, je trouve grâce devant sa justice. »

Quelque restreint que soit ici notre cadre, il n'est pas possible d'y refuser une place, la dernière hélas! que nous ayons à lui donner en cette histoire, à notre bon et angélique Victor Faléono. Nous l'avons laissé à Clydesdale, acceptant avec un admirable esprit de sacrifice de rester là, laissant son père bien-aimé partir sans lui pour son doux Samoa... Moins d'un an après, le P. Delahaye, appelé, comme on l'a vu, aux Navigateurs, eut la grande joie de l'y reconduire au mois de novembre 1864.

Victor put assister au sacre : quel jour pour le cher enfant ! Il était donc là en cette fête sans précédent, qui accroissait devant Dieu, et qui exaltait aux yeux des hommes, celui qu'il aimait bien au-dessus de tous. Bien plus que le prélat, qui restait abîmé dans son humilité, il s'enivrait des acclamations de la foule et de ces milliers de regards attendris qui se concentraient sur lui. Sous le charme des magnificences de la liturgie, rien ne lui échappait, et chaque cérémonie avait son enseignement pour sa vive intelligence, tout épanouie dans son bonheur. Ainsi qu'il se plaisait à le redire, il sentait descendre chaque bénédiction de son évêque sur son cœur, comme une rosée du paradis.

Avec quelle joie il reprit auprès de lui son ancien service ! Il ne le suivit pas cependant dans son voyage en Australie; mais il obtint de s'attacher à sa personne pour la tournée apostolique des Tonga; et il partit, faisant à Samoa des adieux tout consolés de l'espoir d'y revenir avec lui. Et cependant, au moment, où du large il vit disparaître derrière les flots, entre ciel et mer, son île chérie, l'attendrissement le saisit; quelques larmes coulèrent de ses yeux, bientôt séchées par un signe de croix que fit le prélat sur son front. Eut-il alors un pressentiment de l'avenir prochain qui l'attendait ?

Toutes les qualités qui avaient été si admirées en lui à Clydesdale eurent bientôt frappé les pères de ce nouvel archipel. Les PP. Calinon et Monnier, ces intrépides et infatigables missionnaires, le P. Chevron, cet homme de Dieu dont les insulaires disaient, dans leur langage oriental : si *Patele Sevelo* venait à mourir, Tonga ne serait plus qu'un désert ! » tous portèrent bientôt au jeune Samoan autant d'estime que d'affection. Ils le voyaient toujours le plus prompt à obéir, le plus diligent au travail, le plus assidu et le plus fervent à la prière; et, chose plus rare parmi les naturels de tous ces archipels, plein de prévoyance, d'économie et de soins pour tous les objets à son usage ou confiés à sa garde.

Dans toutes les stations où il suivit Mgr Elloy, ce fut même édification; il n'y eut pas jusqu'au P. Breton qui, en son île de Vavaou, perdue dans l'isolement, où il avait rompu avec toute consolation en ce monde, perdu lui-même dans la pénitence et l'abnégation, ne se sentit ému : cette perfection lui parut idéale. Le P. Mangeret nous a tracé un saisissant tableau de cette vie mortifiée qui, au témoignage de Mgr Lamaze, rendait croyables en les reproduisant, les austérités suprêmes des Pères du désert (1). Mais de si longues privations et les maladies qu'elles entraînèrent avaient fini par lui faire sentir leur aiguillon. Mgr Elloy lui conseilla de s'attacher quelques jeunes néophytes pour lui donner les soins que son état rendait indispensables. « J'ai essayé à plusieurs reprises, Monseigneur, répondit l'anachorète de l'Océanie (c'est le nom que Mgr Elloy aimait à lui donner). Au bout de peu de jours, les uns comme les autres, ils m'ont abandonné ! »

Hélas! il eût fallu pour y tenir un renoncement presque égal à celui que le P. Breton pratiquait. Il vivait de très peu, et il ne songeait jamais qu'au jour à la nourriture du jour. Point donc de provisions pour

---

(1) *Mgr Bataillon*, IIe volume, pag. 279.

ceux où la maladie l'empêcherait de se pourvoir. Il aurait eu souvent besoin d'aumônes de fruits et de poissons ; mais les naturels de cette île sauvage étaient loin de se prêter aux sollicitudes et à la délicatesse de la charité, au point de prévenir toujours ses besoins qu'il eût fallu même deviner. L'abondance d'ailleurs ne régnait que rarement dans l'île de Vavaou ; et, en aucun temps, elle ne dirigeait sa corne vers la pauvre case du père. Force donc était à ses serviteurs de partager ses jeûnes, et, sous l'aiguillon de la faim, ils se rappelaient la liberté, avec ses chasses et ses pêches qu'ils songeaient rarement à partager avec le pauvre délaissé.

Depuis plusieurs mois déjà la pièce qui servait de cuisine n'avait pas senti le feu. Local devenu inutile, le père avait même cessé d'y entrer. Monseigneur voulut que Victor y mît de l'ordre. La porte résista : une volée de rats, qui s'en trouvaient les seuls et fort paisibles locataires, s'échappèrent de tous les coins ; leurs nids gênèrent les mouvements de la porte qui en écrasa plusieurs en s'ouvrant. Tout en larmes de compassion, Victor y mit son grand courage ; mais il lui fallut toute une journée pour que la pièce fût en état, et qu'il pût y allumer du feu pour un assez maigre potage. Cet aliment inconnu là depuis des années, releva sensiblement les forces de l'austère vieillard.

La présence de l'évêque et ses réconfortantes paroles, la bonne grâce, la délicatesse que Victor apportait à le servir, firent bien plus encore sur lui. En même temps qu'en lui revenait la vie, comme il arrive d'ordinaire même aux plus grands saints, le désir de la conserver prit aussi de l'empire. Il pria le coadjuteur de lui laisser l'enfant, au moins pour quelques mois: « Il est si pieux, lui dit-il; il fait si bon le voir à l'église! Je pourrai avec lui parler de Dieu et m'épancher de mes peines, aussi bien qu'avec un bon confrère. Et puis il est si intelligent, si dévoué! que de bien il m'aidera à faire, en même temps qu'il aura soin de mon pauvre ménage! »

L'évêque tressaillit à ces paroles; mais, trop habituellement désintéressé de lui-même et enclin au sacrifice de son cœur pour laisser rien paraître, il répondit avec bonté : « On m'a reproché à Clydesdale d'avoir trop exigé de l'enfant; je ne crois pas pouvoir prendre sur moi de lui imposer encore ce sacrifice. Parlez-lui vous-même; s'il me demande de rester, je donnerai mon consentement. »

Quelques heures après, Victor venait trouver le coadjuteur; et, tenant ferme sous le glaive dont il conduisait lui-même la pointe contre son cœur : « Monseigneur, lui dit-il, le père malade me demande si je veux rester avec lui. J'ai répondu que je ne suis pas mon maître, et que j'obéirai à Dieu qui me parlera par la bouche de mon père. — « Eh bien! a-t-il repris, « Monseigneur a parlé, il y consent si tu le veux! » Puisque vous le voulez, Monseigneur, je resterai donc avec le pauvre père, qui me fait tant compassion. Je lui préparerai sa nourriture; je cultiverai ses plantations, je le soulagerai de mon mieux. Vous, Monseigneur, vous n'oublierez pas votre petit Vitolio que vous avez tant aimé; et, s'il en est encore digne, lorsque le père sera guéri, vous le rappellerez auprès de vous! »

« Jamais, disait Mgr Elloy, je n'avais senti plus

vive ma tendresse pour l'héroïque enfant. Mais l'admiration l'emportait; j'étais subjugué par tant de simplicité et de grandeur; et, en face de Dieu, devant lui, je me trouvais si petit! »

Le lendemain, Victor voulut conduire lui-même la pirogue qui porta le prélat à bord. Le temps était doux, mais triste, la mer de plomb. La brise avait faibli un moment, et soulevait à peine les pavillons qui retombaient sur les mâts : il y avait de la douleur dans l'air. L'enfant ramait en silence.

Quand l'embarcation eut accosté la goëlette, il monta sur le pont à la suite du prélat. Là, en face de l'équipage tout anglais et protestant, il se jeta à ses genoux, le pria de lui donner une dernière bénédiction. Puis, se levant brusquement, il se déroba sans proférer d'autres paroles. Profondément attendri lui-même, Monseigneur descendit dans sa cabine pour s'y livrer à son émotion et prier.

Tout aussitôt le capitaine vint le trouver : « Evêque, lui dit-il, permettez que je vous le demande : comment avez-vous pu éloigner de vous ce jeune Samoan qui vous est si profondément attaché? Je l'ai suivi du regard dans sa pirogue; il sanglotait à me fendre le cœur, à moi vieux marin qui l'ai cependant si dur! » — « Commandant, lui répondit Mgr Elloy, s'il a le cœur tendre, il a l'âme forte et trempée pour le sacrifice! Quand il a vu notre malade si délaissé, il m'a demandé de rester pour lui donner des soins. » A ces mots le vieux marin éclata : « Quels charmes employez-vous donc, vous, prêtres catholiques, pour élever à cette hauteur des gens qui n'étaient hier que de grossiers sauvages? Ecrivez cela, Monseigneur, à l'usage de ceux qui réclament des miracles pour croire ! »

Deux mois après le coadjuteur revenait à Vavaou, tout à la pensée de revoir un enfant si digne de sa haute affection. Son regard, dès qu'il put apercevoir la côte, se portait avidement de l'une à l'autre des pirogues qui accouraient au navire. Aucune ne portait Victor. Déjà cependant une foule de naturels encombraient le pont : ne devait-il donc pas être le premier ? Nul d'entre eux ne le connaissait ; ils étaient tous protestants.

Enfin voici un catholique : il porte le chapelet autour du cou. Ce n'est pas Victor. L'évêque s'émeut : « Comment n'est-il pas ici encore ? » demanda-il au néophyte. « Hélas ! cher Tipasa, lui répondit le Tongien, il est si faible ! — Il est malade ? — Oh ! bien gravement ! — Et le père ? — Il va mieux, mais Vitolio !... »

Sans plus tarder, Monseigneur fait armer la baleinière, et en peu de temps il arrive à la case où Victor se mourait. En entendant des pas, Victor a pressenti son évêque ; il pousse un cri de joie, se lève et se traîne à la porte. Là, à bout de forces, il se laisse tomber aux pieds de son père bien-aimé. Il les serre dans ses mains défaillantes et les couvre de ses baisers et de ses larmes de bonheur.

Le prélat, comprimant sa douleur, prend le pauvre enfant dans ses bras, et le conduit, ou plutôt le porte, sur la natte où il souffrait depuis un mois.

Hélas ! il eut bientôt la certitude que le mal était sans remède. Exténué de privations et de fatigues,

Victor avait usé ses forces; il n'avait plus qu'à mourir. Mais quelle consolation de sentir à son chevet l'évêque qui, jour et nuit, s'était fait son garde-malade! Il ne rassasiait pas ses yeux de le voir. Quelquefois, se réputant indigne de tant de condescendance et craignant pour une santé si précieuse, il le conjurait de s'éloigner et d'aller prendre de l'air et du repos; mais son regard était plein d'une muette supplication que Monseigneur ne pouvait manquer de comprendre. Il demeurait là, récitant entre les soins qu'il lui prodiguait, son bréviaire et son rosaire.

Dix jours s'étaient écoulés. L'état de Victor ne s'améliorait pas, et c'était le moment de le préparer à bien mourir, et bientôt de veiller sur son agonie. Hélas! cette dernière consolation fut refusée à l'un et à l'autre. Le capitaine, malgré toute sa sympathie, déclara passé le temps que son itinéraire lui permettait de rester à Vavaou. Que faire? Emmener le cher malade? mais c'était hâter sa mort et le dévouer au triste tombeau de l'océan.

« Dieu veut que je te quitte, lui dit-il en l'embrassant. — Ne me quittez pas, répondit l'enfant, d'un dernier cri de sa poitrine oppressée, emmenez-moi, je veux mourir sous les yeux de Tipasa! — Mourir à bord! y penses-tu, mon enfant? Etre jeté à la mer et dévoré par les requins! — Père, que Dieu livre mon corps au requin ou au ver, que m'importe! Je veux mourir entre les bras de Tipasa! »

Monseigneur, dans un dernier embrassement, lui demanda le dernier sacrifice : « Au revoir, au ciel! » lui dit-il en dégageant doucement sa main de la main de Victor, et en le bénissant. « Au revoir, au ciel! »

répéta l'enfant, d'une voix expirante, son regard, humide et brillant, fixé sur celui du prélat.

Deux jours après, il rendait le dernier soupir entre les bras du P. Breton, à qui lui-même il avait rendu la vie. Pendant ses dernières heures, il n'avait manifesté aucun regret. Toute sa pensée, tout son regard, toutes ses paroles, n'étaient plus que pour le ciel. Il baisait la croix et la médaille; parfois, entre ses défaillances, un sourire entr'ouvrait ses lèvres, un éclair illuminait son regard, comme si lui eût apparu quelque céleste vision. Il invoquait sans cesse Jésus et Marie, jusqu'à ce qu'enfin, comme sur l'aile de ces noms bénis, sa belle âme s'envola au ciel.

« Ma conviction, » disait Mgr Elloy, qui nous a donné ces détails et qui aimait tant à parler de lui, « ma conviction est qu'il est mort avec la robe d'innocence de son baptême. J'ai souvent célébré la sainte messe pour le cher enfant, mais en lui en abandonnant les mérites pour les morts auxquels il s'intéresse du haut du ciel. »

En rentrant, le 18 juin de cette année 1867, à Apia, où Mgr Bataillon l'avait précédé de quelques jours, ils eurent l'un et l'autre la douleur d'apprendre la mort récente du P. Dubreul. Le lecteur connaît déjà ce missionnaire dont le dévouement et la haute capacité n'avaient d'égale que sa modestie (1). Après avoir obtenu, à force d'instances, d'être déchargé du titre de provicaire, il s'était retiré dans la station de Léouloumoenga, sur la côte nord-ouest d'Oupolou. C'est là que Dieu le jugea mûr pour la récompense.

(1) Voir les *Samoa*, p. 346 et le présent volume, p. 93.

L'Histoire du vicariat de l'Océanie centrale rend, en ces termes, hommage aux mérites de ses dernières années : « Là le bon Dieu bénit les travaux de son fidèle serviteur. Un nombreux troupeau se réunit autour de lui; et la chrétienté de Léouloumoenga, sous sa conduite, se distingua par le nombre et la fidélité à tous les devoirs de la religion. Aimé et honoré de tous ceux qui avaient le bonheur de le connaître, il avait la confiance, non seulement des catholiques, mais encore des protestants qui venaient sans cesse lui demander des conseils.

« Avant de mourir, il eut la consolation de voir achevée la belle petite église ogivale de la station, qui a tant excité l'admiration des Samoans. Sa mort, qui arriva le 29 mai, à Apia, comme sa vie, fut celle des saints. Les derniers jours, après avoir reçu les sacrements avec la plus touchante ferveur, il demeura, malgré ses vives souffrances, constamment uni à Dieu, récitant continuellement le chapelet. Quelques instants avant de rendre le dernier soupir, il demanda pardon des mauvais exemples que, dans son humilité, il craignait d'avoir donnés. Puis, répétant avec une touchante confiance les noms de Jésus, Marie, Joseph, il rendit à Dieu sa belle âme, riche des plus grands mérites et purifiée par ses dernières souffrances.

« *Dilectus Deo et hominibus! cujus memoria in benedictione est.* Le jour de sa mort fut un jour de deuil public : tous les magasins d'Apia fermèrent, et toutes les classes, toutes les religions du pays, tout ce qu'il y avait de recommandable, les consuls en tête, honorèrent ses funérailles.

« Nous, prêtres et religieux maristes, il nous laisse

Église Sainte-Anne à Léoutoumoenga.

les précieux souvenirs de son zèle, de sa modestie, de son obéissance, de sa charité, de son union avec Dieu. Puissions-nous, comme lui, marcher dans la fidélité à notre vocation, et nous montrer dignes du nom que nous avons reçu de la céleste Mère ! Puissions-nous, comme lui aussi, mourir dans les bras de nos divins protecteurs ! »

Le vicaire apostolique, jugeant à propos de prolonger son séjour aux Navigateurs, pria alors Mgr Elloy de retourner à Clydesdale, où les épreuves se succédaient sans trêve, et qui avait besoin, si l'on voulait sauver cette fondation malheureuse, d'un secours intelligent et prompt. Il l'engageait, quelle que fût d'ailleurs l'issue de l'affaire, à se diriger ensuite sur Tonga et à s'y fixer. Il le chargeait en même temps de visiter sur sa route Wallis et de toucher déjà en passant à Tonga et à Lifouka, île de ce groupe, d'où le P. Calinon bien malade avait besoin d'être relevé au moins pour un temps.

Quitter définitivement ses bien-aimés Samoans, pour de nouveaux archipels dont il fallait étudier la langue et les mœurs : c'était un sacrifice qui, malgré sa violence, ne pouvait dépasser la haute vertu du coadjuteur. Il fit ferme contre son cœur et partit dans le courant du mois de juillet. Il arriva à Wallis juste à temps pour déjouer les tentatives de M. Stephenson, ministre protestant débarqué en même temps que lui (1). Il toucha aux Tonga pour emmener avec lui le

---

(1) Dans cette circonstance la reine Falakika fit une magnanime réponse au ministre. Il la menaçait d'un vaisseau de guerre anglais, si elle refusait de lui permettre l'entrée : « J'aime

P. Calinon à Sydney. Ils arrivèrent en cette ville le 6 septembre.

Tout aussitôt il s'occupa de la question de Clydesdale. Il ne restait guère qu'à liquider la situation qui empirait de jour en jour ; les inondations, devenues périodiques, avaient amené des maladies graves parmi les jeunes gens ; toutes les causes de ruine s'accumulaient. Aussi, malgré tous les efforts qu'il fit avec sa générosité ordinaire, il ne parvint pas à conjurer la nécessité d'une vente qui s'imposa à peu d'années de distance.

Le moment était donc venu de retourner aux Tonga, comme le portaient ses instructions. Le coadjuteur allait se mettre en mesure de partir, lorsque des lettres du R. P. Favre arrivèrent qui l'invitaient à venir en France s'entendre avec lui, et de là se rendre à Rome pour soumettre au saint-siège les difficultés auxquelles il a été fait précédemment allusion. Selon sa louable habitude, Mgr Elloy s'en était ouvert avec une respectueuse déférence et un entier abandon. La lettre du supérieur général était une première réponse, en attendant que Rome décidât.

Les divergences de vue sont toujours possibles, même entre les meilleurs, avec les intentions les plus droites. C'est que « la sagesse humaine est toujours courte par quelque endroit », et que les choses présentent des aspects divers qui frappent diversement la raison, nécessairement bornée dans son coup d'œil, et inclinent ainsi les volontés en sens contraire.

mieux mourir du boulet d'un ennemi que du casse-tête d'un sujet révolté ! »

Incertæ providentiæ nostræ, a dit le Saint-Esprit ; *Decipimur specie recti*, a dit la sagesse profane, faisant écho à cet oracle. Dieu a permis, — et c'est pour tous les siècles chrétiens une grande leçon d'humilité et de confiance, — que le Collège apostolique en fournît des exemples ; et il a prévenu tout scandale comme aussi tout triomphe de l'erreur, en mettant au-dessus de tous, dans le gouvernement de son Église, une autorité douée de sa propre sagesse et qui impose à tous un joug aussi glorieux que salutaire. La mission des Samoa va nous fournir une nouvelle preuve de cette admirable disposition de la divine Providence.

Le coadjuteur s'embarqua à Sydney, le jeudi 17 octobre 1867, et il arriva à Londres le 19 janvier 1868.

LIVRE IV

LE VOYAGE DE FRANCE ET DE ROME. — LE CONCILE DU VATICAN. — LA GUERRE DE 1870.

CHAPITRE PREMIER

LE COADJUTEUR EN FRANCE — PREMIER VOYAGE DE ROME

Quand les vicaires apostoliques reviennent au pays, ils n'y trouvent rien moins que le repos. Qui n'est avide de les entendre ? ils ont tant de faits édifiants à raconter ! Un parfum de sainteté et de paix s'exhale de leurs personnes, qui détache l'âme du monde, et lui fait sentir la réalité des choses de la foi et comme les approches de Dieu. Quand ils appartiennent à une société religieuse, les scolasticats, les résidences et les collèges se disputent le bonheur de les posséder quelques jours. On y est si fier de ces généreux aînés, si heureux de les admirer, pour s'essayer, à quelque distance du moins, à marcher sur leurs traces! De leur côté, ces grands évêques se prêtent aux invitations qu'on leur adresse; et, en échange de l'édification qu'ils donnent, ils reçoivent des secours et des prières, dont ils ont d'autant plus besoin, que le cercle de leur apostolat manque rarement de s'élargir de jour en jour.

Mgr Elloy avait à peine pris à Londres, dans les maisons des PP. maristes, le repos que sa traversée lui rendait nécessaire, qu'il dut aller à Dublin d'abord, puis à Dundalk, deux maisons de formation religieuse, où l'on attendait son arrivée avec impatience. Plusieurs scolastiques étaient appelés aux ordres sacrés, et ils se faisaient un grand bonheur de les recevoir de sa main.

Parti d'Irlande aussitôt après les ordinations, le coadjuteur arriva à Paris le vendredi 7 février 1868. Tout aussitôt commencèrent les sollicitations, les visites et les correspondances. Le mercredi 12, il écrivit à son beau-frère, qui s'étonnait d'attendre si longtemps son arrivée au pays natal. Il lui promettait qu'aussitôt après l'audience du ministre de la marine, promise pour le lendemain, il se rendrait à Servigny; et il prit ses mesures en conséquence (1).

(1) Dans une lettre écrite par M. l'abbé Calmus à l'auteur, qui lui avait demandé des renseignements sur ce voyage, est racontée une charmante allusion à un trait de son éducation au presbytère de Servigny : « J'accompagnais, dit-il, le cher prélat à l'évêché de Metz, et nous étions sur le point d'arriver lorsqu'il s'écria brusquement : « O mon cher ami, qu'on va « trouver étrange de voir évêque le pauvre séminariste d'autre- « fois! Si le bon M. Crosse vivait encore, en me voyant la mi- « tre en tête, il prendrait sans doute envie de faire pleuvoir « sur moi tous les livres que je devrais savoir, et que je ne sais « pas; oh! quelle avalanche! » (Voir ci-dessus, page 10.)

Mgr l'évêque de Metz, consulté sur la manière dont on devait le recevoir, avait répondu : « Comme vous m'avez reçu moi-même pour la première fois. » Le clergé de la contrée et les fidèles, qui brûlaient de lui faire un grand accueil, ne suivirent donc plus que l'inspiration de leurs bons sentiments. Cinquante à soixante jeunes gens, en habits de fête, étaient venus à sa rencontre jusque près de Courcelles, et il marcha ainsi escorté pendant près de deux lieues. Quelles émotions dans son cœur, que l'on a vu si tendre, quand, du haut de la pente assez raide que la route dessine, il aperçut l'église, l'église de son baptême et de sa première communion, avec sa flèche élégante, le petit ruisseau du village, et au milieu, sur la route de Pange, à demi cachée par les pommiers du jardin, la maison paternelle pleine de souvenirs si pieux et si doux !

Mais déjà apparaissait, à l'entrée du bourg, la croix ombragée de vieux ormeaux, ornée pour l'occasion de guirlandes et de draperies. Là, M. l'abbé Saint-Paul, curé de la paroisse, attendait en chape, environné de tout le clergé des environs. Monseigneur fut conduit sous le dais jusqu'à l'église, où, après avoir reçu l'eau bénite et adoré le saint Sacrement, il monta en chaire. Tout ce que l'on pourrait dire du recueillement, de la joie, de la docilité sympathique avec lesquels fut écoutée sa parole, serait bien faible auprès de la réalité. Ce fut un de ces rares silences, où l'âme aime à se tenir plongée quand elle se sent en quelque sorte sous le contact immédiat de Dieu. On ne pouvait se rassasier de voir et d'entendre cet enfant du pays, qui avait laissé tant de regrets et d'édifiants souvenirs, et dont la renommée disait les choses admirables que son air et sa tenue suffisaient à justifier.

Une voiture l'attendait au sortir de l'église. Il y monta, interrogeant du regard la foule qui s'était portée sous ses pas. « Votre père, Monseigneur ! » s'écria tout à coup M. Calmus. A l'instant le prélat s'élança entre les bras du vieillard : « Mon père ! mon fils ! » Ces cris de tendresse retentirent doucement dans le silence qui s'était fait de nouveau autour d'eux, et tous les yeux attendris contemplaient cette scène antique. Puis, quand on vit le vieillard, que l'évêque avait appelé, monter à côté de lui sur le char, comme Jacob près de son fils glorieux mais toujours modeste et tendre, il se fit comme une explosion d'allégresse : le bonheur de la famille n'était-il pas le bonheur de toute la paroisse? A la maison ce fut le tour des petits enfants, qui attendaient à genoux, les mains jointes et les yeux grands ouverts, la bénédiction de cet « oncle l'abbé » pour lequel la prière du soir n'avait jamais été interrompue depuis son départ.

Rien ne se présenta de bien digne d'intérêt dans le voyage de Lyon.

Mgr Elloy y reçut du R. P. Favre, et des premiers supérieurs en cette ville, l'accueil le plus empressé. On lui témoigna largement l'admiration et la reconnaissance que tant de services et de vertus lui avaient méritées; on lui promit de seconder de toutes les manières possibles les démarches qu'il allait faire à Rome, de telle sorte que, sans manquer, comme il l'entendait lui-même plus que personne, aux égards dus au vicaire apostolique, et à la charité envers tous, il obtînt pour son zèle, qui devait être encore si salutaire aux infidèles, la liberté d'essor dont il sentait le besoin.

Il partit donc pour Rome plein de bonnes espérances. Elles étaient trop bien fondées pour ne pas y recevoir, au moins à la longue, une pleine réalisation. Mais la question était des plus complexes : pour la bien éclaircir il fallait du temps. On sait que Rome n'en est pas ménagère ; et, pour se plaindre de ses lenteurs, il faudrait, ou se méprendre sur la gravité des affaires qu'elle a le plus souvent à décider, ou méconnaître cette loi de la Providence, qui mesure ordinairement la grâce et dispense la sagesse pratique, en raison directe de ce que l'homme met mieux de son côté, « patience et longueur de temps ». Ardent en toutes ses entreprises pour le salut des âmes, et jusque-là favorisé par des succès aussi prompts qu'éclatants, le coadjuteur devait être surpris et même déconcerté par les délais. Son expérience avait besoin de ces mécomptes que Dieu envoie souvent aux œuvres entreprises pour sa gloire, afin de bien montrer que, là surtout, « tout est de sa main ».

Dans le cas présent, les raisons les plus graves exigeaient que l'on étudiât mûrement une situation où des intérêts de premier ordre étaient en cause. Deux solutions entre autres se présentaient : partager le vicariat apostolique, détacher par exemple les Navigateurs, pour faire la part du jeune prélat ; ou lui donner carrière pour aller fonder, en d'autres archipels, une nouvelle mission. Il proposait lui-même ce dernier parti ; et, après avoir jeté les yeux sur les espaces de l'océan, il avait choisi le groupe, sauvage par excellence, des Kingsmill ou des Gilbert, sous la ligne, peuplades misérables et inhospitalières, qui étaient loin de rebuter sa soif à tout prix des âmes.

Mais, avant de prendre l'une ou l'autre de ces décisions, il fallait juger contradictoirement, et par conséquent entendre Mgr Bataillon. Il s'agissait, pour le premier cas, de trancher dans le vif de son domaine épiscopal. Or, il y avait là de ces droits acquis, dont Rome aime tant à tenir compte; et quels ménagements n'imposaient pas sa vénérable personne, ses longs et héroïques services, et les conquêtes qu'il avait faites à la foi? Pour le second cas, on était loin de douter de la générosité, du dévouement de Mgr Elloy; mais il lui fallait des aides : qui les fournirait? Ferait-on un prélèvement sur le nombre déjà si insuffisant des sujets donnés à l'évêque d'Enos pour son territoire? La Société serait-elle en état de les fournir d'Europe? Ces alternatives étaient au préalable à examiner mûrement. Mais, en tout état de choses, il fallait prendre le temps de connaître l'avis du prélat intéressé; et il était à prévoir que rien ne se déciderait qu'à la suite d'un échange de lettres plus ou moins long. Car, à cette époque, on sait combien la correspondance d'Océanie était incertaine et donnait lieu à de grands retards.

Telles sont les difficultés avec lesquelles, sans les avoir assez prévues, le coadjuteur se trouva aux prises dès qu'il fut arrivé à Rome. Sa correspondance porte les traces des angoisses qu'il en ressentit; mais, si l'impatience du zèle, ce défaut des âmes généreuses, n'y est pas toujours maîtrisée, le respect et la charité n'y font défaut nulle part. Cet excès d'ardeur, en Mgr Elloy, eut au moins son frein et sa limite dans une pleine confiance en l'autorité de l'Eglise. Il termine une longue ouverture au R. P. Poupinel, datée de Lyon, après son retour, par ces paroles qui en sont la preuve la plus édifiante : « Je pense, disait-il, revenir à Rome : je m'empresserai de voir le cardinal Barnabo et de demander une audience au Pape. Ce qui me sera prescrit, je l'accomplirai, Dieu aidant ! »

Une heureuse diversion, qui fut ménagée à son zèle par la divine Providence, contribua à mettre la paix dans son cœur. On se rappelle qu'à Sydney, pendant qu'il y faisait séjour pour trouver des ressources au profit de l'établissement d'Apia, de très heureuses conjonctures l'avaient mis en état de réussir au delà de ses espérances. Cette fois ce fut mieux encore. En même temps qu'il put se consacrer à la sanctification des âmes, ce qui était partout sa passion, il fit en nombre de lieux connaître l'œuvre à laquelle il avait dévoué sa vie, et lui acquit des sympathies, des secours et des prières. En excitant l'intérêt qui s'attache toujours à la parole et à la personne des hommes de Dieu, il fit aimer la Société dont il s'honorait d'être le membre, et lui recruta des sujets de nombre et de choix.

Et ainsi, tout en exerçant, avec un merveilleux succès, dans plusieurs diocèses de France, à Agen surtout (1), les fonctions épiscopales qu'on réclamait de sa bonté avec empressement, il fut loin d'être inutile, soit à ses frères en religion, soit à ses insulaires bien-aimés.

(1) Ce diocèse se trouvait sans évêque, parce que le gouvernement impérial s'obstinait à présenter un candidat que Rome ne pouvait agréer.

Mais le saint prélat était profondément pénétré de cette maxime de tous les maîtres, qu'il faut avoir soin de son âme avant toutes les autres, « qu'il est mieux de rester caché pour s'occuper d'elle, que de faire même des miracles en la négligeant (1) ». Aussi, avant de se lancer dans ce ministère, il alla, le 4 avril de cette année 1868, s'enfermer à la Neylière pour y faire une longue et profonde retraite.

La retraite était pour lui plus qu'un devoir, c'était un besoin impérieux. Nous l'avons vu à son sacre ; depuis, c'est encore à la retraite que, à Sydney, et ensuite à Apia, quand il était en proie à ses premières angoisses, il avait eu recours. Cette fois, dans cette paisible résidence de Notre-Dame-de-la-Neylière, au cœur des populations toujours si chrétiennes du haut Lyonnais, sur la tombe du R. P. Colin, fondateur de la société de Marie, qui y est religieusement gardée, il calma ses agitations, se renonça entre les mains de Dieu, et prit des résolutions qui furent pour lui une source de résignation et de joie sainte. Ainsi rendu à lui-même, il partit pour le nord-ouest de la France, où il était attendu.

Nous ne le suivrons pas dans ses courses pastorales. Quelque merveilleuse activité qu'il y ait déployée, de quelque haute sainteté qu'il y ait fait la preuve, au point de laisser au sein du clergé et des fidèles un souvenir aujourd'hui encore vivant comme au premier jour, ce ministère n'aurait pas pour le lecteur l'intérêt que ses missions ont excité et doivent exciter encore. Bornons-nous à un résumé, qu'il envoya à

---

(1) I, Imit. xx, 6.

son fidèle Calmus, en date de Montauban, le 3 mai 1869 : « Vous savez, lui dit-il, que j'ai confirmé à peu près tout le diocèse d'Agen, privé d'évêque depuis deux ans. J'ai fait en deux mois ce que l'on fait habituellement dans quatre ans : prêchant tous les jours et quelquefois deux fois et même trois fois le même jour, consacrant des églises, bénissant des cloches. En un mot, j'ai été évêque missionnaire, et cela m'a un peu consolé de me voir si longtemps éloigné de mes chers Océaniens ; car je dois vous dire qu'à Rome on veut que je reste pour le Concile. Mes courses et prédications auront aussi servi, je l'espère, à l'œuvre de la propagation de la foi. »

Cette dernière circonstance, l'invitation au concile du Vatican, ne fut pas la moins puissante pour maintenir notre évêque dans la paix et dilater son cœur dans la confiance. L'indiction préoccupait le monde entier ; et c'était le pressentiment général qu'on y verrait éclater quelque grand coup de Dieu : l'âme du prélat aimait à s'ouvrir sous de telles perspectives. De plus, la durée du séjour que ces assises solennelles de l'Eglise l'obligeraient à faire à Rome lui faciliterait les occasions de s'entretenir avec les prélats des intérêts qu'il avait si fortement à cœur, et d'obtenir du Souverain Pontife les décisions qui étaient, quels qu'en dussent être les termes, l'objet de ses vœux les plus ardents.

Dans les lettres qui précèdent de peu de semaines son voyage pour la ville éternelle, on sent ce relèvement de son âme et l'apaisement de ses souffrances dans l'abandon et l'espérance. Sa correspondance est calme : ce sont bien toujours les mêmes désirs brûlants ; mais comme ils sont doux, humbles, résignés ! « Dieu, dit-il au R. P. Poupinel, qui était alors en tournée d'Océanie, ne me refuse pas ses meilleures consolations. On prie beaucoup pour nos missions d'Océanie. Il y a en ce moment plusieurs communautés de Carmélites, où il ne se passe pas vingt minutes sans qu'on pense à offrir à cette intention des prières et des sacrifices.

« Je ne vous dis rien pour nos missionnaires, sinon que mon cœur, mon esprit, toute mon âme est avec eux ! Je pense à leurs souffrances, à leurs besoins. Je voudrais être à côté d'eux, et je souffre ici plus qu'eux-mêmes ! »

Les nouvelles reçues de Samoa étaient en effet lamentables. La guerre, longtemps apaisée, était sur le point de reprendre ; les chrétientés, auxquelles faisait défaut le nombre suffisant de missionnaires, se relâchaient dans la pratique de la foi ; enfin un violent raz de marée, sur la fin de 1868, y avait causé de grands dégâts. Nous citerons, sur ce dernier chef, quelques lignes d'une lettre du P. Violette, en date du 11 septembre.

« A minuit environ, lorsque tout dormait du plus profond sommeil, le flot, comme un géant terrible, s'est élancé, par trois fois, à près d'une lieue de distance. Il a soulevé les plus hautes maisons, balayé toutes les cultures de Samoa ; et, après avoir déraciné, il a tout emporté en mer ; c'est dans son reflux que le courant a été le plus impétueux. A chaque fois le raz, avec plus de violence, est revenu à la charge. A Faléfa, le P. Chouvier a perdu deux églises ; le P. Verne a vu tomber la sienne, si grande et si belle, avec tout le mobilier et les ornements. Pères et naturels ont cherché, comme ils ont pu, refuge sur les arbres. Une pauvre femme qui portait ses trois enfants, l'un, l'aîné, sur ses épaules où il se tenait fortement attaché, les deux petits sur les bras, s'est vu arracher ces deux pauvres victimes qu'elle ne put défendre contre le flot. Elle poussait des cris aigus que dominait le tumulte effroyable de la mer. La mission a perdu plus de mille taros..... »

C'est dans cette mêlée de douleurs et de consolations que vint le moment de partir pour Rome. Il emmenait avec lui, pour son théologien, le R. P. Vitte, un des assistants généraux de la Société. C'était une intelligence pénétrante et élevée, riche de connaissances en théologie et en droit canon, qui était en état de rendre à sa cause de signalés services. Trois ans après le concile, il fut lui-même fait évêque titulaire d'Anastasiopolis et vicaire apostolique de la Nouvelle-Calédonie.

Mgr Elloy partit avec lui de Lyon le 4 novembre 1869.

Au milieu de tant de préoccupations, il n'avait pas négligé les devoirs de la piété filiale. On lira, avec autant d'édification que d'intérêt, sa lettre de fête à son père, en date du 4 octobre. On admirera comme il concilie admirablement le caractère de l'évêque avec celui du fils, l'esprit de sacrifice et la tendresse, et comme il sait en même temps enseigner son père et l'aimer.

« Hier au soir, écrit-il, et encore ce matin, je me

suis rappelé que c'est aujourd'hui votre fête. J'aurais bien voulu me trouver à côté de vous pour me réjouir, avec toute la famille, de ce que le bon Dieu vous conserve de longs et d'heureux jours. Mais je vous ai quitté pour me donner tout entier au bon Dieu et à son œuvre : il ne faut pas que je reprenne ce que j'ai donné. Ma place n'est donc plus à côté de vous ; elle est en Océanie, parmi mes indigènes et mes néophytes ; et, pendant que je suis en France, elle est partout où je puis être utile à ma mission.

« Néanmoins en France, comme en Océanie, je ne vous oublie pas : je pense souvent à vous dans mes prières et au saint autel. Je demande au bon Dieu qu'il vous conserve dans sa grâce, et vous aide à bien purifier votre âme de toutes les taches qu'elle aurait pu contracter dans le courant d'une longue vie.

« La vieillesse, quand le bon Dieu l'accorde à un homme, devient pour lui un avertissement continuel, afin qu'il se prépare à bien mourir. Dites souvent à N. S. Jésus-Christ que vous l'aimez, que vous désirez le voir dans le ciel. Vous aviez un fils que vous aimiez ; le divin Sauveur vous l'a demandé pour son œuvre, pour travailler à la conversion des pauvres sauvages en Océanie : vous n'avez pas balancé à en faire le sacrifice... Ah ! qu'aujourd'hui le Seigneur vous bénisse, comme vous-même vous m'avez béni, il y a vingt ans, lorsque je vous quittai pour me rendre au noviciat de Belley ! Et, comme ce Dieu si bon a été toujours avec moi, qu'il soit toujours aussi avec vous jusqu'à la dernière heure ! »

CHAPITRE II

LES VICAIRES APOSTOLIQUES AU CONCILE DU VATICAN

On raconte que Rossi, ce publiciste célèbre, revenu d'erreurs qui avaient eu leur côté généreux, et dont la mort surtout a fait la grandeur, dans une conversation avec un prêtre français, à Rome, laissa tomber cette parole : « Je peux dire que j'ai tout vu !.. » Il avait donné en preuves ses voyages, ses relations, sa connaissance des hommes, ses cours savants qui l'avaient mis en relations avec tant de personnes, et ses essais tant acclamés. C'était sur la *via Appia nuova*, vers la fin du jour.

Après un moment de silence : « J'ai tout vu, répéta-t-il..., excepté un concile œcuménique ; » et sa main indiquait sur l'horizon Saint-Jean-de-Latran, dont la façade, avec ses statues colossales baignées dans la pourpre du soir, apparaissait en toute la majesté de ses souvenirs. Après une nouvelle pause : « Je ne désespère pas continue-t-il, de le voir. » Il l'eût vu sans le poignard des sectaires, qui lui arracha prématurément la vie au seuil du palais de la consulte.

Rossi s'était laissé éclairer à la longue par cette lumière qui semble, à Rome, jaillir de toutes les pierres. Il avait appris l'Eglise dans les monuments de son histoire : le passé lui faisait entrevoir l'avenir. Et, comme il avait une longue expérience des défaillances de la raison livrée à elle-même, et menacée en ce moment d'un dernier désastre, peut-être pressentait-il que l'heure était venue pour Dieu de la rasseoir, par un de ses grands coups, sur ses bases éternelles.

Nous ignorons si Mgr Elloy avait eu pareille intuition. Mais nul assurément n'était mieux disposé que lui à admirer le rare spectacle, cette fois plus saisissant que jamais, de la tenue des grandes assises de l'Eglise.

Un concile général en 1869 ! quel contraste de la chose avec le temps ! Un concile, une assemblée de ces évêques jadis si puissants dans l'Etat, aujourd'hui destitués, par l'opinion comme par la politique, de toute influence sur les affaires du dehors, convoqués par le Pape, dont le pouvoir temporel calomnié, miné, amoindri, sur le point de s'écrouler, aurait dû, selon la sagesse humaine, se faire oublier pour ne pas précipiter sa ruine ! Un concile en face de ce gouvernement issu de la Révolution et si fier d'en avoir fini avec le droit divin et rompu avec le Christ ; en plein triomphe de la raison humaine, railleuse de tout surnaturel, posant l'absurde en axiome, et se vantant d'avoir à tout jamais détrôné Dieu !

Napoléon III semblait avoir atteint l'apogée de sa puissance, et la France celle de sa prospérité. Toute l'Europe, ou plutôt le monde entier, était accouru à Paris pour admirer les merveilles de l'Exposition ;

et l'empereur s'enorgueillissait d'avoir reçu à sa cour près de soixante personnages princiers. Rien n'égalait le faste alors étalé par la capitale et l'orgueil de la science enivrée de ses triomphes sur la matière.

Et cependant, malgré tous ces dédains, ces joies tumultueuses et cette quiétude hautaine à la surface, de vagues angoisses saisissaient les hommes de sens : est-il possible que la cupidité, le luxe et les mauvaises passions qui les excitent et les exploitent, puissent à ce point s'étaler impunément ? Aussi était-ce bien l'opinion et les alarmes des sages dont M. Le Play se faisait l'organe, en affirmant qu'il fallait s'attendre, dans un avenir peu éloigné, à ces calamités extrêmes dont de tels excès sont toujours la cause fatale et les précurseurs.

Il y avait d'ailleurs des signes qui, à tous, surtout au parti couronné, aux conducteurs des peuples, auraient donné à songer, si la folie du moment n'eût entraîné toutes les têtes. « Bérézowski, jeune Polonais, avait tiré sur le czar au moment où, en voiture découverte, il revenait, ayant Napoléon à sa droite et devant lui les deux grands ducs ses fils, d'une magnifique revue militaire, le 6 juin 1867. Le 2 juillet 1867, s'était répandue la nouvelle de la mort tragique de Maximilien, empereur du Mexique, fusillé le 19 juin ; et, le 12 juillet, la cour en deuil avait assisté à une messe de *Requiem* pour le repos de l'âme du malheureux empereur, dont la fin tragique avait pour cause première la mauvaise politique de l'empereur (1). »

(1) *Histoire du Concile du Vatican*, par Mgr Cecconi, archevêque de Florence. 1ᵉʳ vol. p. 71.

L'alarme venait aussi de la frontière, où les yeux qui voulaient voir signalaient de formidables préparatifs (1). Comme au IV° siècle, n'était-ce pas aussi le fléau de Dieu qui s'apprêtait au châtiment ? Et que pouvait, pour rassurer les gens réfléchis, cette folle audace des chefs militaires, affirmant que rien ne manquait à la troupe, « jusqu'à un bouton de guêtre » ?

Sous le poids de ces appréhensions, le regard des fidèles, de tous les points de l'univers, se tournait vers le centre catholique d'où vient aux hommes toute lumière et toute sécurité.

Pressentaient-ils que Pie IX, en ce moment même, s'enveloppant « du secret royal qu'il est bon de ne pas livrer », préparait son grand concile, interrogeant, de concert avec ses cardinaux et les évêques de son choix,

---

(1) Entre autres preuves plus ou moins connues de cet aveuglement, qu'on doit considérer comme un châtiment de Dieu, on lira avec étonnement cette page extraite de la Vie du cardinal de Bonnechose, par Mgr Besson : « Pendant l'automne de 1868, le cardinal fit un voyage en Hollande, et passa quelques jours dans la Prusse rhénane. Là, il fut frappé des préparatifs de guerre qui se faisaient partout. On lui parlait d'une lutte prochaine entre la France et la Prusse, et de l'espoir qu'on avait de nous écraser, comme on l'avait fait de l'Autriche à Sadowa. A Cologne, à Mayence, les évêques chez qui il reçut l'hospitalité l'entretinrent de ce dessein, en le déplorant. Ces confidences l'attristèrent, et il rentra à Paris plein d'émotions et de craintes pour notre avenir.

« Dans toutes ses relations, soit avec le ministère, soit avec les sénateurs, ses préoccupations éclatèrent sans détours. Il s'en ouvrit aux généraux qui étaient membres du sénat. « Si « nous ne sommes pas prêts, leur disait-il, soyez sûrs que nous « serons battus : j'ai de bonnes raisons pour vous en parler. » Les vieux généraux, bien loin de tenir compte de ces avis, auraient été disposés à en rire. Le cardinal en était navré. » II vol., p. 82.

les besoins, les dangers, les secrètes aspirations du monde et les moyens de les satisfaire, de préserver et de guérir? Quoi qu'il en soit, ce fut dans toutes les âmes chrétiennes un tressaillement d'espérance, quand se publia la bulle d'indiction, *Æterni Patris*, en date du 29 juin 1868, et qu'on y lut les sereines et magnifiques paroles connues de tous les chrétiens.

Un langage si élevé au-dessus des étroits débats des passions n'était pas, sur les lèvres de son Vicaire, chose nouvelle; mais jamais le siècle n'avait eu un plus urgent besoin de l'entendre, et jamais le remède n'avait été plus authentiquement signalé.

En de telles conjonctures on ne s'étonnera pas que Mgr Elloy ait souvent déclaré qu'il regardait ce voyage à Rome comme une des époques les plus solennelles de sa vie. Il y allait, bien et dûment convoqué à titre de vicaire apostolique, sans parler de l'invitation qui lui avait été spécialement adressée par le cardinal Barnabo.

Or, dans le courant des discussions du concile, sur la fin, il arriva que le droit des vicaires apostoliques à y siéger fut contesté. Ce fut pour Mgr Elloy l'occasion de prendre la parole, et nous n'aurions garde de passer sous silence une intervention qui lui fait tant d'honneur. Le droit des vicaires apostoliques à siéger au concile avait été discuté dans la congrégation, dite *directrice*, que Pie IX avait établie pour préparer les travaux et éclairer la marche. Il faut nous reporter à ce moment, avant d'entrer au vif du rôle que Mgr Elloy eut à remplir. Mais au préalable quelques notions doivent être rappelées.

On sait quelle différence il y a entre les évêques dits résidentiels, et les évêques titulaires. Les premiers portent le titre des sièges où ils résident : c'est le cas ordinaire des évêques d'Europe, d'Amérique et des pays civilisés. Les seconds ont celui de sièges anciens, situés en des contrées d'où la foi a disparu, et sont appelés en conséquence *in partibus infidelium*. On donne ces titres à des prélats qu'on désigne pour coadjuteurs ou auxiliaires à des évêques résidentiels, ou bien qu'on envoie, avec la juridiction déléguée de vicaires apostoliques, dans les pays de missions qui ne sont pas encore en état de recevoir une hiérarchie régulière, ou bien même à des personnages ecclésiastiques qu'on veut simplement honorer de l'épiscopat, sans juridiction d'aucune sorte.

Par où l'on voit qu'il ne faut pas confondre les évêques titulaires avec les vicaires apostoliques. Si ces derniers sont ordinairement évêques titulaires, il arrive souvent que les évêques titulaires ne sont pas vicaires apostoliques.

C'est la question des titulaires purs et simples qui se présenta en premier lieu. Dans une des sessions de mai 1868, on examina quel pouvait être le droit de siéger au concile pour les évêques titulaires, n'ayant que l'ordre et manquant de juridiction. En principe, on inclinait à croire que, le pouvoir de juridiction étant, plutôt que celui de l'ordre, exercé dans ces assemblées, ceux qui en étaient dépourvus n'avaient pas de raison d'y prendre rang. Mais, dans l'espèce, et tel ou tel prélat étant donné, la question se trouva d'être fort délicate, et, sans la trancher en droit, on décida que les simples titulaires seraient admissibles, qu'ils pourraient donner leurs suffrages et qu'ils recevraient une invitation.

On avait voulu, par cette mesure, user de ménagements envers ceux qu'effrayait d'avance la perspective de la définition de l'infaillibilité pontificale, et leur ôter tout prétexte d'accuser contre eux aucun parti pris ou déni de justice. C'est qu'en effet, au nombre des tenants sur lesquels ceux-là comptaient le plus, était l'évêque titulaire de Sura, Mgr Maret, doyen de la Sorbonne. Il avait publié, sous ce titre : *Du Concile général et de la paix religieuse*, un livre qui, avant même d'avoir paru, faisait déjà grand bruit, mais qui ne lui a pas survécu, l'auteur ayant eu, après le concile, le noble courage de le détruire lui-même (1). Or, « Mgr de Sura restant à la porte du Concile, disait dans l'*Univers*, le 17 novembre 1868, un homme d'esprit, la grande et difficile mission à laquelle il disait se préparer dans le silence se serait trouvée bien simplifiée. »

En de telles conditions, les évêques de ce parti étaient trop heureux de voir le concile ouvert au prélat qui portait leur bannière, pour mettre en question

---

(1) « Livre inspiré par l'esprit des moins bons temps de l'Ecole. Le prélat représentait la constitution de l'Eglise comme mêlée d'aristocratie, et l'infaillibilité du Pape comme subordonnée à l'assentiment des évêques. Il traitait d'absolutisme l'omnipotence que créerait au Souverain Pontife la définition de l'infaillibilité séparée, il en redoutait *les excès et les abus*, comme s'ils étaient possibles de la part d'un pouvoir assisté de l'Esprit-Saint. Il demandait finalement, comme contre-poids, la participation ordinaire des évêques au gouvernement général de l'Eglise, par l'institution de la décennalité des conciles généraux ». Mgr BAUNARD : *hist. du card. Pie*, IIe vol., p. 339.

le droit des vicaires apostoliques. On réclame l'admission d'évêques sans juridiction, et on la disputerait à ceux qui en sont pourvus? « L'invitation adressée aux évêques titulaires, dit Mgr Cecconi, fit donc tomber la chose, et ferma la bouche à ceux qui n'auraient pas manqué de crier au scandale et à la violation des droits épiscopaux, si l'on avait refusé l'entrée à l'évêque de Sura. On se réserva de signaler cette admission comme préjudiciable à la liberté du concile et entachée d'incompétence, plus tard, quand la controverse de la fin d'année 1868 aurait été oubliée (1). »

C'est donc seulement sur la fin du concile, en juin 1870, au moment de tenter un effort suprême contre la définition de l'infaillibilité, que la question des vicaires apostoliques fut soulevée. Ce qu'on voulait surtout, c'était d'empêcher leur vote dont on voyait clairement le sens et la portée, de le discréditer du moins, si on ne pouvait l'exclure. Telle était la vraie raison, tenue secrète. Trois prétextes servirent à la colorer.

On reprochait donc aux vicaires apostoliques un triple défaut : d'expérience, de compétence et de liberté. Séparés de l'Europe, les vicaires apostoliques sont-ils en état de faire des lois pour les peuples de la civilisation ? — Pasteurs de petits troupeaux sauvages, perdus dans les contrées que recouvrent les ténèbres de l'infidélité, sont-ils admissibles à attester de la foi antique des chrétiens ? — Exclusivement soumis au Pape, sans concordats qui les lient au pouvoir civil,

---

(1) *Hist. du Concile du Vatican*, 1ᵉʳ vol., p. 348.

qui nous garantit leur indépendance ? Comme si la liberté sacerdotale n'avait pas surtout à craindre des attaches de l'Etat ! Est-ce que Fleury n'a pas appelé des *servitudes* les libertés si vantées des Gallicans, qui ont fait d'eux les courtisans plus d'une fois serviles de la royauté !

Dans un libelle anonyme, publié au mois de juillet, *La dernière heure du Concile*, cette troisième accusation était exploitée contre la vénérable institution de la Propagande, en termes aussi injurieux que mensongers. « Elle les tient tous sous une même tutelle », osait dire le pamphlétaire. Puis, soit ignorance, soit mauvaise foi, attribuant à la Propagande des richesses bien supérieures à ce qu'elle possède en réalité, et allant jusqu'à l'accuser de les répandre pour corrompre : « Elle se prévaut, continuait-il, de ses aumônes annuelles pour agir efficacement sur les prélats qu'elle soutient, et leur communique chaque jour l'impulsion spéciale qui fait le concile... Mère de presque tous les vicaires apostoliques, elle se croit aussi le devoir d'être leur maîtresse, et de régler leur opinion comme elle règle leur budget. Et de fait, il est inouï qu'un seul de ces prélats ait eu le courage de parler devant le concile, ou de voter autrement qu'on ne voulait. »

Il ne convenait pas à la modestie de Mgr Elloy de réfuter les deux premiers chefs d'inculpation. Mais s'entendre accuser d'avoir perdu de parti pris son indépendance, de s'être vendu ! s'entendre accuser par un masque ! Voir outrager une des plus augustes institutions de Rome, la mère, la vraie mère des missionnaires apostoliques, et leur maîtresse aussi, mais non moins désintéressée et respectueuse que sage ! Le cœur loyal et généreux de notre prélat bondit dans sa poitrine. Prenant donc la plume, il adressa au journal l'*Univers* une lettre d'où nous extrayons les passages qui furent les plus remarqués.

Après avoir résumé l'accusation : « Sottes injures assurément, s'écriait-il. Néanmoins, parce que la figure du nouveau pamphlet, et la manière dont il nous parvient, dénotent une certaine communauté d'origine avec d'autres qui ont insinué les mêmes imputations, et parce que nous avons trop longtemps dédaigné le mensonge insensé, je ne crois pas inutile qu'un vicaire apostolique prenne la peine de protester. Des circonstances déplorables ont fait que des calomniateurs, qui paraîtraient indignes de répression s'ils se nommaient, semblent être quelque chose sous le manteau de l'anonyme : je veux répondre. »

Il loue d'abord les adversaires, non sans une pointe de fine ironie, de vouloir bien ne pas contester aux vicaires apostoliques le droit de siéger au concile, et de consentir à admettre au nombre des Pères ceux qui *rendent* aujourd'hui *leur témoignage à ces extrémités de la terre*, désignées par le divin Maître le jour de son Ascension : *Eritis mihi testes usque ad extremum terræ!* Mais les exclure ou les flétrir, n'est-ce pas même injure ? que vaudra le témoignage de ceux qu'on ose accuser de vendre leurs suffrages, de les vendre, par la crainte de voir leurs fonds diminués ou supprimés par la Propagande !.... le prélat ne se contient plus.

« Cet écrivain, continue-t-il, qui se dit quelque part laïque, pourrait-il se dire chrétien ? Quelles préoccupations du budget !... Est-ce de sa conscience qu'il s'inspire pour mettre à prix celles des vicaires apostoliques ?

« Grâce à Dieu, ils n'ont pas besoin d'être défendus de cette odieuse imputation, d'être ainsi prêts à sacrifier leur foi pour un peu d'argent. J'ai vécu au milieu des protestants et des sauvages de l'Océanie, ils nous ont adressé bien des injures ; mais jamais, jusqu'à ce retour momentané dans notre patrie, nous n'avions trouvé personne qui nous eût accusés d'être traîtres à la vérité, et de la vendre au Pape pour avoir de lui notre pain !

« Qu'un mot suffise : les vicaires apostoliques n'ont point de budget. Eux, leurs missionnaires, leurs œuvres, leurs écoles, vivent d'aumônes, et les aumônes ne suffisent pas toujours pour les entretenir. Mais la divine Providence ne les abandonne pas. Evêques ou prêtres, ils meurent quelquefois frappés par le casse-tête des sauvages, assommés par le rotin, déchirés dans les supplices, brisés par la fatigue : rarement ils meurent de faim. Après tout, ce n'est point leur souci. »

Mais le Pape a-t-il des fonds pour leur payer leur faux témoignage ? Mgr Elloy montre ici la confusion étrange faite par l'anonyme, qui parle français et se dit catholique, entre la Propagande qui, à Rome, fonde les vicariats et les gouverne, et l'œuvre de la Propagation de la foi qui, en France où elle a son origine et ses centres, en France où elle est connue de tous, réunit, à force de générosité et de dévoûment, les sommes qui entretiennent les vicariats et toutes les missions.

La Propagande, dénuée des immenses richesses qu'on lui prête, a-t-elle au moins essayé de peser sur les suffrages des vicaires apostoliques ? « Elle s'occupe des missions, reprend le prélat, et non du concile. Deux ou trois fois dans les premières semaines, quelques évêques missionnaires se sont réunis à la Propagande, pour se connaître dans l'intérêt de leurs œuvres. Aucun membre de la sacrée Congrégation n'assistait à ces réunions, qui, étant sans but déterminé, ont bientôt cessé, dès que nous eûmes fait connaissance. Alors les évêques missionnaires se sont réunis en différents groupes, selon les différents pays qu'ils évangélisent, afin de mieux s'entendre pour le progrès de leur œuvre commune. »

Monseigneur prend ensuite, sous le coup de l'indignation qu'il ne maîtrise plus, une vive offensive qui s'élève par moment au sublime :

« Hélas ! dit-il, « les réunions pour prendre un « mot d'ordre », elles ont existé, elles existent encore en ce moment. Nous n'en sommes point !.... Nous prenons le mot d'ordre dans la salle du concile, au tombeau des Apôtres, sur l'autel du Christ vivant et enseignant. Ce mot d'ordre, nous l'avions déjà lu dans l'Évangile, où nous l'avons trouvé inscrit sur la Pierre inébranlable posée par le divin Sauveur; nous l'avions lu dans la tradition constante de la sainte Église, et nous avons répété au concile ce que nous enseignons au prix de nos sueurs et au péril de notre vie.

« Réunis pour donner le témoignage de notre foi, pouvions-nous attester autre chose que ce qui fut, ou par nous ou avant nous, enseigné à nos chrétientés naissantes ? Ah ! si nous avions faibli, nos martyrs se seraient levés de leurs tombes, ils nous auraient appelés traîtres envers la foi à laquelle ils ont donné leur sang ! »

Poussant ensuite vigoureusement l'adversaire, le prélat réfute, avec une dialectique serrée, les objections auxquelles le parti cherche à donner cours :
« Qu'il s'embarque avec nous, l'anonyme, s'écrie-t-il, et qu'il s'essaye à convertir les infidèles ! D'abord, il goûtera du budget apostolique ; il pourra comparer peut-être avec d'autres budgets mieux fournis. Ensuite il verra s'il est possible d'enseigner la religion catholique au moyen des thèses qui viennent d'échouer devant le concile. Il verra à quoi on s'expose, en face de l'hérésie qui s'est glissée partout, en face de la mauvaise presse qui commence à nous inonder, en affirmant que, pour connaître la vérité quand une controverse s'élève, il est nécessaire d'attendre un concile ! Il expérimentera ce que vaut un édifice où, au lieu de prendre pour base la Pierre une et immuable posée par Jésus-Christ, il fondera sur un amas désagrégé, où chacune peut crouler à son heure.

« Qu'il essaye de faire comprendre aux âmes simples, mais droites, de nos néophytes, comment le Pasteur suprême établi par Jésus-Christ, et auquel tous doivent obéir, peut néanmoins, en sa qualité de chef, nous commander de croire l'erreur ! et comment, singulier logogriphe, un corps composé de membres tous défectibles, y compris la tête, peut constituer un corps indéfectible ! Alors il sera convaincu que, en professant leur foi de leurs lèvres et de leurs votes, les vicaires apostoliques obéissent à d'autres impulsions qu'à celle de la trahison et de la lâcheté. »

Ce langage véhément, inspiré par des convictions dont la sincérité avait pour garant la vie apostolique, déjà si méritante, du prélat, ne pouvait manquer d'avoir un grand retentissement. Quand la lettre parut, le 25 juillet, le concile avait proclamé l'infaillibilité pontificale. Mais, si la publication fut sans effet sur ce résultat, les sentiments et les raisons dont elle était l'organe avaient eu leur poids dans le mouvement qui entraînait de plus en plus les Pères, et la conscience catholique trouva un soulagement à voir, par ce coup magistral, justice faite des témérités qui l'avaient indignée.

Restaient les deux autres objections qu'on avait soulevées contre les vicaires apostoliques et devant lesquelles Mgr Elloy ne pouvait que se taire, savoir, leur inexpérience de la civilisation moderne et de ses exigences, et la faiblesse de leur compétence dans les choses de la foi : le bon sens en avait eu finalement raison. Exclure les vicaires apostoliques, n'était-ce pas d'ailleurs outrager le concile dont ils étaient une partie importante, moins par le nombre — qu'on avait grossi de parti pris : ils n'étaient que cent — que par l'héroïsme de leur vie et la grandeur de leurs sacrifices et de leurs vertus ?

« Ces hommes, disait un grand publiciste chrétien, ces hommes à qui l'on a dit de pénétrer dans tous les antres de la férocité, dans toutes les cavernes de la nuit ; ces hommes à qui on a assigné pour partage, ou les glaces éternelles, ou les sables de feu, et la solitude, et la soif, et la faim, et les dérisions, et les supplices, et la mort, et qui sont partis avec joie pour ne revenir jamais, ces hommes-là ne vous semblent-ils pas des évêques (1) ? »

N'était-ce pas également outrager la France, qui, dans le nombre de ces magnanimes *témoins*, fournit toujours la plus grande part? C'est un évêque français, Mgr Epivent, évêque d'Aire, qui disait, en s'adressant aux vicaires apostoliques : « Ce ne sont pas vos anneaux que je voudrais baiser, ce seraient vos chaussures..., si vous portiez des chaussures, ô pieds-nus de mon Dieu ! » — « Aussi, disait encore le même publiciste, de sa fine plume, vous entendrez tout notre épiscopat se glorifier d'eux, comme on se glorifiait du jeune David dans toute la maison d'Israël..., Saül excepté. »

En venant au fait, comment le reproche d'ignorance pouvait-il tenir devant quelques minutes de réflexion, la passion hors de cause ? Qui connaît mieux les choses du monde que ces hommes qui ont à saisir au vif, dans les âmes livrées au démon, tout ce que le monde a de plus tenace et de plus subtil, aussi bien que de plus hideux ? Et la science des choses de Dieu n'est-elle pas chez eux tenue constamment en haleine, toujours ravivée par l'obligation d'étudier, eux qui sont perpétuellement en face de tous les adversaires que la religion a jamais rencontrés en ce monde ? Il leur faut répondre au brahmane et au paria, comme jadis aux patriciens et aux esclaves ; au mandarin et au sauvage, comme aux gnostiques, aux platoniciens,

---

(1) Louis VEUILLOT : Lettre de Rome à *l'Univers*, 10 janvier 1870.

et aux Germains, aux Scythes, à tous les barbares ; au prédicant et au libre-penseur, comme aux pharisiens et aux sophistes.

De plus ils apportaient des peuples entiers au Concile et les faisaient asseoir avec eux. Fallait-il exclure du cadre de la famille du Christ, riche et forte de la promesse de s'accroître toujours, ces chrétientés nouvelles, si gracieuses dans la simplicité de leur foi et les frais parfums de leur baptême, si belles sous la pourpre de leurs nombreux martyrs, si fidèles dans l'oppression et les supplices aux serments une fois prêtés !

Et puis, quel moment choisissaient les adversaires ? « Comment, dit l'archevêque de Florence, comment exclure les vicaires apostoliques d'un concile œcuménique, au moment où la propagation de la foi est une des plus hautes et des plus fructueuses sollicitudes de l'Eglise, et une des plus manifestes preuves de l'assistance de Jésus-Christ ?

Aussi, dans les séances de la *Commission pour les églises orientales et les missions*, sous la présidence du cardinal Barnabo, le 21 septembre 1867, s'était-on occupé, « avec autant de zèle que d'amour, des missions étrangères. On avait recherché les moyens d'étendre le plus possible, et de rendre chaque jour plus fructueuse, la prédication de l'évangile dans les pays hérétiques et infidèles (1). » Et l'on sait que, pendant la tenue du concile, il fut proposé et rédigé un schema sur les missions apostoliques.

---

(1) *Histoire du concile du Vatican*, par Mgr Cecconi, archev. de Florence, 1ᵉʳ vol. p. 305.

Il faut donc chercher ailleurs que dans l'ignorance, l'incompétence et la servitude, mots honteux qu'il répugne de répéter pour la dernière fois, les raisons secrètes qui portèrent, sans succès, grâce à Dieu ! à exclure du concile les vicaires apostoliques ; et ces raisons se sont laissé pressentir plus haut. En se montrant si unanimes et inattaquables sur le chef de l'infaillibilité du souverain Pontife, ils renversaient tout l'argument de l'inopportunité, qu'on avait échafaudé sur les répugnances prétendues de l'hérésie et du paganisme.

Or, aussi bien qu'un homme d'état protestant, M. Urqhard, avait confondu l'objection tirée des Grecs orientaux et sur laquelle on fondait de grandes prétentions, les vicaires apostoliques faisaient justice de ces chiffres qui évaluaient par centaines de millions les âmes que la proclamation du dogme devait retenir ou rejeter dans l'erreur.

L'évêque de Jafna, dans l'île de Ceylan, d'un seul mot, fit crouler ces calculs et évanouir ces fantômes. Nombre de vicaires apostoliques, de toutes les contrées de la terre, donnèrent après lui le même témoignage, de leurs cœurs non suspects assurément de manquer de zèle pour les âmes, pas plus que de lumière sur leurs véritables intérêts ; ils déclarèrent que l'infaillibilité de Pierre était le besoin, non l'épouvantail, de l'humanité.

Si enfin on veut le dernier mot de la conduite de cette opposition plus subtile que loyale, et si active, si obstinée et ne quittant jamais un terrain que pour s'embusquer sur un autre, de cette conduite où la question des vicaires apostoliques ne fut d'ailleurs qu'un engagement, qu'on le cherche en lisant avec attention le discours que Pie IX leur adressa au Vatican, le 25 mars 1870. En voici quelques lignes, relevées par le célèbre publiciste dont nous avons déjà cité le témoignage :

« C'est ma joie de vous voir ; c'est, je pense, aussi la vôtre d'être près de moi. » Après avoir fait allusion à une quantité d'objets pieux qu'il avait reçus pour leur être distribués, et recommandé les bienfaitrices à leurs prières :

« Oui, priez, continua-t-il, car de grandes difficultés sont autour de nous. Une réflexion me vient que je veux vous communiquer. Nous sommes à ce moment de l'année liturgique où Pilate jugeait Jésus. Les Juifs étaient furieux. Pilate voulait les renvoyer et délivrer l'Innocent. Mais…, *Si hunc dimittis, non es amicus Cæsaris !* Les juifs, les pharisiens, la multitude savent crier cela. Pilate n'osa pas être juste… » (Ici le Saint Père fit un geste de dédain, et sa parole prit une expression sublime.) « Il y en a qui ont de ces craintes du monde. Ils craignent la Révolution.

« Ils connaissent bien la vérité ; mais ils veulent être amis de César. Ils sacrifient tout, les droits du Saint-Siège, l'attachement au Vicaire de Jésus-Christ. Les malheureux ! quelle faute ils font ! Ils cherchent la faveur des hommes. Nous, mes enfants, cherchons l'approbation de Dieu.

« Il vous faut soutenir les droits de la vérité, de la justice : c'est le combat des évêques. Défendre la vérité avec le Vicaire de Jésus-Christ, et n'avoir pas peur ! Non, mes enfants, ne m'abandonnez pas. (*Cris :* Non ! non !)

« Attachez-vous à moi, tenez-vous unis au Vicaire de Jésus-Christ. (*Nouveaux cris* : Oui, oui, Saint-Père !)

« Et des autres, nous nous vengerons par la prière. Prions pour eux : que le bon Dieu les éclaire, les instruise ! Prions pour nous aussi : que le Saint-Esprit nous donne la chose nécessaire, plus nécessaire que jamais, l'humilité ! »

Ce n'est pas sans regret que nous renonçons à tirer du journal de Mgr Elloy, l'histoire de son séjour à Rome. Ses émotions sous le coup des grandes séances, ses pieux pèlerinages, les audiences publiques et privées du souverain Pontife, ses visites d'affaires : ce sont là tout autant de sujets pleins d'intérêt et d'édification.

Ce qu'on vient de lire de lui, sur les vicaires apostoliques, donne assez, sans qu'il en fût besoin d'ailleurs, l'idée du cours de ses sentiments et de sa conduite. Il était fixé depuis longtemps, et par l'enseignement de la société de Marie et par son expérience apostolique, sur la vérité qui allait devenir un dogme. « Je ne quitterai pas Rome, écrivait-il le 21 mars 1870, à son digne ami, M. l'abbé Calmus, avant d'avoir donné mon vote à cette vérité, pour laquelle je voudrais verser mon sang. Du reste, quelle figure ferais-je en face de nos ministres protestants, si je retournais avant que cette grande question fût tranchée ? »

Aussi ne fut-il pas sans influence sur les conclusions mémorables du concile. Assurément on ne saurait citer son nom parmi les prélats dont le savoir et l'éloquence eurent le poids décisif ; moins encore parmi ceux dont leur haute situation, ou leur trempe d'esprit, firent des chefs ou des centres dans les réunions locales où se débattaient des questions qui devinrent brûlantes. Mais il fut loin, malgré sa si parfaite modestie, de passer inaperçu. Le publiciste éminent qu'on a cité ci-dessus, a apprécié, en ces termes dignes d'être ici recueillis, son rôle au concile :

« Le vicaire apostolique des Navigateurs (ce titre lui fut conféré sur la fin de son séjour), Mgr Elloy, de la société de Marie, jeune encore, Dieu merci ! assistait au concile ; nous avons eu l'honneur et le bonheur de le voir à Rome. Il daignait nous montrer de la bienveillance, et nous avons joui souvent de ses entretiens. C'est un homme plein de force, de lumières et de zèle. Il a parlé plusieurs fois au concile, où l'on estimait ses idées et sa foi. On regrettait que son poste fût si loin des affaires et à l'extrémité du monde (1). »

La correspondance du prélat à cette époque fait foi d'un parfait esprit de prière et de confiance, et d'une part très assidue aux travaux du concile. En même temps, il s'occupait, avec le zèle qu'il avait pour ses missions, d'obtenir la solution tant désirée. Il toucha au terme en même temps que s'annonçait, ce qu'il avait encore plus à cœur, lui catholique et évêque romain avant d'être missionnaire, la grande session du lundi 18 juillet, où le dogme devait recevoir le triomphe. Le cardinal Barnabo, préfet de la Propagande, plein des égards dont Mgr Bataillon était si digne, l'avait invité à venir à Rome, car il voulait l'entendre avant de prendre des engagements définitifs.

(1) *Univers*, 19 juillet 1877.

On était décidé à donner à Mgr Elloy une administration indépendante, et en particulier on lui avait décerné le titre de vicaire apostolique des Navigateurs. Mais le décret ne devait pas être promulgué avant que l'évêque d'Enos eût donné son avis.

Or, avant même de partir pour venir à Rome, ce vénéré prélat était entré pleinement dans les vues de la Propagande. La lettre suivante, adressée aux PP. Gavet et Delahaye, à Savaï, et datée d'Apia, le 5 juin 1871, en est une preuve bien édifiante:

« Je profite de l'occasion de Mgr Elloy, que j'invite à présider votre procession de la Fête-Dieu, pour vous adresser ces quelques mots en signe d'amitié et de bon souvenir. Voilà donc ce cher coadjuteur de retour: Dieu en soit béni! En arrivant, il a eu la modestie de me dire qu'il se mettait à ma disposition; et, de mon côté, je me suis empressé de lui faire la cession de l'administration des Samoa. Le voilà donc votre supérieur, mon représentant auprès de vous tous: j'ai autant de plaisir à vous le donner en cette qualité que vous de le recevoir. Soyez-lui soumis, respectueux, obéissants, et Dieu vous bénira. Maintenant donc, que tous les esprits s'apaisent et que la paix du Sauveur règne dans tous les cœurs! C'est le vœu que je forme, c'est le but que je me propose, en adoptant cet arrangement que je sais vous être agréable.

« Je vous embrasse et vous bénis tous de cœur et d'âme.

Votre serviteur en N.-S.

† Pierre, év. d'Enos.

Notre heureux vicaire apostolique des Navigateurs

quitta Rome le 21 juillet. Le soir même de la proclamation du dogme, le 18, il avait obtenu, malgré les grandes émotions et fatigues de la journée, la faveur très singulière d'une dernière audience, où le pape le combla de ses bontés. Il était loin de soupçonner en ce moment de quelles traverses allaient être troublés ses préparatifs de départ pour sa chère Océanie. Mais Dieu agit ainsi avec ses saints : les joies qu'il leur départ sont souvent l'annonce d'une série de mauvais jours. Sans s'y abandonner, les âmes d'élite en profitent pour prévoir le lendemain, et s'approvisionnent en conséquence de courage et de résignation.

CHAPITRE III

DÉPART D'EUROPE — LA GUERRE EN LORRAINE

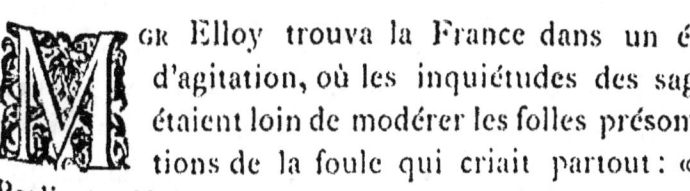

Gr Elloy trouva la France dans un état d'agitation, où les inquiétudes des sages étaient loin de modérer les folles présomptions de la foule qui criait partout : « A Berlin ! » Hélas ! qu'est-ce qui pouvait les justifier ? Partout c'était le désordre et l'impuissance. Les mesures prises pour la concentration des troupes étaient incohérentes, mal transmises, exécutées à contre-temps. La discipline faisait défaut à ces convois qui encombraient nos chemins de fer, et se croisaient en tous sens dans un pêle-mêle du plus mauvais augure.

Les maréchaux qui avaient le commandement supérieur ne s'entendaient guère entre eux, prêts à rejeter les uns sur les autres les responsabilités de la confusion où ils se trouvaient réduits. Ils ne parvenaient pas à concentrer sous leurs mains des forces en état de résister aux colonnes ennemies qui s'épaississaient de jour en jour sur nos frontières, bien pourvues, bien dirigées et prêtes à y faire de larges trouées. Même hésitation, même défaut de suite dans les conseils du gouvernement ; et de là venaient fatalement le malaise et le trouble qui croissaient de plus en plus partout.

Mais plus haut était la première cause du mal qui se manifestait par tous ces symptômes. Depuis longtemps l'empereur s'inspirait de la Révolution. Dans sa proclamation à l'armée, au début de la guerre, Napoléon s'en était déclaré l'émissaire, en affirmant qu'il l'entreprenait contre la Prusse au nom des « principes de 1789 ». Le ferment qui avait éclaté déjà maintes fois, par tant de mesures ou hypocrites ou violentes contre l'Eglise, avait donc trouvé l'heure de son explosion. Il allait déchaîner les furieuses tempêtes de l'impiété et les discordes sanglantes qui ont fait de cette époque une des plus funèbres de notre histoire ; et, en attendant, il répandait sur les hautes régions de la France « l'esprit d'imprudence et d'erreur », avant-coureur des dernières calamités.

Comme prélude, l'émeute, l'émeute qui allait être bientôt le fouet de Dieu contre la dynastie régnante, s'exerçait librement contre la religion. Les journaux de la secte faisaient appel, sous le nom faux mais prestigieux d'égalité, aux jalousies populaires, et réclamaient les prêtres à la frontière, les prêtres qui se montrèrent si prompts à y courir de leur libre initiative, partager les périls et soulager les souffrances de nos soldats. On accusait le clergé de donner la main et de fournir des ressources à la Prusse ; de là des vociférations dans la rue quand, aux yeux des bandes de recrues souvent ivres, la soutane du prêtre apparaissait.

A Lyon, on emprisonnait les jésuites, on bafouait,

dans les postes de la garde nationale, les religieux qui traversaient la ville. On pénétrait dans les couvents de femmes, et, sous des prétextes dénués de la moindre vraisemblance, on les soumettait à d'odieuses perquisitions. A Paris, on formait, pour l'exécuter bientôt sous le coup de nos premiers revers, l'incroyable dessein d'ériger un monument à Voltaire, à Voltaire le contempteur de notre Dieu, du Dieu de notre France chrétienne, dont il fallait à tout prix fléchir la justice et attirer les miséricordes ; à Voltaire, l'adulateur de Frédéric, dont les descendants allaient devenir les instrumens des colères d'en haut si imprudemment provoquées.

Mgr Elloy était navré. Sa correspondance est pleine des accents de sa douleur, et de la frayeur qu'une telle conduite lui faisait éprouver pour l'avenir. Il suppliait le Seigneur d'éclairer ces aveugles et de pardonner à ces ingrats.

La coupe était pleine et elle débordait. Dès les premiers jours d'août, les premières victoires de l'ennemi changeaient dans notre pauvre France le fol espoir en consternation. La Lorraine et l'Alsace, qui devaient les premières supporter le choc des masses allemandes, voyaient leurs frontières entamées. Et, peu de jours après, justice était faite du gouvernement qu'un coup d'aventure jetait dans l'exil.

On se rappelle que ce torrent de fer et de feu, qui devait dévaster la moitié de la France, prit dès l'origine un double cours. L'armée du prince royal, Frédéric-Guillaume, se dirigea sur l'Alsace par les versants orientaux des Vosges, et elle eut l'honneur des deux victoires de Wissembourg et de Frœschwiller, ou Wœrth, le 4 et le 5 août. Les deux armées du général Steinmetz et du prince Frédéric-Charles, de leur côté, marchèrent sur la Lorraine, dont la victoire de Spickeren, ou Forbach, leur livra la libre entrée.

Ainsi, aux profondes douleurs qui accablaient l'âme de l'évêque et du Français, se joignaient les poignantes alarmes qui broyaient le cœur du fils. Que devenaient son père bien-aimé et toute sa chère famille, sous le coup de l'invasion ? En avançant sur Metz après la victoire de Spickeren, les Allemands marchaient par Saint-Avold et par Pange, où le prince Albert de Saxe avait établi son quartier général. Ils avaient donc traversé son village natal de Servigny, placé sur leur chemin, à vingt kilomètres de la ville.

Dès ce moment les communications avec la Lorraine étaient interceptées. Il allait être contraint de quitter la France sans nouvelles des siens, connaissant seulement, par ce que disaient les journaux, le lamentable état auquel le passage de l'ennemi, dans l'ivresse de ses promptes victoires, avait réduit les environs de Metz, la fuite des habitants en détresse, l'incendie de plusieurs villages, au nombre desquels était désigné Servigny !

A quel point il ressentait ces sujets d'angoisse, c'est ce qu'expriment ses lettres de Londres, en date d'octobre, à madame Barbe Hurlin, sa sœur, et au R. P. Poupinel. Rien n'est plus déchirant, mais aussi plus édifiant ; car son âme, vraiment religieuse et épiscopale, ne reste pas terrassée par la douleur ; elle se relève par l'abandon aux desseins de Dieu qui permet toutes les catastrophes.

« Voilà bien des lettres que je vous écris, mais sans doute qu'aucune d'elles ne vous est parvenue. Celles que vous avez dû m'écrire ne sont point arrivées non plus jusqu'à moi. J'envoie celle-ci au P. Poupinel, qui m'a promis d'aller vous voir, dès que la guerre aura cessé.

« Mon départ, dit-il à sa sœur, était arrêté avant que la guerre fût commencée, et voilà que je vais m'embarquer pour l'Océanie dans deux jours, emmenant avec moi quatre prêtres missionnaires, trois frères et six religieuses.

« Qu'il m'en coûte de quitter la France dans l'état où elle se trouve, de partir surtout sans pouvoir même vous le faire connaître, et sans pouvoir obtenir de vous la moindre nouvelle! Je crains que Servigny n'ait été brûlé, les journaux l'ont annoncé ; mais vous tous, qu'êtes-vous devenus? Notre pauvre vieux père vit-il encore? Qu'est devenu Nicolas? qu'est devenu André? tous mes neveux, où sont-ils? Enfin, vous-même à qui j'écris, êtes-vous encore au milieu de vos enfants? J'ai attendu des lettres de vous, j'en ai espéré de M. le curé de Servigny, de l'abbé Calmus, personne n'a donné signe de vie. Donc on a retenu vos lettres, me suis-je dit. Mais que sais-je? peut-être ceux-là aussi sont morts.... et ceux qui vivent, que n'ont-ils pas à souffrir!

« Voilà les pensées qui me viennent bien souvent dans la journée, et voilà l'incertitude dans laquelle je vais encore vivre pendant plusieurs mois; car à présent il faudra que vos lettres viennent me trouver en Océanie. Presque tous les jours, je dis la messe pour notre famille, pour vous tous, afin que le bon Dieu vous donne le courage et la résignation parmi tant d'épreuves.

« Ah ! c'est bien dans ces moments-là que l'on sent le besoin de se donner au bon Dieu, et d'élever ses regards vers une vie meilleure. Quand nous sommes heureux sur la terre, nous sommes portés à y fixer notre cœur ; le malheur nous élève vers Dieu et nous fait soupirer vers le ciel, qui est notre vraie patrie et où nous serons heureux pour toujours. »

En même temps, l'on apprenait la prise de Rome par les exécuteurs des desseins de la secte, et les nouvelles de Samoa apportaient aussi au vicaire apostolique les plus graves sujets d'anxiété. La guerre avait repris, après de courts intervalles de trêve, et elle réduisait à l'impuissance le dévouement de ses missionnaires. Ainsi la guerre au départ, dévastant le foyer et la patrie, la guerre au retour, versant à flots le sang de ses bien-aimés insulaires, le Pape captif et Rome usurpée, les alarmes et le deuil en tous les lieux habités par son cœur !

A tous ces accablements, l'obligation de presser les préparatifs de son départ faisait une diversion, mais bien onéreuse et déchirante à son tour. Il lui fallait être au plus tôt à Londres, où il devait s'embarquer dans la seconde moitié d'octobre 1870. Or, dans cet encombrement des chemins de fer et au milieu des excitations de la foule, que nos défaites aigrissaient, comment fixer un rendez-vous à ses quatre missionnaires, les PP. Faugle, Garnier (Jacques), Hervé et Leforestier, aux frères et aux religieuses qui devaient partir avec lui ? Comment réunir et faire transporter les bagages, sans lesquels il est impossible de fournir aux nécessités des missions ? Comment surtout parvenir à échapper à ces bandes malintentionnées qui, à Lyon, outre les violences et les indignités déjà signalées, avaient établi des postes à toutes les portes de la ville pour contrôler les sorties, et surtout pour trouver des occasions de vexer les prêtres et plus encore les religieux ?

L'émeute s'y était installée à l'hôtel de ville, et, renchérissant sur Paris, avait arboré le drapeau rouge, dont la malheureuse cité vit flotter sur elle, pendant six mois, les sinistres couleurs. Les arsenaux avaient été forcés et pillés, et des gens de figure sinistre, déguenillés, se disputant et criant, s'en arrachaient les fusils et les munitions.

Mgr Elloy était navré, mais il n'en perdait ni la tête ni le cœur. Il raconte lui-même avec quel sang-froid il brava le danger, et obtint de quitter la ville avec un de ses compagnons, le P. Garnier, le seul qui se trouvât près de lui, et avec tous les bagages qu'il avait pu concentrer à Lyon.

« Pour quitter la ville de Lyon, dit-il, nous avons eu mille difficultés; mais là encore le bon Dieu nous a bénis d'une manière vraiment exceptionnelle et miraculeuse. Pendant qu'on emprisonnait les Jésuites, qu'on chassait les Carmes, les Capucins, les Dominicains, pendant qu'on fouillait les couvents et qu'on en expulsait les religieuses, je suis allé trouver le comité du salut public qui siégeait à l'hôtel de ville, où flottait le drapeau rouge.

« Des personnes bienveillantes s'opposaient, par excès de prudence, à cette démarche, disant que c'était nous compromettre et attirer l'attention sur nous, et que, dès qu'on verrait sortir nos caisses de bagages, on ne manquerait pas de venir faire des perquisitions. De tout cela, rien n'est arrivé. J'obtins un visa pour nos passeports, après deux heures d'attente au sein du comité, où je pus voir ces hommes à l'œuvre. La plupart étaient des ouvriers de l'internationale, des gens ruinés ou sans avoir. Il a fallu certainement une protection toute particulière de la sainte Vierge pour que j'obtinsse, avec les passeports, un permis de sortir onze grosses malles, dans un moment où même un sac de voyage ne passait pas à la gare de Lyon, sans qu'il fût visité et retourné dans tous les sens. Outre ce permis de passer, je reçus, à la gare, par l'entremise du même comité du salut public, un visa pour mes bagages, sans qu'on les eût même vus ! »

Arrivé sans encombre à Moulins, le premier soin du prélat fut de s'enquérir de ses compagnons de route. On ne put lui donner des nouvelles des frères et des religieuses qu'il attendait. Mais des dépêches l'informaient que le P. Faugle et le P. Hervé avaient été vus à la gare de Saint-Germain-des-Fossés ; que le P. Leforestier les suivait de près. Tous étaient en route pour le Havre, en se dirigeant par Vierzon, pour éviter les éclaireurs de l'ennemi qui, par divers chemins, marchait rapidement sur la capitale.

Mais le reste du personnel du convoi apostolique n'était signalé nulle part ; et il restait à s'assurer du gros des bagages, dont aucune nouvelle n'était donnée. Le caractère ardent du vicaire apostolique s'inquiétait à la pensée d'un nouveau délai dans la date du départ. Nuit et jour flottait devant ses yeux la vision de Samoa, de son cher Samoa, dévasté par une guerre à laquelle, pontife et père, il veut porter secours ; de ses missions dans la détresse, de ses missionnaires dans l'attente et l'impuissance. Et que de nouveaux frais, s'il faut perdre, ou bien, en remettant le départ, le prix de quatorze places retenues à bord du *Patriarch*, ou, en partant au jour convenu, les objets contenus dans les malles égarées et si péniblement, si chèrement achetés !

Ses lettres se multiplient, de Moulins, du Havre, de Londres. Elles se suivent presque d'heure en heure, stimulant les recherches, provoquant les réclamations, indiquant quelles gares à interroger, quelles voies à prendre, pour tout diriger sur le port. Afin de l'aider à se reconnaître lui-même, à mesure que quelques bagages lui parviennent, il demande le nombre, les marques, le libellé du contenu ; il insiste sur les comptes, ce qu'il a laissé, ce qu'il doit, ce qu'il espère.

Mais, dans le pêle-mêle des personnes et des choses, dans l'affolement universel, le service des postes est troublé comme celui des messageries. Les réponses n'arrivent pas, ou elles sont en retard, et laissent des questions pressantes sans solution.

Enfin les voici : elles arrivent en désordre, les premières après les dernières ; et, quoiqu'elles laissent encore à désirer en exactitude au gré de sa bien légitime impatience, il s'en montre reconnaissant. Il remercie Dieu avec effusion de l'heureuse solution des difficultés qui l'ont tant éprouvé. « Dieu soit béni ! dit-il, dans sa lettre de Londres en date du 5 octobre.

Tout arrivera : j'en ai reçu l'assurance, il y a trois jours, au sortir de mon action de grâce, après la messe, pendant laquelle je m'étais bien résigné à tout perdre ; mon sacrifice était complètement fait. » Grande leçon à prendre en passant ! Dieu vient toujours ; mais il attend que notre prière ait fait des preuves d'abnégation et d'abandon, en soumettant notre volonté à la sienne, et en lui laissant amoureusement le choix de l'heure et des moyens.

Une retraite que le prélat fit avec ses missionnaires, afin de se préparer au départ, acheva de le remettre en pleine sérénité. On en trouve la preuve dans sa lettre du 14 octobre : « Je m'abandonne à la divine Providence. Plus je vais, plus je l'admire dans ses voies. Certainement, il y a bien des nuages sur mon horizon, et j'aperçois plus d'un point noir dans l'avenir. Mais je le sais, et je n'en doute pas un instant, Celui qui m'a conduit comme par la main, depuis trois ans surtout, ne m'abandonnera pas. » Puis, selon sa coutume, s'oubliant pour élever plus haut ses pensées : « La manière d'agir de Dieu à l'égard de son Eglise, continue-t-il, doit bien nous instruire. Il l'aime, il veut la conserver, il la veut toute belle ; mais comme il l'éprouve ! Oui, vous me le dites, il tirera sa gloire propre et le bien de son Epouse de tout ce désordre. C'est cet espoir qui fait la force des enfants de lumière, au moment où les ténèbres semblent vouloir tout envahir. »

Enfin, après avoir remis son départ de jour en jour, le *Patriarch* appela ses passagers ; et, le 26 octobre 1870, à la grande consolation du prélat et de sa troupe apostolique, il leva l'ancre pour Sydney.

Le mardi, 18 janvier 1871, le *Patriarch* jetait l'ancre dans le port de Sydney. Bientôt le R. P. Joly, procureur des missions de la société de Marie, arrivait à bord, et emmenait Mgr de Tipasa à Villa-Maria, pour y prendre le repos dont il avait le plus grand besoin.

LIVRE V

DERNIÈRES ANNÉES EN OCÉANIE

CHAPITRE PREMIER

VISITE PASTORALE DE L'ARCHIPEL
DES NAVIGATEURS.
L'*HAMELIN*. — ACQUISITION DE TERRES.

Le vicaire apostolique dut attendre jusqu'au 15 février que le *Wild-Wave* pût prendre la mer pour le conduire aux Samoa. Entre autres saintes occupations, par lesquelles il ne pouvait manquer d'adoucir son attente et de mettre le temps à profit, il eut la joie de bénir la chapelle élevée à Villa-Maria, sous le vocable du saint Nom de Marie. Cette fête fut un triomphe pour la religion catholique ; le clergé, les fidèles, tous y mirent le plus grand empressement. On se souvenait qu'elle avait été fondée, quelques années auparavant, avec le plein assentiment de l'archevêque, à l'occasion d'un scandale donné, en plein parlement, par un député méthodiste qui avait injurié la divine Mère ; et l'on se disputait l'honneur de contribuer à cette éclatante réparation.

Le grand archipel des Tonga se trouvait sur la route. Monseigneur y fit relâche, et y reçut un magnifique accueil de la part du R. P. Chevron et du R. P. Lamaze, le prélat même qui est aujourd'hui son digne successeur dans son double vicariat. Le récit de cette visite sera fait, s'il plaît à Dieu, quand viendra le moment de raconter la vie du R. P. Chevron, qui, selon la parole même de Mgr Lamaze à Léon XIII, « fut le modèle achevé du missionnaire Mariste ! »

Après avoir été d'abord poussé par le vent du sud jusqu'à Toutouila, où le vicaire apostolique mouilla le jeudi 13 avril, à 9 heures du matin, il en repartit à midi pour Apia, où il arriva le lendemain.

« Nous approchions peu à peu, a-t-il écrit lui-même : Samoa, les Navigateurs, Apia !... Depuis six mois que nous étions en chemin, nous avions si souvent répété ces noms, que la seule approche de cette terre promise était bien suffisante pour ouvrir nos âmes à la plus douce émotion !

« Le vendredi, 14 avril, nous entrions au port d'Apia. Notre église, avec ses murs en corail blanc, avec la flèche élancée qui surmonte le clocher, nous avait indiqué de loin la direction de la rade, et nous avait guidés sur le port. Saisissante image du port de l'éternité, où l'Eglise sait le chemin, sert de guide et ouvre l'entrée !

« Le bruit de notre arrivée s'est répandu bien vite : « Tipasa est à bord ; il vient d'assister au concile ; il apporte la bénédiction de Pio Nono ; il amène des missionnaires, des frères catéchistes, des religieuses ! »

Voilà ce que se disaient en grande joie nos chrétiens, en se groupant sur le rivage pour assister à notre débarquement et nous souhaiter la bienvenue. Du pont de notre navire, nous pouvions voir tout ce mouvement qui nous faisait tressaillir.

« Enfin nous touchons de nouveau cette terre d'Oupolou, je revois ces front sur lesquels j'ai versé l'eau sainte du baptême, je reconnais tout ce monde. Les noms de tous me reviennent à la mémoire.

« Un autre bonheur m'attendait. Tous les missionnaires de l'archipel se trouvaient réunis à Apia; et bien providentiellement, car le jour de mon arrivée était nécessairement incertain. Chacun m'apportait les nouvelles de sa mission, et moi, j'avais tant de choses à leur dire de Rome, du Concile et de la France!

« Pauvre France! La dernière nouvelle, hélas! que nous apprenions en quittant la Manche, avait été l'entrée des Prussiens dans Metz, la ville forte de mon cher pays de Lorraine. Et voici que, en même temps que nous, arrivait au port d'Apia, une petite goëlette venant de la Nouvelle-Zélande, et apportant les nouvelles de la dernière malle de San-Francisco. Plusieurs navires d'une riche maison de Hambourg établie à Apia étaient en rade. A peine touchions-nous à terre, que les insolentes détonations de leurs canons nous apprenaient la nouvelle du triomphe définitif de la Prusse sur notre patrie. Beaucoup d'indigènes crurent qu'on tirait le canon pour l'arrivée de l'évêque; mais les ministres protestants anglais eurent bien soin d'annoncer que le grand soutien du papisme était brisé!

« Nous avions, il est vrai, nos douces compensations. A notre passage à Sydney, nous avions vu des Irlandais catholiques pleurer, en apprenant les malheurs de la France; d'autres refusaient absolument d'y croire. Mêmes consolantes sympathies à Tonga et à Samoa. Partout le catholique, surtout s'il se trouve mêlé à une population protestante, regarde la France comme une seconde patrie. »

Le Prélat fit taire d'abord tout autre sentiment que celui de la reconnaissance envers Dieu. A son ordre, les missionnaires firent ranger la foule, il entonna le *Te Deum*, et à l'église il donna la bénédiction du Saint-Sacrement. Puis, après quelques mots chaleureux sur le concile et sur le Pape, il donna en son nom la bénédiction apostolique. Alors il fut tout à ses confrères, à la joie de se revoir, aux nouvelles si mêlées, hélas! de Rome et de France, de la Société, des familles, et aux espérances d'un avenir meilleur dont le triomphe de l'Eglise pouvait être considéré comme le gage.

Il retint les pères pendant quatre jours, pour prier ensemble et pour entendre les grandes choses dont son âme était pleine et les conseils qu'inspiraient les circonstances. Puis il se mit en devoir de commencer la tournée pastorale. Mais déjà, et à mesure que le bruit de son heureux retour se répandait dans toutes les chrétientés de l'île, accouraient des députations de chefs pour le féliciter. Nous ne pouvons mieux apprendre que de lui-même l'accueil empressé qui lui fut fait dans tout l'archipel. On y trouvera, comme toujours, les colères de l'océan faisant contraste aux paisibles et joyeuses émotions des âmes.

« Ce fut pour moi, écrivait-il au printemps de l'année suivante (1872), comme une nouvelle vie de me retrouver au milieu de mes chers néophytes. Toute la joie qu'éprouve un père en revoyant ses enfants, dont il a été séparé depuis plusieurs années et qu'il pouvait craindre de ne revoir plus jamais, je l'ai ressentie pendant un mois qu'a duré ma visite. En débarquant au rivage voisin de la résidence des missionnaires du district que je visitais, je trouvais toujours la population catholique réunie pour nous recevoir.

« Les jeunes gens se tiennent à part avec leurs fusils préparés pour un feu de peloton, qui doit saluer l'évêque quand celui-ci aura mis pied à terre. Si le pays a un canon, les plus forts du village ont eu soin d'aller le chercher ; quelquefois même ils l'ont apporté sur leurs épaules, jusqu'à l'endroit où, lui aussi, devra faire entendre sa voix pour souhaiter la bienvenue et annoncer au loin le bonheur de tous. Je me serais passé volontiers de ces détonations, qui éclataient quelquefois à quelques pas de mes oreilles au moment où je m'y attendais le moins. Mais j'aurais fait de la peine, en empêchant cette manifestation de la joie publique, et je laissais faire ces braves gens.

« J'ai eu à Lotofanga (1) un témoignage de dévouement qui m'a bien ému. La passe est très dangereuse ; nous approchions du récif redoutable, où déjà bien des barques ont été brisées, puis englouties. Les vagues étaient de volume énorme ; par moment, elles nous cachaient la vue du rivage, dont nous n'étions plus qu'à deux cents mètres, et où une foule inquiète

(1) Village de la côte sud-est du royaume d'Atoua, district d'Aléipata.

nous attendait. Le bruit des flots qui se brisent sur le récif est comme un tonnerre continuel, il faut crier pour se faire entendre. Je tiens le gouvernail de mon embarcation ; mais, au milieu des brisants, je ne puis distinguer le passage. En ce moment critique, je vois une pirogue, montée par quatre hommes, s'élancer du rivage : en un clin d'œil elle est auprès de nous, une autre pirogue la suit. Un instant après, quatre hommes se jettent à la nage et se dirigent vers notre barque ; deux sautent dedans, l'un me prend le gouvernail des mains, l'autre se tient sur l'avant et, du geste comme de la voix, indique le chemin. Mais le passage est très étroit, et il est à craindre que la vague, se brisant au moment où nous y serons engagés, ne nous jette contre l'écueil. Deux hommes sont donc restés à la nage de chaque côté de l'esquif, prêts à le soutenir et à empêcher le choc, au risque de se faire briser eux-mêmes contre le banc de corail. Nous passâmes sans accident, et, deux minutes après, j'étais au milieu d'une population agenouillée sur le sable du rivage pour recevoir la bénédiction du pasteur.

« Le danger une fois éloigné, les fêtes de la réception commencent ; la population entière s'avance processionnellement à l'église ; ceux qui ne peuvent entrer restent à genoux sur le passage de l'évêque pour recevoir sa bénédiction. On commence un de nos plus beaux cantiques, que toutes les voix chantent avec enthousiasme ; puis je donne la bénédiction du Saint-Sacrement. Quand l'évêque est rendu ensuite dans la case du missionnaire, c'est le tour des compliments et des offrandes. » Ici la lettre ne fait guère que reproduire les détails de ce qui s'était passé, plus solennellement d'ailleurs, au sacre en 1864. Il continue : « Quand on a satisfait aux devoirs de l'hospitalité, ainsi vraiment chrétienne, chacun se rend à l'église, où l'on commence les exercices d'une petite retraite de trois ou quatre jours, pendant lesquels tous se préparent pour le jour de la communion générale ; on achève aussi la préparation de ceux qui désirent être confirmés.

« Dans le courant de ma visite, et depuis encore, nous avons eu de nombreuses conversions au catholicisme ; nous en comptons plus de deux cents, et parmi les convertis se trouvent plusieurs chefs influents, qui ne manqueront pas d'entraîner beaucoup de leurs sujets à leur suite. Hélas ! pourquoi faut-il que la guerre soit venue se mettre en travers de nos progrès et bouleverser encore une fois notre archipel ? » Nous réservons pour un chapitre spécial ce que nous aurons, hélas ! à dire sur ce triste sujet.

Avant de partir pour Savaï, où il était attendu avec l'impatience qu'on pressent, le prélat voulut se retremper dans une retraite avec les religieux de l'archipel convoqués à Apia pour le dimanche après l'Ascension. Jusqu'à ses dernières années, ce fut son habitude imprescriptible de se recueillir régulièrement dans la prière en tous les états de son âme, ou la tristesse ou la joie ; et il était heureux surtout quand il pouvait se trouver réuni avec ses religieux, échangeant avec eux la douce édification de la méditation en commun, si recherchée et si goûtée dans les congrégations ferventes. Il y donnait toujours plus qu'il ne recevait. Dans la présente retraite, le R. P. Violette, comme doyen d'âge, avait été chargé d'exposer le sujet de la méditation, et l'évêque s'était réservé de faire les conférences sur la vie religieuse et apostolique.

« Le bon Dieu, écrivait-il, a vraiment béni cette retraite ; l'action de la grâce était visible sur tous. Nous nous sentions unis comme un seul homme, et par là même heureux et forts. Aussi avec quel bonheur nous avons chanté au jour de la clôture : *Ecce quam bonum et quam jucundum habitare fratres in unum !*

« Le jour de la Pentecôte, qui était en même temps le dernier jour de la retraite, nous avons eu messe pontificale en musique. Les jeunes Océaniennes du pensionnat des sœurs nous ont chanté plusieurs morceaux qui ont ravi nos pères ; ceux-ci m'ont avoué que, depuis leur départ de France, ils n'avaient jamais rien entendu de si beau. Les jeunes gens de l'école chantaient le plain-chant et faisaient l'office d'enfants de chœur. Un chef de Savaï disait à ses compagnons : « Ne semble-t-il pas qu'en sortant de l'église, après « ces offices, on descend du ciel ? » Plusieurs protestants, autrefois très zélés pour l'erreur et nos grands adversaires, se sont convertis dans cette circonstance. »

Ce fut alors le tour de Savaï. Le prélat s'y rendit au mois de juin, et c'est à Safotoulafai, chez le R. P. Gavet, qu'il célébra la grande fête du très Saint Sacrement, selon l'invitation qu'il en avait reçue, comme on l'a dit, de Mgr Bataillon. Pour l'octave, il se trouva au cœur de sa chrétienté fidèle de Léalatélé, Léalatélé, sinon encore baignée, du moins toujours émue, des

« larmes de Tipaza ». Le P. Delahaye y cultivait, avec le zèle qu'on lui connaît, les germes que les vaillants du premier jour, les PP. Roudaire et Violette, avaient jetés dans ce sol prédestiné, et que Mgr Elloy, peu d'années après, avait fait lever en une magnifique moisson. D'année en année, ce qui restait encore d'hérétiques s'étaient rendus.

Mais le serpent agitait la queue avec fureur sous le pied qui lui écrasait la tête. L'odieuse persécution du mensonge, qui avait cédé devant la douce, mais irrésistible, vertu de nos missionnaires, avait saisi l'occasion des malheurs de la France pour entrer en recrudescence. Le ministre et l'unique catéchiste que l'erreur s'était conservés répétaient partout que c'en était fait de la France, et par conséquent aussi de la religion catholique. Remarquable association dont notre pays a le droit d'être fier! elle donnait à nos religieux de précieuses consolations pour l'heure d'angoisse qu'ils traversaient, et une invincible espérance de voir luire des jours meilleurs! Ils ajoutaient que le Pape avait été emprisonné, flagellé sur la place publique, puis fusillé avec tous les prêtres. Là revenaient les ignobles calomnies des premiers temps. Privés de tous moyens d'existence, les prêtres catholiques n'avaient plus de ménagements à garder; ils allaient fondre sur leurs néophytes, les réduire en servitude, s'emparer du peu que la guerre leur avait laissé, troubler et déshonorer leurs familles... En même temps, faute de ressources, les fonds de la Propagation de la foi faisant défaut et la guerre ayant dévasté le pays, les travaux entrepris pour la construction de l'église étaient interrompus.

Tel était l'état de cette intéressante chrétienté quand y aborda Monseigneur. Il bénit Dieu de l'accroissement du troupeau, admira ce qu'avait fait pour cette construction la patience et le zèle vraiment héroïques des néophytes, et il remonta tous les courages. Il n'hésita pas à consacrer à la reprise des travaux une notable partie des aumônes qu'il avait rapportées de l'Europe; et il appela pour les diriger un des frères coadjuteurs, qui était un habile et infatigable charpentier. De là une vive impulsion dont le P. Delahaye bénissait Dieu, dans l'effusion de son âme si pure et si tendre. L'auteur de sa vie a consacré à la raconter des pages d'une haute édification (1).

Le lecteur qui n'aura pas oublié les débuts de nos premiers missionnaires en Savaï, à Léalatélé surtout, aura retenu le nom du brave et loyal Touala. Il l'a donc placé de lui-même au nombre de ces chefs qui donnèrent tant de consolations au prélat. Il se maintint en effet jusqu'à sa mort dans les sentiments et les pratiques fidèles qu'il avait jurés, dès le premier jour, au péril de sa vie. Grâce à lui, en grande partie, malgré les menées des ministres, nos missionnaires purent élever leurs demeures et leurs écoles, acquérir des terrains qui leur étaient nécessaires; et il faut lui attribuer aussi, pour une grande part, la construction de cette église qui faisait la joie du P. Delahaye. Toujours prêt à rendre service, c'est lui qui, dans les passes périlleuses, conduisait le missionnaire à travers les récifs.

Irréprochable dans son intérieur de famille, jamais

---

(1) *Vie du P. Jules Delahaye*, par le P. Grenot, S. M., p. 197.

il ne laissa échapper même une parole légère ; et c'est toujours avec un grand respect qu'il parlait de Dieu et des choses de la foi. Assidu, non seulement aux offices du dimanche, mais aux exercices de chaque soir, et même à ceux du chant, il rentrait à la nuit au milieu des siens, et récitait la prière d'un ton qui faisait le plus grand honneur à sa piété.

Ce qui est surtout à remarquer, c'est que, a une bravoure signalée à la guerre, il s'efforça toujours d'y faire régner les principes chrétiens. « Vous voulez vous battre, disait-il à ses gens qui le poussaient, eh! bien, nous nous battrons. Mais pas de désordres, pas de nos vieilles danses abominables, pas de vols, pas de dévastations inutiles. Est-ce en un temps où nous avons plus lieu de craindre d'être frappés de mort et d'être appelés à rendre compte de notre vie, qu'il faut irriter la colère de notre Juge ? » Il faisait la prière dans sa troupe ; et, quand il y avait près de son campement un missionnaire, une église, il les protégeait et, autant que possible, allait demander les sacrements. En un mot, c'est le droit chrétien qu'il proclamait et qu'il travaillait à propager autour de lui.

Encore un mot sur lui, le dernier, le mot de sa fin, nous l'empruntons au missionnaire qui en a été le témoin et le dépositaire. Rien de plus beau dans la mort de plus d'un grand saint. « Quand il se sentit près du terme, il m'appela, dit-il, et de bon matin il reçut les sacrements dans les dispositions les plus édifiantes. Vers dix heures, il m'envoya un messager. « Touala veut te voir. — Est-ce qu'il est plus mal ? « — Je ne crois pas. — Que me veut-il ? — Je l'ignore, viens. » Je pars.

« La place devant sa case était couverte de monde. Ses parents les plus proches entouraient la natte sur laquelle il reposait ; près de lui, était le *matoua*, le plus âgé, le chef après lui de la famille. Touala était tranquille, bien maître de ses mouvements et de son visage. « Comment vas-tu, lui dis-je, depuis que tu as
« reçu les sacrements ? — Très bien, je suis content
« avec Dieu. — Tu m'as fait appeler ? — Oui.
« — Que me veux-tu ? »

« Se levant alors à demi, et prenant un ton grave et solennel comme je ne l'avais jamais vu : « Matoua,
« dit-il, en s'adressant à l'aîné, et lui montrant ses
« enfants, voilà ceux que le bon Dieu m'a donnés,
« deux garçons et trois filles ; je veux les rendre au
« bon Dieu avant de mourir. Je n'ai qu'une crainte,
« c'est qu'un jour ils ne redeviennent païens. » Puis, s'adressant à moi : « Ces enfants sont à toi, me dit-il ;
« devant tous mes parents, je te les donne. Que tout
« le monde le sache bien ! C'est mon dernier testa-
« ment, personne n'a le droit d'y contrevenir. Qu'il
« soit bien entendu, d'ailleurs, dit-il, en s'adressant
« à ses gens, que cela ne déroge en rien à leurs droits
« de chefs. » Ils le lui promirent ; je lui répondis :
« Sois tranquille, je les confierai de ta part à Enos ; ce
« que l'évêque garde est bien gardé ! — Eh bien, je
« peux mourir en paix. — Tu ne mourras pas encore ;
« Dieu te conservera pour ta famille et tes gens. » Alors, d'un œil enflammé et d'un ton vif : « Ah ! ne me tiens
« pas ce langage : tu m'as dit tant de fois que le ciel
« est si beau. Rien ne me retient plus, je suis sans
« regrets : je veux m'y envoler. »

« Ce furent ses dernières préoccupations. Ses yeux

étaient toujours levés en haut; et sa main à son chapelet suspendu à son cou. De temps en temps on l'entendait soupirer en nommant le ciel. Peu de jours après, j'étais auprès de lui, il entra en une douce agonie; je l'entendais par intervalle prononcer les noms de Jésus et de Marie, et dire à demi-voix : « Mon « Dieu, je vous aime! » C'est ainsi qu'il rendit le dernier soupir. Quelle mort! comme Dieu a récompensé ce que cet homme si grand et si saint avait fait pour sa gloire! Et maintenant il est aux pieds de l'Agneau, de l'Agneau dont, par sa protection et par ses soins, le sang coula pour la première fois, le 15 septembre 1845, sur le sol si longtemps maudit des Samoa! »

Ses enfants lui ont généralement fait honneur. Léoné, amené en France par le coadjuteur, en 1867, n'avait pas eu de peine à se concilier l'affection de tous. Il donnait cette espérance, qui avait tant réjoui Touala et lui avait inspiré le courage de la séparation, l'espérance de devenir un jour un bon prêtre indigène. Mais Dieu le trouva mûr pour le ciel dans la fleur de son innocence et de ses vertus précoces : il mourut peu après, en Provence.

Sa sœur Romana est digne d'un souvenir en passant. Monseigneur la confia aux sœurs d'Apia, et elle profita si bien de leurs soins, que les pères aimaient à se dire, en la voyant à la prière, au travail et partout, pieuse, modeste, active, serviable : « Que nos religieuses nous donnent chaque année une Romana, et elles auront considérablement travaillé à renouveler l'archipel. »

Fille de chef, elle aurait pu prétendre à de hauts

partis, elle aima mieux s'unir à un bon catholique, qui n'avait d'autre mérite que la pureté de sa foi et sa fidélité à servir les intérêts de la mission. Par lui, elle s'assurait la constance du mariage chrétien et la liberté de suivre son attrait pour les œuvres de charité. Aussitôt qu'elle fut revenue à Léalatélé, elle s'empressa de réunir les jeunes filles et de leur imposer le règlement de l'école d'Apia. Intelligente, bien instruite, de manières distinguées et de sentiments délicats, elle exerça autour d'elle la plus heureuse influence. « Quelle transformation, disait à son sujet le P. Sage, en citant d'elle des lettres admirables (1), quelle transformation la religion catholique bien comprise, goû-

---

(1) Nous citons ici la seconde, celle par laquelle elle remerciait le P. Sage de la réponse qu'il avait bien voulu faire à sa lettre de fête, du 17 mars :

« Mon bon père Joseph, que votre lettre m'a fait plaisir, et avec quelle grande reconnaissance je l'ai reçue ! Elle me montre que votre cœur est plein de bonté pour moi et pour mon mari et pour ma petite école. Le mien en est ému au delà de toute expression. Je me demande d'où me peut venir mon bonheur présent, moi qui me trouve maintenant engagée dans les liens du mariage, état auquel j'ai cru être appelée de Dieu. Il me semble que ce bonheur a poussé ses racines en vous et en mes bonnes mères, les années précédentes. Maintenant je suis bien loin de cette sainte demeure, où j'ai été si heureuse d'entendre leurs instructions et les vôtres, et malgré cela je suis encore heureuse. Je vous supplie donc, mon bon Père, de me conserver jusqu'à la mort votre affectueuse surveillance ; ne m'abandonnez pas à ma propre volonté, car vous savez combien le cœur humain devient facilement faible. Priez toujours pour moi, afin que, jusqu'à la mort, je reste bien soumise à la volonté de Dieu.

« Mon père Joseph, adieu ! Soyez heureux dans le Seigneur !

« Je suis ROMANA. »

tée et pratiquée, n'avait-elle pas opérée, en si peu de temps, dans la jeune fille samoane, vaniteuse, sensuelle et servile, telle que le paganisme a fait la femme presque partout! Vous avez en France des pensionnats, où des maîtresses habiles et dévouées s'appliquent, pendant sept à huit ans, à former l'esprit et le cœur de jeunes filles que leurs mères ont déjà bien préparées. Romana n'a rien reçu de l'éducation de la famille; nos écoles sont bien inférieures à celles de France : eh bien, Romana a-t-elle moins de cœur, de bon sens et d'esprit chrétien que vos savantes et pieuses pensionnaires? Que Notre-Seigneur soit béni, lui qui nous console dans nos épreuves, nous encourage dans nos travaux! »

En Savaï tout était plein, pour l'évêque de Tipasa, de ces souvenirs des premiers jours de l'apostolat qui restent toujours les plus vifs, comme souvent ces jours ont été à la fois les plus éprouvés et les plus féconds. Le 8 juillet, il partit pour l'extrême ouest de l'île, avec le P. Delahaye, dans son embarcation bien montée. Que les temps étaient changés! Quelle différence d'avec le sentier volcanique du Mou-Télé, luisant et glissant sous son pied, dont il dévorait la chaussure! Il le parcourait, il y a quatorze ans, sans ombre et sans eau, le tapou sur les cocotiers, au risque de s'égarer à chaque pas, sous l'implacable soleil des tropiques, n'ayant pour se guider, se désaltérer et se reposer, que la prière du rosaire, qui jamais d'ailleurs ne trompa sa confiance : *In viâ solatium, in æstu umbraculum, in lassitudine vehiculum!* « Dans le chemin soulagement, dans la chaleur doux ombrage, dans la fatigue char secourable (1). Aujourd'hui la barque filait légère sur une mer tranquille. L'évêque tenait le gouvernail, et les néophytes, pleins de fierté et d'entrain, ramaient en cadence, au chant de leurs plus beaux cantiques à Marie, que les échos de la haute falaise renvoyaient jusqu'aux lointains de l'océan.

Ce voyage ne fut qu'un long triomphe. L'embarcation à peine en vue, de Sataoua partirent de joyeuses détonations. Le lendemain, ce fut la réception des plus grands jours. Puis les trois canons venus pour la fête firent silence, et ce fut le tour de la parole attendrie et ardente des deux apôtres. Pendant trois jours, ils confessèrent, enseignèrent, préparèrent aux sacrements. Le jeudi matin, 6 juillet, la messe de communion, la confirmation, tout se passa dans cette joie profonde et sereine qui nourrit l'âme, et qui est certainement l'avant-goût le plus vrai de celle du paradis.

Plus belle fête encore à Faléaloupo, le Finistère de Savaï. Inhospitalier aux premiers apôtres, ce village avait été docile au P. Elloy et lui gardait une reconnaissance éternelle. Une pêche extraordinaire de bonites, arrivée merveilleusement au lendemain et à la veille de deux séries de jours où le poisson fit complètement défaut, avait mis l'abondance à la disposition de la commune allégresse. Les protestants eux-mêmes accoururent et assistèrent aux conférences de jour et aux instructions de nuit. « Un moment, dit le prélat dans son journal, je pouvais croire que tout le district se rendrait à notre foi. Mais hélas ! nous al-

---

(1) Prières de l'*Itinéraire*.

lons partir, et malgré leurs tendres supplications, je n'ai point de prêtres à leur donner; et le ministre est là qui guette le bercail pour le moment où va s'éloigner le pasteur! Mon Dieu, mon Dieu! de ces prêtres qui surabondent dans nos contrées, où on leur sait si peu de gré de leur dévouement, est-ce que vous ne susciterez pas à quelques-uns la volonté de nous venir en aide et de prévenir la stérilité de nos travaux! »

C'est le dimanche 9 que se célébra la fête de clôture. La nuit venue, ce fut l'heure des adieux. Tout Faléaloupo était réuni sur la plage; une immense ceinture de torches enveloppait l'auditoire et suivait les ondulations du terrain, semblant ainsi monter jusqu'à se confondre avec les feux du ciel, ce soir-là purs, calmes et étincelants, comme en Europe les plus belles nuits de mai n'en donnent pas l'idée. L'évêque prit la parole, tout faisant silence, l'agitation de la foule et le murmure de l'océan. Quels accents s'échappèrent de l'âme de l'apôtre, qui s'élevait toujours à la hauteur des scènes et des sujets! A la fin, l'embarcation s'approcha, l'évêque bénit une dernière fois la population en pleurs. Puis, avec son missionnaire, il s'élança et donna, en pleurant lui-même, le signal du départ. Pendant longtemps les cantiques se répondirent du rivage à la mer, de la mer au rivage. Puis tout s'effaça dans le lointain, les feux et les chants; mais les sentiments de reconnaissance et d'amour montèrent longtemps encore en silence vers le ciel.

A minuit, on fit relâche à Sataoua pour donner secours à une mourante. Puis on reprit la course jusqu'à Safouné, où ils arrivèrent avec l'aube. Là les attendait l'ami des missionnaires, le français Eugène

Godinet, marié à la fille d'un chef, dont la fortune, les services et le cœur étaient depuis longtemps au prélat et à tous ses confrères.

Après quelques heures de repos, ils reprirent la mer et, à 9 heures du soir, ils arrivèrent à Léalatélé. A défaut des hommes qu'un grand fono avait appelés à un village voisin, tous les enfants étaient sur pied avec des flambeaux et firent cortège au bien-aimé Tipasa, qui compta longtemps cette semaine au nombre des meilleures de sa vie.

Le départ de Léalatélé ne fut pas moins émouvant. Les adieux se firent, à 9 heures du soir, à l'église, qui ne put contenir l'assistance. L'évêque eut beau vouloir échapper à l'émotion des derniers moments en mettant son départ à trois heures du matin : toute la nuit le village resta sur pied ; on le conduisit en triomphe à son embarcation ; et, après bien des cantiques chantés au milieu des larmes, il gagna le large et arriva dans la journée à Safotoulafai.

Le jeudi matin, il quitta cette chrétienté non moins édifiante ; et, après une halte dans l'île de Manono, il arriva le vendredi soir, 21 juillet, à Apia, en longeant la côte N. O., hélas ! toute dévastée par la guerre, la douloureuse et désastreuse guerre qu'on aura bientôt à raconter.

Dans son âme si réellement paternelle, les douleurs étaient ainsi inséparables des saintes joies qui lui venaient de la fidélité de ses enfants. Mais n'est-ce pas la condition faite en ce monde à toute vraie paternité, de payer d'un tel prix toutes les consolations qu'elle reçoit du ciel ? Et qui voudrait s'en plaindre, quand le premier Père, de qui toute paternité découle, l'a payée aussi le premier, et bien au-dessus de toute estime, en envoyant son Fils à Bethléem et au Calvaire?

Mgr Elloy ne devait, on s'en souvient, exercer ses fonctions dans le vicariat du Centre qu'après le départ de Mgr Bataillon pour Rome. N'étant pas encore fixé sur le fait de ce départ, il résolut d'achever la tournée des Navigateurs, malgré l'occasion, que lui fournissait le vaisseau l'*Hamelin*, de se rendre à Wallis.

L'arrivée de ce navire mérite de nous retenir un instant. En débarquant à Apia, Monseigneur y avait trouvé une lettre de M. Ponthier, capitaine de frégate, commandant l'*Hamelin*. Adressée à Mgr Bataillon et, en son absence, au supérieur de la mission, cette lettre informait le prélat que ce navire avait été détaché de la station des Marquises pour visiter les missionnaires de l'Océanie centrale. Partant de Tahiti le 28 juillet 1871, il se rendrait aux Tonga, puis aux Samoa ; de là aux Wallis et à Foutouna, enfin aux Fidji. M. Ponthier, homme de foi comme d'honneur, ajoutait, avec cette courtoisie qui distingue en général les officiers de notre marine, qu'il saisirait toutes les occasions d'être utile et agréable.

Aucun événement ne pouvait être plus opportun. On a vu, dans le chapitre précédent, quel parti tiraient les ministres protestants, pour dénigrer les missionnaires et rabaisser la religion catholique, des désastres de la France. A Apia, ce procédé déloyal, tout en prenant une forme moins brutale, avait eu une plus haute gravité. Le consul anglais que nous avons déjà vu à l'œuvre, M. Williams, avait eu à peine connaissance de la nouvelle de la paix signée avec les conditions que l'on sait, si onéreuses et humiliantes pour la France, qu'il saisit la première occasion de les proclamer avec éclat. Elle tarda peu à se présenter.

Un navire anglais venait d'entrer en rade, la *Blanche*, commandant M. Montgomméry. Il y eut convocation des trois consuls d'Amérique, d'Angleterre et d'Allemagne, avec les principaux chefs samoans, en présence du commandant. M. Williams trouva bon de profiter de cette circonstance solennelle, qui avait un tout autre objet, pour donner le change en faisant croire que l'assemblée était surtout convoquée à l'occasion de la paix de Berlin. Il demanda donc le premier la parole, sous un prétexte imaginé ; et il fit lecture des dépêches, en langue samoane, avec des commentaires où il insistait, avec une satisfaction mal dissimulée, sur l'humiliation de notre pays. Il savait que, du même coup, il humiliait aussi nos catholiques, et il leur laissait entendre, d'un air de compassion hautaine, qu'ils étaient désormais sans protection et livrés à sa merci.

Tel fut le premier acte de l'assemblée. Le commandant ne comprit pas le langage du consul ; il l'aurait empêché, comme dérogeant à la neutralité de l'Angleterre dans la guerre qui venait d'avoir cette triste fin, et comme insultant lâchement la nation vaincue. Mais pouvait-il soupçonner quelle rancune d'ancien ministre wesleyen recouvrait en Williams la toge de consul ? Aussi répondit-il avec un courtois empressement à la protestation indignée que lui adressa le vicaire apostolique. Dès le lendemain, il vint le trouver. Il lui expliqua comment M. Williams avait surpris sa bonne foi. Celui-ci avait simplement demandé à traiter de quelques affaires avant de commencer la discussion, alléguant l'usage; et il avait parlé pendant une demi-heure, sans lui laisser soupçonner à quel point son langage était inconvenant.

Du reste tout n'avait pas tourné à bien pour notre calomniateur. Voulant pousser son triomphe, M. Williams avait porté, le lendemain, une accusation contre deux de nos chefs catholiques, Mataafa et Souatélé. Ils répondirent sans crainte de ses menaces, comme aussi sans rougir de ce titre de catholique que la calomnie essayait de nouveau vainement de couvrir de honte; car Souatélé fit un grand signe de croix en terminant son discours. Le fourbe et brouillon consul fut cette fois couvert de confusion; et M. Montgomméry y mit le comble, en tendant devant lui la main à ces nobles accusés et en les invitant à venir à bord.

En de telles conditions, la visite officielle de l'*Hamelin*, surtout si l'équipage se montrait vraiment religieux, était une délicatesse de la divine Providence, qui allait relever le prestige de la mission.

Or il en fut tout ce que Monseigneur avait désiré. A peine débarqué, le 20 août 1871, M. Ponthier se hâta d'échanger avec le prélat les visites les plus courtoises. Le dimanche, sous sa conduite, tout l'équipage assista en armes à la sainte messe. « Tenue excellente, dit le journal du prélat. Ce navire est à nos yeux l'image de la France régénérée. Le commandant est un homme droit, sensé, loyal; il s'est admirablement montré à l'égard des missionnaires.

« Nous avons eu dîner à bord le 23. Après le dîner, M. Ponthier vint lui-même me reconduire à terre en faisant accompagner le canot de deux autres du bord qui formaient cortège.

« Tous les commandants des nations diverses qui sont venus en ces derniers temps ont visité nos écoles, ils ont interrogé nos jeunes gens et leur ont donné des éloges. M. Ponthier a paru surtout frappé de ce que nous joignons la culture et les travaux manuels à l'instruction. » Ces actes religieux, ces témoignages de respect, ces visites empressées, produisirent tout l'effet attendu sur les Samoans.

Les circonstances étaient critiques ; cependant Mgr Elloy ne crut pas devoir laisser échapper une occasion offerte par la Providence d'acquérir un terrain qui devait achever de consolider l'établissement matériel de la mission à Apia. On a vu plus haut à quelles vexations nos cultures et nos écoles étaient en proie, et quelles mesures il avait déjà dû prendre pour s'en garantir, comment il était allé à Sydney chercher des ressources pour parvenir à enclore toute la propriété de la mission. Cette fois, il avait apporté des fonds d'Europe, et il en avait la libre disposition. De concert avec ses religieux, il aima mieux s'exposer à des privations pour l'année, se confiant en la Providence, et profiter de l'occasion qui se présentait. Les méfaits dont nous avions à souffrir s'augmentaient des licences de la guerre et du mauvais vouloir des colons allemands, qui se croyaient tout permis contre les Français humiliés.

Enfin, les Samoans, par une déplorable faiblesse, se dépouillaient de plus en plus de leurs terres qu'achetaient les Européens, les Allemands surtout. On flattait les passions par des conseils intéressés; on leur donnait en échange des munitions et des armes. Il était donc urgent pour les missionnaires d'acquérir des terres, qui leur permissent de faire contenance en face des propriétaires étrangers et de conserver leur indépendance.

Mataafa ne cessait de se montrer sympathique; il fut vraiment, comme l'avait été son père, l'homme suscité de Dieu pour nous établir, puis pour nous défendre et nous faire prospérer aux Samoa. Il possédait une vallée étroite, dont l'escarpement de deux montagnes formait une forte clôture naturelle; il suffisait d'un mur pour la fermer du côté de la mer et l'on était chez soi : c'est la vallée de Vao-vai. Nombre de blancs lui avaient demandé de la leur vendre pour en faire un parc de bestiaux : il avait toujours refusé, pour la garder à ses chers missionnaires. Il leur en offrit l'usage à titre gratuit. Le vicaire apostolique préféra l'acquérir par un contrat en règle, et il donna un millier de piastres. Ce pâturage devait être une précieuse ressource pour la subsistance du personnel, soit étranger, soit indigène, de la mission.

Mais ce qui eut encore plus d'importance, c'est l'acquisition du sommet de la colline de Vaéa. Là s'étend, en vue de la mer, un plateau magnifique qui domine Apia. L'air y est plus vif, le climat salubre. Monseigneur y voyait donc un heureux emplacement pour y recevoir nos valétudinaires de l'archipel, qui, dans le recueillement et le repos, ou rétabliraient leur santé, ou se prépareraient à la mort. Comme ce terrain fait suite aux acquisitions de 1866, c'était une garantie nouvelle, et non superflue, à la propriété. Il y avait de plus assez d'espace pour y recevoir les jeunes ménages catholiques, qui pouvaient ainsi constituer à la longue un village bien réglé, à l'abri des scandales des blancs et de leurs conseils, souvent perfides, ainsi que des séductions de l'hérésie. On ne tarda pas à y fonder, sous le vocable de saint Joseph, une école de catéchistes dont nous aurons à décrire l'établissement et les progrès manifestement providentiels.

« Nous avons déjà beaucoup de fait, dit ici le journal ; il reste encore beaucoup plus à faire, mais Dieu nous aidera ; et puis nous n'aurons pas toujours des années aussi difficiles que celle que nous traversons. — La maison des sœurs s'achève ; elle a été toute construite par de jeunes Samoans qui sont avec nous depuis leur enfance : Poï, Aloysio, Louis, David. Les classes ont commencé depuis un mois, en anglais pour les filles des blancs : elles sont vingt-trois élèves. Les Samoanes sont rentrées hier ; elles sont trente-trois internes. Tout ce monde vit sur la Providence par le travail de chaque jour. Il n'y a pas de provisions pour le lendemain, mais il y a six ans que l'on tient dans ces conditions : pourquoi nous défier de l'avenir ? Les Frères ont déjà vingt-quatre enfants ou jeunes gens qui vivent de même par leur travail. Ce qu'il y a d'admirable chez les sœurs, c'est que la culture de leurs plantations est faite en entier par quatre hommes qui se dévouent depuis six ans à cette bonne œuvre. Le produit de la couture des jeunes filles fournit à leur habillement, et un peu aussi à la nourriture des sœurs. Enfin, et c'est ce qui achève de me donner bonne espérance, tout cela subsiste en dépit des tracasseries des protestants, qui ne se multiplient évidemment que parce qu'ils sentent l'importance de notre établissement. Dieu, qui la connaît encore mieux, ne saurait donc manquer de soutenir ce qu'il a merveilleusement commencé. »

Nous passons une visite, bien digne d'intérêt cependant, aux Tokélaou, et nous dirons un seul mot de Toutouila. On se rappelle comment, et au prix de quels sacrifices, aidé de son fidèle Vitolio, le R. P. Elloy y avait fondé la religion catholique. Il y avait envoyé les PP. Schall, Soret et Garnier, dont les peines n'étaient pas restées sans récompense. On y comptait au moins deux cents néophytes. Monseigneur résolut de s'y rendre.

Le voyage se fit, à l'aller et au retour, dans la petite embarcation de la mission. C'eût été téméraire, si le missionnaire n'avait pas droit de compter sur une assistance particulière, obligé qu'il est d'agir souvent sur l'heure, et sans avoir le temps, ni même les moyens, de prendre les précautions que suggère la prudence commune. Sa tournée dans la portion du troupeau la dernière venue à la foi ne fut pas la dernière à le réjouir. Voici comment, de retour à Apia, dans une lettre du 6 juin 1873, il rendait compte de ses opérations au R. P. Poupinel :

« Le bon Dieu a béni ma visite à Toutouila. J'ai donné, pour la première fois, la confirmation, et j'ai pu donner la communion à plus de soixante fidèles : n'est-ce pas beau pour une chrétienté qui commence ? J'ai béni l'église consacrée à saint Joseph. Ensuite j'ai fait tout le tour de l'île. Enfin j'ai acheté un bel emplacement à Léoné, sur la côte sud-est, la propriété du vice-consul anglais, M. Hunkens, ancien ministre protestant. L'endroit où le P. Schall s'était établi n'était pas tenable. Hélas ! n'est-ce pas là qu'il a pris le germe du mal qui nous a obligé de l'envoyer à Sydney, où il se meurt ? Nos chers pères, qui allaient venir après lui, y auraient tous contracté à la longue des maladies qui eussent eu des suites funestes. Vous savez mieux que personne combien le climat éprouve, et qu'il ne faut rien négliger pour sauvegarder des santés si précieuses.

« La mission de Toutouila est fondée. L'élan général, que j'ai eu le bonheur de constater partout, va recevoir de là une grande impulsion, et le nombre des catéchumènes en train de grandir va certainement augmenter avec rapidité. A voir les protestants m'entourer avec tant de sympathie, on eût dit qu'ils étaient sur le point de s'inscrire au nombre de nos priants. »

Le retour ne s'opéra pas sans péril, comme il le raconte lui-même : « Un vent de tempête nous prit en face de Faléfa (1), en dehors des récifs ; avec ce vent violent, je vins jusqu'en face de Vaïlélé sans avoir pu apercevoir la terre. Nous devions longer les récifs, et, cependant, je ne pouvais connaître mon chemin que par la boussole, on ne voyait rien à vingt pas autour de mon frêle esquif. Je n'avais laissé qu'un petit coin de ma voile, et, la main sur la barre du gouvernail, je tâchais de prendre les grandes vagues en demi-flanc, de manière qu'elles ne remplissent pas l'embarcation, quand elles venaient s'amonceler autour de nous en menaçant de nous engloutir.

---

(1) Sur la côte nord d'Oupolou, à l'extrémité du petit axe de l'île.

« Nous en fûmes quittes pour la peur, mais on ne pouvait croire à Apia que nous avions tenu en mer avec cette bourrasque, qui avait renversé les bananiers et brisé de grosses branches d'arbres à pain. Au plus fort du danger, au moment où, voyant mon mât sur le point de se rompre, j'avais fait baisser la voile, je m'étais senti comme pressé d'entonner un chant à Marie. Je commençai donc d'un ton vibrant les premiers mots de l'*Ave Maris Stella*, et toutes les voix, tremblantes de peur et d'émotion, mais raffermies par l'espérance, achevèrent le chant de l'hymne à Celle que l'Eglise appelle si justement l'Etoile de la mer. »

Une consolation qu'il estima une des plus précieuses de sa vie l'attendait au retour. En mai 1872, il avait cru devoir écrire à Pie IX, ce pontife pour lequel son estime et sa vénération égalaient son amour filial et sa profonde reconnaissance. Il lui avait exprimé, en ces termes dont son cœur avait le secret, sa respectueuse sympathie et son incomparable douleur à la nouvelle de l'attentat du 20 septembre, qui l'avait livré aux Piémontais et constitué captif en son palais du Vatican.

Pie IX, vrai lieutenant de Celui dont la providence a un soin égal de l'hysope de la vallée et du cèdre des grandes cimes, tarda peu de lui répondre. « Que de fois, disait Monseigneur, dans la même lettre, j'ai baisé cette auguste signature! Pierre est dans les fers : sa main est plus digne encore de nos respects et de notre tendresse qu'au jour où les évêques du monde entier, réunis autour de lui, l'environnaient de leurs hommages et protestaient de leur obéissance. Le grand et saint Pontife daigne me dire qu'il a éprouvé de la consolation dans ses douleurs en recevant cette lettre partie de si loin, et en apprenant que les prières de mes néophytes viennent, du milieu de l'Océan, combler la mesure de celles qui se font dans toute l'Eglise. La bénédiction qu'il m'envoie à moi et à tous les missionnaires, ainsi qu'à nos chers néophytes, cette bénédiction, qui nous arrive du Vatican converti en prison, sera entendue des cieux ; et nous, elle nous remplira de force et de confiance ! »

A la lettre de Sa Sainteté en était jointe une autre du Cardinal Préfet de la Propagande qui, pour résoudre les hésitations dont souffrait son ministère, lui donnait directement les pouvoirs pour tout le Vicariat, que Mgr Bataillon eût pu déjà, ou non encore, prendre connaissance des lettres qui l'appelaient à Rome.

Cependant, à la fin de juin de la même année 1872, Mgr Elloy recevait de l'amiral commandant la station du Pacifique, M. de Lapelin, une lettre bienveillante et chrétienne qui mettait à sa disposition, comme dernièrement l'*Hamelin*, la corvette le *Vaudreuil* pour la visite des missionnaires. La lettre lui fut remise par le commandant de la corvette, M. Lefèvre, qui venait de mouiller dans la baie. Cette nouvelle attention de la marine française lui causa une grande joie ; et, comme l'offre coïncidait avec la lettre du cardinal Barnabo, il se mit en devoir de partir.

CHAPITRE II

VISITE PASTORALE DU VICARIAT DU CENTRE
LE *VAUDREUIL* — GRAVES INCIDENTS DU RETOUR

Le *Vaudreuil*, mis gracieusement à la disposition du vicaire apostolique, prit la mer le 8 juillet 1872. La route à suivre pour se rendre aux Wallis longeait Savaï. Mgr Elloy obtint du commandant de mouiller à Mataoutou, pour lui permettre de faire avec éclat une visite dont la foi des populations catholiques avait besoin. Tout près de cette baie, il avait établi le P. Faugle, à Safotou. Or le ministre, connu de nous depuis longtemps, M. Pratt, avait déployé tous ses efforts et son habileté pour empêcher le village de le recevoir. De concert avec un ministre *méthodiste*, lui *indépendant* — ainsi dans tout hémisphère les erreurs *se concentrent*, pour employer le mot contemporain, contre la vérité — ils avaient eu recours aux supplications, même aux larmes, dont ils savaient être prodigues, conjurant les naturels d'éloigner à tout prix de leur pays « une si redoutable calamité »! Mais les brebis avaient eu le temps de discerner le bon pasteur du mercenaire; elles furent fidèles au bercail et firent le meilleur accueil à l'envoyé de leur évêque.

« L'arrivée si subite et si inattendue de l'évêque, dit le journal, jette l'émoi dans le pays, surtout quand on apprend que le commandant du *Vaudreuil* et un détachement de ses matelots doivent venir le lendemain, pour assister à la messe dans la pauvre case qui sert de chapelle. Il y a trois ou quatre milles à faire en embarcation pour venir de Mataoutou à Safotou; mais le temps nous fut favorable. Nos catholiques, enchantés de l'honneur qui leur était fait, étaient venus en foule. Aussi, après la messe, il y eut grande hécatombe de porcs pour nous recevoir. Le P. Faugle n'avait ni table ni chaises à nous offrir; il est encore logé à la mode océanienne. »

Le commandant et ses officiers ne tinrent pas rigueur au missionnaire de son pauvre accueil, dont ils ne voulurent voir que le côté affectueux; et, par là vraiment, il ne laissait rien à désirer. Ils admirèrent l'abnégation dont il faisait preuve en se contentant pour lui de cette plus que modeste habitation, tandis qu'il était tout entier à la construction d'une église en pierre, qui s'annonçait solide et de bon goût. On s'assit sur des nattes en vue de la mer; le prélat fit les honneurs avec cette bonne grâce exquise dont la réputation était faite et déjà bien répandue dans notre marine; et la plus franche gaieté régna à cette table si humble, mais si cordialement hospitalière.

On tarda peu d'apprendre que M. Pratt, honteux de l'inutilité de ses machinations, avait quitté la place, la laissant tout entière à notre bon P. Faugle, qui y fut dès ce moment définitivement installé.

Le jeudi 11 juillet, dit le journal, qui se trouvait être à Wallis, située au delà du 180e degré, le mercredi 10, le *Vaudreuil* arriva de bon matin au port principal de l'île. L'entrée en est étroite, et il y règne un courant extrêmement rapide qui coule jusque cinq à six nœuds. Une fois entrés dans le port, nous avions à enfiler des passes plus étroites encore et à tourner des courbes très raides entre les récifs, avant d'arriver à l'ancrage. Mais Emmanuel Toungala, notre pilote, connaît très bien ces écueils, et, grâce à la précision du commandement du capitaine, M. Lefèvre, notre bâtiment put arriver à Saint-Joseph-de-Moua et y jeter l'ancre sans avoir touché nulle part. C'est un bonheur assez rare, quand on a un bateau de l'importance du *Vaudreuil*.

Le P. Mériais était chargé de cette station. Il organisa immédiatement son monde pour la réception de l'évêque. Il tombait une pluie très serrée; néanmoins plus de mille personnes, hommes, femmes et enfants, furent réunis en moins de deux heures. La jeunesse était sous les armes, rangée sur deux lignes, faisant ces feux réguliers sans lesquels, à Wallis surtout, il n'est point de belle fête. Venaient ensuite les hommes d'âge mûr, puis les vieillards. Huit hommes, de ceux qu'on appelle les anciens, s'avancèrent à un demi-kilomètre dans la mer, pour prendre le vicaire apostolique sur un brancard très bien arrangé en forme de fauteuil et orné de nattes fines. Car, la marée étant basse, l'embarcation du *Vaudreuil* n'avait pu accoster le port. Le doux et modeste évêque ne s'accommodait guère de ces sortes de pompes triomphales. Aussi, une fois hors de l'eau, dont les porteurs avaient jusqu'à la ceinture, il voulut descendre; mais les gens avaient des ordres du prévoyant missionnaire, et ce ne fut qu'à la porte même de l'église que Monseigneur se trouva libre de mettre pied à terre.

L'île si chrétienne de Wallis, où fleurissent aujourd'hui, au lendemain presque immédiat de plusieurs siècles de barbarie, les jours de la primitive Église, où se reproduit ce que montrèrent de plus beau les *réductions* du Paraguay, l'île de Wallis se mettait toujours en fête à l'arrivée de son évêque. Une grande raison se surajoutait cette fois aux raisons ordinaires. C'était cet aimable coadjuteur dont la réputation de bonté exquise, de dévouement inépuisable, de foi tendre et vive, avait répandu par tous les archipels un grand désir de le connaître. Il venait monté sur un navire de guerre français : ce qui exaltait les têtes et rendait les fronts radieux.

Le commandant du *Vaudreuil*, envoyé au nom de la France, entendait s'acquitter honorablement de sa mission. Il se rendit, en grande tenue, le lendemain chez la reine Amélie, avec tous ses officiers; puis, le jour suivant, la reine vint à bord rendre sa visite. Elle fut reçue avec les honneurs souverains. Avec ses gens elle visita le navire et la machine, non sans intelligence, et avec une dignité simple et aisée que les officiers remarquèrent avec étonnement. Quand elle quitta le bord, le pavillon wallisien fut hissé au grand mât et salué de vingt un coups de canon. Le dimanche suivant, l'évêque célébra une messe solennelle, à laquelle le *Vaudreuil* envoya un détachement de cent fusiliers, qui rendirent les honneurs militaires.

Telle est donc la transformation, aussi rapide que

complète, opérée en ces parages par la religion catholique. Cette reine qui reçoit du représentant de la France des hommages rendus d'abord par commande, puis devenus sincères et spontanés, c'est cette petite Amélie, que l'auteur de *Mgr Bataillon* nous a montrée assez douce de cœur, dans sa famille encore barbare, pour s'émouvoir de compassion devant le blanc inconnu et persécuté, qui cependant n'est venu que pour les délivrer du mal (1). Elle l'a préservé de l'horrible mort par la misère et par la faim. Gagnée des premiers à la croyance et aux pratiques chrétiennes, elle a contribué puissamment à les étendre par la sincérité et le doux éclat de ses vertus, par l'élévation de son caractère, par la piété, intelligente autant que vive, qui marquait toute sa conduite d'une dignité modeste, et qui donnait aussi à son influence de naissance et de rang un prestige jusque-là absolument inouï. Devenue reine, elle a doté son archipel d'une paix et d'une prospérité que nombre de pays dits civilisés devraient lui envier. Pie IX, ce grand connaisseur des âmes, l'a jugée digne d'une longue réponse lorsqu'elle lui écrivit, le 2 juillet 1872, pour compatir à ses épreuves; et assurément cette correspondance, qui n'est pas sans gloire pour la mémoire du pape au grand cœur, est pour elle un titre d'honneur incomparable. La France pouvait donc, à son tour, lui décerner sans déroger les honneurs réservés à la puissance souveraine. Quelques années s'écouleront, et elle acceptera avec empressement le protectorat que la reine ne tardera pas à solliciter. Et, en mêlant son drapeau au pavillon wallisien, elle félicitera haute-

(1) *Mgr Bataillon*, tome II, page 374.

ment les missionnaires Maristes, par l'organe de son représentant, d'avoir puissamment contribué à amener un résultat dont elle aura toujours à s'applaudir (1).

Que ces admirables progrès soient dus à la religion catholique, il serait superflu de s'arrêter à le démontrer. Mais on lira avec intérêt les conclusions de haute et pieuse philosophie qui échappent ici au cœur de notre évêque.

« Nos néophytes, dit-il à sa sœur, qui goûtait et qui provoquait au besoin ces suaves et salutaires leçons, nos néophytes ne sont pas riches, ils vivent tous au jour le jour; la reine est pauvre comme les autres, car ni elle ni son père ne se sont jamais fait payer aucun tribut. Mais on compte sur la bonne Providence qui bénit le travail de chaque jour ; et puis, quand on n'a pas une chose, on s'en passe sans penser qu'on en a besoin. On trouve alors qu'on ne manque de rien; or penser et sentir ainsi, n'est-ce pas être vraiment riche ? Combien, hélas ! se croient pauvres en Europe et se trouveraient très riches, s'ils savaient borner leurs désirs ! Il est vrai que, dans ces îles où règne un été perpétuel, il n'y a pas tant à s'occuper du vêtement et du logement qu'en Europe où le climat est plus rude ; mais, quand Notre-Seigneur nous invite à considérer les oiseaux du ciel qui ne sèment point et les lys des champs qui ne travaillent et ne filent point, et quand il recommande à tous de mettre leur con-

---

(1) C'est le 29 septembre 1887, en pleine troisième république, qu'officiellement fut arboré, à Wallis, le drapeau de la France et son protectorat proclamé ; et tel est, sinon le texte, du moins le sens des paroles que le Résident prononça à cette occasion.

fiance dans notre Père céleste qui veille sur tous, il parle pour les hommes de tous les pays, même pour ceux de Servigny, plus même pour eux que pour les Océaniens qui ne devaient connaître l'Évangile que 1800 ans après la mort du Sauveur. »

Le mardi 16 juillet, sous les auspices de Notre-Dame du Mont-Carmel, le vicaire apostolique quitta Wallis, et le lendemain le *Vaudreuil* le déposait à Foutouna. Là son âme se laissa subjuguer par la plus vive émotion : la pensée du vénérable P.-L.-M. Chanel, dont la cause de béatification, introduite le 24 septembre 1857, avait pris en ces derniers temps, un cours des plus heureux (1). A côté d'un si grand souvenir, se plaçait devant ses yeux la sainte et mélancolique figure du frère Jacques Peloux, dont le lecteur n'a pu oublier les vertus vraiment héroïques dans leur simplicité et leur constance. Il était mort, sur les lieux même, d'une chute du haut d'un petit rocher. L'évêque le voyait encore étendu sanglant sur le sol de Poï, où il l'avait relevé dans ses bras, d'une main serrant le quartier de rocher qui s'était détaché sous son étreinte et l'avait livré à l'abîme, de l'autre tenant son chapelet fidèle et se protégeant de son scapulaire.

Enfin, en entrant dans l'église de Notre-Dame-des-Martyrs, élevée près du lieu où tomba « l'hostie très agréable à Dieu, frappée au front à la manière des antiques victimes (2), » il eut encore à se souvenir devant les tombes de deux des vaillants des premiers

---

(1) Le Bref de béatification a été publié solennellement, et la cérémonie célébrée, le 17 novembre 1889.
(2) Termes du décret de *Martyrio*, 25 nov. 1888.

jours, dont le P. Mangeret a raconté la vocation, les travaux et la mort : les PP. Servant et Junillon (1).

Ces émotions n'empêchèrent pas Mgr Elloy de remarquer que l'accueil de Foutouna le cédait à celui de Wallis en empressement et en sympathie. Les mœurs de cette île avaient toujours été plus rudes que celles de la seconde ; et, à cinquante ans en arrière, ils en étaient encore à un cannibalisme des plus affreux de tous les archipels du grand océan. Le sang du martyr a fait disparaître toutes ces monstruosités. Mais l'écorce est restée dure : ce n'est qu'à la longue que la transformation s'opère dans les habitudes. Peut-être aussi les missionnaires, frappés comme ils l'avaient été de la conversion rapide, même plutôt soudaine, de cette île — grand miracle dont Léon XIII a reconnu l'importance et l'authenticité (2), — crurent-ils avoir affaire avec des âmes totalement changées et devoir les pousser plus vite dans le chemin de la perfection.

Quoi qu'il en soit, les rapports des naturels avec les pères ne témoignaient pas de cette confiance, qui ailleurs était une grande source de joie pour les missionnaires, et qui leur rendait le travail facile en leur tenant les cœurs ouverts. Il y avait donc lieu de modifier en quelque chose la ligne de conduite adoptée. Deux jeunes pères venaient d'être chargés de cette mission, les PP. Hervé et Quiblier. Le vicaire apostolique les trouva admirablement disposés à entrer dans ses vues. Il les engagea à ne pas se montrer minu-

---

(1) *Mgr Bataillon*, IIe vol., page 334.
(2) Dans le décret cité.

tieux dans la surveillance, à paraître ignorer certains abus pour n'être pas mis en demeure de les reprendre tous à la fois, à incliner plutôt à l'indulgence qu'à la sévérité. Il est de l'esprit de l'Eglise, en tout ce qui n'est pas de commandement rigoureux, de proportionner les prescriptions à la capacité des sujets et la répression à leur tempérament moral.

Sous l'influence de la figure bienveillante et des douces paroles de Mgr de Tipasa et des deux missionnaires, une détente sensible se produisit dans les cœurs et les physionomies, de manière à faire concevoir des espérances que l'avenir n'a pas démenties. Au départ de l'évêque, la tenue de la population fut tout autre qu'à l'arrivée. Il y eut un concours universel pour le conduire au rivage où l'attendait le canot du commandant, et ce fut au milieu de la détonation de toutes les armes à feu du pays qu'il regagna le bord.

De Foutouna, en continuant sa route vers le sud-ouest pour rentrer en Calédonie, le *Vaudreuil* vint mouiller à Rotouma. C'est un groupe perdu dans le grand Océan, comme ceux des Foutouna et des Wallis. Mais il n'avait pu échapper à l'œil perçant de Mgr Bataillon. Le P. Mangeret a raconté, avec l'intérêt qu'il savait attacher à ses récits, les intrépides expéditions du P. Verne, du P. Sage et des PP. Dezest et Trouillet. Le premier, envoyé sur la fin de 1846, puis secondé par le P. Sage, avait tenté un de ces coups d'audace qui témoignent du mépris de toute souffrance et de la vie pour le salut des âmes. Abandonné seul, et par son ordre, sur cette terre inhospitalière, après avoir longtemps bravé les huées et les menaces de la foule, puis la faim et les mauvais traitements, il avait dû enfin secouer la poussière de ses pieds et accepter une autre mission du vicaire apostolique, qui le destina aux Samoa (1).

Cependant son dévouement laissa ses traces, même profondes ; et lorsque, en 1868, Mgr Bataillon envoya le P. Dezest, qu'il détacha de Foutouna, avec le P. Trouillet, nouvelle et généreuse recrue du diocèse de Cambrai, ils y trouvèrent six cents personnes qui faisaient la prière catholique : moisson vraiment merveilleuse, semée dans les larmes amères, les fatigues et les privations de toute espèce ! Ils se mirent à l'œuvre avec le même courage, et le P. Mangeret nous a fait connaître leurs travaux et leurs succès ; il a décrit aussi l'admirable mort du P. Dezest, le 4 février 1872. Enfin, il a raconté comment les espérances que le P. Trouillet, qui avait tant besoin de consolation dans son délaissement, avait fondées sur le passage de l'*Hamelin* furent malheureusement déçues. M. Ponthier se laissa prendre aux paroles mielleuses et aux trompeuses promesses des chefs hérétiques. Il crut de bonne politique d'oublier le passé, d'accepter les faits accomplis et de proclamer entière liberté de conscience.

En l'état du pays et des esprits, il est clair qu'on ne pouvait réclamer davantage ; et, si les protestants eussent été de bonne foi, la situation de nos catholiques se fût bien améliorée. Mais il y aurait fallu

---

(1) *Mgr Bataillon*, tome II, pp. 139 et suiv. — 192 et suiv. — 288 et suiv.

moins de confiance, plus de fermeté et des gages. L'*Hamelin* se contenta d'une convention dont tel était le principal article : « Nous, chefs des îles Rotouma, protestants et catholiques, promettons d'oublier entièrement nos discordes passées, *et engageons nos paroles* pour assurer, aussi bien aux catholiques qu'aux protestants, les mêmes droits et *le libre exercice de nos deux religions.* » Elle fut conclue et signée devant lui, et il partit sans avoir conjuré les menaces de l'avenir.

Or, elles tardèrent peu de se traduire par des violences. Le 20 septembre 1871, le chef d'Itou-téou, fort du nombre des siens et de ses victoires passées, écrivit au chef du district catholique de Fangaouta, où les persécutés de l'archipel avaient trouvé un fraternel asile, une lettre arrogante. Il déclarait que les exilés pourraient rentrer dans leurs villages, mais qu'ils n'y construiraient point d'églises; et que, s'ils voulaient célébrer leur culte, ils devaient se rendre dans ceux où l'on tolérait l'existence des églises déjà construites.

Hélas ! cette violation si prompte d'une convention que le commandant d'un navire français avait approuvée et sanctionnée s'expliquait, de la part d'adversaires sans loyauté, par la joie et la confiance hautaine que leur donnaient les dernières nouvelles de la France. Il est à la fois triste et consolant de le répéter : la cause de l'Église et celle de la France sont étroitement unies partout où la Propagation-de-la-Foi a une fois envoyé ses missionnaires.

« Avant notre arrivée, écrivait le P. Trouillet, le 10 mars 1871, on ne connaissait que l'Angleterre ;

depuis, la France avait pris le dessus. Elle passait pour le premier empire du monde, d'autant plus que les Rotoumiens ne peuvent la séparer de Rome ; il leur semble que c'est une même chose. Aussi, ils en tirent des conclusions. La vraie religion pour eux est personnifiée dans la France ; par conséquent, si la France est vaincue, c'est la religion qui est vaincue. Nos hérétiques triomphaient donc, et nos catholiques n'osaient trop nous interroger sur les nouvelles qui commençaient à circuler. Avec ces idées répandues dans le pays, jugez de notre position. »

L'arrivée du *Vaudreuil* était admirablement opportune. C'est la France qui apparaissait. Outragée dans sa signature par un chef déloyal, sous l'aile de son drapeau vaincu, mais non dépouillé, ni de son prestige, ni de sa force, elle amenait le vicaire apostolique dont la défense était devenue son impérieux devoir.

Quelle joie pour les catholiques persécutés de recevoir leur évêque en de telles conjonctures, et quelle récompense, si bien méritée d'ailleurs, de leur inébranlable fidélité ? Comme les Hébreux des premiers temps de l'Eglise, ils avaient gardé toute l'énergie de leur baptême (1). Les uns, au nombre de cinq cents, mis en demeure de choisir entre l'exil et l'apostasie, n'avaient pas hésité à quitter leurs cases, leurs cocotiers, leurs habitudes et tous leurs intérêts. Les autres avaient généreusement partagé la nourriture de chaque jour avec des proscrits, en qui ils étaient formés à voir les propres représentants du Sauveur. Et Dieu

(1) Hebr. x.

les avait comblés des grâces de choix, de patience, de joie intérieure, de persévérance et de ferveur.

Le bonheur réciproque que se renvoyaient l'un à l'autre le pasteur et le troupeau s'accroissait de l'espérance fondée que le *Vaudreuil* prendrait des mesures décisives. Et, en effet, en face de l'infraction manifeste du traité dont l'*Hamelin* s'était fait le garant, le commandant, M. Lefèvre, ne pouvait rester silencieux. Il envoya une invitation écrite à tous les chefs signataires du traité, de venir à Faou s'entendre avec lui. Sur sept, quatre se présentèrent ; les trois autres, à l'instigation de M. Osborn, ministre wesleyen, refusèrent. Une seconde lettre, intimant une menace et munie du cachet du *Vaudreuil*, resta encore sans effet. Alors M. le commandant envoya une troisième lettre aux trois chefs réfractaires, leur déclarant que si, à dix heures le lendemain, ils n'étaient pas à bord, le *Vaudreuil* brûlerait leurs maisons ; et, pour montrer que ces menaces étaient sérieuses, le navire leva l'ancre et vint mouiller à Oinafa, en face de la maison de Sokmen, le chef qui avait paru le plus audacieux, se proposant ensuite de faire subir le même sort à celle d'un autre chef non moins perfide, Marafou.

M. Osborn crut intimider le commandant en faisant ses réserves, pour le cas où sa propre maison et celle de son frère, négociant en huiles, éprouveraient du dommage sous le feu du navire ; mais, voyant que ses menaces restaient vaines, il s'exécuta et vint à bord, le 30 juillet, avec les chefs réfractaires, s'offrant pour interprète.

Le commandant flaira le piège, et exigea avant tout la présence du P. Trouillet. Mgr Elloy voulut se tenir à l'écart. Il demanda alors aux chefs s'il était vrai qu'ils eussent mis les catholiques en demeure de choisir entre l'apostasie et l'exil. Ils en convinrent, donnant sans façon pour excuse, — ce qui est plus ou moins dissimulé au fond du cœur de tous les potentats hérétiques, petits ou grands, — savoir qu'ils voulaient être maîtres chez eux. M. Lefèvre, instruit par l'échec de l'*Hamelin*, répliqua qu'on peut être maître dans le pays sans violenter les consciences, et demanda si les catholiques avaient été rebelles aux lois légitimes. Il lui fut répondu que non, mais que les chefs avaient raison de craindre que des désobéissances ne vinssent à se produire, *comme il était arrivé ailleurs*. Cette allégation, soufflée par le ministre, fut hautement démentie par le P. Trouillet. Il affirma énergiquement que, partout et toujours dans les archipels de l'Océanie centrale, les catholiques avaient prêché et pratiqué l'obéissance à l'autorité publique, avaient payé les tributs, respecté les croyances et le culte des protestants ; et il défia ses adversaires de citer des faits à l'appui d'une assertion indignement calomnieuse. Ils gardèrent le silence.

M. Lefèvre alors leur reprocha d'avoir, sur une supposition vaine et outrageante, violé gravement la convention couverte par la signature de la France et maltraité les catholiques innocents. Il leur ordonna de faire rentrer les exilés dans leurs villages et de les y laisser pratiquer librement leur religion. Il les punit d'une amende proportionnée à la gravité de leur faute : ceux qui avaient été les instigateurs de la persécution, et qui avaient pesé sur les autres par la terreur, furent condamnés à dix ou vingt barriques d'huile de coco, et les autres à cinq. Le tout devait être payé dans l'espace de six mois à la mission catholique, en compensation des dommages que la persécution leur avait fait éprouver.

Il en coûta au vicaire apostolique de quitter sitôt le P. Trouillet, en le laissant seul dans son deuil et ses difficultés, pour un temps dont il ne pouvait encore prévoir le terme. Mais il avait de bonnes espérances de voir finir la guerre aux Samoa, où alors sa présence serait indispensable; il fallait donc se presser. D'ailleurs, en consultant les itinéraires des navires annoncés d'avance pour l'année, il avait été amené à conclure qu'un séjour prolongé à Rotouma lui imposerait la nécessité de retourner à Sidney afin d'y prendre la route pour les Samoa. Il résolut donc de partir sur le *Vaudreuil* qui devait passer aux Fidji, où il le quitterait pour y chercher un moyen de revenir sur ses pas. « Là, écrivait-il à sa sœur, je dus dire adieu à son digne commandant, et ce ne fut pas sans tristesse. Je n'oublierai jamais la bienveillance et le dévouement dont il a fait preuve à l'égard de nos missions et de ma personne. »

L'archipel des Fidji, anciennement Viti, qui compte ses îles par centaines, avait cessé depuis longtemps d'appartenir à l'Océanie centrale. Ainsi qu'on l'a dit dès le début de cet ouvrage, la Propagande l'avait érigé en préfecture apostolique, le 27 mars 1863. Monseigneur n'avait donc pas de visite à y faire; et il se borne à en dire quelques mots dans sa correspondance. Les citer ici serait chose bien insuffisante pour une mission dont les premiers apôtres ont égalé ceux de tous les âges, — nous n'hésitons pas à le dire, et nous espérons un jour le démontrer (1), — en souffrances, en mortification, en intrépidité et en savoir-faire, couronnés à la longue de magnifiques succès. Il nous reste à suivre notre prélat dans le voyage du retour qui faillit lui être fatal, et qui porta à sa santé des atteintes auxquelles elle dut finir par succomber.

Deux moyens s'offraient au vicaire apostolique de faire ce voyage : fréter un navire, ou, comme à Rotouma, prendre passage sur un de ceux qui étaient en partance pour Sydney, d'où il aurait trouvé ensuite une occasion pour les Samoa. Le premier supposait une dépense considérable ; le second était moins coûteux, mais il obligeait à une absence de cinq ou six mois, qu'il voulait à tout prix s'épargner.

Le préfet apostolique de Fidji était le R. P. Bréhéret, figure d'apôtre légendaire, disons mieux, idéale, qu'il sera d'autant plus nécessaire quelque jour de décrire, qu'il s'est toujours refusé à prendre les moindres notes sur ses incomparables exploits. A toutes les sollicitations dont il a été l'objet de la part des pères, jaloux de connaître ses pratiques apostoliques, il n'a jamais fait qu'une réponse : « J'écris sur la mer avec mon gouvernail ; voulez-vous que je retourne à l'école à soixante ans, pour réapprendre à manier la plume ? » Il avait acquis, pour le service de ses îles, une petite goélette. Il en était le capitaine ; avec son gouvernail, il ne cessait donc d'écrire sur la surface perfide nombre de pages, aussi dignes de mémoire que vite effacées,

---

(1) Sous la réserve de saint Jacques : *si vixerimus, aut si Dominus voluerit.* JAC. IV, 15.

tâchant, comme il le disait, « d'être plus fin que le vent, faute de pouvoir être plus fort ! » Il avait nommé sa goélette *Pio nono*.

Ce nom de Pie IX devait séduire Mgr Elloy. Il réveillait dans son cœur les doux souvenirs de ces audiences intimes, privilégiées, où le Pape lui avait prodigué sa tendresse, et les grandes émotions des sessions du Vatican. Il ne se demanda donc pas si ce nom, qui lui rappelait tant de mérites et de bienfaits et un si glorieux triomphe, n'était pas aussi un nom de grandes douleurs, *crux de cruce* : n'importe à quel prix, sous ses auspices il arriverait au port. Il fit au préfet apostolique la prière de le conduire ; et tout aussitôt « capitaine » Bréhéret fut à ses ordres avec tout l'équipage : un frère habile et dévoué, le frère Stanislas-Gabriel Claret, un matelot anglais, quatre Fidjiens, trois samoans, et pour tout compas, la boussole, sans chronomètre, ni sextant. On se récria sur la témérité de l'entreprise : un si long voyage sans moyen de se diriger, et à travers tant de brisants ! c'était s'exposer à faire naufrage, à se perdre en mer, à mourir de faim..... Monseigneur allégua la nécessité comme signe de la volonté de Dieu, et s'en remit à Celle qui est en même temps l'*Étoile et la Maîtresse de la mer* du soin de le conduire et de le préserver. On mit à la voile le 20 août 1872.

Les premières journées furent excellentes : vent favorable et bonne brise. On arriva en trois jours à Waïriki. Le lendemain, on s'arrêta à Rambé pour y passer le dimanche. « Un planteur anglais, M. Hill, quoique protestant, écrit le prélat, nous fit des instances si aimables et si pressantes, qu'on ne put décliner son invitation qui fut des plus cordiales. Le lendemain, de grand matin, nous étions de retour à bord du *Pio nono*, et là j'offris le saint sacrifice de la messe. Le 26, nous levions l'ancre : les épreuves allaient commencer. »

Le vent, qui avait soufflé jusqu'ici de l'est, sauta au nord. Il était donc contraire à la direction que le frêle navire avait à suivre pour tenir le cap sur Foutouna, au N. N. E. Le vieux bâtiment fatiguait beaucoup sous les lames, et le pont disjoint laissait entrer l'eau de la pluie et l'eau des vagues dans les cabines. Un refroidissement éprouvé pendant la nuit, par suite de cette sorte d'inondation, venant se joindre aux brusques mouvements de la mer, causa à Monseigneur une de ces maladies ordinaires en ces parages, mais vraiment insupportables dans une traversée un peu longue, sur ces bâtiments où ne se trouve aucune des aises les plus indispensables : elle prit bientôt le caractère redoutable d'une dyssenterie aiguë. Il n'était plus possible de tenir à bord.

Or, le vent contraire ne cédait pas; la goélette, emportée par les courants, marchait à l'aventure, et la boussole était absolument insuffisante à régler la course. On allait depuis trois jours, les provisions s'épuisaient, et l'eau était sur le point de manquer. Il y avait donc un parti prompt à prendre. Monseigneur, toujours intrépide, proposait de marcher encore vers le nord. « Foutouna, disait-il, n'est plus éloignée que de deux ou trois journées ; là, je recevrai les soins qui me deviennent nécessaires; ou, si c'est fait de moi, ce sera une consolation de mourir sur une terre du vicariat, à Foutouna surtout, sanctifiée par la vie et la mort de notre premier martyr. »

Mais le vieux marin jugea ce parti absolument imprudent, au milieu des circonstances que l'on vient de décrire. Il s'inquiétait d'ailleurs, plus qu'il ne voulait le dire, de l'indisposition de l'évêque, laquelle est d'une nature souvent mortelle. Il fit donc virer de bord, le cap sur les Fidji. Au bout de vingt-quatre heures, la vigie signala une terre qu'on reconnut pour appartenir à l'archipel, sans pouvoir déterminer le nom de l'île. Le prélat était en proie à de violentes tranchées et à bout de forces : on relâcha. C'était l'îlot de Koukouléou.

Ce fut pour lui un moment de soulagement. En même temps les Fidjiens de l'équipage lui fournirent un peu de distraction, et un aliment en rapport avec ses besoins, par une pêche aux crabes et aux œufs de tortue.

« Le lendemain, dit le journal, nous levons l'ancre : calme tout le jour, soleil dévorant. Nul ne peut rester sur le pont, et les noirs eux-mêmes se dérobent, jugeant intenable le banc du gouvernail. Le P. Bréhéret fit ferme seul à la barre, un léger chapeau de paille le protégeant, tant bien que mal, contre les rayons torrides. Il lui faut vraiment une force d'âme et un tempérament supérieurs. Mon mal est au paroxysme... Le lendemain une belle brise se lève, et le dimanche nous rentrions à Waïriki.

« Il était temps : je me croyais arrivé à ma dernière heure. Je me traînai avec grand'peine du rivage à la maison des PP. Bochettaz et Montmayeur, où je pus m'étendre sur une natte ; mais la maladie ne me permettait guère d'y reposer, et le mal semblait empirer. Je me soumis à une diète sévère ; je pris quelques remèdes que le P. Bochettaz se trouva très providentiellement d'avoir en sa possession. Au bout de huit jours, j'entrai en convalescence. Les soins des bons pères achevèrent de me guérir, si bien qu'au commencement d'octobre, j'étais prêt à tenter un nouvel essai. »

Les représentations contre cette nouvelle aventure redoublèrent, on pouvait s'y attendre. Elles s'appuyaient sur la malheureuse expérience qu'on venait de faire si rudement. Moins en habile avocat qu'en homme de grande foi et en intrépide missionnaire, le prélat retournait contre eux leurs raisonnements. Il soutenait que le bon Dieu avait voulu tenter leur confiance, mais qu'il se réservait de la couronner finalement ; que les hommes apostoliques doivent toujours s'attendre à l'épreuve ; et que, si elle est envoyée au commencement, l'issue est heureuse : après la tempête le calme, après la croix la résurrection. Qu'ainsi l'insuccès d'un premier essai devait être tenu pour la garantie du second.

On dut se rendre ; et l'événement justifia cette confiance héroïque, mais non pas cependant sans la mettre encore à l'épreuve. Nous nous bornerons à prendre, dans le *Journal*, quelques faits palpitants d'intérêt :

« *Jeudi, 10 octobre*. — Nous avons louvoyé toute la nuit pour faire quelques milles. Le récif que nous avions pour voisin, et dont nous n'avons, pendant tout ce temps, cessé d'entendre le terrible mugissement, est enfin laissé en arrière. Nous arrivons à l'île de Korotouna ; mais la nuit est revenue : on ne peut plus bien distinguer l'ancrage, qui, du reste, est mauvais. Nous approchons néanmoins. Un autre récif gronde à notre droite, à notre gauche : toucher d'un côté ou de l'autre, c'est nous perdre. Et voilà qu'on signale un autre brisant à l'avant. On se hâte de mettre bas toutes les voiles ; on jette l'ancre, mais elle refuse de mordre : pas de fond. Nous étions à la merci du courant qui allait nous jeter sur l'écueil à bâbord. Vite on hisse le foc pour que le bateau porte de l'avant en dehors, et on relève l'ancre. La nuit était devenue sombre, et nous entendions toujours l'affreux grondement tout à côté de nous. La Providence veillait, et nous pûmes enfin l'éviter. Donc encore en mer et à la garde de Dieu ! Saint François de Sales, voyageant sur le lac de Genève, disait qu'il était heureux de se trouver ainsi entre les mains de la Providence, en voyant qu'une simple planche le séparait de l'abîme. Ici, non seulement une simple planche nous sépare de l'abîme en fureur, mais nous sommes toujours sans moyens pour reconnaître notre route. Nous n'avons que la boussole.

« *Vendredi 11.* — La nuit a été pénible. Pluie continuelle avec vent debout, puis calme. Tout est trempé dans nos cabines par suite des gouttières. Il nous tarde de voir le jour arriver. Qui sait où le courant nous aura emportés, et comment alors retrouver notre point de départ ? Nous sommes au calme : va-t-il durer ?... La Providence a encore veillé sur nous, le courant ne nous a pas entraînés bien loin ; nous pouvons toujours voir l'île basse où nous voulions atterrir la veille. Notre point de départ nous est donc connu... Mais pas de vent !... Cependant, un petit souffle semble venir du sud ; s'il fraîchit, il sera notre salut. O bonne Mère, reine de la mer, à laquelle nous sommes confiés, ne nous abandonnez pas ; Marie, étoile de la mer, conduisez vos enfants qui ont recours à vous, et qui vous invoquent avec une entière confiance !

« *Samedi 12*. — La sainte Vierge nous a réellement pris sous sa protection : hier, après le calme, une petite brise a commencé à souffler, elle était favorable ; elle s'est fortifiée ensuite, et nous avons très bien marché toute la nuit. A midi, nous apercevons dans le lointain, et droit à l'avant du navire, l'île de Foutouna. Il nous faudra toute la journée avant de pouvoir l'atteindre.

« *Dimanche 13*. — Nous avons passé la nuit en panne près de Foutouna et, à la pointe du jour, nous avons mis le cap sur le port. Il en était temps, le vent avait fraîchi beaucoup, et la mer devenait de plus en plus grosse. »

En arrivant à Foutouna, le vicaire apostolique eut la consolation de voir affermi le bien que sa visite avait produit. Il s'attacha surtout à recommander à la population le culte du mariage chrétien. Une vanité misérable, reste du paganisme, en avait rendu la pratique rare, et de là s'engendraient et se propageaient de graves abus. Il était requis, pour que le mariage fût réputé honorable, que la famille du jeune homme fournît une grande quantité de porcs, afin que les festins pussent se prolonger une suite de jours, et que la jeune fille pût étaler un nombre proportionnel de belles nattes fines : l'épouse coûtait donc cher. Un petit nombre de familles se trouvaient seules en état de fournir à ces réclamations de deux de nos péchés capitaux ; et, plutôt que d'avouer en public leur infériorité de fortune, les autres aimaient mieux abandonner leurs enfants à des unions clandestines, qui se succédaient les unes aux autres dans le désordre.

Il en était donc là, pour ces déviations de la raison et ces faiblesses du cœur, comme dans notre vieille Europe. Les exigences du luxe entraient des premières dans les calculs du mariage, et trop souvent c'est le Sacrement qui était sacrifié.

Déjà, à son premier passage, Mgr de Tipasa avait parlé avec sévérité ; et il apprenait aujourd'hui avec grande joie, des PP. Quiblier et Hervé, que ses exhortations avaient porté leurs fruits. Dans la paroisse d'Alo, d'un commun accord, on avait réduit la quantité des présents à faire et des fêtes à donner. A Singavé, la population s'était montrée récalcitrante. Il fallait donc revenir à la charge. Son éloquence si vraie et si cordiale, aidée de la grâce que Dieu ne refusait jamais à ses prières, à sa vie si méritante, obtint un succès vraiment admirable : vingt-six mariages furent, sans coup férir, célébrés à Alo, et vingt à Singavé.

Le zèle du prélat se porta aussi sur les écoles, qui étaient un peu délaissées. Enfin, une précieuse consolation fut donnée à l'évêque et aux pères; ils y virent surtout un témoignage de grande foi de la part des néophytes, et un gage d'espérance pour la solidité des promesses et pour la persévérance dans les résolutions prises. Le grand chef de Singavé, de concert avec les chefs des villages, décida la construction d'une église en pierre, en l'honneur et sous le vocable de saint Joseph. Dès le premier moment, ce fut de la part de tous un entrain d'enthousiasme, qui d'ailleurs s'est soutenu jusqu'au bout. Comme on le lit dans le journal de Monseigneur, il eut plutôt à les retenir qu'à les exciter. Il avait d'abord assigné à l'édifice cent pieds de long sur trente-deux de large; mais il dut accorder à leurs réclamations unanimes quarante-cinq pieds de plus en longueur et dix en largeur. « Notre population, disaient les chefs, augmente d'année en année. Nos gens seraient mécontents, si nous ne satisfaisions pas des désirs qui semblent si légitimes. »

Ce motif méritait d'être cité; car c'est une preuve incidente, et plus forte en ce qu'elle est ainsi affranchie de tout soupçon de calcul, de cette vérité d'expérience, que la pratique sincère de la foi catholique est favorable à l'accroissement de la population. On sait que, sous l'influence de la cruauté et de l'immoralité païennes, elle décroît; et il a été remarqué que cette décroissance ne s'arrête pas dans les îles où domine la religion protestante, parce que le divorce, ainsi qu'on l'a démontré, ne porte pas le vrai remède aux mœurs. Ici au contraire, comme à Vallis, où le catholicisme est pratiqué seul, et dans toute sa pureté de doctrine, les chefs accusent une augmentation croissante. C'est un témoignage à retenir.

« Déjà, disaient donc les chefs, l'Eglise d'Alo est sur le point de se trouver insuffisante, il faut tenir compte ici de cette expérience. Nous taillerons les pierres, nous extrairons le corail, nous ferons la chaux, nous bâtirons les murs : il faut que l'église de Saint-Joseph de Singavé soit grande. » — « Je ne demandais pas mieux, dit le journal, que d'accéder à des désirs si honorables pour eux, si consolants et si riches d'espérance pour les missionnaires. Une fois donc que je me fus assuré, par ma résistance, de la sincérité de leurs desseins, ne craignant plus de leur imposer un travail supérieur à leur courage, je cédai avec bonheur. »

Comme Dieu en dispose toujours pour les ouvriers apostoliques, ces douces et profondes joies étaient mêlées d'amertume. Une correspondance des Samoa vint lui donner, de la guerre, des nouvelles toujours poignantes pour son cœur de père. Elle durait encore, ne cessant d'ajouter ruines sur ruines, ruines des mœurs et ruines des terres. Les plantations des missionnaires et celles de leurs écoles étaient en proie, de la part de tant de gens affamés, à de continuelles dévastations, qui y mettaient la disette en permanence. Mgr Elloy éprouvait donc, plus vivement que jamais, le désir de se rendre au milieu de ce troupeau désolé, auquel il voulait, et auquel il allait bientôt faire entendre des paroles de paix.

Il partit de Foutouna, le 10 janvier 1873, par un vent contraire, qui obligea la goélette à mettre près de quinze jours pour faire la traversée jusqu'à Vallis. Il fit là un court séjour pour y donner la confirmation, et il en repartit le 9 février, pour arriver le 12 à Apia. Le voyage se fit sans incidents dignes d'être rapportés, si ce n'est cependant que, près des côtes de Savaï, un formidable coup de tonnerre éclata; une traînée de feu, déchirant les nuages, fondit sur la mer au plus près du navire, et traça pendant une seconde un sillon menaçant sur les flots; les passagers en furent longtemps dans la terreur. Monseigneur eut bientôt fait céder la sienne au sentiment de la reconnaissance envers Dieu, que le moindre choc faisait toujours jaillir de son cœur.

CHAPITRE III

LA GUERRE (1868-1873.)

C'est sur cette interminable et si funeste guerre qu'il faut maintenant un peu nous arrêter. Le lecteur ne s'attend pas à des tableaux militaires : si les Samoans se sont montrés tacticiens, nous ne sommes pas compétent pour en juger. Ce que nous comptons faire, c'est de jeter un regard sur la guerre au point de vue moral. Il est toujours utile de voir quels malheurs une nation déchaîne sur elle, quand elle se détourne, dans sa conduite, des enseignements de la foi. Le nouveau, le tout nouveau monde est peut-être bon à consulter, pour ajouter sa modeste expérience à celle que le monde ancien fait depuis six mille ans, sans en devenir plus sage ni par conséquent plus heureux.

Cette étude morale sera aussi religieuse ; car elle va nous montrer à l'œuvre, en face des maîtres de l'erreur, les prêtres catholiques, toujours oublieux d'eux-mêmes et prêts à porter secours au milieu des dangers, sans distinguer la bannière, à leurs fidèles blessés ou dispersés, comme aussi à tous ceux qui souffrent, sans leur demander leurs croyances.

En des pays où la foi n'a pas encore jeté dans l'opinion ces racines profondes d'où vient aux mœurs une forte sève chrétienne, où d'ailleurs l'idée est absolument inconnue de ce qu'on appelle chez nous équilibre européen, si instable d'ailleurs partout où il règne, la guerre est un peu l'état permanent. Qui ne se rappelle les efforts que l'Eglise a eu à faire pour établir la « trêve de Dieu » ? Il est donc difficile de déterminer, aux Samoa, le moment précis où elle commence, comme il est sage de ne pas compter qu'elle est finie quand intervient un traité de paix. Aussi faut-il dire au préalable que l'état de guerre avait commencé avant l'engagement meurtrier du jour de Pâques, le 28 mars 1869. Quant aux causes immédiates et aux occasions de la guerre, Mgr Elloy les a exposées, dans sa correspondance, en quelques traits sommaires que nous complétons par des extraits de son journal.

En 1868, un parti de plusieurs chefs se forma, sous l'inspiration peu déguisée de M. Williams, le consul anglais d'Apia. On résolut de proclamer roi un jeune chef, nommé Maliétoa, dit Laoupépa (feuille de papier), pour le distinguer de son oncle, de même nom que lui. Le surnom a ici sa valeur : il explique le caractère du personnage, et, par là même, il donne la vraie raison de l'intérêt que lui portait le consul. Celui-ci d'ailleurs ne faisait pas difficulté d'avouer que cette proclamation était contraire aux usages du pays et relevait d'un principe révolutionnaire ; mais il ajoutait qu'en Europe la transmission du pouvoir s'opère souvent ainsi par des révolutions. A défaut de justice, il faisait preuve de franchise, pour ne pas employer un mot plus juste, mais plus dur.

Quoi qu'il en soit, la proclamation du jeune Maliétoa se fit à Apia, en sa présence, le 25 janvier 1869 ; et les ministres protestants, en le nommant comme roi dans leurs prières publiques, firent preuve qu'ils étaient les complices du consul. Mais cet acte, accompli sans la délibération, rigoureusement exigée par la tradition, des chefs réunis en fono, fut tenu pour irrégulier ; le droit national était lésé, et l'avènement de Maliétoa pouvait être regardé comme illégitime. Aussi les menaces de guerre éclatèrent partout.

Aussitôt Manono se soulève, Manono, la race guerrière dont les naturels, enfermés dans une île étroite (1), sont toujours impatients de la paix. Safotoulafai, capitale de Savaï et, dans Oupolou, Loufiloufi, capitale d'Atoua, le royaume de l'est, font cause commune avec Manono. De l'autre côté, c'est Léouloumoenga, capitale d'Aana, le royaume de l'ouest, avec tout le Touamasanga, district du centre. Les premiers, plus nombreux et plus forts, tiennent pour Maliétoa l'oncle, dit Péa (chauve-souris), qui semble représenter le droit public ; les autres, bien plus faibles, mais favorisés par le consul, sont pour « la feuille de papier », qu'il compte bien plier au gré de ses intérêts.

Enfin, le 25 janvier 1869, les partisans de Maliétoa-Péa se groupèrent et prirent les armes ; et, le 28 mars, ils vinrent fondre sur le territoire de l'ouest et du centre d'Oupolou, qui eut surtout à porter le poids des malheurs. C'était le saint jour de Pâques. La

---

(1) On se rappelle que Manono est une petite île de l'archipel des Navigateurs, située entre Savaï et Oupolou.

grande fête chrétienne fut ensanglantée. On se battit tout le jour et toute la nuit à Apia même, auprès de la maison des pères, dont les planches furent percées de plusieurs balles. Une d'entre elles se logea dans le lit du P. Violette, et une autre dans sa malle. Le lundi, vers six heures du matin, les partisans du jeune Maliétoa prirent la fuite. Mais un des vainqueurs ayant déchiré le pavillon que le consul anglais avait fait mettre sur une maison particulière, voisine de la sienne, celui-ci se hâta de saisir l'occasion d'intervenir en faveur de son protégé. Il déclara donc qu'une telle injure équivalait à la décapitation de la reine d'Angleterre, ni plus ni moins ! La terreur envahit alors le camp des vainqueurs ; ils essayèrent de calmer le consul, auquel ils offrirent de livrer le coupable ; mais ils ne gagnèrent rien. M. Williams voulait évidemment empêcher les vainqueurs de tirer parti d'un premier avantage qui pouvait être décisif. Aussi, pendant les pourparlers, les fuyards eurent le temps de se réfugier dans leurs forts et de s'y refaire. Les hostilités traînèrent ainsi nombre de mois en longueur.

Le navire anglais, la *Blanche*, vint plus tard pour juger l'affaire du drapeau ; il fut reconnu alors que le pavillon élevé au mât du consulat avait été respecté, et que M. Williams avait eu tort de mettre son pavillon national sur une maison samoane. Le capitaine, M. Montgommery, que nous avons vu en son temps regretter les procédés discourtois de M. Williams, à l'arrivée des nouvelles de la *Paix de Berlin*, ne crut pas devoir faire de l'incident une affaire grave. Néanmoins, il obligea les vainqueurs à payer les dommages causés aux propriétés des résidents anglais, et leur imposa une amende de quinze mille francs. La politique britannique démentit donc le proverbe qui attribue l'amende aux battus : l'intérêt national parla plus haut que la justice.

On s'y attend, la correspondance de Mgr Elloy en ces tristes jours est toute désolée. Il est témoin de ce retour aux coutumes païennes qu'amène là-bas, sans limite et sans frein, ce qu'on est convenu d'appeler même chez nous « la licence des camps ».

« Ce qui est plus grave encore, écrivait-il au R. P. Poupinel, c'est la longue interruption du culte et de l'enseignement religieux. La jeunesse et tous ceux qui pouvaient porter un fusil ont erré dans les bois depuis quatre ans, et, à part quelques rares exceptions, tous ont vécu dans le plus grand oubli de Dieu et de leurs devoirs. Les enfants n'ont plus été instruits ; les premières communions n'ont point été faites par ceux qui étaient en âge ; les anciens baptisés sont retombés dans la plus grossière ignorance. L'habitude d'affronter la mort avec une conscience coupable a introduit une indifférence que nous n'avions jamais remarquée jusqu'à ce jour. La conduite peu édifiante des Européens, dont le nombre augmente, n'a pas peu contribué à accroître cette indifférence. L'atmosphère de rationalisme et d'irréligion qui pèse sur l'Europe fait sentir jusqu'à nous ses miasmes délétères. »

A côté des ruines morales, s'offraient aussi aux yeux attristés du vicaire apostolique les ruines matérielles.

« Que de désastres autour de nous ! Les plus beaux villages de la côte nord-ouest d'Oupolou ont été brûlés, les cocotiers coupés, les arbres à pain détruits ; et la population est logée dans de misérables huttes, sans pouvoir compter sur un lendemain. Quelles difficultés pour tout reconstituer, pour refaire nos églises, nos maisons de catéchistes. Des catéchistes, nous n'avons plus que des ombres, et je n'ai pas les ressources nécessaires pour fonder l'établissement qui doit servir à les former ; car on ne peut les laisser dans les huttes où ils habitent, au milieu des marécages où ils se sont réfugiés. »

Ce que déplorait encore plus le vicaire apostolique, c'est que, pour faire face aux nécessités de la guerre, les Samoans vendaient leurs terrains, compromettant ainsi tout l'avenir. Contre les armes et les munitions, ils donnaient en échange des parcelles considérables ; et la cupidité sans pudeur de certains blancs se montrait impitoyable dans ses exigences, quand ils voyaient briller les yeux des insulaires devant l'exhibition d'une belle arme de précision : « J'en ai vu donner, pour un fusil à aiguille, la somme énorme de cinq cents francs ! Evidemment ce n'est pas le mince revenu des cocotiers qui peut suffire à ces prodigalités inspirées par la vanité et la vengeance ; le fonds y passe, il y passera tout entier. Je ne sais vraiment pas où les habitants de certains villages iront se retirer quand la paix sera faite, il ne leur restera pas un pouce de terrain.

« Ajoutez à cela les amendes imposées comme à l'envi, sous le moindre prétexte, par les puissances qui se disputent la proie. Leurs nationaux ont-ils reçu une balle dans leur toiture ou sur l'écorce de leurs bananiers, tout aussitôt ils réclament, et leurs consuls exigent des dommages-intérêts, souvent hors de proportion avec les dégâts. On l'a vu dans l'affaire terminée par la *Blanche*. Le mardi 10 mars 1872, ce fut même violence : pour quelque mal causé aux propriétés de la maison Godefroy, on parla d'une amende de 20.000 dollars (100.000 fr.) ! Voilà encore M. Williams qui, pour un cheval et deux vaches tués, et quelques dégâts dans une propriété payée deux cents piastres, en réclame trois mille cinq cents !

« Il est donc facile de prévoir, d'ici à peu d'années, une complète révolution sociale aux Samoa. Les indigènes, dépouillés du sol des ancêtres, privés de leurs récoltes faciles et incapables d'autres travaux, disparaîtront peu à peu ; en attendant, la population va se mélanger de jour en jour. Adieu donc aux beaux rêves que j'avais formés pour ces chers indigènes ! Mais le vrai missionnaire doit savoir se dépouiller même de ses rêves les plus apostoliques. A mesure que naîtront les difficultés de la situation nouvelle, Dieu nous donnera sa grâce pour nous tenir à la hauteur. »

Toutes ces douleurs n'étaient pas sans consolations. Les plus précieuses, celles que l'âme élevée de l'évêque de Tipasa demandait à Dieu par-dessus tout, lui venaient de la fidélité d'un bon nombre de néophytes aux pratiques de la foi. « Au milieu de toutes ces scènes du paganisme renaissant, où le protestantisme n'a su donner signe de vie qu'en prêchant que Rome n'est plus au pape, que « la grande bête de l'Apocalypse » est terrassée, nos catholiques, écrivait-il, ont continué en grand nombre à fréquenter les sacrements, ils se sont tous éloignés des pooulas ; nos principaux chefs les ont même interdites sur leurs territoires... »

De la part des chefs, c'étaient quelquefois d'admirables exemples de piété et de vertu. On se rappelle ce qui a été dit de Touala, quand on a eu à raconter sa belle mort ; quels efforts énergiques et persévérants il déploya pour faire pénétrer dans la guerre l'esprit du droit des gens chrétien. Un autre chef de Savaï, Souatélé, celui que nous avons vu faire un grand signe de croix dans l'assemblée présidée par le commandant de la *Blanche*, qui avait contracté l'habitude d'aller chaque matin faire sa prière à l'église et y entendre la messe, continua cette pratique, autant qu'elle lui fut possible, pendant la guerre, à Apia, sur le lieu des plus fréquents et des plus chauds engagements.

Un jour, c'était une fête, un grand combat était sur le point de se livrer. Le désir de la communion s'empare de son âme. Mais, pour satisfaire ce désir, il faudra s'exposer à de graves dangers, en passant au travers des balles ennemies : qu'importe le danger à celui qui aime ? Il met en Dieu sa confiance, passe son chapelet à son cou et part. Il entend la messe avec la même paix que s'il eût été au fond d'un désert, malgré le bruit terrible des armes et la fumée qui se fait sentir même dans le sanctuaire. Il alla ensuite en grand calme recevoir le pain des forts ; puis, sans peur comme sans reproche, il s'avança au fort de la mêlée, où il fit bravement son devoir.

Un autre jour, on vient lui dire que le combat est engagé et que ses gens le veulent à leur tête : « C'est dimanche, répond-il, le jour du Seigneur ; commençons par lui ! » Et tous il les entraîne à la messe. Puis les voilà sur le champ de bataille. « Chose frappante, dit Mgr Vidal qui raconte ce fait, la mêlée fut chaude, et de part et d'autre les blessés tombèrent en grand nombre. Or, ni lui, ni les siens ne furent touchés. Tout le monde fut frappé de la protection singulière dont ils avaient été couverts, et qu'on n'hésita pas à leur attribuer, de la part de Dieu, à titre de récompense. »

La plus heureuse compensation à tous ces deuils et ces tristesses pour Mgr de Tipasa, c'est que, en estime au moins et en crédit, la religion catholique gagnait sensiblement sur l'hérésie. Il se produisit ici avec éclat ce qu'on a dit en parlant de la guerre au précédent volume. On voyait à l'œuvre près des blessés les ministres catholiques et ceux des protestants; et la grande différence, que remarquaient promptement les indigènes, tournait à l'avantage de la doctrine de ceux que leur charité tendre et soutenue, quelquefois héroïque, démontrait être en possession de la vérité.

A chaque engagement, nos pères accouraient pour donner leurs soins aux blessés, et leur administrer les sacrements. Pour aborder le champ de bataille près d'Apia, il fallait traverser les marécages de Vaïmoso, où l'on marchait dans l'eau jusqu'à la ceinture. L'évêque était toujours le premier, répondant à ceux qui auraient voulu l'arrêter qu'il était le plus jeune, et qu'il devait d'ailleurs l'exemple à tous. « Vous l'eussiez vu, dit un rapport de Mgr Vidal, avec son sac de chirurgie en bandoulière, se hâter, regardant partout avec anxiété, prêtant l'oreille pour écouter si une plainte ne lui révélerait pas, ici ou là, la présence d'un blessé. Alors il accourait, s'agenouillait, lavait ses plaies, les arrosait, selon le cas, d'arnica ou d'eau de saturne, les pansait avec des linges bien blancs, tout en lui disant de ces douces paroles qui lui ouvraient le cœur, et en lui prodiguant des caresses de père. Il allait indistinctement vers tous, quel que fût leur drapeau; il y avait d'ailleurs des catholiques dans les deux camps. Et tous, quelle que fût leur religion, l'accueillaient comme un sauveur. « Oh! que vous « êtes meilleur que nos misis! a dit alors plus d'un « hérétique. Vous n'avez pas, vous, une femme et des « enfants pour vous retenir dans vos cases, accaparer « votre cœur, et vous faire oublier ceux qui sont dans « le danger et la souffrance. » De là plus d'un retour, et des baptêmes donnés aux mourants pour leur ouvrir, juste à l'heure décisive, la porte du ciel. S'ils s'obstinaient dans leur erreur, l'évêque avait du moins grandi considérablement dans leur estime; ils le quittaient tout pénétrés de reconnaissance et de respect, le cœur à jamais fermé aux calomnies devenues définitivement impuissantes. »

Un soir, Monseigneur arrive près d'un malheureux qu'on retirait des marais, couvert de sang et de boue, une jambe horriblement fracassée, poussant de profonds gémissements et paraissant près de rendre le dernier soupir. Il aide à le transporter dans une case voisine, et il lui prodigue ses soins que le blessé reçoit d'un air plus confus que touché; c'était un chef protestant, réputé pour sa rudesse et sa ténacité dans l'erreur. Selon son habitude, le prélat, après l'avoir pansé, profita, pour lui parler de Dieu, d'un moment de trêve que lui accordait la douleur. Le malade se composa aussitôt un visage insensible, comme s'il eût cessé de voir et d'entendre. Monseigneur se retira. Mais il revint le lendemain et les jours suivants panser ses plaies avec sa délicatesse ordinaire, tout en glissant, mais comme sans en avoir l'air, quelques mots sur son âme et sur Dieu, sur le bonheur d'être en paix avec lui. Il lui parlait, avec grande douceur, des assurances que donnent nos sacrements. Peu à peu le cœur du malade s'ouvrait ; ses préjugés se fondaient sous l'influence d'une bonté si vraie et si insinuante ; le bien-être du corps gagnait insensiblement son âme, et la lumière sollicitait suavement ses yeux.

Un jour enfin des larmes en jaillirent ; il se mit sur son séant, et, prenant la croix du prélat, il la porta avec respect à ses lèvres : « Tipasa, s'écria-t-il, Tipasa, mon père, baptise-moi : je veux mourir dans ta religion ! » Quelle joie pour notre évêque ! Il se hâta d'instruire le docile catéchumène, et il le baptisa. Dieu lui rendit la santé ; il devint un fervent néophyte et un des plus fermes défenseurs de ce culte qu'il avait abhorré. O puissance de la sainte charité de Jésus-Christ !

Le terme si désiré de la guerre arriva enfin. Au moment de la rentrée de Mgr Elloy à Apia, le 12 janvier 1873, à la suite de la grande visite du vicariat du centre, le lecteur se rappelle qu'on parlait de paix, et en des termes qui inspiraient confiance. Le samedi saint, 12 avril, un grand fono des chefs des deux partis, se tint à Moulinouou. Le vicaire apostolique s'y rendit. Vainement M. Williams, pour combattre cette haute influence qui grandissait visiblement de jour en jour, prétendit que c'était aux consuls seuls à intervenir dans les conditions du traité et le code des lois à établir, osant ajouter que les missionnaires n'avaient de mission que pour prier (1) : le prélat prit la parole,

---

(1) On le voit, le ministre anglais avait déjà, bien avant Gambetta et bien loin de Romans, ses convictions faites sur le

et il acheva de persuader l'assemblée qu'il était le véritable ami, et le défenseur sage et désintéressé des droits publics.

Son discours, nous n'hésitons pas à le dire, et on en jugera par une pâle analyse, est un chef-d'œuvre par la grandeur et l'élévation des pensées et des images, par les vibrations du cœur, par la chaîne serrée des preuves et le vif de la réfutation.

Dès le début il saisit son auditoire. Il cita la grande formule liturgique du jour qui s'appliquait si heureusement à la circonstance : *Hæc est dies quam fecit Dominus : exultemus et lætemur in ea!* Il salua Samoa sortant des calamités de la guerre et de la funèbre retraite des bois, comme Israël, de l'Egypte et le Sauveur, du tombeau. Ces mains qu'élèvent les chefs sur leurs têtes, non plus pour brandir des armes meurtrières, mais pour prendre Dieu à témoin de leurs dispositions de concorde et d'oubli, pour ramener sur leurs malheureuses terres la vie qui ne coule que du sein de la paix, ces mains qu'il voudrait toutes presser dans les siennes et serrer sur son cœur, elles lui rappellent les mains que le Sauveur montra à ses apôtres, et dont les plaies fermées ne parlaient plus que d'amour. Il les félicita d'avoir enfin calmé ses angoisses de père et les longs déchirements de son cœur, en mettant fin au spectacle et au bruit de ces batailles, où eux, qui sont tous ses enfants, se couvraient du sang les uns des autres et des cendres de leurs habitations.

Puis, prenant à partie l'assertion de son adver-

---

cléricalisme. Que le prêtre reste dans la sacristie, et que le culte ne se meuve que dans le temple : en sortir, c'est devenir l'ennemi !

saire, il déclara, d'un ton élevé et ferme, que la France ne pouvait se désintéresser d'une convention d'où dépendait en grande partie l'avenir d'un pays où ses fils sont venus, pour se dévouer au bien de tous au prix de tant de souffrances ; que lui, chef des missionnaires français, avait qualité pour parler au nom de la France, sans intervenir d'ailleurs dans les affaires de leur pays. Ici, faisant appel à l'amour-propre national, si vif chez les Samoans : « De quel droit, demanda-t-il, les consuls prétendent-ils se mêler de vos lois à établir ? sont-ils les maîtres de vos îles ? Les Anglais font des lois pour l'Angleterre ; les Américains, pour l'Amérique ; les Allemands, pour l'Allemagne : qu'on vous laisse donc, vous Samoans, faire vos lois pour Samoa. »

S'élevant alors au plus haut des principes chrétiens, et dominant ses adversaires de toute la distance qui sépare les lois éternelles des intérêts terrestres du temps : « Savez-vous, Samoans, de quels conseils il faudra vous inspirer pour rédiger vos lois, dans votre indépendance nationale et dans votre soumission à Dieu ? c'est du code qu'il a lui-même promulgué sur le Sinaï. De ce sommet mémorable nous est venue la Loi, la loi sainte, la loi salutaire, source et sanction de toutes les lois. Et c'est aussi la loi fidèle, fidèle en ses promesses et fidèle en ses menaces. Comme les individus, les nations s'élèvent et se fortifient par leur obéissance ; elles s'abaissent et elles meurent, quand elles la violent par le péché. C'est le Saint-Esprit qui nous l'enseigne au livre des Proverbes. Respectez donc les dix commandements de Dieu ; prenez-les pour base de votre législation nouvelle; et vous verrez bientôt l'oracle s'accomplir par la prospérité de vos familles et de toutes vos contrées.

« Quant aux consuls, ajoutait-il, je n'ai qu'une prière à leur faire, c'est qu'ils soient équitables dans l'imposition des dommages-intérêts qu'ils doivent, assure-t-on, exiger des insulaires. J'entends parler de milliers de dollars : vous n'êtes donc pas, pauvres chers Samoans, au terme de vos infortunes ! Où prendrez-vous pour faire droit à ces rigueurs ? Mais ces Européens ne sont-ils pas largement dédommagés des torts que leurs propriétés ont pu souffrir, en achetant vos terres à vil prix, et en vous vendant, à un taux si élevé, les armes et les munitions de guerre ? »

Joignant alors l'exemple à la parole, et, malgré l'extrême pauvreté où la mission se trouvait réduite, ne prenant conseil que de son cœur, il déclara faire entière renonciation des droits qu'il avait à être lui-même dédommagé. Et assurément, c'est bien par centaines de dollars qu'il eût fallu apprécier les dégâts que la guerre avait causés aux plantations et aux logements de la mission.

Sous l'influence d'une telle éloquence, appuyée de ce grand acte de générosité, l'assemblée se sépara. La cause de la paix était définitivement gagnée, et le vicaire apostolique emportait dans son cœur la douce assurance qu'elle serait bientôt signée. « Aussi quelle fête de Pâques, écrivait-il, nous avons eue le lendemain ! La messe pontificale fut célébrée en chant grégorien, avec une remarquable précision. Les élèves des sœurs y entremêlaient des chants de musique sacrée, qui ont ravi les étrangers aussi bien que les indigènes. L'assistance débordait de l'église sur la place à demi remplie. Aux vêpres ce fut encore une vraie plénitude d'entrain et de vie. Au salut, on alla à l'enthousiasme. De nombreuses communions avaient été distribuées le matin. C'est bien le Dieu de la Paix, qui venait reprendre possession de ces rivages si bien faits pour la paix ; ce fut un jour de son beau ciel ! »

Les espérances de Mgr Elloy ne furent pas trompées. Quinze jours après, le 1er mai 1873, le traité fut signé. « La Reine de la Paix » voulut récompenser son serviteur fidèle en disposant les cœurs et les circonstances pour que la paix, la vraie paix du ciel, en descendît par ses mains le premier jour du mois que les peuples chrétiens ont consacré à sa gloire.

Comme on devait s'y attendre, l'influence du prélat catholique fut manifeste et prépondérante. Tous les chefs réunis, les protestants aussi bien que les fidèles, prirent ses conseils avec autant de déférence que d'empressement, pour définir les lois qui reconnurent les droits de tous, en proclamant par-dessus tout les droits de Dieu. La loi chrétienne était prise pour base, pour limites et pour inspiration. Comme preuve et à titre d'hommage à notre prélat, qu'il nous suffise de dire que, dans cette assemblée où l'élément hérétique était en majorité, le divorce fut aboli ! le divorce, la grande ressource des ministres pour faire accepter aux chefs de renoncer à la polygamie païenne, et qui avait opposé tant d'obstacles à la pénétration de la vraie foi. L'interdiction des pooulas fut aussi portée pour toute l'étendue de l'archipel, au nom des membres du pouvoir.

Pour ne pas exciter des jalousies, qui eussent pu à

la longue rallumer la guerre, on évita de nommer un roi. On confia le gouvernement à un conseil de sept chefs, à la tête desquels on mit, d'une voix unanime, le fidèle Mataafa. C'était une porte ouverte à de nouveaux dissentiments, prélude de nouvelles guerres ; mais était-il possible de faire plus ?

Assurément l'honneur que recevait en cette circonstance Mgr Elloy lui était rendu sur un petit théâtre, et par des hommes que nos Européens eussent qualifiés d'obscurs ; et cependant il pouvait, sinon en être fier — ce sentiment-là n'entrait pas dans son cœur — du moins en être heureux dans sa conscience, sous l'œil de Dieu.

Ce qui fait le vrai prix de l'honneur, ce n'est pas l'éclat des voix qui le proclament, comme le retentissement de l'écho ne fait pas la puissance du son. L'honneur est un témoignage d'estime et de considération rendu au bien que l'on reconnaît dans une âme : est-ce un bien réellement digne de ce nom ? ceux qui en témoignent ont-ils qualité et compétence pour le reconnaître ? le prix de l'honneur est là tout entier. Or, les services rendus à ses insulaires, qui témoignaient au prélat leur confiance en lui demandant et en écoutant ses conseils, ces services supposaient en lui une sagesse éprouvée et un dévouement aussi persévérant que désintéressé : quel bien plus réel et plus digne d'éloges que de telles vertus ? Ceux qui venaient lui soumettre la direction de leur politique et la fortune de leur avenir, et dont un grand nombre avaient été de ses adversaires haineux, agissaient en vertu de la longue et douloureuse expérience des maux soufferts pour ne l'avoir pas écouté : quelle meilleure garantie de la valeur d'un témoignage ?

Peu après, une intervention officielle et généreuse du gouvernement des Etats-Unis donna une grande joie au vicaire apostolique. Le Président, autorisé par des intrigues déloyales où l'on avait fait intervenir son gouvernement, et que Mgr Elloy avait éventées et déjouées, envoya, sur la fin du mois de septembre, le colonel Steinberger, pour organiser, avec les chefs samoans, un véritable protectorat. Le 2 octobre, le fono se réunit, et il se fit un échange courtois de bons procédés. Les chefs remirent à l'envoyé américain les insignes du rang de Toulafalé, savoir : le *tootoo*, ou bâton d'orateur, et l'éventail d'honneur, dit *foué*. De son côté, il donna aux chefs le portrait du président Grant et de ses principaux ministres. Puis, il fit hisser le pavillon samoan sur le mât de la grande place, et il le salua de ses canons, aux acclamations des indigènes qui attendaient, réunis en foule, le résultat de la conférence.

Avant de quitter Apia, le 2 octobre suivant, il vint prendre congé du prélat, qui le remercia avec effusion du grand bien qu'il avait fait à ses chers insulaires. En serrant la main du P. Violette, qui l'avait reconduit jusqu'à son bord, il n'hésita pas à lui dire que l'évêque était le seul, aux Samoa, avec ses prêtres, auquel il voulait rester uni de prières. Peu auparavant, il ne s'était pas gêné pour dire à M. Brawn, ministre wesleyen, que l'avenir du pays était exclusivement attaché au catholicisme ; car, plus que partout ailleurs, il fallait à ces peuples, d'esprit mobile, l'enseignement d'autorité et de précision et le culte vivant, dont l'Eglise catholique est seule en possession.

CHAPITRE IV

VISITE PASTORALE A TRAVERS LES RUINES L'ÉGLISE DU SACRÉ-CŒUR A FALÉFA

E premier soin de Mgr Elloy fut d'adresser une circulaire à son clergé pour exciter son zèle à relever le pays de ses ruines matérielles et morales.

« Des jours meilleurs, disait-il, semblent enfin luire sur Samoa : bénissons-en tous le Seigneur. Puis mettons résolument la main à l'œuvre ; plus la guerre a été longue et désastreuse, plus nous devons multiplier notre dévouement.

« Nos pauvres ouailles dispersées redemandent leurs pasteurs. Ils sont épars, languissants, mourant de faim, ces habitants autrefois fiers de leurs belles récoltes, qui leur coûtaient si peu. Ils errent entre les troncs de leurs chers cocotiers et de leurs arbres à pain coupés, se nourrissant de racines et de quelques maigres bananes qu'ils ne laissent pas mûrir ; on ne trouverait pas un seul taro sur ces terres dévastées. Je les vois, hélas ! comme un équipage qui viendrait de subir la plus violente des tempêtes : nombre d'entre eux ont péri ; les survivants, jetés sur des plages inhospitalières, s'en vont disputant tristement à un dénuement extrême et aux maux qu'il amène à sa suite, l'existence qu'ils ont arrachée à la mort. Les maladies ordinaires, qui en certaines saisons sévissent sur le pays, ont pris de là, cette année, un caractère de gravité qui le décime. Les enfants et les vieillards succombent par centaines. Oh ! quel champ livré à notre charité !

« Mais les âmes elles-mêmes, démontées et jetées par le découragement dans l'indifférence religieuse et le vice, ces âmes, dont les coutumes païennes ont fait de nouveau leur proie : voilà un champ qui réclame bien plus impérieusement encore le plus pur, le plus ardent, le plus infatigable de notre zèle. Reprenons partout nos instructions pour secouer la torpeur, éclairer les ténèbres profondes, dissiper le mal. Nombre d'enfants qui devraient avoir fait leur première communion en ont perdu le désir, même l'idée : ce sera notre bonheur, notre repos, de les y préparer. Quelle joie, quelles bonnes espérances d'avenir, quand nous pourrons présenter, à la table de l'Agneau, de petits agneaux lavés de toute souillure, tendres et purs comme ceux que le Seigneur agréait dans l'ancienne loi pour désarmer sa justice, et ne laisser cours qu'à sa miséricorde !... »

Le saint évêque cherchait toujours en haut la direction et l'impulsion de sa conduite : c'est donc dans le Sacré Cœur de Jésus, dont le culte reçut un si grand élan de Pie IX, qu'il mit surtout son espérance. Il décida que, le 29 juin suivant, jour où devait se faire la clôture de la retraite des pères et des frères, qu'il indiqua pour le 22, il consacrerait solennellement au

Cœur de Jésus le vicariat des Navigateurs. « Le Cœur de notre bon Maître, disait-il, sera notre gardien, notre bouclier, notre arche de refuge, notre pilote au milieu de la tempête qui gronde sur le monde. Le Cœur de Jésus sera le soutien de notre faiblesse ; il activera notre zèle, il le fera fructifier. A lui gloire, honneur et amour ! A partir de ce jour, dans tout le vicariat, sera établie, l'association de l'Apostolat de la prière. On en fera connaître les pratiques à nos fidèles. Chaque missionnaire, de retour chez lui, fera lui-même la consécration de son district au divin Cœur de Notre-Seigneur, en union avec la consécration faite par l'évêque. »

Comme toujours, ou plutôt plus que jamais, Mgr Elloy entendait joindre l'action à la parole, et combattre en soldat après avoir donné des ordres en capitaine. Les correspondances du temps nous le montrent parcourant en quelques semaines les îles d'Oupolou et de Savaï, visitant de préférence les lieux dévastés, où il y avait tant de désastres à réparer et de cœurs à remonter, et dont le P. Delahaye trace de navrants tableaux.

Il commença par l'ouest d'Oupolou, qui avait porté le poids le plus écrasant de la guerre. Ce voyage est tout palpitant d'intérêt. Nous ne pouvons cependant citer que les traits les plus édifiants. Il eut avec lui d'abord le P. Delahaye, et, sur son embarcation, la *Sainte Anne*, ils prirent la mer à Léouloumoenga, le 27 juillet 1873, et firent halte à Satapouala.

Rien de plus riche hier encore que la contrée ; de la mer, on ne pouvait se lasser de contempler cette gracieuse corbeille de verdure et de fruits qui jetait au loin sur les flots ses odeurs embaumées. Les néophytes y avaient construit une église, qui, à leur grande fierté, rivalisait avec celle de Sainte-Anne de Léouloumoenga. Là aussi tout est en cendre. Un petit nombre d'habitants sont tristement assis sur les débris de leurs cases, dont on remarquait jadis l'élégance, et sur les ruines aussi, hélas! de leur belle église, qui n'a pas été épargnée. Le prélat réunit tous ceux qu'on put avertir. Sur un emplacement à demi encombré de branches de cocotiers déjà flétris, ils s'assirent en pleurant.

On récita le chapelet des mystères douloureux. Puis Monseigneur, tout en larmes, leur fit une touchante instruction sur la justice et la miséricorde divines, sur les vues de Dieu quand il envoie les fléaux qui désarment sa colère, et qui se changent en fruits de salut, si l'on sait en profiter.

Après avoir repris la mer, ils arrivèrent en une demi-heure auprès d'une des grandes plantations de la compagnie allemande. Là ce fut chose bien plus douloureuse encore. La terre, protégée par le pavillon redoutable, n'avait aucunement souffert; mais l'éclat de la culture ne faisait que rendre plus pitoyable l'état malheureux des noirs qui l'arrosaient de leurs sueurs. Sous le fouet impitoyable des contre-maîtres, ils étaient là, ces malheureux, à demi vêtus de haillons et mal nourris, obligés à un travail sans trêve, quelle que fût la violence du soleil ou l'intensité des pluies, qui, sous les tropiques, se changent souvent en déluges. Jeunes ou vieux, en santé ou malades, les enfants mêmes, et jusqu'aux femmes enceintes, tous ont leur tâche à fournir, et malheur à eux s'ils cherchent à s'y soustraire ! Les coups les y contraignent, ou bien on réduira la misérable nourriture qu'on leur jette, insuffisante déjà à réparer leurs forces; ou encore, le dimanche qu'on veut bien leur laisser pour le repos, et pour aller en quête d'un supplément de vivres qui parera aux privations de la semaine à venir, le dimanche, ils resteront à la peine, enchaînés sur l'outil !

Ces forçats, non certes de la justice, mais de la cupidité humaine, étaient originaires de ces îles nombreuses du Grand Océan, dites, suivant les groupes ou selon les géographes, Kingsmill, Gilbert, Salomon, etc. C'est là que va les saisir la traite, abominable trafic, qui rappelle tout ce que le paganisme eut de plus odieux. Poursuivie sur l'océan Atlantique, elle sévit sur le Pacifique, comme dans l'Afrique des grands lacs, et elle doit une sorte d'immunité à l'immensité des espaces au milieu desquels elle échappe aux poursuites. Tout moyen d'ailleurs est bon à ces pirates, qui tiennent plus du démon que de l'homme, et qui n'ont égard aux souffrances de leur bétail, comme ils l'appellent, que pour calculer d'avance la plus value des têtes qui survivront à toutes les privations et aux mauvais traitements que leur avarice, comme leur méchanceté, leur impose. On en a vu qui, poursuivis par des vaisseaux de guerre, jetaient un par un leurs esclaves à la mer pour ralentir la course, en obligeant la vengeance qui approchait à s'arrêter pour remplir un acte urgent d'humanité.

Attirés à bord par l'amorce de quelques verroteries,

ou enlevés par une irruption violente, les esclaves sont donc ainsi ravis à leurs rivages et enchaînés à bord; et ils sont traînés, entassés comme des marchandises, jusqu'aux îles où les attend, pour s'exercer d'une autre manière, la même féroce soif du lucre, qui boit les larmes, les sueurs, finalement le sang, la conscience, l'âme de ces infortunés.

« Au moment où nous abordions au milieu de leurs huttes, écrivait à son frère le P. Delahaye, un de ces spectacles qu'on ne peut plus oublier, ni la nuit, ni le jour, s'offrit à nous. L'épidémie, qui sévissait alors dans l'archipel, s'était abattue sur ce pauvre peuple, et elle y multipliait ses victimes. Je ne puis vous dire le nombre considérable de malades gisant çà et là sur des nattes humides et déchirées, ou même sur la terre nue. Quelques vaillants, maigres comme des squelettes, en proie eux-mêmes à une fièvre continuelle, à de fréquentes et déchirantes quintes de toux, cherchaient des moyens de soulager leurs pauvres frères. Monseigneur réunit quelques-uns d'entre eux dans une hutte, et il leur adressa en samoan une exhortation, leur rappelant, de la manière la plus touchante, les mystères de la Sainte Trinité et de la Rédemption. Puis, après leur avoir dépeint, avec cette tendresse de cœur qui le saisissait surtout en face des grandes misères, les souffrances et la mort de notre divin Sauveur sur la Croix, il les engagea à la patience dans leurs travaux et leurs épreuves, en vue de son amour pour eux, et de la magnifique récompense qu'il a promise à ses élus.

« J'ai admiré combien attentifs étaient les pauvres gens, pour saisir toutes les paroles de Sa Grandeur, et la vive expression de leurs yeux, quand ils venaient à comprendre quelques-unes de ses consolantes paroles. Ils sont si rares les témoignages d'intérêt qu'ils reçoivent, dans le délaissement et le mépris dont ils sont perpétuellement l'objet ! »

En continuant leur route à l'ouest, l'évêque de Tipasa et son missionnaire, avant de doubler la pointe de l'île, visitèrent celle de Manono, et revinrent débarquer à Samatoa, sur la côte sud-ouest d'Oupolou.

C'était le cas, pour nos apôtres intrépides, « de voler comme les nuées du ciel » (1); car il fallait éviter d'être à charge à ces insulaires, qui manquaient et devaient si longtemps encore manquer de tout. Ils se hâtaient donc pendant le jour, visitant les malades et recevant dans leur case ceux qui pouvaient venir, soulageant tous ces cœurs oppressés, et ramenant sur ces visages pâles le sourire des saintes espérances. A la nuit, c'étaient les instructions et les confessions jusqu'à une heure avancée, dans la case construite en hâte et mal fermée, qui servait de chapelle. Quand la foule s'était écoulée, ils récitaient ensemble, à genoux près de l'autel, l'office et les prières du soir. Puis ils s'étendaient, tombant de fatigue, au pied du tabernacle où ils avaient, le matin, fait descendre Jésus. Ils s'endormaient alors d'un sommeil que leur rendait bien doux la conscience de tant de travail béni de Dieu, et que durent plus d'une fois visiter les anges du ciel, formant en ce lieu obscur la cour de leur roi. Plus d'une fois aussi, la pluie trempa les nattes où ils étaient étendus; et au matin ils se réveillaient transis de

---

(1) Is. LX, 8.

froid. Mais bientôt la foule se pressait de nouveau autour d'eux; la sainte Victime descendait encore à leur appel, et leur cœur s'était vite réchauffé à la piété et à la sainte joie de ces chers néophytes qui s'agenouillaient à la table divine, pleurant de bonheur, et oubliant les maux du passé, les souffrances de l'heure présente et les angoisses de l'avenir, dans les embrassements du Sauveur.

A quelque distance, en tirant à l'est, est un village important d'un district auquel il a donné son nom. Il est connu du lecteur : c'est Léfanga. On se rappelle ce groupe de catéchumènes qui prêta une oreille si docile aux enseignements du R. P. Elloy, sur la fin de l'année 1863, au moment de partir pour Clydesdale; et l'on a encore devant les yeux l'acte héroïque de l'apôtre, se précipitant la croix à la main, au cœur d'une nuit terrible, à la rencontre des hérétiques qui voulaient tout mettre à feu et à sang. On laisse toujours la meilleure part de son cœur là où l'on a généreusement exposé sa vie. Mgr Elloy était donc empressé de se rendre auprès du troupeau qui lui demeurait tendrement fidèle. Mais, soit difficulté de trouver une embarcation, *la Sainte-Anne* étant restée à Samatoa, soit désir d'explorer la contrée où il avait dessein de fonder une station centrale pour relier les autres ensemble, il résolut d'avancer par terre. Il fallait escalader un promontoire qui, en forme de long arêtier, appuyait au nord les contreforts de la haute montagne de Tafoua, et, au sud, plongeait dans la mer. L'ascension se fit tout d'une haleine; mais le versant de l'est est très escarpé : les deux missionnaires se rapprochèrent donc du rivage. La marée se trouvait basse : ils évitèrent plus d'une montée et descente très abruptes, en faisant route dans les petits estuaires où ils allaient le plus souvent à pied sec, sauf les rivières à traverser, d'où ils se tiraient en s'aidant réciproquement de leur mieux.

« A Léfanga, dit le P. Delahaye, la réception fut marquée d'un caractère plus intime de foi et de reconnaissance. C'était, comme partout, même désolation et mêmes ruines ; mais la résignation nous parut plus parfaite. La joie et l'espérance éclatèrent plus vivement sur ces faces décharnées, quand le paternel regard du vicaire apostolique, et ses paroles empreintes d'une plus tendre affection, les illuminaient et leur rendaient la vie. La communion, qui fut très nombreuse après les confessions de la nuit, me parut plus fervente ; et je me sentais ravi en les voyant abîmés, au sortir de la sainte table, dans une contemplation où je n'hésitai pas à voir de grandes grâces de consolation et de courage. Elles rejaillissaient sur nous, et nous remplissaient d'un grand bonheur, à la pensée que Dieu avait daigné se servir de notre ministère pour calmer les douleurs et récompenser la foi de ces admirables fidèles. »

« Tout le côté sud et le côté ouest du malheureux royaume d'Aana, dit le P. Delahaye, était visité. La mer était calme, le ciel serein et tout orné de ses innombrables diamants de feu. Nous nous hâtâmes de regagner Samatoa, où, après les adieux touchants des néophytes, nous montâmes dans *la Sainte-Anne*, pour rentrer à Léouloumoenga. Oh ! comme elle volait rapide et mollement bercée sur des eaux unies et douces, ainsi qu'un beau lac ! Notre retour fut délicieux ; il nous dédommageait des peines d'une semaine que nous avions employée de notre mieux, et non, aimions-nous du moins à l'espérer, sans quelque profit pour nos chers insulaires. Nos jeunes rameurs étaient joyeux. Les pieux cantiques se succédaient sans interruption, entremêlés des chants de la liturgie, le *Magnificat*, *l'Ave maris stella*, etc.

« Nos esprits et nos cœurs étaient d'eux-mêmes portés vers le ciel, rêvant de la céleste patrie, qui semblait s'être ouverte et nous soulever doucement vers elle. Au retour d'un voyage laborieux et non sans péril, il nous semblait que nous nous essayions aux chants de la sainte Cité où nous entrerons un jour, après les douleurs et les dangers de la traversée au milieu de ce misérable monde. Voilà bien la vie du missionnaire. Comme saint Paul, un jour il succombe à un poids de peines qui semblent dépasser ses forces, et il entre en dégoût de la vie : *Supra modum gravati sumus suprà virtutem, ita ut tæderet nos etiam vivere* (1). Mais déjà Dieu a pris en pitié notre faiblesse, il a fait luire ses miséricordes sur nous ; et nous le bénissons, lui le Dieu de toutes consolations, de nous avoir rempli le cœur de manière à pouvoir relever à notre tour ceux qui sont dans la tribulation (2). »

C'était le vendredi : un jour de repos était nécessaire. Ce fut le samedi soir seulement que le voyage apostolique reprit en allant à l'est. La première halte qu'il soit intéressant de décrire se fit à Soléimoa. Ici

(1) II Cor. 1, 8.
(2) II Cor. 3 et 4.

encore le lecteur se souvient. C'est là que, en même temps qu'à Léfanga, le P. Elloy avait fondé une très florissante chrétienté. L'instrument de la divine Providence fut, on se le rappelle aussi, la pieuse et intelligente Sâpa. Elle avait exigé du jeune chef qui lui demandait sa main qu'il abjurât l'hérésie, et il s'était fait catholique, sincèrement et généreusement. On se souvient encore que ce qui faisait l'importance de l'établissement catholique de Soléimoa, c'était son rapprochement de Maloua, Maloua la grande école de catéchistes protestants, « la Jérusalem de l'archipel, tout illuminée des feux de la vérité évangélique », dont les reflets embrasaient Soleimoa elle-même, qu'on appelait de là « porte du ciel! » Notre sainte foi avait ainsi pris pied ferme en face du boulevard de l'erreur. A ces deux motifs, qui y attiraient notre vicaire apostolique, il s'en joignait un autre qui le pressait davantage.

« Soléimoa, disait le P. Delahaye, a été longtemps, durant la guerre, le camp d'une des armées : tout y a été complètement ruiné ; beaucoup de nos néophytes sont morts en divers combats, ou ils ont succombé aux maladies, aux fatigues et privations de la guerre. Il y avait là une belle petite église, avec sa cloche qui chantait joyeusement dans les airs, en se balançant sous son petit clocher gracieux. Si près du centre même de l'erreur, on n'avait voulu refuser ni travaux ni dépenses, afin que notre beau culte catholique, auprès duquel celui de l'hérésie fait si pauvre figure, y pût avoir tout son éclat. Aussi un des pères venait-il fréquemment visiter cette chrétienté naissante, riche de promesses. Il y fallait un enseignement fort, assidûment donné, afin que les néophytes, qui s'y prêtaient de tout leur cœur, fussent trempés contre les assauts qui leur étaient fréquemment livrés. »

Hélas ! la guerre avait arrêté les progrès ; car ici, comme dans tout le territoire, il n'y avait que des ruines. Mais les racines de la foi restaient vivaces, et l'impulsion n'attendait que l'occasion pour reprendre. La population fidèle la saisit avec empressement. A peine fut-on informé du projet de visite de Monseigneur, qu'on prépara tout pour le recevoir. En une semaine on éleva un gracieux oratoire, et une belle petite case pour Sa Grandeur et pour son prêtre. Comme on le voit partout en de telles circonstances, il y avait donc là un homme de bonne volonté, d'initiative et d'autorité, qui imprimait le mouvement ; et cet homme, c'était le chef, époux de Sapa, faisant plus que jamais honneur à ses serments, et subissant toujours l'influence, aussi salutaire que douce, de la vaillante chrétienne, son épouse.

Et vraiment, il faut remarquer en passant cette notable et glorieuse preuve de ce que peut la femme forte pour produire un bien non moins étendu que solide. Ce chef était loin, avant son mariage, de mener une vie régulière, même seulement honnête. Or, il était devenu dévoué à la vertu comme à la foi. Avant d'être ardent à l'œuvre pour faire des prosélytes, il s'était attaché à se rendre exemplaire dans toute sa conduite. Bon époux et bon père de nombreux enfants, qu'il aidait à Sapa à élever bien chrétiennement, il s'était arraché sans faiblir aux habitudes samoanes de mollesse et d'oisiveté. « Levé au chant du coq, de la prière, dit le P. Delahaye, il va au travail, où il apporte autant d'intelligence que d'énergie, et dont le fruit est en grande partie consacré aux œuvres de charité. Aussi présente-t-il en sa personne tous les titres capables d'imposer respect et confiance : en lui la religion inspire et soutient la vertu, et la vertu fait la preuve de la religion et lui rend son meilleur honneur. Il y a, dans cette famille bénie de Dieu, grâce à ses deux chefs si assidus, si sages, si constants dans la pratique de leurs devoirs, paix, bonheur, aisance et parfaite réputation. »

Tel est donc l'homme dont la Providence, qui l'avait employé pour fonder, voulut se servir encore pour relever. C'est sous son impulsion et sa direction que les habitants de Soléimoa étaient revenus sur leur territoire dévasté, et qu'au lieu de verser sur leurs ruines des larmes stériles de découragement, ils avaient déjà mis résolument la main à l'œuvre.

« L'après-midi, reprend le père, se passa à recevoir les confessions des néophytes, et à préparer, d'une préparation immédiate, le baptême de quelques adultes. Le lendemain dimanche, quelle fête ! baptêmes d'adultes et de petits enfants, messe solennelle avec de beaux chants de cantiques, sermon de Monseigneur, communion générale des fidèles. Oh ! que ce peuple était heureux ! Que les joies saintes de l'âme sont donc plus vraies, plus profondes, plus vives que toutes les autres ! Que nous nous sentions heureux, nous aussi, en voyant tout ce peuple, si longtemps plongé dans un abîme de misères, se relever dans un bonheur réel et tout céleste, et oubliant en ce moment quatre longues années de deuil, de désastres et d'angoisses ! »

Ce ne fut pas une de ces flammes dont l'éclat n'est vif que parce qu'il est éphémère. « Le saint jour de la Pentecôte de l'année suivante, 24 mai 1874, continue notre chroniqueur, le prélat revint une seconde fois dans ce village ; il eut le bonheur de baptiser une trentaine d'adultes ; cinquante priants commençaient leur catéchuménat. Donc ici, comme aux temps antiques, les sibylles de Maloua ont encore une fois prophétisé malgré elles : le village est devenu vraiment comme la *Porte du ciel*, puisqu'il est aujourd'hui tout catholique, et que ses habitants marchent droit à la Patrie, dont ils ont su discerner les véritables clartés. »

Le reste de la tournée pastorale de la côte nord-est n'offre guère que la répétition des mêmes scènes de dévouement et d'édification. Nous ne nous arrêterons qu'à Faléfa, dans le royaume d'Atoua, à l'est de Loufiloufi qui en est la capitale. Le vicaire apostolique eut là une de ses plus douces consolations : il bénit la première pierre d'une église érigée en l'honneur du Sacré Cœur de Jésus.

On se rappelle que, le 29 juin de notre présente année 1873, il avait consacré l'archipel au Sacré Cœur. Or il avait terminé la formule de cette consécration par la promesse d'élever en son honneur une église, aussi belle et aussitôt que possible. Le P. Chouvier, qui à cette époque était le missionnaire de Faléfa, n'eut garde de laisser échapper l'occasion : il offrit son territoire, ses bras, sa bonne volonté. L'évêque, selon que le lui prescrivait la prudence, objecta l'Evangile, qui défend de s'engager dans une grande entreprise sans avoir fait le plan, supputé les dépenses et fait preuve d'être en état de l'achever. Le P. Chouvier était en mesure; il tira le plan de son portefeuille. C'était admirable : une nef ogivale de cent pieds de long sur trente-cinq de large, couronnée d'un clocher élégant, perdu dans le ciel bleu, par-dessus les grands cocotiers. Rien de plus attrayant : mais les ressources? Notre architecte s'attendait à la question : elle ne le trouva pas au dépourvu. Il avait déjà ses matériaux, son sable, ses coraux ravalés, appareillés, quelques-uns même sculptés en festons et en corniches. Plus que cela, il avait des rentes pour nourrir les travailleurs, rentes sur le sol, qu'il avait retourné depuis dix ans de ses robustes mains de montagnard du Vélay, et qui lui rendait déjà largement, en fruits de toutes espèces, les sueurs qu'il n'y avait pas ménagées.

« Et en effet, dit le R. P. Vidal, à la lettre duquel nous empruntons ces détails (1), tous les instants qui

(1) Cette lettre du R. P. Vidal, aujourd'hui évêque d'Abydos, et vicaire apostolique des Fidji, est datée du 3 juillet 1876. Elle a paru aux *Annales de la Propagation de la foi*, dans le numéro de mai 1877. L'*Univers* lui a fait l'honneur de la reproduire, le 19 juillet de la même année, en la faisant précéder de quelques observations, où la plume de son grand écrivain s'accuse dès les premières lignes, et dont voici quelques extraits.

« Un récent numéro des *Annales de la Propagation de la Foi* nous apporte d'heureuses nouvelles, des nouvelles chrétiennes et catholiques, d'une civilisation naissante et d'un peuple au berceau, hier encore mourant sur le bord du sépulcre, mais à qui Dieu a envoyé un évêque, et qui est aujourd'hui plus sage et mieux portant que plusieurs des vieux peuples d'Europe. Cette lettre vient de l'Océanie. Elle a été écrite, il y a juste un an, par le R. P. Vidal, missionnaire de la Société de Marie, congrégation nouvelle aussi, et dont le fondateur a vécu parmi nous et de nos jours. Nous l'avons connu il n'y a que quelques années, et déjà la congrégation qu'il a établie est florissante, n'étaient pas consacrés au soin des âmes, le P. Chouvier les employait à faire des plantations de taros, de coton, de cocotiers, etc., en un mot, de tout ce qui pouvait lui fournir quelques ressources. Un certain nombre de jeunes gens dévoués, et surtout son catéchiste, voulurent bien l'aider; mais le missionnaire devait être toujours le premier à la peine. La guerre, qui vint bientôt désoler Samoa, arrêta plus d'une fois les travaux; cependant Dieu ne permit pas que l'œuvre du missionnaire eût trop à en souffrir.

« Les plantations une fois faites, le P. Chouvier se mit à réunir les matériaux de construction, tels que pierres, sable, chaux. Le missionnaire et ses néophytes n'avaient qu'un mauvais char de transport, qu'ils étaient obligés de traîner eux-mêmes.

« J'écris ces détails, quelque minutieux qu'ils soient, parce qu'ils font bien voir ce que doivent faire

et compte parmi les bons ouvriers de l'Eglise. Le Pape lui a confié l'Océanie, lorsqu'à peine elle sortait du sein des flots pour apparaître au monde. Il n'y a guère que vingt ou trente ans que les premiers missionnaires y sont arrivés. On va voir ce qu'ils ont su faire en si peu de temps, et ce que promettent les peuples lorsqu'ils s'élèvent sur les genoux de l'Eglise.

« Un autre point de l'Océanie appartient à la France civile. Elle y a placé aussi des missionnaires; mais elle y a mis encore d'autres ouvriers. C'est la Nouvelle-Calédonie : nous n'avons pas besoin de la décrire davantage. L'éducation que la France fait dans ce pays-là lui coûte gros, sans donner de résultats satisfaisants. Les Nouveaux-Océaniens de l'Eglise bâtissent un temple qu'ils font consacrer par leur évêque. Ceux qui viennent de la France, fruits de sa civilisation présente, ne bâtissent rien, surtout point de temples, et ne savent encore que détruire des maisons. Il est infiniment douteux que leur gouverneur, quoique excellent et officier de la marine française, parvienne à leur donner d'autres habitudes. »

les missionnaires dans les pays païens, où le prêtre n'est pas seulement l'homme de la prière, mais encore l'homme de la civilisation. Un peuple nouvellement converti est comme un enfant dont il faut commencer l'éducation en tout point par les premiers et les plus simples éléments; car il n'a aucune idée des sciences et des arts les plus utiles. C'est ainsi sans doute qu'étaient autrefois nos pays d'Europe, avant que nos évêques, selon une parole célèbre, les eussent façonnés, comme les abeilles leur ruche.

« Afin de donner plus de beauté à son église, le P. Chouvier a voulu que les portes et les fenêtres fussent en beau corail blanc travaillé, sculpté même, et que la façade fût aussi ornée de festons et d'une large corniche en corail. On essaya d'abord de détacher des récifs quelques blocs immenses de madrépore. Comme il était impossible à cause de leur masse, de les transporter sur la grève, le P. Chouvier se décida à les scier sur place, pour n'avoir à porter à terre que la partie du corail utile aux constructions. Ce travail dura trois mois. A l'heure de la marée basse, c'était encore chose aisée; mais, dès que le corail était à quatre ou cinq pieds dans l'eau, c'est sous l'eau que devaient se placer les scieurs. De temps en temps il leur fallait interrompre le travail et remonter à la surface pour respirer. »

Tel était l'état des choses au moment où, tout enflammé encore de la promesse qu'il venait de faire au divin Cœur, le vicaire apostolique reçut, à Apia, les communications du missionnaire de Faléfa, ses plans et son humble mais instante demande : pouvait-il ne pas y faire droit? Il fut donc convenu qu'il se rendrait sur les lieux le 9 février 1874, et qu'il ferait la pose et la bénédiction solennelle de la première pierre.

Le R. Père cite, au nombre des indigènes qui se distinguèrent surtout par leur zèle, un catéchiste du nom de Aloizio, un chef, Toualésola, et surtout Mataafa. Il serait prétentieux de rappeler ici Constantin, portant des corbeilles de terre pour la construction de la basilique du Vatican. Et cependant, en face des indigènes, la grandeur de ce chef est relativement comparable à celle de l'empereur vis-à-vis de ses Romains. En face de Dieu qui juge le cœur, il est difficile de ne pas admettre que notre insulaire, par sa piété admirable, et par sa haute vertu dont nous connaissons quelques traits, devait lui être bien agréable.

L'église ne tarda pas à apparaître avec sa majestueuse façade, surmontée de trois croix de corail, avec son large perron et ses vingt fenêtres, où sont venus d'Europe s'encadrer des vitraux aux plus brillantes couleurs. Petit à petit, s'éleva aussi la belle et solide charpente et enfin le clocher, dont la flèche porte au plus haut dans les airs le signe de la Rédemption.

Ici nous prenons l'avance, et, à l'aide de notre vénéré annaliste, nous allons raconter, par anticipation, la cérémonie de la bénédiction de l'église du Sacré-Cœur de Faléfa, accomplie solennellement par Monseigneur le vendredi 23 juin 1876, fête destinée cette année-là au culte de ce doux mystère.

« Invités par Mgr Elloy, les représentants du pouvoir samoan voulurent assister officiellement à la cérémonie. C'est la première fois qu'avait lieu une pareille manifestation officielle en faveur de notre sainte religion ; car jusqu'ici le gouvernement s'était toujours laissé diriger par les ministres protestants. Mais, à la suite des événements qui auraient enlevé au pays son indépendance si Mgr Elloy n'avait soutenu ses droits, le gouvernement indigène a changé de manière d'agir. Il a enfin reconnu que c'est à l'évêque qu'il doit son salut, et il cherche les occasions de nous témoigner sa reconnaissance. Du reste, au grand avantage du pays, les événements ont aussi élevé l'influence de Mataafa, et elle ne pouvait s'exercer que pour le triomphe de la vràie foi.

« Dès le mardi 20, un grand nombre d'embarcations, arrivées de Savaï, de Manono, de l'ouest d'Oupolou et même de Toutouila, stationnaient déjà à Apia, en attendant le moment du départ. C'était une véritable flotte, ou, pour mieux dire, c'était Samoa tout entier qui devait se rendre en pèlerinage à l'église du Cœur de Jésus.

« Le mercredi, vers trois heures du matin, à la faveur de la haute marée et d'une fraîche brise, la flotte se disposait à partir. Malgré la multitude, tout se passa sans trouble. Avant de donner le premier coup de rame, chacun s'est muni du signe de la croix, et bientôt la mer est sillonnée par ces nombreuses gondoles océaniennes. Chaque village devant lequel nous passons est en mouvement ; car la fête est générale, et partout de nouvelles pirogues viennent grossir le flottant pèlerinage. La traversée est longue, d'une dizaine de lieues environ, et nous ne pouvons pas mettre à la voile, car le bon vent de mer n'est pas encore levé ; il faut donc ramer sans cesse. Dès que la fatigue commence à ralentir les bras, nos néophytes ont recours aux cantiques ou à la prière. La prière et le chant terminés, on retombe dans un religieux silence ; et alors on n'entend plus que le bruit cadencé des pagayes qui frappent la mer avec vigueur.

« L'aube paraît : aussitôt de chaque embarcation s'élèvent des voix nombreuses qui récitent, ou plutôt psalmodient la prière du matin, tandis que sur la côte, dans chaque village, on frappe le lali en signe de salut fraternel. Partout on récite l'*Angelus*.

« Peu à peu nous approchons de Faléfa, et de beaux chants de circonstance saluent l'église qui apparaît. Enfin, nous arrivons dans le port, d'où nous remontons une petite rivière qui nous mène à une large nappe d'eau s'étendant devant l'église. On s'empresse de visiter le monument.

« Toute la journée du mercredi, les visiteurs se succédèrent dans l'église. Sur le soir, arrivèrent les députés du gouvernement, avec une nombreuse escorte de soldats, venus pour les honneurs militaires. Quelques-uns d'entre eux, qui étaient protestants, vinrent même prier les missionnaires de leur apprendre à faire le signe de la croix. Leur tenue a été digne et religieuse ; on eût dit que tous étaient catholiques. »

Notre correspondant entre ici dans des détails très intéressants sur la grande cérémonie, si chère aux Samoans, de la présentation des vivres. Après ce qu'on a dit à l'occasion du sacre de Mgr Elloy, ces détails pourraient être jugés superflus. Nous les passons. Mais on nous saura gré de distinguer, dans le flot des discours qui, en de telles circonstances, sont ordinairement en raison des personnages et de la solennité, celui du toulafalé principal ; et qu'on note bien qu'il était de la religion protestante. On y trouvera la preuve décisive du changement qui s'était, grâce au dévouement des missionnaires, opéré dans les esprits les plus imbus de préjugés. Fasse le ciel que le gouvernement français nous donne à entendre quelque jour des paroles aussi justes et aussi loyales, à l'honneur de notre religion !

« Puisque je dois, dit-il, au nom du gouvernement et de toute cette assemblée, répondre au discours qui vient de nous être adressé, je commencerai par offrir mes remercîments au village qui nous fait un si bienveillant et gracieux accueil ; nous devons en offrir aussi à l'évêque et aux missionnaires qui nous procurent une si brillante fête.

« Nous voici donc réunis de tous les points de Samoa, depuis l'extrémité orientale de Toutouila jusqu'à la dernière pointe de terre à l'ouest de Savaï. Il y a ici les grands chefs des principaux districts, ceux d'un grand nombre de cantons, et autres dignitaires ; il y a enfin le clergé avec son chef, Mgr de Tipasa.

« Et si l'on nous demande pourquoi nous sommes ainsi réunis, nous répondrons ouvertement que c'est pour honorer la religion catholique et ses missionnaires. Autrefois, le gouvernement de ce pays ne reconnaissait que la religion protestante avec ses ministres, qui ont les premiers pris pied ici ; nous ne voulions point que d'autres religieux vinssent lui disputer le pas. Mais c'est assez de privilèges exclusivement accordés aux ministres protestants. Autrefois, nous ne connaissions pas la religion catholique ; mais maintenant sa bienfaisante lumière a brillé à nos regards, et nous reconnaissons que ses missionnaires sont de vrais hommes de Dieu. Pourquoi donc désormais ne pas les honorer? Pourquoi ne serions-nous pas heureux de les voir progresser et répandre partout dans ce pays les bienfaits que Dieu veut nous départir par leur ministère? N'avons-nous pas été témoins, dans ces derniers temps, du véritable amour que Tipasa a pour nous? N'avons-nous pas des preuves certaines qu'il n'est pas venu pour chercher son intérêt, mais bien pour procurer le salut de nos âmes et le bonheur de notre pays? Désormais donc, qu'on ne dise et ne fasse plus rien contre l'honneur du catholicisme; car qui l'injurierait injurierait le gouvernement, et qui le blesserait nous blesserait au cœur. C'est pour cela que tous, demain, nous assisterons au saint Sacrifice que Tipasa offrira pour nous dans cette église si belle et si brillante.

« Que Tipasa prie Dieu pour nous tous, pour la prospérité de la religion, pour le bien de cet Etat ; et nous, nous prierons pour que Dieu lui accorde une longue vie, à lui et à tous ses missionnaires ! »

Après les offrandes des hommes et les discours, ce fut le tour des femmes, de la manière et avec le costume qu'on a décrits à propos du sacre. Quelques imprévus furent ajoutés, dont le simple exposé ne sera pas sans intérêt.

« Les jeunes filles de l'école, reprend le R. P. Vidal, vinrent à leur tour : elles étaient vêtues d'une longue robe blanche ; chacune avait au cou une médaille suspendue à un ruban vert. Elles portèrent leurs présents aux jeunes filles de l'école des sœurs d'Apia. Puis vinrent les élèves de l'école du P. Chouvier ; ils présentèrent leurs dons aux élèves catéchistes du collège

Saint-Joseph de Vaéa (1). Ils avaient chacun une blouse rouge, ornée de boutons de verre de diverses couleurs. Ces boutons n'étaient pas un vain ornement, mais des signes d'honneur ; c'étaient les prix et témoignages d'application qu'ils avaient obtenus pendant l'année. »

Ce fut ensuite une belle surprise, qui n'excita pas moins l'admiration que l'appétit. A la suite de ce gracieux défilé des enfants, se présenta tout à coup une pirogue, traînée avec des lianes comme un char. Elle était pleine de porcs qu'on venait de rôtir avec des aromes, et qui exhalaient un appétissant fumet. Une autre pirogue suivait, chargée de cannes à sucre et de cocos au lait.

Aux Samoa, comme en France, aucune grande fête, surtout quand elle a un caractère officiel, ne se passe pas sans quelque déploiement militaire. Le vrai Dieu n'est-il pas celui que, même au cœur de l'auguste Sacrifice, l'Eglise appelle « le Seigneur des armées » ? Les soldats du gouvernement exécutèrent donc des manœuvres qui témoignèrent de leur habileté. Puis, ce fut le tour des écoles. On ne saurait trouver étonnant que les loisirs de l'étude soient consacrés là-bas aux jeux militaires, puisqu'ils fortifient le corps, et que d'ailleurs le jeune Samoan sera appelé à son tour à porter les armes pour la défense du pays. Nos pères ont donc aussi leurs « bataillons scolaires » ; mais les manuels de morale civique n'y ont pas encore remplacé notre vieux catéchisme, toujours si neuf et si

---

(1) On aura bientôt occasion de parler de cette intéressante école.

vivant. L'esprit militaire n'y perd rien : la discipline, qui là toujours, dans les jeux comme dans l'enseignement, s'inspire de la foi catholique, en conservant avec efficacité le culte du devoir, n'est-elle pas le moyen le plus sûr de former le bon soldat, aussi bien que l'élève laborieux et le fils reconnaissant ?

« Donc, continue le P. Vidal, après les soldats, le bataillon des *Zouaves du Sacré-Cœur* parut ; c'étaient les élèves du collège Saint-Joseph de Vaéa, avec quelques jeunes gens que le P. Broyer avait parfaitement exercés. Leur uniforme consistait en un pantalon blanc, une blouse blanche, une casquette ornée d'une croix rouge, et l'image du Sacré-Cœur sur la poitrine. Chacun était armé de son fusil. L'exercice fut fait avec la plus grande précision, et à l'admiration de tous.

« Les élèves du P. Dolé vinrent ensuite. L'uniforme était plus brillant : blouse rouge sur pantalon blanc, casquette noire, et l'image du Sacré-Cœur sur la poitrine. Ils n'avaient point de fusils ; leur affaire, c'est la gymnastique. Ils firent leurs évolutions avec tant d'ensemble et de dextérité, qu'ils excitèrent les applaudissements de tous, et en particulier des députés du gouvernement. »

Après les grands mouvements au dehors, ce fut le tour des exercices littéraires. Nous aurions maladroitement manqué une belle occasion de donner l'idée de l'excellente et complète éducation que dispensent nos pères à cette intelligente jeunesse samoane, si nous n'ajoutions pas que, le soir de cette journée déjà si bien remplie, un drame plein d'à-propos fut joué par les élèves de Saint-Joseph. *Pierre dans les liens*, traduction d'une pièce publiée dans le *Messager du Sacré-Cœur*, était de nature à édifier autant qu'à plaire ; et un des missionnaires qui venait seulement d'arriver, et qui ne connaissait encore que par ouï-dire l'esprit délicat des Samoans, se déclara ravi de la bonne grâce et de l'accent vrai des acteurs, quoique le sens des paroles lui échappât en grande partie.

Le lendemain, la grande cérémonie, puis la messe pontificale : tout s'accomplit avec un ordre et un recueillement parfaits. Nous passons : tout cela n'étant pas, grâce à Dieu, nouveau pour le lecteur.

La lettre se termine par ces lignes qui achèvent de donner à la grande fête tout son caractère : « Après la messe, le Saint Sacrement fut exposé ; et les fidèles se pressèrent tout le jour auprès des autels pour adorer la sainte Eucharistie et lui faire amende honorable. Dans les visites, les néophytes ont l'usage d'interrompre de temps à autre leurs silencieuses prières pour réciter en commun des actes d'adoration et d'amour de Dieu, ou chanter quelques cantiques. Ce jour-là, l'église retentit bien des fois du magnifique chant : *Jesu Alofa*, etc. C'est la traduction du cantique national au Sacré Cœur, qu'on chante ici sur le même air.

« Le soir, avant la bénédiction du Saint-Sacrement, et après une éloquente allocution du P. Gavet, Mgr le vicaire apostolique se prosterna à genoux sur les dalles du sanctuaire, et, d'une voix souvent coupée par l'émotion, il consacra au Cœur de Jésus les pasteurs et le troupeau. Il suppliait le divin Cœur de ramener dans l'Église catholique, la vraie bergerie du divin Pasteur, les brebis égarées, que des docteurs de mensonge ont conduites dans les pâturages empoisonnés. Il donna ensuite la bénédiction du Saint-Sacrement, suivie de la prière du soir ; et chacun s'est retiré, emportant de ce jour le plus doux et le plus précieux souvenir.

« Pour nous, le samedi matin, nous avons pu encore offrir une fois le saint Sacrifice dans ce sanctuaire. Après la messe, nous avons regagné Apia, où nous avons passé le reste du jour dans la joie qu'éprouvent des frères qui se retrouvent après une année de séparation. Le lendemain, nous gravissions la montagne de Vaéa pour nous rendre au collège Saint-Joseph, où nous devions passer huit jours dans le calme de la retraite. »

Ces dernières paroles nous introduisent d'elles-mêmes dans le sujet qui va nous occuper au chapitre suivant.

CHAPITRE V

COLLÈGE SAINT-JOSEPH, A VAÉA

Nos pères rapportent que le P. Roudaire (1), quand il approcha d'Apia, le 27 septembre 1845, fut frappé d'admiration en apercevant de loin la colline de Vaéa, qui surmonte tout ce verdoyant amphithéâtre. Lorsqu'il put l'embrasser du regard : « Qu'une chapelle, s'écria-t-il, serait bien placée au sommet de ces gracieuses pentes! » Les successeurs du P. Roudaire, pleins de vénération pour sa mémoire et de confiance en ses idées, ont voulu de ce vœu faire une prophétie. Trente ans après le débarquement et les premiers travaux de l'apôtre, la chapelle indiquée a été construite.

On la voit s'élever sur la cime arrondie qu'elle couronne, groupant autour d'elle les modestes mais riantes habitations entremêlées à la verdure, et dominant le rivage d'une altitude de près de six cents mètres. La croix qu'elle porte glorieusement dans les

---

(1) On a vu dans le précédent volume, les *Samoa*, que le P. Roudaire, avec le P. Violette, ont été, et à quel prix, les fondateurs de la mission des Navigateurs.

Case samoane du collège de Vaéa.

Une rue d'Apia, d'après une photographie.

COLLÈGE SAINT-JOSEPH, A VAÉA

[...]rs a été plus d'une fois le signe du salut pour les na-
[vi]res en détresse ; et, quand les missionnaires revien-
[n]ent de leurs courses apostoliques, harassés et épui-
[sés], c'est elle qui, de loin, leur élève le cœur, en leur
[p]romettant sous son ombre le repos qui leur rendra
[les] forces pour de nouveaux combats. Ces habitations
[for]ment le village et l'école des catéchistes catholiques
[de] l'archipel; l'église et l'établissement ont été érigés
[sous] le nom et le patronage de saint Joseph. On a
[ra]conté en son temps comment les terrains furent
[ach]etés, et quelle fut la première mise en exécution
[de] cette grande entreprise. C'est en 1875, époque où
[notre] histoire en est arrivée, qu'elle commença à pros-
[pé]rer.

C'est donc plus qu'une chapelle destinée à célébrer
[la g]loire de Dieu au plus haut des cieux et sur l'éten-
[due] des mers, c'est toute une institution qui s'élève à
[Vaé]a, appelée à affirmer et à étendre la foi catholique
[dans] toutes les îles des Navigateurs; c'est la citadelle
[où] se réunissent et s'exercent les recrues des milices
[indi]gènes de notre sainte foi. Lorsque Mgr Bataillon
[et ses] vaillants missionnaires virent se multiplier les
[cli]entés sous l'action de leur zèle, ils sentirent le
[bes]oin d'avoir des aides du pays, pour entretenir le
[bien] qu'ils avaient fait dans les stations, à mesure
[qu']ils les quittaient pour aller en fonder de nouvelles.
[Ils s']attachèrent donc des néophytes, bien doués d'in-
[tel]ligence et de sagesse et prévenus par la grâce, et ils
[leur] confièrent la mission de présider au culte le di-
[man]che, de faire la prière, d'enseigner le catéchisme,
[de ba]ptiser même selon les occasions. Nous avons vu
[à l'œ]uvre quelques-uns de ces cœurs d'élite, qui nous

ont grandement édifiés. Mais tous ces essais ne furent pas également heureux.

Ces indigènes ne savaient encore ni lire ni écrire, et ils n'avaient, pour conserver les dogmes qu'ils étaient chargés de répandre, que leur mémoire trop rapidement fournie pour être, comme il l'eût fallu, riche et fidèle. Point de traditions d'ailleurs où il leur fût possible de suppléer à ses défaillances : la prédication n'était que d'hier. Aussi, plus d'une fois, leur enseignement était-il singulièrement mélangé. De plus, ils avaient en face d'eux les catéchistes protestants formés dans cet établissement de Maloua, dont on a entendu les ministres parler avec tant d'enthousiasme. Les lambeaux du Symbole, lacéré par l'hérésie, dont on avait fait le thème de leurs prédications, ils les récitaient avec un aplomb qui déconcertait nos néophytes ; puis ils achevaient leur déroute, en répétant, d'une voix haute et d'un ton railleur, les vieilles calomnies qui n'étaient pas encore entièrement usées.

Ainsi l'hérésie présentait à nos pères un exemple qu'il fallait se hâter de suivre. Ce n'est pas avec des soldats dispersés à l'aventure qu'on peut lutter contre une armée aguerrie et serrant ses rangs. Il fallait opposer à la forte organisation de ses *teachers* une institution de catéchistes formés par un solide enseignement du dogme et de la morale catholiques, donné d'une manière régulière pendant un certain nombre d'années, en même temps que se donnerait un cours d'instruction primaire : celle-ci devant ouvrir l'intelligence, celui-là destiné à la couronner et à tremper les sujets dans la connaissance raisonnée et la démonstration des vérités de la foi.

Telle fut la raison d'être de l'établissement de Vaéa, que nous avons en ce moment à raconter.

Il s'agissait de réunir ensemble un certain nombre d'indigènes des deux sexes, et de leur fournir une installation de tous points convenable. Par conséquent, il fallait les marier et les établir en des ménages distincts, rapprochés sans confusion. Puis il y avait à pourvoir à leur entretien pendant tout le temps de leur formation, et à les mettre en état de voyager ensuite et de vivre dans les chrétientés qui leur seraient assignées pour mission. Tout cela allait coûter cher, on serait entravé; mais la nécessité s'en imposait. On devait donc compter sur la Providence; et, pour avoir droit à espérer qu'elle ferait honneur aux nombreuses échéances à encourir, on choisit pour patron de l'église et de tout l'établissement le grand économe des familles chrétiennes sans ressources, saint Joseph: ce père tant aimé des chrétiens a si bien fait ses preuves à Nazareth, que depuis, on va partout de l'avant avec sécurité, quand on a mis la cause sous sa protection.

Nous sommes arrivés, sur la fin de 1874, au moment où, sur l'ordre et à l'exemple de l'évêque de Tipasa, on se mit résolument à l'œuvre. On était en possession d'un domaine qui partait de la mer et s'élevait, par une pente douce de douze cents mètres, jusqu'au sommet de la colline. Mais, au pied de cette colline, la plaine, traversée par une rivière, était marécageuse, improductive par conséquent et fiévreuse. Il fallait assainir et cultiver pour la mettre en rapport. C'étaient des travaux gigantesques pour le pays. Une chaussée dans le marais, deux ponts sur les bras de la rivière afin de donner l'écoulement aux eaux dormantes, puis une route serpentant aux flancs de la montagne pour desservir les habitations et conduire aisément à l'église : voilà ce qu'il fallait faire, et ce qui se fit. Le P. Sage, ayant été le plus ardent promoteur du projet, fut chargé de l'entreprise : « A tout seigneur tout honneur ! » lui dit-on. « Au pionnier la pioche, répondit-il; au charpentier la hache; au maçon la truelle ! » Tous ces insignes sur l'épaule : « A moi, s'écria-t-il ! » et l'on commença.

Les jeunes néophytes, sans se faire prier, arrivèrent en foule. « Au lieu de plume et de livres, a écrit le R. P. Gavet (1), on leur donna des instruments de travail et l'on attaqua les bois de la montagne pour y tracer un chemin. Les dificultés étaient grandes, mais la Providence est venue à notre secours. Des villages entiers faisaient, à tour de rôle, de dures corvées. De bon matin, ils arrivaient avec leurs vivres; et, après s'être armés du signe de la croix, ils attaquaient bravement les tranchées, sans s'inquiéter des pluies torrentielles de septembre, sans reculer devant les rocs ou la boue. Mataafa, comme toujours, se faisait remarquer par son ardeur au travail. Le P. Sage, malgré les souffrances que lui causait sa bronchite, était là sans cesse, dirigeant les travaux et encourageant les ouvriers. Mgr Elloy et nous tous aidions au transport des terres. L'ardeur ne s'est jamais ralentie. Le chemin n'était pas même terminé, que le frère Charles notre charpentier, aidé d'un jeune homme samoan,

---

(1) *Les Missions catholiques*, mars 1877.

appelé Simi, et d'un Tokélaouan, nommé Atéola, était à l'œuvre. »

On ne pouvait songer à construire à chaux et à sable, faute de ressources suffisantes : hors l'église qui méritait une exception, et qui s'éleva en belle maçonnerie, collège, habitations, tout se bâtit en bois. On s'attacha à faire assez solide pour résister pendant quinze ou vingt ans aux orages. Puis à chaque année, comme à chaque jour, sa peine ! En attendant qu'on puisse employer la pierre, de temps en temps on réparera les attaques du temps et des vers sur le bois.

Pour les premiers travaux, ce fut vraiment un admirable spectacle. « Une convocation générale des néophytes de notre district fut faite, continue le P. Gavet, et on leur demanda de vouloir bien porter tous les bois nécessaires à la construction de l'établissement. La corvée était inouïe : il fallait aller à bord du navire américain *le Taola*, aider à décharger quarante-cinq mille pieds de bois, qu'il nous amenait de San-Francisco; il fallait ensuite les porter à une distance de deux kilomètres, par un chemin neuf, boueux et glissant. Tout ce que nous demandâmes à ces chers insulaires fut obtenu en dépit des clameurs des protestants. »

Plus admirable encore fut la construction de la chapelle. « Nous avons d'abord, dit encore le P. Gavet, mais dans une lettre postérieure, creusé, depuis la mer jusqu'au pied de la montagne, un canal qui nous a permis de charrier avec un bateau plat le sable, le corail des récifs, que nous devions transformer en chaux par la cuisson, et les mille autres matériaux nécessaires.

« Du pied de la montagne au lieu où nous voulions bâtir, c'est-à-dire à quatre-vingts mètres de haut, les élèves, hommes, femmes, enfants, tous prenaient leur charge et la portaient bravement sur le chantier. Les pierres répandues çà et là, dans la partie supérieure de la montagne, étaient ensuite rapprochées à pied d'œuvre. La bâtisse commença et, en six mois, nous eumes une jolie petite basilique de soixante-quinze pieds de long, sur vingt-six de large et vingt-quatre de haut. Des arceaux élégants ouvrent à gauche et à droite sur les chapelles de la sainte Vierge et de saint Joseph, et, au fond du sanctuaire, deux portes donnent entrée dans la sacristie. La nef est toute percée de larges portes qui peuvent permettre la circulation de l'air, dont on a grand besoin aux Samoa et qui, sur la colline, vient de la mer frais et pur. Une série de rosaces surmonte ces ouvertures et laisse pénétrer une joyeuse lumière à l'intérieur. Enfin, une véranda entoure les bas côtés de la nef, et permet aux mères d'y mettre à l'abri les petits bébés, quand leur musique finit par être trop discordante. »

Les habitations construites, il fallait trouver les habitants et de quoi les nourrir. Mgr Elloy acheta d'abord des barriques de riz, et il chargea le P. Gavet de faire chaque jour la distribution à la jeunesse qui tarda peu d'arriver. Puis on alla quêter dans les villages environnants des conserves du fruit de l'arbre à pain (1). « C'était merveille de voir, a dit le prélat dans un rapport (2), les pirogues arriver chargées au pied de la

---

(1) Voir *les Samoa*, p. 38.
(2) Ce rapport, en date de juin 1878, fut adressé au conseil central de la Propagation de la Foi.

colline. Elles amenaient, tantôt un jeune néophyte qui venait se faire inscrire, tantôt un homme marié avec sa petite famille ; ils apportaient avec eux des plants de bananiers ou de taros, ou des bois pour la construction des cases. »

On se mit donc à l'œuvre avec une joyeuse activité. D'une distance de quinze cents à deux mille mètres, on eût cru voir un essaim de laborieuses abeilles, voltigeant en tout sens, travaillant, bourdonnant. A vue d'œil s'élevaient les rayons de la ruche où allait s'élaborer, pour l'archipel samoan, le miel de la céleste sagesse. L'ensemble n'était pas sans coquetterie ; car les chevrons de la toiture, et les traverses courant sur les poteaux pour en soutenir la pente, avaient été courbés avec art et leurs arêtes arrondies. Les cases étaient construites à distance régulière autour de l'église, sur un plan qui avait la forme d'une circonférence ouverte devant la façade, et se retournant en deux lignes droites de chaque côté, de manière à dessiner un *oméga*.

Une fois logés, on dut songer à l'alimentation pour l'avenir. On abattit les arbres les plus voisins, et l'on se mit à planter des bananiers. Les champs de taros succédèrent aux mauvaises herbes ; les arbres à pain, dont les racines vivaces sont comme un réseau caché sous terre depuis de longs siècles, commencèrent à sortir du sol ; d'autres arbres à fruits, jusqu'alors improductifs à cause des hautes tiges au milieu desquelles ils étaient cachés, furent dégagés, et reverdirent au soleil.

On ne saurait manquer d'ajouter, à la gloire de notre sainte religion, seule capable d'inspirer ces actes magnanimes, que, parmi ces jeunes gens qui se dévouaient à une telle vie de renoncement, de travail et de privations, plusieurs étaient fils de chefs. « Dans leurs îles, dit le rapport de Mgr Elloy, ils auraient eu en abondance la meilleure nourriture; ils auraient tiré profit du travail imposé à leurs subordonnés. A Vaéa, ils savaient qu'il faudrait commencer par travailler eux-mêmes, et, malgré des labeurs violents et continus, manquer peut-être de ce qu'ils n'avaient pas même besoin de demander chez eux. Leur foi les a empêchés d'hésiter dans leurs sacrifices, et ils ont été les « joyeux donneurs, » que Dieu aime tant à rencontrer. Dans le principe, ils n'étaient qu'une trentaine; ils sont maintenant (1) cent vingt-cinq, en y comptant vingt-cinq enfants de douze à quinze ans, qui forment comme une école préparatoire au grand collège des catéchistes, et dont plusieurs étudient le latin, pour être plus tard les prémices du clergé indigène. »

Le lieu fait réellement honneur à la religion catholique. Le ravissant coup d'œil que présente l'ensemble de ces habitations, qui coupent le feuillage touffu de la montagne, y attire tous les officiers des diverses marines de guerre. Ils en font le but ordinaire de leurs promenades. Or, pour y arriver, ils traversent tout le terrain de la mission, l'école des Petits-Frères-de-Marie, celle des sœurs du Tiers-Ordre de Marie, qui élèvent les enfants des européens aussi bien que ceux des indigènes, nos hospices et infirmeries, l'église cathédrale, la résidence de l'évêque et des missionnaires;

(1) En 1878.

l'établissement de Saint-Joseph fait le fond et le couronnement du tableau. Il se trouve ainsi que les officiers des Etats protestants, qui n'ont lu dans les ouvrages de leurs religionnaires que des descriptions pompeuses des œuvres de l'hérésie, sont tout étonnés de ne rencontrer partout que les nôtres.

On lira avec intérêt la riante et spirituelle description que le P. Gavet a faite de l'ensemble et des détails, dans l'article déjà cité des *Missions catholiques*.

« Je suis descendu de ma chère montagne pour vous promener à travers ces terrains humides ; remontons par le joli chemin, tout couvert d'un charmant tapis de gazon. Admirez avec moi ces jeunes arbres, plantés depuis un an seulement sur le bord du chemin, pour l'ombrager bientôt. Ce sont des orangers, des manguiers, des arbres à pain d'une espèce gigantesque, que le P. Rondel avait eu soin de nous apporter de Ceylan. Admirez encore ces *ifi* (châtaigniers samoans) aussi fournis en feuillage que des acacias parasols ; ces bananiers qui, courbés vers la terre, semblent n'avoir pas la force de soutenir l'énorme régime qu'ils ont produit ; et ces tamus, dont une seule feuille sert de parapluie ou de valise. Voyez aussi ces petits filets d'eau sourdre à travers les flancs du Vaéa ; ils se réunissent dans de petits bassins, et suffisent aux besoins ordinaires des habitants. D'autres sources sortent abondamment du pied même de la montagne. L'une d'elles s'appelle les « larmes de Vaéa ».

« Prenez garde : nous sommes ici en face d'une légende qui ne saurait être racontée l'œil sec. Elle rapporte que certaine dame, grande princesse du pays, ayant attendu longtemps son époux qui était allé en voyage à Savaï, ses larmes commencèrent à couler. Sa douleur s'accrut à un point tel, qu'elle fut insensiblement transformée en montagne humide : c'est là l'origine de Vaéa. Les larmes coulent toujours. Je les reçois pieusement dans un vaste réservoir, véritable petit lac creusé par nous. Furent-elles amères et brûlantes, quand elles coulèrent des yeux de « la veuve inconsolable »? Je l'ignore; mais en ce moment, nous les trouvons aussi fraîches que douces, et on en boirait indéfiniment sans en éprouver de mal. Non seulement on y puise pour boire, mais on y prend des bains et on y lave le linge.

« Nous arrivons enfin sur l'étroit et long plateau, si agréablement taillé au flanc de la montagne. C'est comme un ruban, doucement courbé, qui s'allonge horizontalement à droite et à gauche, et où s'élèvent les maisons de nos jeunes ménages. Chaque ménage a son petit palais indépendant, construit à la façon des Samoa.....

« Chaque ménage a son poulailler, composé ordinairement de cinq à six poules. Les œufs sont un petit revenu qui aide à acheter quelque étoffe. Il y a aussi des haricots, des aubergines, des oignons, dont la vente procure vêtements, savon, aiguilles, fil, etc. Les femmes vont pêcher des crevettes, dans les eaux fraîches de la montagne. Les travaux de couture et de repassage leur procurent encore quelques ressources. En outre, sous la présidence de quelque matrone respectable et habile, elles apprennent à lire, écrire, chanter, coudre, etc. Aux alentours des cases, poussent, avec une vigueur extraordinaire, des fleurs de toute espèce, et surtout une infinie variété de zinnias.

L'occupation du soir, pour les femmes de Vaéa, est de renouveler les bouquets des autels de la chapelle.

« Vous voyez que nos chrétiennes ont leur temps bien rempli, celles surtout qui ont de jeunes enfants. Le gazon de la montagne est le berceau naturel de ces petites créatures, qui sont un peu les enfants de tout le monde. Quelle douce entrée dans la vie ! Dès leur naissance on les porte à l'église, et c'est toujours fête ce jour-là au village, comme aux beaux temps de « la Dame Blanche ».

« Arrivons, par une pente douce, au plateau supérieur. Il mesure vingt mètres de l'est à l'ouest et cinquante du nord au sud. C'est dans cet axe qu'on a élevé la chapelle... Derrière l'église, sur un plateau un peu plus élevé, se trouvent la maison du missionnaires et des jeunes gens non mariés, et la salle d'école. La prétention des hérétiques de donner à leurs élèves quelques notions des sciences physiques, au préjudice du catéchisme, nous a obligés à créer, nous aussi, un cabinet de physique et même un cabinet de chimie, afin d'expliquer à nos élèves les principaux phénomènes de la nature et les découvertes les plus remarquables de notre époque. »

Maintenant que l'installation matérielle nous est connue, écoutons le vicaire apostolique qui va nous en décrire la vie d'étude et de piété. « Elle est, dit le prélat, fort occupée et très édifiante. C'est comme un noviciat de trois années, et le règlement, qui pourrait sembler dur à des chrétiens d'Europe, est suivi avec joie par nos Océaniens.

« On se lève avant le jour, et tous, hommes, femmes, enfants, se rendent à l'église pour la méditation. Cette méditation est présidée et dirigée par le P. Gavet, supérieur et unique professeur du collège. Ce dévoué missionnaire goûte tant de délices dans ses journées si bien remplies qu'il m'écrivait naguère : « Vraiment « je suis sérieusement inquiet. J'ai peur que Vaéa ne « soit mon paradis et ma récompense des petites cho- « ses que j'ai pu faire pour Dieu, depuis que je suis « censé être à son service. »

« La messe suit la méditation, de manière à finir vers le lever du soleil, et à permettre de partager ainsi la journée : six heures de travaux aux plantations cultivées par les catéchistes, et six heures d'étude consciencieusement employées.

« Tous les dimanches et fêtes, on chante la grand' messe et les vêpres; et les cérémonies s'y déploient avec la gravité et la précision des grands séminaires. Les Samoans ont beaucoup de goût et d'aptitude pour tout ce qui est représentation, et les missionnaires s'empressent de tirer parti de ces dispositions pour le service de Notre-Seigneur Jésus-Christ. Plusieurs d'entre eux sont même devenus, en peu de temps, assez habiles sur l'harmonium pour accompagner les chants ordinaires d'une manière satisfaisante.

« Ce n'est pas assez de former les jeunes néophytes à la piété : on veut faire d'eux des aides pour les missionnaires, par conséquent des hommes instruits de la religion, capables de l'enseigner de quelque manière, et de combattre avec avantage les objections et les mensonges des hérétiques. Les études à Vaéa sont dirigées dans ce sens. Les catéchistes ne se contentent donc pas d'apprendre pour savoir : ils apprennent pour enseigner. Ils écoutent le professeur avec la plus grande attention, recueillent des notes, et, sous la surveillance et le contrôle du père, rédigent ce qu'ils ont noté. De plus, ils sont exercés à parler en public, afin de s'habituer à donner des explications claires et précises, et à ne pas se laisser surprendre et désarçonner par les observations des auditeurs...

« Un moniteur nommé par le supérieur a le droit de donner des avis secrets, et même publics, à ceux qui se rendraient coupables de quelque manquement aux règlements extérieurs. Cette pratique, empruntée aux sociétés religieuses, et qui s'exerce loyalement et librement, est très utile pour corriger les défauts et pour fortifier les âmes.

« Un jour, un jeune catéchiste fut repris publiquement par le moniteur pendant le travail des champs. C'était un converti, et, malgré sa générosité, il gardait encore quelque chose de l'orgueil et de la violence de ses premières années. Sous ce reproche public, son orgueil se révolte, la fougue de son caractère éclate; le malheureux lève l'outil qu'il tient à la main, comme pour protester et menacer, et il se retire du travail. Le repentir suit de près la faute. L'église est là; le coupable y entre, pleure à chaudes larmes en poussant des sanglots. Attiré par ce bruit, le missionnaire accourt, et demande la cause de cette douleur : « Père, je suis perdu. J'ai désobéi au moniteur. Et « maintenant c'est fini ! » — « Non, mon enfant, une « faute peut toujours être effacée. » — « Crois-tu, père, « qu'il ne m'est pas impossible de réparer ce mal- « heur ? » — « Je le crois, et j'en suis sûr. Tu n'as qu'à « demander pardon. »

« Encouragé par cette parole, le catéchiste retourne aux plantations, et se jette aux genoux du moniteur : « J'ai péché par orgueil, dit-il ; pardonne-moi, en te « souvenant que je sors à peine de l'hérésie, et que « l'hérésie n'a fait que nourrir cet orgueil qu'il faut « briser. » Le pardon fut accordé sans peine. Ce jeune homme est aujourd'hui un de nos meilleurs catéchistes établi à Pango-Pango, dans l'île de Toutouila.

« Ce trait donne une idée juste de la fidélité à la grâce dont font preuve les catéchistes de Vaéa. On en trouverait bien d'autres exemples à citer. »

Cependant les trois années d'école sont écoulées : ils vont recevoir leur destination. Reprenons le rapport du prélat : « Ils se présentent, dit-il, devant l'évêque ou son délégué. On leur remet un peu d'étoffe pour se vêtir eux et leur famille, car nous n'envoyons jamais que des hommes mariés. Nous donnons encore un beau chapelet et un crucifix en cuivre sur bois, de quinze centimètres. Il sera porté sur la poitrine par le catéchiste ; c'est la marque qui le distinguera dans la foule.

« Et maintenant, on va désigner les stations où ils auront à se rendre. Quelquefois, ils entendent nommer un pays bien éloigné du lieu de naissance, et les larmes coulent !.... N'est-ce pas l'exil qu'on leur impose ? Aux larmes du jeune homme se joignent les réclamations et les prières de sa famille et de celle de sa femme, inquiètes de les voir s'éloigner. Mais le jeune homme lui-même, après avoir pleuré, est le premier à dire à celui qui l'envoie : « Ne cédez pas : j'ai été « nommé là ; j'irai là, et pas ailleurs ; c'est là seulement « que l'obéissance me garantit les bénédictions de Dieu. »

« Et quelles sont là-bas les fonctions de catéchistes? Faire régulièrement l'école aux enfants, sonner la prière du matin et du soir, et la présider; aller vers ceux qui se portent bien dans l'espoir de les convertir, et vers ceux qui sont malades dans le dessein de soigner le corps pour atteindre l'âme. Dans cette case, où un homme va mourir, le catéchiste se fera le champion du ciel et l'adversaire de l'enfer. Il n'oubliera rien de ce qui sauvera cette âme.

« Son ministère, trop souvent infructueux pour ceux qui se sont obstinés dans l'erreur, aura plus de consolations de la part de ceux qui ont vécu dans la lumière de la vérité. Au moindre signe d'un danger sérieux, le catéchiste songe avant tout à informer le missionnaire, et il prépare le malade à la réception des derniers sacrements. Si le missionnaire n'a pas le temps d'arriver, le catéchiste ne quitte pas la natte du mourant; il lui suggère des actes de foi, d'espérance, de charité, surtout de contrition parfaite; et, tant qu'il le peut, il tourne vers le ciel cette âme qui va quitter la terre.

« Après le dernier soupir, c'est le catéchiste qui récite le premier chapelet pour l'âme du défunt; c'est lui qui veille à ce que la prière ne cesse plus autour de ce corps d'un chrétien; c'est lui qui accompagne le prêtre présent, ou qui remplace le prêtre absent, pour rendre à la terre ce qui vient de la terre, et pour honorer jusqu'au bout cette dépouille mortelle, qui fut le vêtement d'une âme et qui le redeviendra au jour de la résurrection.

« Le dimanche surtout est son grand jour. Trois fois il rassemble les fidèles dans la chapelle, ou dans la case qui en tient lieu ; il récite les prières de la messe, en avertissant de s'unir à tel missionnaire qui célèbre le saint sacrifice à telle distance. Après les prières de la messe, il lit l'épître ou l'évangile du jour ; puis il fait une exhortation appropriée à la circonstance, encourageant le bien, blâmant le mal et s'élevant courageusement contre les abus.

« Les fidèles savent que le catéchiste est envoyé par l'évêque ; ils l'écoutent avec respect, et ils croiraient manquer à leur devoir s'ils ne venaient pas l'entendre ; ils tiennent compte de ses avis ; et les chefs eux-mêmes, dans l'ordre des choses de la religion, ne craignent pas de l'appeler maître, gardien, conducteur. »

Pour entretenir ces fruits de salut, des retraites annuelles sont indispensables. Le P. Gavet a décrit, en ces termes, celle de l'année 1886, qui avait réuni à Vaéa les catéchistes en fonction dans tout l'archipel :

« Commencée le mercredi, la retraite se termina le dimanche soir. Rien d'édifiant comme cette réunion qui a bondé mon église, devenue insuffisante pour recevoir ce surcroît de personnel. Car, outre le catéchiste, sa femme et ses enfants, il y avait aussi une partie de leurs rameurs qui avaient aidé aux embarcations venues des îles environnantes. A l'heure sonnante, silence de trappe. Il n'était permis de parler qu'à midi et le soir à six heures, pendant une heure. Méditation le matin, à neuf heures, et à sept heures du soir ; examens, conférences sur les obligations du catéchiste ; rosaires, chemins de croix, direction, rendement de compte pour chacun d'eux ; Salut très solennel le soir. Défense de manger, de boire et surtout de fumer avant les heures réglementaires ; en un mot, retraite et recueillement absolu jusqu'au dimanche, après la communion générale. Après cela, on a fait les placements nouveaux de ceux qui devaient être changés ; on a fait renouveler, en grande pompe, les promesses spéciales aux catéchistes, et enfin, le soir du dimanche, une splendide procession aux flambeaux, au chant des litanies et d'autres cantiques, avec une chaleureuse improvisation de notre P. Garnier. Il fit retentir sa magnifique voix en plein air, au pied d'un autel de pierre qui servait de trône à une statue de la sainte Vierge, illuminée par d'innombrables flambeaux de feuilles de cocotiers qui projetaient une lumière prodigieuse.

« Le lendemain, avant la séparation, il y eut un *gala* pour tous. Je leur avais fait don d'un bœuf ; il fut rôti tout entier dans un vaste four construit pour la circonstance, et bien à point, grâce à quantité de pierres brûlantes, placées dessus, dedans et dessous cette pièce de résistance. On le traîna ensuite tout fumant sur le gazon ; je me demandai si les héros d'Ilion eurent jamais suspendus à leurs javelots des quartiers aussi succulents. Pendant que l'on accompagnait cette gigantesque *entrée* de conserves, de poules, de poissons apportés de partout, et des fruits de notre territoire, les plus vaillantes mâchoires broyaient le kava. On le servit dans quatre grandes cuvettes ; puis, après cet apéritif, commandé bien plus par la tradition que par le besoin d'exciter l'appétit, on fit grand honneur au festin.

« Des jeux, de petites représentations, égayèrent tout cet heureux monde jusqu'au soir. Mais, hélas ! la nuit arrivait : il fallut se séparer, non sans tristesse de part et d'autre. Encore un adieu à la chère basilique ; et, en se disant au revoir, à l'année prochaine, chaque catéchiste, suivi de sa famille et de ses gens, se dirigeait vers la mer pour mettre à l'eau les embarcations qui les avaient amenés à la retraite.

« Que cette nuit si calme et si belle, mon Dieu, les conduise heureusement dans leurs villages ! et donnez-nous de revoir encore longtemps ces délicieuses réunions de famille. Cher évêque de Tipasa, eussiez-vous été heureux de présider à ces fêtes ; mais, n'est-ce pas ? vous les dirigiez du haut du ciel ! »

CHAPITRE VI

NOUVEAUX TROUBLES. — MONSEIGNEUR ELLOY
DEFENSOR CIVITATIS

DEFENSOR CIVITATIS ! c'est le titre que les populations en détresse, dans la mêlée des barbares, décernaient spontanément aux évêques. En proie à des guerres intestines, et livrées par ces divisions mêmes aux envahisseurs, réduites par eux à une douloureuse oppression, elles se réfugiaient sous la houlette du pasteur. Il n'avait pas attendu l'heure de la servitude pour les conseiller, et sa voix écoutée à temps l'eût conjurée ; le malheur arrivé, lui seul pouvait obtenir des conditions supportables. Et il ne faisait pas défaut à leur confiance : sans se plaindre de leur dureté de cœur, sans tenir compte des difficultés et plus d'une fois au péril de sa vie, il s'interposait auprès des vainqueurs, qu'il obligeait à entendre la voix de la justice.

Après ce qu'on a vu dans l'affaire de la *Blanche*, et qui va se reproduire de la part du commandant du *Barraconta*, c'est le souvenir qui se présente de lui-même à la mémoire. De nouveaux troubles ont surgi ; le vicaire apostolique, tenu à distance par la faction protestante qui subit l'influence étrangère, ne peut garder les esprits unis dans la paix. Quand les troubles ont récommencé et que le pays est rançonné, humilié, même couvert de sang par ceux à qui ces discordes ont ouvert l'entrée, on reconnaît que lui seul est en état de réparer ces malheurs et d'en prévenir de plus graves. Lui seul aussi a une parole assez pleine d'autorité et de raison, pour faire comprendre aux ennemis du dehors la gravité des intrigues où, sous couleur de religion, ils se sont laissé engager, et leur fournir le moyen d'en sortir honorablement pour revenir à une conduite équitable. C'est par ce triomphe de sa clairvoyance, de son désintéressement et de sa grande charité, que nous allons clore la vie apostolique de notre évêque aux Navigateurs.

On se rappelle que le traité de paix du 1er mai 1873 n'avait pas pourvu définitivement à l'autorité suprême. Soit désir secret de se ménager des chances, soit jalousie et crainte d'un pouvoir fort, les chefs avaient laissé là une grave lacune, où l'ambition au dedans et l'intrigue du dehors ne pouvaient manquer de trouver matière à s'exercer. Comme toujours, les protestants commencèrent; et, pour s'assurer la majorité au fono, ils le convoquèrent le jour de Noël de l'année 1874 : ils étaient sûrs d'écarter ainsi les chefs catholiques, trop sincèrement religieux pour se livrer à des discussions politiques en un si grand jour. Mataafa fut donc mis de côté, et l'on décida de partager en deux le pouvoir. On élut Maliétoa-Laoupéga, et un chef perdu de mœurs du nom obscur de Poulépoulé. Mais, sous le coup de la légitime et vigoureuse protestation des catholiques, Maliétoa se retira à Manono, et le second disparut dans les bois. Les choses restèrent en cet état jusqu'en mai 1875.

A cette époque, un vaisseau des Etats-Unis, le *Tuascarowra*, vint rendre, à cette requête des Samoans dont on a parlé plus haut, une réponse favorable du président. Le colonel Steinberger tint cette fois encore un langage de justice et de bienveillance. Un fono fut convoqué, où s'échangèrent des compliments sincères et des présents. Le colonel, de plus en plus convaincu que Mataafa était l'homme de la situation, fit ses efforts pour qu'il fût élu. Mais malgré l'évidence, ou mieux en raison même de l'évidence, il fut écarté. Il restait à obtenir du grand chef qu'il abdiquât ses prétentions légitimes. C'était pour un temps seulement; et il lui donna l'assurance, ratifiée par le fono, qu'au bout de quatre ans concédés à Maliétoa son rival, le pouvoir lui serait décerné. Pour l'amener à ces vues, le colonel comptait avec raison sur le vicaire apostolique : sa Grandeur y mit tout son bon vouloir et sa décisive influence.

Mataafa était trop loyal pour ne pas croire à la parole du colonel, et trop généreux chrétien pour ne pas faire céder son intérêt propre à celui du pays. Le lendemain donc, 22 mai, devant le vicaire apostolique, les représentants de l'Amérique et le fono, il prit la parole et tint ce noble langage : « Puisque l'assemblée a décidé que la famille de Maliétoa doit régner la première, je respecte sa décision et j'attendrai mon tour. Un catholique doit l'exemple de l'obéissance aux puissances légimes : cet exemple, je le donnerai en restant soumis à Maliétoa Laoupéga, élu du fono. Agissons tous de concert, et sacrifions nos ambitions et nos ressentiments à la prospérité de notre Samoa : c'est le moyen d'attirer sur lui les bénédictions de Dieu. » Tous l'acclamèrent. On fit prêter serment à Maliétoa, qu'on pouvait considérer dès lors comme légitimement élu; les blancs lui serrèrent la main. Le prélat partit plein d'espérances, que l'avenir ne devait guère réaliser.

Hélas! en effet, ni l'intrigue ni l'ambition ne désarment devant les consciences droites et sincères. Un navire anglais qui s'est fait dans ces îles une funeste réputation, le *Barraconta*, commandé par M. Stevens, arriva au bout de six mois, le 17 décembre 1875. Son premier soin fut de faire convoquer le fono, pendant que l'évêque donnait à l'est les exercices du jubilé. Là, il réclama l'expulsion du colonel Steinberger, alléguant que sa mission officielle de *special agent* était terminée et qu'il n'agissait plus que pour son compte, au détriment des intérêts de l'Angleterre. Comme le fono refusait de se prêter à cet acte d'ingratitude et d'injustice, contraire à leurs propres intérêts, M. Stevens, par une odieuse violation de droit des gens, fit une descente armée, accompagné de M. Turner fils, ministre protestant, et fit enlever le colonel. Maliétoa, vraie *feuille de papier*, avait donné l'autorisation et couvert l'attentat de sa signature. Sous le coup de la plus légitime indignation, les chefs samoans, Mataafa à leur tête, envoyèrent une noble et énergique protestation au commandant. Maliétoa était déclaré coupable de félonie et déchu du pouvoir; il fut gardé à vue quelque temps, puis envoyé en exil à Savaï.

Les consuls et les officiers ne s'attendaient pas à cette résistance; ils se trouvèrent inquiets des suites.

Leur embarras augmenta quand le fono leur eut refusé de s'aboucher avec le chef déposé, et se fut déclaré, en termes nets, le seul pouvoir légitime. Ils essayèrent en vain d'amener l'évêque à penser comme eux et à seconder leurs efforts. La chose en arriva au point où il fallait se retirer en arrière, ou se porter aux extrêmes : c'est ce parti qui prévalut.

Pendant que les ministres semaient, par leurs catéchistes, des nouvelles fausses destinées à désarmer les résistances en les terrifiant, le *Barraconta*, se bornant d'abord à effrayer, couvrait de bombes les récifs, et Maliétoa, ramené de son exil, était conduit à Apia par un peloton armé qui lui rendait les honneurs souverains. Les choses en restèrent à ce point, jusqu'au 14 mars 1876. Ce jour-là, dès le matin, Maliétoa s'était rendu, avec les chefs de son parti, à la pointe de Moulinouou, où le fono était en permanence. Après lui, à quelque distance, marchaient le commandant Stevens, les consuls d'Angleterre et d'Allemagne, le ministre Turner et quelques Européens. En même temps, les embarcations du *Barraconta* venaient du bord, amenant les officiers et une centaine de marins en armes. C'était donc pour la troisième fois que se reproduisait cette violation de leur territoire. Cependant les chefs ne s'alarmèrent pas, et ils causaient tranquillement, lorsqu'ils remarquèrent que les chaloupes manœuvraient à investir entièrement la pointe. Tandis que les unes, se dirigeant à l'est, entraient au port d'Apia, deux baleinières tournaient le cap à l'ouest, de manière à couper la retraite du côté de Faléata.

Les soldats débarqués au port se mirent en marche, et vinrent former les faisceaux au milieu du chemin, en face des cases samoanes. Ceux du pays, loin de songer à la bataille, étaient tout entiers à leur grande affaire de la paix, à la préparation du kava. Les jeunes gens qui l'avaient mâché annonçaient, en battant des mains, que leur tâche était finie ; et le chef allait donner l'ordre de la distribution, quand un soldat anglais entre brusquement, et, d'un geste impérieux, signifie aux indigènes qu'ils aient à livrer leurs fusils. Etonnés, mais non pas effrayés, les Samoans, au lieu d'obéir à cette inqualifiable injonction, se jettent sur leurs armes. L'Anglais impatient porte alors la main sur le fusil du soldat le plus rapproché de lui, et essaye de le lui prendre de force. Il trouve à qui parler : le samoan résiste, la main ferme comme le cœur. Le chef se lève alors, et d'un air calme, par ses gestes encore plus que par sa parole, il s'efforce de faire comprendre à l'agresseur que Samoa ne doit pas rester désarmé en face de l'envahisseur en armes. Pour toute réponse, l'Anglais dirige sa baïonnette sur le chef qui esquive le coup. Les autres indigènes se voyant cernés se lèvent pour sortir. Au moment où le premier a mis la tête hors de la case, il reçoit un coup de fusil en pleine poitrine, presque à bout portant. Mais déjà ceux qui étaient dans les cases voisines sortaient à leur tour après avoir chargé leurs armes, et l'un d'eux abattit à ses pieds celui qui venait de tirer.

Le lieutenant du *Barraconta*, qui était à la tête du détachement, commanda alors le feu. Ce fut en ce moment une affreuse mêlée. Pendant que les agresseurs tiraient à bout portant sur les Samoans qui sortaient en désordre de leurs cases, les baleinières, qui avaient tourné la pointe à l'ouest, s'étaient hâtées de jeter leurs hommes à terre, et ils faisaient un feu plongeant sur les naturels qui fuyaient à la nage. Une forte pluie, qui tomba providentiellement, empêcha le carnage de devenir une boucherie. Les chefs samoans d'ailleurs, prévoyant bien que le dernier mot serait à l'Angleterre, et l'expiation en raison du sang que leur résistance aurait fait couler, s'employèrent, au péril de leurs jours, à contenir leurs soldats, jusqu'à arracher les fusils de leurs mains.

Il est bien inutile d'ajouter que la « raison du plus fort » triompha jusqu'au bout. Les Samoans furent contraints de livrer leurs armes, de donner des otages, et condamnés aux frais. Mais la facilité du triomphe n'en faisait pas la justice ; et le sang répandu, en des conditions où l'Europe pouvait voir une sorte d'égorgement, n'allait-il pas y causer de l'indignation ? Le commandant sentit qu'il était temps de reculer. Sans son mandat, mais non assurément sans son aveu, plusieurs officiers du *Barraconta*, le second, M. Angus Mac-Léod, esprit élevé et noble cœur, à leur tête, vinrent trouver le vicaire apostolique. Il eut peu de peine, parlant à des gens au moins à demi convaincus, de leur faire comprendre la légitimité de la conduite des indigènes. Le difficile était d'amener M. Stevens à abandonner Maliétoa : c'était difficile, après toute la violence qu'il avait déployée pour cette cause malheureuse ; et cependant c'était nécessaire. Les chefs étaient prêts à beaucoup de sacrifices ; mais recevoir par force un roi qui a forfait à son devoir et qui les a trahis ! « Ils aimeront mieux, dit ici le journal de Mgr Elloy, se réfugier dans leurs montagnes, et, au prix de tous les sacrifices, y sauver l'indépendance et la dignité de Samoa. On avait annoncé d'Angleterre un commodore : ils en appelaient d'avance avec confiance à sa justice. En attendant, tous les guerriers prenaient les armes, déterminés à ne pas attaquer, mais à se défendre jusqu'à la fin. » Telle fut l'unanimité de ce noble élan national, qui fait battre le cœur comme si cette nation était la nôtre, que pas un village ne se déclara pour le roi des ministres.

Ceux-ci eurent beau multiplier les menaces, les menées souterraines et les supplications de leurs catéchistes devant le fono, les chefs furent inflexibles dans leur résolution magnanime. Maliétoa ayant osé se présenter de sa personne, l'entrée lui en fut barrée. Il s'assit par terre à la porte. Un catéchiste protestant lui ayant apporté une natte, Mataafa la lui arracha des mains : « Que fais-tu ? lui dit-il. Ne sais-tu pas que cet homme n'est rien ici qu'un misérable comme toi ! » D'un humble ton de voix, le roi dégradé essaya de se disculper de sa lâche trahison, et dit qu'il venait demander au fono de s'arranger avec le commandant. Mataafa lui répondit que la politique n'était plus son affaire; qu'il eût à se taire et à se cacher.

C'était pour Monseigneur le moment d'agir avec plus de confiance. Pour sonder les dispositions du commandant, il demanda et obtint gracieusement d'aller à bord en vue des blessés; il y reçut le meilleur accueil. M. Angus Mac-Léod, en le reconduisant, n'hésita pas à le prier d'user de son grand crédit sur les indigènes pour qu'ils attendissent en paix la prochaine arrivée du commodore. Il n'était pas possible à un second de parler plus clair. Le prélat sut d'ailleurs que le commandant était prêt à lever l'ancre, craignant la fièvre à bord.

Peu de jours après, le 18 mars, ses intentions s'accusèrent par une démarche qu'il fit auprès des résidents européens. Après les avoir convoqués en assemblée, il leur expliqua sa conduite au sujet de Maliétoa, et, jugeant à leur silence qu'elle n'avait pas leurs sympathies, il ajouta ces mots significatifs : « Maintenant qu'il est parti, ma mission est finie. » Alors, pour se ménager une sortie honorable, il les mit en demeure de lui adresser une prière collective de rester en rade avant le lendemain à midi ; sans quoi, rien ne le retenant plus, il prendrait la mer. C'était leur désir, non moins que le sien.

Le vicaire apostolique ne fut donc pas étonné de voir, après toutes ces manœuvres indirectes, M. Stevens venir le trouver le lundi, 20 mars, à l'expiration du délai ; il était accompagné de M. Williams. Mais combien ne fut-il pas heureux de l'entendre lui donner, après quelques moments employés comme l'avant-veille, à justifier sa conduite, les assurances qu'il a consignées avec soin dans son journal ! « Le commandant, dit-il, m'a demandé de lui aider de mon influence à amener les Samoans à des dispositions pacifiques, je lui ai répondu que j'étais enchanté d'avoir sa visite, que seulement je regrettais de ne ne pas l'avoir pas eue plus tôt. » — Le commandant me dit alors : 1º Qu'il n'attaquerait point les Samoans ; qu'il n'avait jamais voulu brûler Moulinouou ; qu'il se bornerait à défendre ses soldats, s'ils étaient attaqués. 2° Qu'il abandonne Maliétoa : les Samoans peuvent s'élire le roi qu'ils veulent, ou n'en point élire du tout. 3° Qu'il retirera ses canons et ses soldats, si les Samoans se dispersent, en ne laissant ici que les hommes nécessaires pour délibérer et gouverner. — J'ai demandé au commandant si, en transmettant ces nouvelles aux Samoans, je pouvais le nommer. Craignant de n'être pas encore bien compris, je suis allé le voir au consulat anglais, lui répétant les mêmes propositions, et lui demandant s'il m'autorisait à les communiquer aux chefs samoans en son nom. Il m'a répondu que telle était son intention. Le R. P. Broyer m'accompagnait, et était témoin à cette seconde entrevue.

« Aussitôt après, vers quatre heures du soir, je suis allé trouver l'assemblée, réunie tout entière à Vaïousou. J'ai expliqué en plein fono mon message. Je l'avais écrit ; je l'ai lu. Les chefs m'ont remercié. Et Léiatoua, un des grands chefs, prenant la parole, a répondu au nom de l'assemblée : « *Ua ola le taua ia* « *Tipasa! faafetai!* La guerre est donc finie, grâce « à Tipasa : qu'il soit bien remercié. Nous avons été « trompés par les blancs, et par les Samoans qui n'ont « cessé de nous mentir (voulant désigner les minis- « tres protestants et leurs catéchistes). Cette fois, « nous avons une parole vraie, et elle apporte la paix « dans nos cœurs. »

« En revenant de Vaïousou, j'ai écrit à M. le commandant toute la relation de mon entrevue avec les indigènes, en résumant ce que leur ai dit, et la réponse qui m'a été faite. »

Tout allait donc à la pacification définitive. Il ne restait plus qu'à tenir une assemblée générale : elle fut fixée au 22 mars 1876. Les Samoans, donnant encore un témoignage solennel de confiance à l'évêque, avaient demandé qu'on se réunît dans sa demeure, craignant de manquer ailleurs de sécurité. Le commandant assigna le consulat anglais, mais il ne put s'opposer à ce que l'évêque y assistât. Les indigènes y tenaient tous, et ils faisaient habilement valoir, à l'appui de leur demande, que Tipasa leur ayant parlé au nom du commandant, il était juste qu'il fût témoin de sa réponse : que pouvait-on dire à l'encontre ? Étaient présents tous les consuls, les résidents du port et tous les chefs.

On attendait avec anxiété le résultat de la conférence. C'est que la calomnie n'avait pas désarmé ; au contraire, elle faisait rage. On avait répandu partout que tout ce que l'évêque avait dit de la part du commandant n'était que mensonges. On allait jusqu'à affirmer que M. Stevens serait plein de colère au meeting, et qu'il y condamnerait le prélat comme imposteur. Aussi quel triomphe pour le cher Tipasa, quand le commandant se levant exprima tout d'abord sa pleine reconnaissance « pour le message de paix que l'évêque avait rempli et le beau succès qu'il avait obtenu » ! Puis il répéta presque mot pour mot ce qui avait été dit en son nom ; ajoutant qu'on ferait ce qu'on voudrait de Maliétoa, sauf à ménager sa vie.

Mais le piquant de l'affaire, c'est que l'interprète du commandant, pour porter les paroles de haute approbation qui écrasaient définitivement la calomnie, fut un des ministres qui l'avaient inventée, M. Turner !...

Quelque forts qu'ils fussent à employer la sainte Ecriture, ils ne parurent pas se douter que la scène était renouvelée de Mardochée et d'Aman ; ou encore que c'était Balaam qui, bien contre son gré, avait senti sa langue fourcher, et exprimé en bénédictions le mauvais vouloir accumulé dans son cœur. Les ministres eurent encore la maladresse de ne pas dissimuler leur mécontentement, qui faisait contraste avec l'épanouissement de tous. Ils essayèrent même, heureusement sans succès, d'entraver l'action des chefs. M. Stevens tint bon ; on dit qu'il se montrait fort mécontent d'eux, les accusant de l'avoir trompé sur tous les points : non seulement sur la politique, mais aussi sur le courage des Samoans qui l'avait surpris. Il les laissa donc emmener une seconde fois Maliétoa à Savaï, et tint loyalement sa promesse de faire rentrer ses soldats et ses canons. Lui-même enfin leva l'ancre pour Auckland, où il allait trouver le commodore qui, dit-on, l'avait mandé.

Le résultat final tourna donc au triomphe de la foi catholique. On opposait le langage insidieux des catéchistes protestants, les bruits faux qu'ils avaient propagés et leurs menées intéressées, à la conduite loyale de l'évêque, dont l'influence sur le commandant avait été si prompte et si efficace que, dans une seule entrevue, il l'avait amené à changer entièrement de conduite et à tourner à la confiance et à la paix. Il n'y avait qu'un cri parmi les indigènes, soit protestants, soit catholiques : « Le doigt de Dieu est là !... Tout a été fait par le Seigneur, et c'est merveille à nos yeux. » Aussi ce fut grande joie aux Samoa ; et l'évêque voulut qu'il fût rendu grâces à Dieu et à Marie, le beau jour de l'Annonciation de Notre-Dame, par un Salut solennel.

Dès ce moment, ce fut pour lui une série ininterrompue des joies les plus chères à son cœur, les dernières hélas ! qu'il ait goûtées en ce monde. Son journal compte par cinquante et soixante à la fois les conversions qui se firent aux fêtes de Pâques, le 16 avril, aux divers villages d'Oupolou ; et, plus tard, à Toutouila et à Savaï, où il alla donner ou couronner des missions. « Il faut, dit le journal, en convenir et se fondre en reconnaissance envers Dieu : le pays s'ébranle ! »

Ce qui lui fut bien précieux, après ces belles moissons au succès desquelles il avait dévoué sa vie, c'était de voir les officiers anglais du *Saphire*, qui avait remplacé le *Barraconta*, lui prodiguer les témoignages d'une grande sympathie. Le 26, entra au port le *Pearl*, portant pavillon du commodore Haskins, qui était annoncé depuis assez longtemps. Il témoigna de grands égards au vicaire apostolique. Il lui fit une longue visite, voulant se bien éclairer par lui de l'état des choses ; et alors, bien loin de rétablir Maliétoa, comme les ministres en avaient propagé la nouvelle, il se borna à demander qu'on lui laissât la vie. Il partit sans rien changer aux dispositions qu'avait arrêtées M. Stevens.

Il manquait une chose à cette joie si pure et si pleine que goûtait le vicaire apostolique. Les hommages que lui rendaient les officiers anglais étaient loin de lui être indifférents ; mais ce n'était pas la voix de la France, de la France qui lui était si chère, plus chère encore dans son éloignement et sous le coup de tant de malheurs. Dieu ne lui refusa pas le bonheur de l'entendre. De retour de Faléfa, où il était allé bénir l'église du Sacré-Cœur, le 23 juin, il trouva en rade la *Vire* qui parcourait nos missions. Il se hâta de faire visite au commandant, M. H. Rivière, qui lui fit le salut. Quelques jours après, les membres du gouvernement samoan furent reçus à bord ; on échangea des paroles de félicitations et des souhaits d'avenir ; et, tandis que le commandant portait un toast à la prospérité des Samoa, le pavillon de l'archipel mariait ses couleurs à celles de la France et était salué de vingt-un coups de canon. Le prélat était là à l'honneur, comme il avait été si longtemps à la peine, heureux, mais humble, et renvoyant à Dieu la gloire qu'il savait si bien n'être due qu'à lui seul.

Mais d'ailleurs, il sentait, non sans un lourd contrepoids de douleur que, si la paix ici-bas est toujours chose précaire, tant de causes subsistaient aux Naviteurs qui devaient bientôt la compromettre encore : les rivalités des puissances étrangères qui convoitaient, avec une ambition croissante, la prépondérance sur ces belles îles, et les jalousies des chefs, incorrigibles après tant de leçons qui parvenaient mal à mûrir leur expérience et à les rendre sages ! L'événement tarda peu à justifier ses pressentiments ; et, au moment où s'écrit ce livre, l'archipel, après de courts intervalles de trêve, est en proie à des hostilités qui attirent l'attention du monde entier. Ce ne fut donc pas sans avoir le cœur gros de tristes appréhensions que, quelques mois après, il s'embarqua pour l'Europe. Cher saint évêque, il ne sera plus là pour conseiller, pour apaiser et pour défendre ! Et les nouvelles prises d'armes coïncideront, à peu de chose près, avec la longue et douloureuse maladie qui l'a appelé au ciel.

CHAPITRE VII

SECOND VOYAGE EN EUROPE
MALADIE DU VICAIRE APOSTOLIQUE
SA MORT.

Nous touchons au terme. Les événements qui suivent, jusqu'au départ du vicaire apostolique pour Rome et pour la France, où il devait mourir, sont assurément dignes de mémoire ; mais cette vie, qui allait être prématurément tranchée, nous a déjà tant donné, en ce genre, à admirer et à nous édifier ! Nous n'avons donc qu'à précipiter notre récit, en nous bornant au principal.

Le 11 avril 1877, Mgr Bataillon alla jouir au ciel du repos glorieusement conquis par un apostolat de quarante et un ans, qu'il n'est pas téméraire d'appeler un des plus mémorables des missions catholiques. On a lu dans le P. Mangeret le tableau de sa grande mort, intrépide comme sa vie (1). Elle investissait Mgr Elloy, déjà vicaire apostolique des Navigateurs, de la juridiction sur le Centre où il n'était encore que coad-

---

(1) *Mgr Bataillon*. IIe vol., p. 412.

juteur avec future succession. Il était à Apia quand, le 21 mai, il apprit que le vénérable évêque venait d'obtenir de Dieu ce qu'il lui demandait du fond de ses souffrances aiguës, « une fosse pour son corps, et une couronne pour son âme ! » Après un moment donné à sa douleur, il sentit le poids qui se surajoutait à ses épaules. Il s'agenouilla en pleurant, et il dit : « Que la volonté de Dieu s'accomplisse ! » Il se mit aussitôt en devoir d'aller prier sur sa tombe, afin d'y recevoir comme une nouvelle investiture des mains qui l'avaient consacré. « Il faut disait-il, que l'évêque vivant sente qu'il a sous ses pieds, comme une inébranlable assurance, les restes de ce conquérant pacifiques dont il doit continuer l'œuvre (1). » Il partit d'Apia pour Wallis, le 21 juin, sur un navire marchand *la Reconnaissance*, dont il se loue à diverses reprises dans ses notes.

On trouve dès ce moment au journal l'empreinte de plus en plus marquée des souffrances de la maladie, qui devait le faire succomber avant la fin de l'année suivante. Ce sont des vomissements violents qui se renouvellent à courts intervalles. Ils ont été signalés dès le retour des Fidji avec leurs premiers caractères de gravité.

Mais déjà longtemps auparavant, Monseigneur avait conscience qu'un mal intérieur minait les organes où la vie s'élabore. Dans la traversée de 1870, au jour de l'Immaculée-Conception, dont il avait célébré la fête à bord, avec une pieuse effusion, en compagnie des pères et des religieuses, son journal exprime, avec ses

---

(1) Rapport du mois de juin 1878.

inquiétudes, une confiance qui ne le quitta qu'aux derniers jours. A la suite des notes sur les vêpres, et de l'instruction spéciale : « J'ai invité les pères et les sœurs, dit-il, à s'unir à moi pour commencer une neuvaine à Notre-Dame de Lourdes, pour obtenir une faveur que je demande depuis longtemps.... Il n'y faut rien moins qu'un miracle ; mais je ne désespère pas de l'obtenir, j'ai avec moi de l'eau de Lourdes. La divine Mère a fait tant de miracles : pourquoi ne guérirait-elle pas un évêque missionnaire d'un mal qui lui enlève souvent sa force d'âme en le privant de sommeil, et qui menace de le rendre bientôt inutile?.... »

Comme il arrive toujours dans les maladies intestinales déclarées, il est devenu très impressionnable ; il a plus de peine à prendre son parti des épreuves qui, de tous les côtés du vaste vicariat, viennent meurtrir son cœur, toujours doux à la souffrance, mais affaibli par tant de luttes, de mécomptes et de privations. Aussi est-ce souvent avec des sanglots qu'il épanchait sa douleur au pied de l'autel ou dans le cœur de ses fidèles missionnaires. Un jour, c'était le jeudi saint de l'une des toutes dernières années, une des personnes sur lesquelles il avait le plus droit de compter pour l'édification de tous venait de donner un scandale, qui avait un malheureux retentissement. A l'office solennel du soir, tout à coup, descendant de chaire, il traverse l'assistance dont il a démêlé la stupeur. Il arrive au pied du reposoir, et, jetant loin de lui ses insignes : « Il vous faut une victime, Seigneur, s'écriat-il, me voici : ne frappez que moi, mais épargnez mon troupeau ! » Ce fut une explosion de larmes dans un morne silence. Hélas ! et tout le monde comprit que

Dieu acceptait ce sacrifice à bref délai ; car son visage amaigri, en ce moment crispé par la douleur, attestait, plus visiblement que jamais, qu'une maladie sourde minait en lui activement les sources de la vie.

Ce qui l'affligeait surtout, c'est qu'un voyage à Rome allait s'imposer, et qu'il redoutait d'être frappé par la mort loin de ses Samoans bien-aimés. On avait réussi, ainsi qu'il a été dit, à amener dans les archipels des religieuses de France destinées à ces missions, dans le but si précieux et si nécessaire d'élever les jeunes filles. L'œuvre avait très heureusement commencé, et c'était merveille que la transformation de cette si intéressante partie du troupeau du pasteur. Les sœurs ne se bornaient pas à les instruire du catéchisme et des connaissances qui font la jeune fille bien élevée ; elles les suivaient à l'église et dans une partie de leurs travaux extérieurs. Protégées par le respect très profond que la vierge sacrée inspire aux populations de ces archipels, elles pouvaient visiter les malades et accroître ainsi l'influence de la religion catholique.

Mais tous ces bons offices supposaient une certaine liberté de sortir du couvent, sous la sauvegarde des règles religieuses. Ce fut donc pour les missionnaires un vif désappointement, lorsque l'ordre vint de la maison-mère de fermer les sœurs dans une clôture monastique, et d'observer là-bas toutes les prescriptions du cloître.

Assurément le régime monastique est une précieuse sauvegarde, et c'est sous sa protection que les plus admirables vertus des vierges chrétiennes ont fleuri pour la couronne de l'Eglise. Mais le régime proprement dit du *couvent*, qui permet de multiplier les maisons et d'aller, avec des précautions et des réserves déterminées, là où les besoins de l'âme appellent, est parfaitement autorisé depuis plusieurs siècles, et il a produit des fruits excellents de charité. C'est celui qui avait été adopté dès l'arrivée des sœurs ; aucune raison sérieuse de le modifier ne se présentait. Il y en avait de graves à le maintenir ; car les indigènes y étaient accoutumés, et ils le goûtaient et l'admiraient. N'allait-on pas, en les privant des avantages dont on vient de donner une idée, leur causer au moins un singulier étonnement ?

Monseigneur réclama ; l'ordre fut maintenu. De là des troubles que Sa Grandeur prévit ne pouvoir être apaisés que par l'autorité romaine, auprès de laquelle sa présence ne pouvait manquer d'être nécessaire, dès que la cause allait y être portée et plaidée de vive voix, non sans ardeur et ténacité.

D'autres raisons lui recommandaient ce voyage. En traversant l'Amérique, par la voie de Sydney à San-Francisco, il pourrait éclairer le gouvernement des États-Unis en faveur des Samoans. Enfin, son premier voyage lui avait valu tant de sympathies, de secours et de recrues, qu'il avait droit d'espérer de grands fruits d'un second. La Providence lui en ménagea un moyen dont il n'hésita pas à profiter.

Il avait passé, le 31 juillet, à bord de la *Reconnaissance*, de Wallis à Foutouna, l'île du Martyr, sur la tombe duquel, plus que jamais, il sentait le besoin de prier. Tandis qu'il donnait, dans l'église de Notre-Dame-des-Martyrs, les exercices préparatoires à la confirmation, on signala un vaisseau de guerre. On eut bientôt reconnu les couleurs nationales, et ce ne fut qu'un cri de joie dans la tribu : « Un vaisseau français ! un vaisseau français ! » C'était donc, dit le rapport, « une grande joie pour ce peuple, à qui les missionnaires ont appris à aimer la France, en apprenant à aimer l'Eglise. » Le vaisseau ne tarda pas à jeter l'ancre devant Foutouna. C'était le *Seignelay*, commandé par M. Aube, capitaine de vaisseau. L'évêque eut hâte de se rendre à bord, où il apprit de lui qu'il venait se mettre à sa disposition pour la visite des îles ; que, ne l'ayant pas trouvé aux Navigateurs, il était venu le prendre à Foutouna. Monseigneur ne pouvait manquer de remercier Dieu, qui lui fournissait ainsi une heureuse occasion d'accomplir son devoir pastoral, et de prendre connaissance des besoins de toutes ses stations avant de se rendre en France. Quant au commandant, ce fut avec effusion qu'il le remercia d'avoir poussé la bienveillance au point de venir le rejoindre si loin du lieu qui lui avait été désigné.

Grâce à la vapeur et à l'extrême courtoisie du commandant, elles furent toutes visitées en peu de temps: Wallis, Foutouna, Rotouma, les Tonga, les Fidji même, où l'évêque ne pouvait que toucher pour embrasser l'intrépide P. Bréhéret, préfet apostolique ; enfin, les trois grandes îles des Navigateurs. Le dimanche 23 septembre, il revenait de Toutouila à Apia, fatigué de la mer, et pris de vomissements qui l'affaiblissaient en lui causant de grandes douleurs. Enfin, le lundi, 1ᵉʳ octobre, il remontait à bord, pour se rendre à Tahiti, d'où il prit le *Nautilus*, en route pour San-Francisco, le 8 du même mois. A Tahiti donc, il dut faire ses adieux au commandant. Ce furent, de part et d'autre, des regrets et des compliments sincères; l'homme de Dieu et l'homme de mer s'étaient pénétrés mutuellement, estimés et aimés : « J'ai béni Dieu, dit le rapport du prélat, après tant de jours passés sur le *Seignelay*, dont la visite laissera dans nos missions les plus précieux et les plus profonds souvenirs. Je m'estime heureux de témoigner ici ma reconnaissance à M. le commandant Aube, à tout son état-major et à tout son équipage. Je les remercie d'avoir si bien montré que la France regarde toujours comme un de ses devoirs d'honorer et de protéger l'Eglise. » De son côté, le commandant fut vif dans l'expression de ses bons sentiments. L'auteur a trouvé, dans le journal du prélat, une photographie de M. Aube, portant au revers ces lignes sympathiques et modestes, écrites et signées de sa main . « A Mgr Elloy, hommage et souvenir respectueux d'un de ses amis les plus dévoués, qui tient à honneur d'avoir pu concourir, au moins par le cœur et l'intention, au succès de l'œuvre à laquelle Monseigneur a donné sa vie. »

Le vicaire apostolique arriva à San-Francisco le 5 novembre, et à Washington le 21, fête de la Présentation de Notre-Dame. Il fut reçu avec de grands égards par le Président, M. Hayes, et par plusieurs secrétaires d'Etat; et il en obtint de bonnes promesses pour ses Samoans. Arrivé à New-York le 24, il en repartit, le 28, à bord du *Labrador*, débarqua le 10 décembre au Havre, et le lendemain à Paris. Après une visite à Servigny, il partit pour Lyon le 28, et de là pour Rome, le mardi 8 janvier 1878.

Elle était donc commencée cette année qu'il ne devait pas finir ! Il est bien inutile de dire que partout il fut reçu avec une respectueuse et bien vive cordialité. Mais un voile de deuil semblait cette fois planer sur la joie et sur les fêtes : il était si amaigri, si défait et quelquefois si défaillant ! Lui seul se faisait illusion sur son état ; il avait tant d'espoir de retourner souffrir encore et se dévouer à son troupeau ! et qui lui eût dit qu'il laisserait son corps sur la terre de France, lui eût arraché le cœur : il voulait mourir dans sa seconde patrie, à laquelle il s'était donné sans réserve.

A Rome, Dieu ne lui ménagea pas les épreuves qui étaient si sensibles à son âme toujours ardente, en exigeant encore de lui patience et longueur de temps. Dans son premier voyage, il les avait subies ; il en avait ensuite reconnu la sagesse et béni les résultats. Mais on ne se refait pas le caractère, surtout quand le tempérament, dont il relève toujours dans une certaine mesure, est débilité et livré ainsi aux impressions des nerfs. Avons-nous même besoin d'ajouter que, dans sa conversation et sa correspondance, jamais il ne se départit du plus parfait esprit de vénération et de docilité ?

« Le dimanche 13, dit le journal, à 5 heures 1/2, audience du Pape ! Pie IX m'a reçu couché ; mais sa figure est bonne, sa voix sonore. Comme je me tenais à genoux, *Surge*, me dit-il. Oh ! Mgr Elloy ! le plus éloigné des évêques du monde ! mais non pas de cœur : au Concile vous étiez avec le Pape ! » Je lui racontai les progrès de la foi dans nos archipels ; je lui rappelai Mgr Bataillon. « Oui, me dit-il, il a *bataillé* là-bas trente-cinq ans comme évêque, et avec quel succès ! »

Le journal s'étend avec émotion sur les faveurs et les présents dont le Pape l'a comblé, sur les espérances qu'il donne de voir se prolonger une vie dont le monde catholique sent vivement le besoin... Le samedi, 2 février, il a assisté à la cérémonie de la bénédiction des cierges par le Pape. « Le Saint-Père s'est tenu assis ; il a parlé avec plus de suavité que jamais, en s'animant à la fin. Il a exprimé son bonheur de se retrouver au milieu de ceux qui l'environnent d'une si touchante affection... Il a rappelé la nécessité de bien élever les enfants (1). »

Tout donc à Rome était à la confiance dans le cœur des bons et, plus qu'en aucun, dans celui de notre pieux évêque. Aussi quel cri de douleur quand, le jeudi 7, à midi, la nouvelle se répand : « Pie IX vient d'être administré ! A une heure, il est à l'agonie ! A l'angelus du soir, il est mort ! » Le journal a ici des accents déchirants, puis il se résigne, et il ajoute : « Bon et saint Pape, j'ai eu le bonheur de recevoir une de vos dernières bénédictions ; je suis un des derniers évêques qui aient baisé votre auguste main. Entrez dans la joie de votre Maître. Nous vous y suivons de notre douleur, de notre reconnaissance, de nos prières. Ne nous laissez pas orphelins ! »

Des nouvelles d'Océanie arrivèrent à Rome vers ce temps : c'était de la part de ses missionnaires les plus autorisés à parler, du père Violette, le vétéran de l'archipel qui en connaissait à fond les besoins. Tous

---

(1) On ne saurait trop remarquer que c'est en recommandant cette question de l'éducation des enfants que s'est éteinte la grande voix de Pie IX !

étaient unanimes à affirmer que le changement qu'on voulait imposer au genre de vie des sœurs serait mal vu, peut-être mal interprété des indigènes, et, en ruinant les écoles, nuirait à l'heureux crédit qu'elles avaient acquis sur la population. Monseigneur multipliait donc ses visites, et la lumière se faisait peu à peu dans les esprits. Mais Rome a sa jurisprudence; et, puisque c'était demandé d'autre part, il fallait épuiser les degrés de la juridiction : l'audience privée, le *congresso*, la congrégation générale. Ce n'est pas sans des atteintes profondes à sa santé qu'il soutenait cette lutte où se trouvaient engagés les intérêts qu'il avait le plus à cœur. Il dut quitter Rome avant l'issue définitive.

Pour terminer cette question en quelques mots, bornons-nous à ajouter que les documents furent envoyés par la sacrée congrégation au cardinal Caverot, archevêque de Lyon, avec mission et pouvoir de décider. Plein de confiance en la sagesse du révérend père Favre, supérieur général de la société de Marie, l'archevêque lui demanda un rapport, qu'il trouva si lumineux et si bien fondé, qu'il en adopta les conclusions ; elles terminèrent l'affaire selon les désirs du vicaire apostolique.

Au nombre des lettres d'Océanie qui arrivaient à chaque courrier, on nous saura gré de citer la suivante. Le lecteur décidera à qui elle fait le plus d'honneur, ou de la reine qui tient un langage si élevé et empreint d'une affection si respectueuse et si vraie, ou de l'évêque qui a contribué, après Mgr Bataillon, à mettre à ce niveau supérieur l'âme d'une païenne d'hier, qui justifie si pleinement sa filiale confiance.

« Seigneur Tipasa,

« Voici la prière que je vous fais. N'attendez pas, pour revenir, ces deux ans dont vous nous avez menacés. Par pitié pour nous, hâtez votre retour à Wallis. Notre pauvreté est grande loin de vous, et nous sommes pressés de jouir de la présence de notre évêque.

« Je veux vous dire que je suis dans les angoisses pendant ce temps d'absence, et je vous renouvelle ma prière pour que vous reveniez bien vite et que nous puissions vous revoir de nouveau.

« Que je serais heureuse, si vous arriviez à Wallis pour y demeurer toujours avec nous ! Alors seulement ma joie serait complète, car j'ai eu l'habitude d'avoir l'évêque dans mon île. Je ne suis qu'une personne ignorante. La science de bien prendre une détermination est loin de moi, et toute ma confiance est en haut et dans la religion.

« Voici encore la prière que je vous fais. Il faudrait manifester au roi sacré, Pie IX, mon père selon l'âme, que nous désirons que vous demeuriez toujours à Wallis.

« Seigneur Tipasa, dites-lui bien aussi que j'adresse à Dieu mes remercîments, et à lui mes félicitations, de ce qu'il est resté si longtemps en vie, lui si plein d'affection pour nous.

« Je sais tout le bien qui a été procuré à ma pauvre petite île par les saints prêtres qui nous ont été envoyés, et qui nous ont fait connaître la vraie religion. Merci au Roi sacré de son affection pour nous ! Nous avons à présent les richesses de l'âme. Vers ces richesses se tournent tous nos efforts, et nos désirs sont de vivre et de mourir dans la vraie religion, dans l'Église catholique.

« Nous savons que le bonheur d'un peuple repose sur la bénédiction de Dieu. Aussi voulons-nous toujours écouter sa parole, et nous attacher uniquement à lui.

« C'est pour toutes ces choses que je supplie le Roi sacré de nous bénir, afin que le bonheur continue à régner dans mon île. Qu'il me bénisse donc, moi en particulier, mes ministres et tout mon peuple, et qu'ainsi nous puissions voir dans le ciel celui qui aura été notre père sur la terre, Pie IX !

« Je suis, AMÉLIA LAVELUA, reine des Wallis. »

Ces lettres que Mgr Elloy appelait de tous ses désirs, et qu'il lisait avec avidité, lui rendaient l'Océanie présente : on peut dire qu'il ne la quittait pas de la pensée et que son cœur était là tout entier. En vain sa maladie faisait des progrès rapides, évidents à tous les yeux : l'apôtre ne parlait que de retourner à ses néophytes, et lorsqu'une crise plus violente venait, en se prolongeant, le rappeler à la réalité : « Au moins, disait-il, au moins j'irai mourir au milieu d'eux ! »

Une fois la crise passée, l'espérance revenait, l'espérance de la vie et du travail. Cet intrépide athlète ne pouvait se faire à cette idée que le combat et la peine allaient bientôt cesser pour lui : si jeune encore, et encore si plein d'ardeur, avait-il déjà mérité la couronne ? Néanmoins l'impuissance où le réduisait son mal commençait à mêler à son illusion des craintes et des anxiétés ! Il avait formé le projet de visiter les séminaires pour y faire naître des vocations apostoliques. Il essaya de le réaliser, mais les voyages renouvelèrent ses crises avec tant de fréquence et d'intensité qu'il se vit obligé de renoncer à ce rêve de son zèle.

Et toutefois il ne pouvait se déclarer vaincu ! Il avait entrepris de traduire en langue samoane un manuel de prières : malgré toutes les interruptions imposées par les événements, il était venu à bout d'achever son œuvre. Il s'agissait maintenant d'imprimer. Lui seul était en état de suffire à la rude tâche de corriger les épreuves. A cet effet il n'hésita pas à partir pour la ville de Fribourg en Brisgau, où il avait choisi l'éditeur. Sur ce laborieux voyage écoutons le R. P. Favre dans la circulaire par laquelle il fit l'éloge de l'évêque défunt.

« Ce difficile et pénible travail, dit-il, qui dura plus d'un mois, l'épuisa complètement ; et, à son retour à Lyon, nous le trouvâmes dans un état déplorable. Nous vîmes alors, à notre grande douleur, que le mal était sans remède. Lui-même ne se fit plus illusion. Je n'oublierai jamais la scène touchante dont nous fûmes témoins, le R. P. Procureur des Missions et moi. C'était après une nuit d'angoisses et des plus vives douleurs. Monseigneur venait de se lever, quoique avec beaucoup de peine. Nous étions auprès du cher malade, lui témoignant toute la part que nous prenions à ses souffrances. Tout à coup la pensée lui vint, comme une lumière d'en haut, qu'il ne reverrait jamais l'Océanie. Cette pensée lui déchira tellement le cœur qu'il se mit à fondre en larmes et ne pouvait se consoler. Il se jeta à genoux et s'écria: « O mon Dieu ! mon Dieu ! est-il
« possible ! quel sacrifice vous me demandez ! Cependant,
« que votre volonté soit faite, et non la mienne ! » Dès ce

jour-là, il jugea sa maladie mortelle, et se mit à envisager la mort avec une sainte résignation. Mais nous qui l'aimions tant, nous qui ne pouvions nous consoler de sa perte si grande pour nos missions, voyant tous les moyens humains réduits à l'impuissance, nous l'engageâmes, s'il en avait la force, à faire le pèlerinage de Lourdes pour implorer, dans son sanctuaire, la Vierge si bonne et si puissante qui opère en ce lieu tant de miracles. Nous n'eûmes pas de peine à le persuader; car il y pensait lui-même depuis quelque temps : « Ce sera pour moi un vrai bonheur, « nous dit-il; car j'ai une grande dévotion à N.-D. de « Lourdes, et je suis sûr qu'elle m'accordera des grâces « précieuses. Si je ne suis pas guéri, elle m'obtiendra le « don inestimable de souffrir saintement et de bien mou- « rir. Ce que je veux par-dessus tout, c'est la volonté de « Dieu. » Telles étaient les saintes dispositions de notre vénéré malade. »

Le 28 octobre, Mgr Elloy partit donc de Lyon pour Lourdes, avec le P. Rocher qui était allé le chercher à Fribourg, et qui fut plein des attentions les plus délicates jusqu'à son dernier soupir.

Malgré toutes les précautions et les soins les plus attentifs, le voyage fut excessivement pénible. Le jour des morts, à Toulouse, l'évêque, déjà mourant, avait voulu distribuer la sainte communion aux fidèles assemblés dans la chapelle des pères Maristes. Ses forces trahirent son courage, et le supérieur de la maison fut obligé d'achever à sa place.

Enfin on arriva à Lourdes. L'émotion était grande au cœur de l'auguste pèlerin. Sans doute, il fallait un miracle pour arrêter la mort; mais, à Lourdes, les miracles sont de tous les jours; et ce n'était pas témérité d'en demander et d'en espérer la faveur. Plein de confiance et d'abandon à la volonté de Dieu,

Mgr Elloy se plongea dans cette piscine qui a guéri tant de malades. Ce premier bain ne produisit pas de commotion soudaine, qui pût lui faire crier comme à tant d'autres : « Je suis guéri ! » Mais il en ressentit un tel bien-être, qu'il lui fut permis de se livrer à l'espérance. Il assista aux vêpres, présida la procession et donna la bénédiction solennelle du très saint Sacrement.

Le lendemain une crise nouvelle et plus violente indiqua que le miracle ne s'était pas fait. Il tourna dès ce moment tout son cœur vers le ciel. « Maintenant, dit-il au P. Rocher, je sais que la sainte Vierge ne me guérira pas, et j'adore la volonté de Dieu. J'ai fait le sacrifice de ma vie : puisse-t-il être utile aux infidèles que j'aurais voulu convertir au prix de mon sang ! »

Dieu exauce toujours la prière : c'est Jésus-Christ qui nous en a donné, et en insistant, l'assurance; mais à sa manière et à son heure. Est-il besoin d'ajouter qu'il sait mieux choisir que nous ? Comme le fils de Cis le pasteur, qui, à la recherche d'un troupeau, trouva l'onction royale, que de fois nous avons demandé des faveurs temporelles qui sont de vil prix devant Dieu, et il nous accorda des grâces de choix qui assurent notre éternité ! Mgr Elloy était venu dans la grotte bénie chercher une santé qu'il voulait consacrer aux îles de l'Océan : il trouva le don qui achève tous les dons, la force et la douceur d'une mort précieuse aux yeux du Seigneur ! Il descendit une dernière fois à la grotte ; et, se prosternant sur les traces célestes de Marie, il renouvela à Dieu le sacrifice suprême.

Le lendemain il voulut célébrer la sainte messe ; mais ce n'est qu'avec grand'peine qu'il acheva, et cette messe fut pour lui la dernière. Peu de jours après, comme on va le voir, il mourut à Bon-Encontre, dans un antique sanctuaire de la Reine du ciel ; mais c'est dans le plus célèbre et le plus accrédité des temps modernes qu'il était d'abord monté au calvaire mystique, comme Jésus sous les yeux de Marie, pour s'immoler avec lui sans retour.

Diverses raisons lui avaient fait choisir Bon-Encontre pour le refuge de ses derniers moments. C'est, des diverses résidences de la société de Marie, la plus rapprochée de Lourdes. C'est un pèlerinage pieusement fréquenté, et d'un nom de bon augure : aux approches de la fin qu'est-ce qui peut soutenir la confiance comme le « bon encontre » de la suave Mère et puissante Avocate, à qui d'avance si souvent le fidèle a recommandé « l'heure de sa mort » ! Enfin, c'est une paroisse de ce beau diocèse d'Agen, au profit duquel, en 1868, pendant la vacance du siège, Mgr de Tipasa avait si généreusement donné son temps, son zèle et son cœur. C'est assez dire quel accueil il y recevrait de tous, de l'évêque, Mgr Fonteneau, du clergé et des fidèles. Le dévouement tendre et respectueux des siens lui était partant assuré : il fut à Bon-Encontre, d'une délicatesse et d'une intelligence qui ne laissèrent rien à désirer.

Dieu voulut aussi lui ménager là les soins d'un homme de rare mérite comme médecin, d'esprit élevé, de noble cœur et d'une charité vraiment apostolique, M. le docteur de Gaulejac. Un fois que Monseigneur fut entre ses mains, le docteur eut bientôt deviné les qualités de cette douce et sainte victime d'une vie héroïquement dépensée au service des infidèles : ces deux belles âmes étaient faites pour se comprendre et s'aimer. Que de fois l'éminent praticien s'est félicité d'avoir pu adoucir les insupportables souffrances du malade! et celui-ci, quelles actions de grâces à Dieu, quels témoignages d'affection, en retour de tout ce qu'il recevait de lui !

En arrivant à Bon-Encontre, le 6 novembre, Monseigneur se mit au lit pour ne plus se relever. Le samedi 9, il demanda au docteur s'il n'était pas temps de recevoir l'Extrême-Onction. « Oh ! Monseigneur, répondit-il, nous n'en sommes pas encore là ! » — « Je n'en suis pas bien loin, reprit l'évêque. Je compte que vous m'avertirez assez tôt ; car je veux recevoir les derniers sacrements en pleine connaissance. »

Le soir même, Mgr Elloy demandait à communier après minuit; et, comme on l'encourageait dans ce pieux dessein en lui rappelant que c'était le matin de la fête de la Dédicace des Églises, deux grosses larmes coulèrent de ses yeux. Un père s'approcha et lui dit : « Monseigneur, êtes-vous plus mal ? » — « Oh ! non, répondit-il, mais je suis ému au souvenir des tabernacles éternels. » Puis, levant les yeux pour chercher le ciel du regard, il ajouta : *Quam dilecta tabernacula tua, Domine virtutum ! Concupiscit et deficit anima mea....* Et, après une courte pause, il ajouta d'une voix plus faible : « C'est la pensée du ciel qui m'a soutenu dans les moments pénibles de mon ministère. » Alors on lui parla de ses travaux d'apôtre, et on ajoutait que ces travaux lui assuraient la récompense du bon serviteur. — « Oh ! je ne suis qu'un serviteur inutile, reprit-il vivement ; je n'ai rien fait !... je ne compte que sur la miséricorde de Dieu : *In te, Domine, speravi, non confundar in æternum !* »

Vers minuit, Monseigneur fut repris de vomissements plus fréquents, et il dut se résigner à attendre la nuit suivante pour communier. La crise se prolongeait en efforts excessivement douloureux ; on la calma par une injection de morphine, et l'admirable patient s'assoupit pendant deux ou trois heures.

Dans la nuit du dimanche 10 au lundi, à la première heure de la fête de saint Martin, on porta la sainte communion à Mgr Elloy, qui par sa piété, la continuité de ses oraisons jaculatoires, sa résignation à vivre encore ou à mourir comme Dieu le jugerait à propos, semblait faire reparaître le grand évêque de Tours.

Le 12 novembre le docteur déclara que la mort n'était pas imminente, mais que le temps lui semblait venu d'administrer les derniers sacrements au malade. Le R. P. Depoix, provincial de Paris, que Monseigneur honorait justement, depuis son noviciat, d'une estime et d'une affection spéciales, et qui était accouru près de son lit de douleur, fut chargé de lui communiquer la parole du médecin. Le malade l'écouta sans aucun trouble, et s'occupa aussitôt de se préparer. Il se fit réciter la profession de foi de Pie IV et de Pie IX, demanda pardon aux assistants de les avoir mal édifiés. Au moment de commencer les onctions, le R. P. Provincial exhortait l'apôtre, qui avait porté le nom de Jésus jusqu'aux îles les plus éloignées de l'Océan, à mettre toute sa confiance dans la vertu de ce Nom admirable. « Oh oui ! je mets toute ma confiance en Dieu, je l'aime de tout mon cœur !... Ah ! puisse mon âme, en brisant ses liens, s'envoler dans la plaie du Cœur de Jésus! »

Le mercredi 13, Mgr Elloy reçut le saint viatique ; mais auparavant il voulu se confesser encore et renouveler sa profession religieuse. Après avoir reçu la sainte hostie, il demanda qu'on lui lût les oraisons après la communion de saint Thomas et de saint Bonaventure, puis la prière : *En ego, ô bone et dulcissime Jesu*, pendant laquelle il tenait son crucifix collé sur ses lèvres. Puis il levait les yeux vers l'image de la sainte Vierge, et il récitait les paroles qui terminent, dans les constitutions de la Société de Marie, la formule de profession : *Maria, Mater amabilis, tuus sum ego : tuâ supplici potentiâ salvum me fac in æternum* (1) ! Il était loin d'oublier saint Joseph, le patron de la bonne mort, et il ne se lassait pas de répéter cette douce prière autorisée par l'Eglise et enrichie d'indulgences : « Jésus, Marie, Joseph, je vous donne mon cœur, mon esprit et ma vie (2). »

Le soir du jour où il reçut le saint viatique, il eut à souffrir d'une crise plus intolérable que les autres, et, quand elle fut passée, il dit : « Que Notre-Seigneur est bon de me donner un peu de répit. » Quelques instants après il ajouta : « Je sens que la dissolution approche. Oh ! que je suis heureux d'être

---

(1) O Marie, Mère tout aimable, je suis entièrement à vous : par votre toute-puissance suppliante, sauvez-moi pour l'éternité.

(2) Jésus, Marie, Joseph, assistez-moi dans ma dernière agonie; Jésus Marie, Joseph, que je meure en paix dans votre sainte compagnie!

Mariste et de mourir Mariste ! Non je ne croyais pas qu'il fût si doux de mourir ! » Il témoignait ensuite sa reconnaissance pour les soins empressés et assidus dont il était environné ; et, comme on lui faisait remarquer que c'était là quelque chose du centuple promis par Notre-Seigneur à ceux qui ont tout quitté pour le suivre : « Oui, répondit-il, et après... après... c'est la vie éternelle ! »

Le jeudi 14, il reçut la visite de Mgr Fonteneau, évêque d'Agen, à laquelle il se montra très sensible : « Etais-je digne, dit-il, de sa voix mourante, que le Pasteur quittât son troupeau pour venir consoler l'étranger ? » Puis il y eut une lutte bien édifiante, lequel des deux donnerait à l'autre sa bénédiction : ils la donnèrent et la reçurent réciproquement.

Le mardi 19, pendant la nuit, on lui proposa de vénérer la statue miraculeuse, nommée de *Bon-Encontre* en raison de son origine, d'où est venu le nom du sanctuaire. Il accepta avec effusion. Les pères, en habit de chœur, allèrent chercher la sainte image, qu'on déposa, entre quatre flambeaux, sur une table ornée à cette intention. On l'approcha des lèvres du mourant, qui s'y tinrent un instant collées, les yeux tour à tour fixés sur elle et levés en haut avec une expression indéfinissable. Dans les premiers temps de ses missions, quand le cœur des adultes lui était encore fermé, il s'encourageait à baptiser les enfants près de mourir et se disait : « Quand ce sera mon tour, la sainte Vierge viendra avec eux à ma rencontre ! » N'eut-il pas alors quelque vision réalisant son espérance ?

A l'aurore, on apporta un télégramme : c'était la

bénédiction de Léon XIII à Mgr Elloy. Il fit signe d'approcher cette précieuse dépêche de ses lèvres et, après l'avoir pieusement baisée, il dit d'une voix qu'on avait peine à entendre : « Les hommes me font une agonie bien douce, mais le bon Dieu me la fait bien longue. »

Dans la journée du mercredi, il ne semblait plus rien voir, ni rien entendre. Vers le soir eut lieu, entre lui et le respectable docteur, une scène bien touchante qui les honore l'un et l'autre, et l'un par l'autre. M. de Gaulejac lui amenait l'aîné de ses cinq enfants pour recevoir la dernière bénédiction du mourent. Lui, absorbé par le mal, ne répondait pas à la demande qui lui était adressée; il semblait étranger à tout ce qui se passait autour de lui. Le docteur lui prit la main, pour la porter sur la tête de son fils agenouillé près du lit ; la main resta inerte. Il allait se retirer sans avoir obtenu un seul signe qui pût lui donner l'assurance d'avoir été reconnu, lorsque Monseigneur fit un mouvement, promena lentement sa main défaillante dans la chevelure de l'enfant en décrivant un signe de croix. « Oh ! merci, Monseigneur, s'écria le docteur, cette dernière bénédiction de l'apôtre et du saint portera bonheur à ma famille : mon fils s'en souviendra en vivant en chrétien... » — « Oui, reprit le prélat, d'une voix bien faible, mais bien intelligible, oui, qu'il marche sur les traces de son père ! » Ce fut les dernières paroles de Monseigneur adressées aux hommes; il n'articula plus que de courtes prières ; et, après une agonie de deux jours il alla recevoir la récompense du serviteur fidèle; c'était le vendredi 22 novembre, à une heure et demie du matin.

Le samedi, à dix heures du matin, le corps, revêtu des ornements pontificaux, fut transporté dans la chapelle du grand séminaire d'Agen, où il demeura, exposé sur un lit de parade, jusqu'au dimanche soir.

Les séminaristes se montrèrent admirables de foi, de vénération et de dévouement. Ils revendiquèrent la faveur d'orner à leurs frais le lit de parade et d'y faire la garde d'honneur autour de l'auguste défunt. Ils s'y succédèrent sans intervalle, en psalmodiant l'office des morts.

Le dimanche, la chapelle fut ouverte aux fidèles. Une foule immense et recueillie vint, toute la journée, saluer et vénérer ces restes précieux. Des séminaristes y furent sans cesse occupés à satisfaire la dévotion des fidèles qui voulaient faire toucher des objets pieux au corps du saint évêque.

A neuf heures, avant que le corps fût mis dans la bière, M. le docteur de Gaulejac procéda à l'extraction du cœur : il devait être conservé dans un vase de cristal et enchâssé dans un reliquaire de vermeil pour être envoyé en Océanie. N'était-il pas juste, en effet, que cette relique appartînt à ceux dont Mgr Elloy fut le père et qu'il aima jusqu'au sacrifice de sa vie ?

Les funérailles furent célébrées le lundi, 25 novembre, dans la cathédrale d'Agen. Mgr de Montauban y assistait ; Mgr de Cahors officia, et Mgr d'Agen se réserva de prononcer l'oraison funèbre, qu'il termina par ses paroles :

« O vaillant serviteur de Dieu, déjà sont allées au devant de vous toutes les âmes à qui vous avez ouvert le Paradis, ainsi que le pasteur et les martyrs tombés avant vous dans les glorieux sillons arrosés de vos sueurs !

« Que la Vierge immaculée vous reçoive avec son doux sourire, vous son pontife de prédilection ! Que le Seigneur Jésus, dont vous étiez l'apôtre, et dont vous avez combattu les bons combats, vous apparaisse dans sa douceur et dans sa bonté infinies : *Mitis atque festivus Christi Jesu tibi aspectus appareat !*

« Quant à nous, nous regardons comme une grâce d'avoir recueilli le dernier souffle d'une vie si précieuse, et nous vous bénissons de nous avoir légué en héritage votre dépouille mortelle.

« Sur votre tombe, dont ils vont être les gardiens, les religieux qui furent vos frères et vos amis, et qui se consacrent au milieu de nous, depuis de longues années, soit à former la tribu lévitique, soit à évangéliser les paroisses, sentiront redoubler les saintes énergies de leur dévouement. De leur côté, les prêtres de ce diocèse étudieront, dans le souvenir de vos œuvres et de vos bienfaits, les secrets du zèle apostolique qui convertit ; les fidèles y puiseront le courage de la foi qui sauve ; nous-même, nous chercherons dans votre vie la règle de la nôtre, tandis que, du haut du ciel, vous serez le protecteur de ce peuple et de cette cité dont nous sommes le père : *Hic est qui multum orat pro populo et universâ civitate. Amen.* »

Le corps du prélat fut transporté ensuite dans l'église de Notre-Dame de Bon-Encontre, où il repose dans la basse nef du côté droit. L'épitaphe suivante indique la tombe, dont la note donne la traduction (1) :

(1) Ici, aux pieds de la B. V. M. de Bon-Encontre — attend la résurrection — le corps du très rév. et illustre Seigneur L. ELLOY, de la Société de Marie — évêque titulaire de Tipasa. — Dès la première fleur de la jeunesse — il eut hâte de consacrer sa vie à la B. V. Marie ; — et pour se dépenser tout entier à gagner les âmes des infidèles, — il s'élança intrépide vers les plages lointaines. — Jamais son cœur apostolique, — soit par les courses fréquentes à travers les mers qui séparent ces îles, — soit par la barbarie de leurs habitants, — soit par la perfidie des hérétiques, ne put être abattu ; — et plusieurs milliers d'hommes — durent à sa charité exquise, tendre, comme d'une mère, — d'être unis à Jésus-Christ. — Auprès d'eux qui l'aimèrent beaucoup — son cœur qui les aime toujours a été transporté — et repose doucement. A sa mort, hâtée par ses travaux excessifs et ses longues privations, — la vénérable statue de N. D. — remplissant l'heureux présage de son nom, — vint le consoler par son *bon encontre* ; — et c'est dans son embrassement et son saint baiser, — qu'il rendit à Dieu son âme précieuse, — le XXII novembre 1878, — de son âge la 40e année, de sa profession la 26e, de son épiscopat la 15e. Ses funérailles furent célébrées solennellement — dans l'église cathédrale, — avec un grand concours d'évêques, de prêtres et de fidèles — par ordre de Mgr Fonteneau, évêque d'Agen, — dévoué et hospitalier après sa mort — comme il s'était montré pendant sa vie.

HIC. AD. PEDES. B : M : V : DE : BON : OCCVRS.
RESVRRECTIONEM. EXPECTAT
ILL : AC. RR : DD : LVD : ELLOY. SOC : MARIAE
EPISC : TIPASITAN : IN. PART : INF.
QVI. IN. PRIM : IVVENT : FLORE
VITAM. B : M : V : DARE. FESTINANS
SE. TOTVM. IN. LVCRAND : INFID : ANIM : IMPENSVRVS
AD. LONGINQ : ORAS. INTREP : EVOLAVIT
CVIVS. CVM. APOSTOLIC : PECTVS
NEC : SAEPIVS. ITERANDA. AEQVORA. INSVLAS INTERFVS.
NEQ : BARBARIES : INCOLARVM. IMMANIS
NEQ : HAERETICOR : PERFID : FRANGERE. POTVISSET
MVLTA. MILL. HOMIN.
CARITATE. SVA. EXIM : QVASI. NVTRIX. FOVENS
CHRISTO. ADIVNXIT
APVD. QVOS. ETIAM. MVLTVM. AMANTES
SEMPER. AMANS. IPSIVS. COR. TRANSVECTVM
REQVIESC : DVLCITER
MORTEM. NIMIIS. LAB : ET. LONG : ABSTIN : MATVRATAM
B : M : V : VENER : EFFIGIES
PROMISSA. IMPLENS. FAVSTI. NOMINIS
BONO. OCCVRSV. SOLATA. EST
IN. CVIVS. AMPLEXV. ET. OSCVL : SANCT.
PRETIOSAM. DEO. ANIM : EFFLAV.
X KAL : DECEMB : ANN : MDCCCLXXVIII
ANNOS. NAT : XLIX : A. PROFESS : XXVI : AB. EPISCOP : XV
SOLEMNES. EXEQ : CELEBR : CVRAVIT
IN. CATHEDR : ECCLES.
MAGNO. ET. ANTIST : ET. CLERI. ET. POP : CONCVRSV
ILL : AC. RR : D : D : FONTENEAV. EPISC : AGIN.
PIVS. AC. HOSPITAL : IN. DEFVNCTVM
VT. IN. VIVENTEM. FVERAT

Quand la douloureuse nouvelle parvint aux Samoa, le R. P. Broyer se fit l'interprète de la douleur générale, par cette lettre adressée au R. P. Favre, supérieur général, qui terminera dignement notre histoire :

« Mon Très Révérend Père,

« C'est le 31 janvier, que nous est parvenue la douloureuse nouvelle de la mort de Mgr Elloy. A voir les choses humainement, cette mort serait bien de nature à nous décourager. Mgr Elloy était l'âme de la mission, le défenseur des Samoans dans leurs périls et leur espoir pour l'avenir. La plus grande partie des Samoans sont encore hérétiques ; mais tous avaient une confiance illimitée en l'évêque catholique, et personne qui ne parle en termes respectueux de Tipasa : aussi la douleur est-elle générale. Mais, soutenus par notre bonne Mère, la sainte Vierge, fortifiés par le secours de vos prières et de celles de toute la Société, nous voulons poursuivre généreusement et énergiquement l'œuvre de Dieu dans ce pays de Samoa. Mgr Elloy n'est plus de ce monde ; mais nous ne doutons pas que, du haut du ciel, où son zèle pour la gloire de Dieu et le salut des âmes, sa patience dans les souffrances et son amour de la sainte Vierge lui ont mérité une glorieuse place, il ne continue à nous encourager, à nous guider dans les circonstances difficiles, et surtout à obtenir de Dieu la conversion de ces âmes pour lesquelles il a tant fait, et pour lesquelles il voulait encore tant faire. Telles sont, mon Très Révérend Père, au milieu de leur douleur, les consolations et les espérances de vos enfants. »

FIN

TABLE DES MATIÈRES

LIVRE PREMIER

Le Religieux missionnaire 1

Chapitre Ier. — Naissance, éducation, vocation. . 1

Servigny-lès-Raville, pays natal. — Le « papa bon Louis »; souvenirs de la *Terreur*. — Le songe des sept flambeaux. — Naissance de Louis, le petit Benjamin. — La grande sœur, *mère Rabat-Joie*. — La première éducation à la cure de Servigny. — Une triste matinée d'écolier. — Louis au petit séminaire : la famille Calmus. — Un sage et affectueux moniteur. — Vertus et excellent caractère de l'élève. — Premiers signes de vocation. — Le grand séminaire. — Essais héroïques. — Choix de la Société de Marie. — Louis se déclare à son père. — Grande scène d'adieux : la bénédiction du patriarche et ses résultats.

Chapitre II. — Le noviciat. — La formation du missionnaire 28

Belley et le scolasticat. — Louis Elloy scolastique et novice. — Ses rares vertus : leur principe intérieur et leurs fruits. — La profession et le sacerdoce. — Nécessité d'une formation spéciale pour le religieux qui veut être missionnaire. — Idéal tracé par un marin. — Conditions favorables faites au P. Elloy. — Le R. P. Maîtrepierre, maître des novices : sa vocation, ses grandes qualités. — La demande de partir est agréée.

Chapitre III. — L'appel. — Le départ 43

Sentiments et résolutions du P. Elloy. — Lettre touchante et magnanime à son père. — Départ de Gravesend; tempête. — Piété, charité et patience pendant la traversée, que ces vertus rendent heureuse. — Provisions spirituelles en vue de l'avenir.

LIVRE SECOND

Le R. P. Elloy a l'œuvre du missionnaire.   53

Chapitre Ier. — Savaï. — Les premiers travaux . .   53

Traversée périlleuse d'Apia à Savaï. — Etat de la mission dans cette île — Travaux variés du père; ses premières courses apostoliques. — Ses succès; édification donnée par un vieux prêtre des aïtous. — Conversion et mort admirable d'un chef. — Léota : le respect humain vaincu. — Malgré les craintes des « prudents », le P. Elloy attaque de front l'hérésie. — *Coco* dompté et mis à profit.

Chapitre II. — Savaï. — Mission à l'ouest. — Sataoua et Faléaloupo   70

Premiers essais à l'ouest. — Second voyage sur les roches basaltiques. — Course brûlante sans ombre, sans eau, sans nourriture : nuit sans repos à Aopo. — Perdu sur les laves du *Mou-Télé*. — Sataoua. — Faléaloupo; la moisson lève. — Conversion et généreuse vocation du *teacher* Tonga, devenu le catéchiste Basile. — La pêche merveilleuse. — Construction de l'église de Notre-Dame-de-Bon-Secours : l'idéal du temple chrétien; entrain des naturels. — Orphée et Amphion à Toapaïpaï. — Bénédiction solennelle, 4 août 1839.

Chapitre III. — Apia. — Le P. Elloy provicaire apostolique. — — Le tour de l'île d'Oupolou. . .   92

Visite pastorale de Mgr Bataillon. — Il nomme le P. Elloy provicaire. — *Sic vos non vobis!* — Esprit de sacrifice, souffrances morales. — Le P. Elloy se met à l'œuvre : il se décide à frapper un grand coup. — La noce païenne du jeune chef Faamouina. — Après avoir tout fait pour conjurer le scandale, le P. Elloy se présente soudain à l'entrée de la nuit. — Le démon l'emporte, mais Dieu s'est réservé son jour : la famille et le village tombent peu à peu en ruines. — Le P. Gavet à Faléfa. — Visite des stations de l'île, acquisition de terrains et distribution des secours. — Soin du P. Elloy pour son âme : *prius sanctificari*. — Son zèle pour le salut des infidèles : la Samaritaine de Faléfa.

— Ses tendresses de mère, à l'exemple de saint Paul. — Scènes touchantes dans l'échange de visites avec les néophytes de Toapaïpaï. — Admirable ferveur des chrétientés naissantes. — Procession de la Fête-Dieu à Apia : pourquoi et comment le père s'applique à y mettre toutes splendeurs. — Cadre ravissant et magnificence de la fête. — Admirable réponse du chef Mana aux ministres protestants. — Établissement à Soléimoa, *la Porte du ciel*. — La jeune Sapa, épousée par le fils du chef, y devient apôtre avec grand succès. — Un *Nicodème* aux Samoa. — Établissement à Léfanga. — Grande scène de nuit : le P. Elloy adjure les païens en armes de respecter ses catéchumènes.

Chapitre IV. — Deux catéchistes. 125

Jérémiah, *teacher* célèbre de l'école de Maloua, devient un ardent catéchiste. — Ses touchantes effusions après le baptême : la branche de bois de sandal brisée aux pieds du missionnaire. — Son ardeur et ses succès dans la controverse. — Sa lettre apostolique à Elliah, son ancien collègue. — Comment il relève l'erreur qui refuse un culte à la sainte Vierge. — Sa mort à Clydesdale. — L'enfant Faléoné : comment le P. Elloy l'attacha à sa personne. — Admirables progrès de la grâce en cet enfant; son baptême sous le nom de Victor (Vitolio). — Son obéissance exemplaire. — Angélique première communion. — Son dévouement au père. — Une résolution héroïque.

Chapitre V. — Les Tokélaou. — Toutouila. . . . 139

Le P. Elloy est destiné à fonder l'école de Clydesdale, en Australie. — Avant de partir, il a la consolation d'envoyer de nouveaux catéchistes aux Tokélaou. — Détermination et confiance sublime de ces insulaires, qui viennent les demander à plus de cent lieues de mer, sans boussole. — Les catéchistes partent, au prix des plus coûteux sacrifices et du corps et de l'âme. — Le P. Elloy a cru voir, dans un édit de persécution lancé par les chefs de Toutouila, le signal de la Providence. — Il se fait jeter pour six mois sur le rivage avec Victor. — Dispositions hostiles des insulaires. — Hospitalité d'un malade. — Les entretiens du missionnaire et sa vie apostolique commencent à désarmer les préjugés. — Secours sympathiques et puissants que lui prête Victor. — Le chef Haloa ébranlé en faveur de la vraie foi par tant de vertus dans cet enfant. — Un faux Moïse démonté par le chef Maounga. — Départ pour Sydney.

LIVRE III

Le P. Elloy évêque, coadjuteur de monseigneur d'Enos. 153

Chapitre Ier. — Clydesdale. — L'élection. — Départ pour Apia. 153

L'*Elisa* donne de sérieuses inquiétudes : foi intrépide du provicaire. — Graves périls en mer. — Il rend compte de son voyage et de l'état des stations qu'il a visitées. — Rencontre avec le P. Grosselin. — Quoiqu'il lui en coûte, il est résigné à la volonté de Dieu. — Il se met à l'œuvre de fondation de la maison de Nazareth à Clydesdale, malgré d'extrêmes difficultés. — Le P. Rocher lui apporte les bulles de Rome : grande scène dans une hutte au milieu des champs. — Sentiments du prélat élu : lutte de l'humilité et de l'obéissance. — Ses armoiries. — En attendant les ordres de Mgr Bataillon, il se donne tout entier à l'œuvre de Nazareth. — Il mène de front l'impression des livres d'enseignement et de prières en samoan. — Composition et programme de la maison de Nazareth. — Epreuves sur sur épreuves : les inondations. — Dévouement et obéissance de Victor. — Comment il fait généreusement triompher le devoir sur l'affection. — Départ pour Apia.

Chapitre II. — Le sacre 170

A la réception des nouvelles de Rome, Mgr Bataillon fait construire une église pour le sacre. — Joie des pères et des néophytes à l'arrivée de Mgr Elloy. — Ses dispositions intérieures. — Une page de ses notes, page de maître. — Les missionnaires arrivent de tous les points de l'archipel. — Sainte allégresse, décrite naïvement par le P. Sage. — Solennelle réception des vivres : flots montants du fleuve d'abondance. — Les jeunes gens, puis les femmes en tenue gracieuse et décente. — Un intermède : le Polyphème samoan. — L'étiquette et la rhétorique traditionnelles désarment devant la majesté du sujet. — « Le jour qu'a fait le Seigneur ! » — Le cortège sous les cocotiers du rivage ; le silence des grands jours. — L'Eglise vestibule du paradis. — *Habetis mandatum apostolicum ?* — Preuve magnifique et péremptoire de l'apostolicité de l'Eglise et de sa catholicité : Tipasa, Enosi, Pie IX, saint Pierre, Jésus-Christ, Dieu le Père ! — Grandes et pathétiques paroles de Mgr d'Enos. — Sentiments du prélat consacré.

TABLE DES MATIÈRES 457

Chapitre III. — Travaux apostoliques du coadjuteur aux Samoa. — Jubilé de 1865. — Faits extraordinaires. 196

Travaux à Savaï, déchue de sa première ferveur. — Le jubilé de 1865 aux Samoa est confié spécialement au coadjuteur. — Châtiment providentiel d'un blasphémateur à Léoné. — Salomé et ses trois compagnes : singulière aventure de mer où s'exercent la justice et la miséricorde de Dieu. — Punition et grâce d'un catéchiste infidèle à Léouloumoenga. — Garanties d'authenticité en faveur de ces deux faits. — A Léalatélé, une opposition satanique s'organise contre le jubilé : *les larmes de Tipasa!* — Emouvante cérémonie des morts à la bénédiction du cimetière. — Sainte et grande mort de Mataafa. — Vie désordonnée de son fils. — Le coadjuteur l'adjure, près du lit de mort, de changer de conduite et de devenir digne de son nom. — Conversion soudaine et totale.

Chapitre IV. — Voyage en Australie. — Mort et funérailles du prince de Condé. 220

Nouvelles acquisitions de terrains à Apia. — Procédés indignes qui les avaient rendus nécessaires. — Intrépidité et prudence de la sœur Rose. — Le coadjuteur va chercher des ressources en Australie, 11 avril 1866. — Le prince de Condé à Sydney : justes et unanimes sympathies qui l'accueillent. — Relations intimes avec les Pères, nées de leur reconnaissance commune pour la reine Amélie. — Imprudence et mort du prince : deuil universel. — Mgr Elloy préside les magnifiques funérailles. — Intérêt qu'il excite et secours qu'il obtient. — Sacre de l'évêque d'Adélaïde.

Chapitre V. — Visite aux Tonga. — Mort du jeune Victor Faléono. — Mort du P. Dubreul. — Le coadjuteur est appelé à Lyon. 239

Mgr d'Enos assigne les Tonga pour résidence au coadjuteur. — Victor l'accompagne dans cet archipel. — Il se concilie l'affection, l'admiration de tous les missionnaires. — Maladie de langueur du P. Breton à Vavaou. — Soins délicats de Victor; le malade le demande au coadjuteur. — Héroïque sacrifice de l'enfant qui arrache des larmes au capitaine, vieux *loup de mer* protestant. — Retour du prélat à Vavaou : il trouve Victor mourant ; adieux déchirants, mais résignés. — Mort du P. Dubreul à Léouloumoenga : éloge funèbre de ce saint et vaillant missionnaire. — Sur l'ordre du vicaire apostolique, le coadjuteur retourne à Clydesdale, pour se fixer ensuite aux Tonga. — Il est appelé à Lyon et à Rome.

LIVRE IV

Le voyage de France et de Rome. — Le concile du Vatican. — La guerre de 1870.   251

Chapitre Ier. — Le coadjuteur en France. — Premier voyage de Rome   251

Occupation du coadjuteur dès son arrivée à Londres et à Paris (janvier 1868). — Magnifique réception à Servigny. — Scène patriarcale : Jacob et Joseph ! — Accueil à Lyon, départ pour Rome. — Le coadjuteur accepte, non sans souffrir, mais avec résignation, les sages lenteurs des congrégations romaines ! — Retraite à Notre-Dame-de-la-Neylière. — Apostolat fécond en France. — Nouvelles douloureuses : le cyclone du 11 septembre 1868, et reprise de la guerre. — Invitation et départ pour le concile du Vatican.

Chapitre II. — Les vicaires apostoliques au concile du Vatican   263

Mémorable parole de Rossi. — Un concile général en 1869 ! contraste singulier de la chose et du temps. — Contraste entre les prospérités apparentes et les inquiétudes des sages. — Signes alarmants aux yeux des esprits réfléchis — Tressaillements des fidèles à la publication de la bulle *Æterni Patris*. — Mgr Elloy défend au Concile les droits des vicaires apostoliques. — Les évêques dits *titulaires* : quand ils sont sans juridiction, le droit de siéger est douteux. — La *Congrégation directrice* décide cependant qu'ils seront invités : Mgr Maret et son livre retentissant. — Droit incontestable des vicaires apostoliques, évêques titulaires avec juridiction. — Quand et pourquoi ce droit fut contesté. — Lettre admirable de Mgr Elloy pour les défendre. — Sa vigoureuse et ferme offensive. — Les vicaires apostoliques vengés par Louis Veuillot. — Nécessité particulière de leur intervention dans ce mémorable concile : Mgr Cecconi, archevêque de Florence. — Raisons secrètes qui inspiraient leurs adversaires. — Vie à Rome et influence de Mgr Elloy pendant le concile. — Il est nommé vicaire apostolique des Navigateurs. — Mgr Bataillon est appelé à Rome. — Départ.

Chapitre III. — Départ d'Europe. — La guerre en Lorraine 285

État de trouble et bientôt d'impuissance où Mgr Elloy trouve la France à son retour. — Cause supérieure du mal. — Persécution contre le clergé et les congrégations. — Premier succès et progrès rapides des Allemands. — Angoisses du prélat coupé dans ses communications avec sa famille. — Douloureuses nouvelles de Rome et des Samoa qui y mettent le comble. — Anxiétés de ses préparatifs de départ au milieu du désarroi général. — Courage déployé devant l'émeute à Lyon, pour obtenir un sauf-conduit. — Les correspondances, les malles, le personnel du convoi demeurent interceptés. — Heureuse arrivée à Londres. — Effusion de reconnaissance envers Dieu. — Départ le 26 octobre 1870.

LIVRE V

Dernières années en Océanie. 297

Chapitre Ier. — Visite pastorale à l'archipel des Navigateurs. — L'*Hamelin*. — Acquisitions de terres. 297

Vive émotion à l'arrivée. — Hélas! le canon des nationaux allemands a donné la triste nouvelle de la paix de Berlin. — Douleurs et consolations. — Visite pastorale d'Oupolou. — Danger couru et dévouement des naturels à Léfanga. — Savaï : redoublement des calomnies protestantes à l'occasion des revers de la France. — Vie exemplaire du chef Touala. — Il s'attache à faire régner dans la guerre les principes chrétiens. — Sa belle mort : grande scène où il donne ses enfants au missionnaire. — Un mot sur sa fille Romana. — Visite bénie de Dieu à Faléaloupo. — Magnifiques et touchants adieux sur le bord de la mer, en pleine nuit. — L'*Hamelin* à la disposition du prélat : opportunité providentielle de l'arrivée de ce navire, après la conduite déloyale du consul anglais. — Tenue noble et chrétienne du commandant et de l'équipage : échange de courtoisie qui relève le prestige de la France. — Acquisition de la vallée de Vao-Vai et de la colline de Vaéa. — Visite à Toutouila : progrès de l'établissement catholique. — Lettre de respectueuse condoléance à Pie IX ; réponse du Pape.

CHAPITRE II. — Visite pastorale du vicariat du Centre. — Le *Vaudreuil*. — Graves incidents du retour 325

Le *Vaudreuil*, mis aussi à la disposition du prélat, mouille à Savaï, pour porter secours au P. Faugle, attaqué par par les ministres protestants. — Arrivée à Wallis : magnifique réception. — Aisance et dignité de la reine Amélie en recevant et en rendant la visite officielle. — Grandeur réelle que cette femme de noble caractère doit à la religion : paix et prospérité de l'île. — Arrivée à Foutouna : Emotion de l'évêque. — L'accueil y est moins sympathique et pourquoi. — Heureuse détente des esprits au départ. — Visite à Rotouma, dont la chrétienté soutient la persécution avec une ferveur antique. — Fermeté du commandant à punir la violation du traité avec la France et à en prévenir une nouvelle. — Reconnaissance et adieux au *Vaudreuil*. — Relâche aux Fidji et départ sur le *Pio Nono*, avec le P. Bréhéret pour capitaine. — Mauvaise installation, mauvaise mer, grave maladie de l'évêque. — Retour à Waïriki. — Intrépidité de l'évêque, qui reprend la mer. — Péripéties émouvantes de la traversée. — Arrivée à Foutouna : précieuses consolations, les mariages, les écoles, construction de l'église Saint-Joseph. — Tristes nouvelles des Samoa, départ.

CHAPITRE III. — La guerre (1868 à 1873) 351

A quel point de vue on parlera de la guerre. — Causes et occasions. — Les deux Maliétoa. — Les Pâques ensanglantées. — Ruines morales et ruines matérielles. — Beaux exemples donnés par plusieurs chefs catholiques. — Les grands actes de charité font preuve de la vérité de la doctrine. — Mgr Elloy auprès des blessés. — Le fono de la paix, 12 avril 1873. — Le discours du vicaire apostolique, chef-d'œuvre de haute et ardente éloquence. — Traité de paix, 1ᵉʳ mai 1873. — Influence prépondérante du prélat et reconnaissance des Samoans. — Intervention loyale des Etats-Unis.

CHAPITRE IV. — Visite pastorale à travers les ruines. — L'église du Sacré-Cœur à Faléfa!. 368

Circulaire du vicaire apostolique. — Il part pour visiter les chrétientés dévastées. — Les noirs de la compagnie allemande, forçats malheureux de la cupidité. — Coup d'œil sur les infatigables travaux de ces journées douloureuses. — Soléimoa : vertus et zèle de Sapa et du chef son époux.

— Construction de l'église du Sacré-Cœur à Faléfa :
sage prévoyance et bel ordre des travaux. — Le Constantin samoan. — Cérémonies de la bénédiction : concours
de tout l'archipel, arrivée des pirogues. — Discours admirable du chef des représentants du pouvoir. — Réception
des vivres : rôle gracieux des enfants des écoles. — Exercices militaires et littéraires : *Pierre dans les liens.* —
Cérémonies.

Chapitre V. — Collège Saint-Joseph de Vaéa . . . 394

Coup d'œil général sur la colline et l'ensemble des constructions ; leur raison d'être. — Difficultés de l'entreprise ; le
P. Sage, ingénieur, entrepreneur et premier ouvrier en
tout genre. — Les néophytes à l'œuvre. — Les cases en
bois et la chapelle en pierre. — Arrivée des catéchistes et
des provisions ; culture. — Description après achèvement.
— Les larmes de dame Vaéa, « la veuve inconsolable ». —
Programme des études et règlement de la journée. — Les
moniteurs, crédit dont ils jouissent : beau trait de vertu.
— Désignation des emplois et départ. — Fonctions des catéchistes arrivés à leurs stations. — Retraites annuelles.

Chapitre VI. — Nouveaux troubles. — Mgr Elloy
defensor civitatis. 413

Comment, au moyen âge, l'évêque devint le *defensor civitatis* ; et comment Mgr Elloy va mériter ce titre. — Les troubles
renaissent à l'élection du roi ; noble désintéressement de
Mataafa. — Lâche conduite de Maliétoa, le roi élu : le
fono le dépose. — Intervention armée du navire anglais,
le *Barraconta*. — Affreuse mêlée de Moulinouou. — Le
commandant s'inquiète à la vue du sang versé. — Intervention de Mgr Elloy sollicitée par les officiers. — Grand
et définitif succès : *Ua ola le taua ia Tipasa ! Faafetai !* —
Aman et Balaam. — Félicitations du commodore et du
commandant français de la *Vire*.

Chapitre VII. — Second voyage en Europe. — Maladie du vicaire apostolique. — Sa mort. 427

Mgr Elloy investi de la juridiction directe sur le *Centre* par
la mort de Mgr Bataillon. — Une maladie intestinale depuis longtemps ressentie s'aggrave. — Douleurs morales :
un grand scandale. — Le voyage à Rome s'impose, à cause
d'une grave modification dans le règlement des sœurs de
l'école. — Départ sur le *Seignelay*, commandant M. Aube.
— Arrivée à Rome : audience de Pie IX. — Nouvelle sou-

daine de son agonie et de sa mort ! — Arrangement de l'affaire selon les désirs du prélat, mais après tous les délais de la jurisprudence canonique. — Belle lettre de la reine Amélia. — Mgr Elloy à Fribourg. — Pèlerinage à Notre-Dame de Lourdes : le mal augmente sensiblement. — Départ pour Notre-Dame de Bon-Encontre : les bons soins du docteur de Gaulejac. — La visite de Notre-Dame; l'agonie, la mort. — Les funérailles. — Epitaphe. — Lettre du R. P. Broyer.

FIN DE LA TABLE

Lyon. — Imprimerie Emmanuel Vitte, rue Condé, 30.

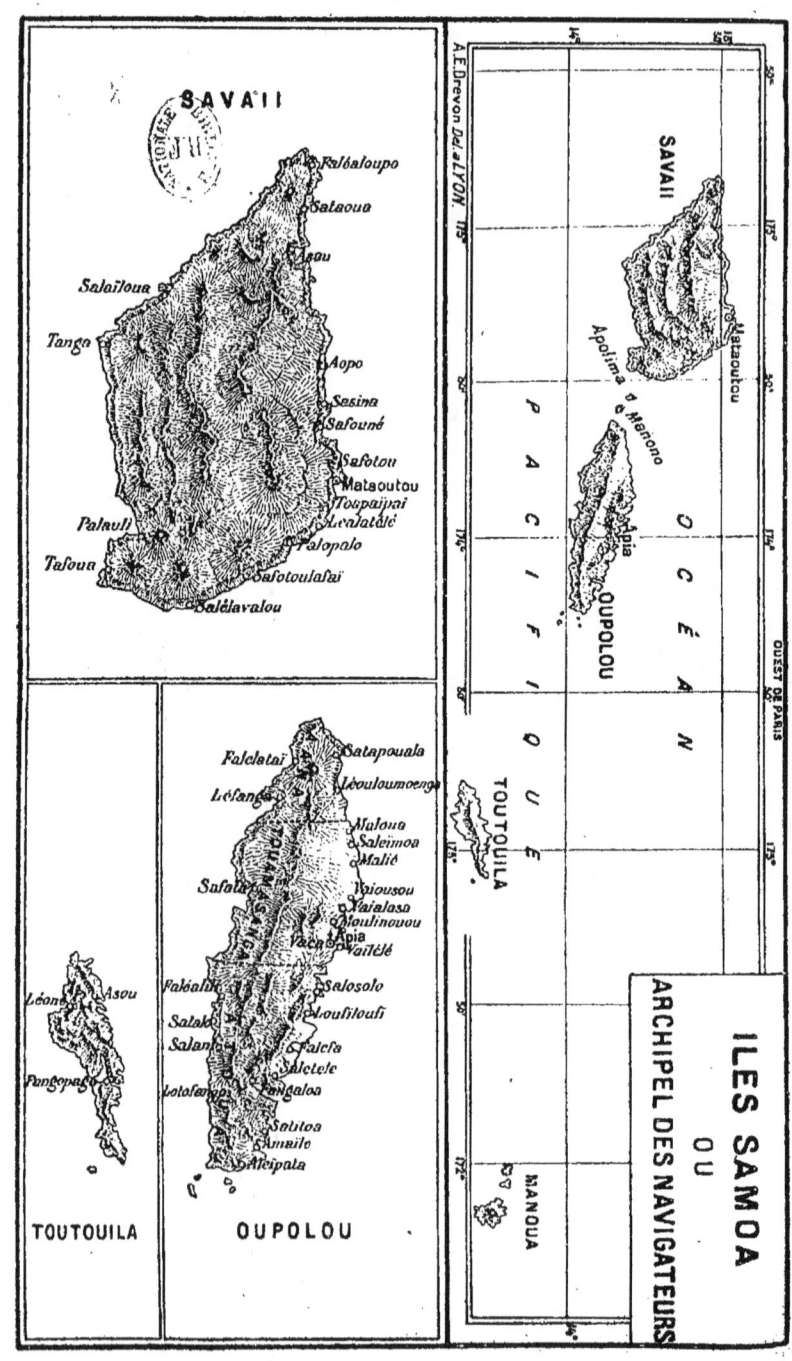

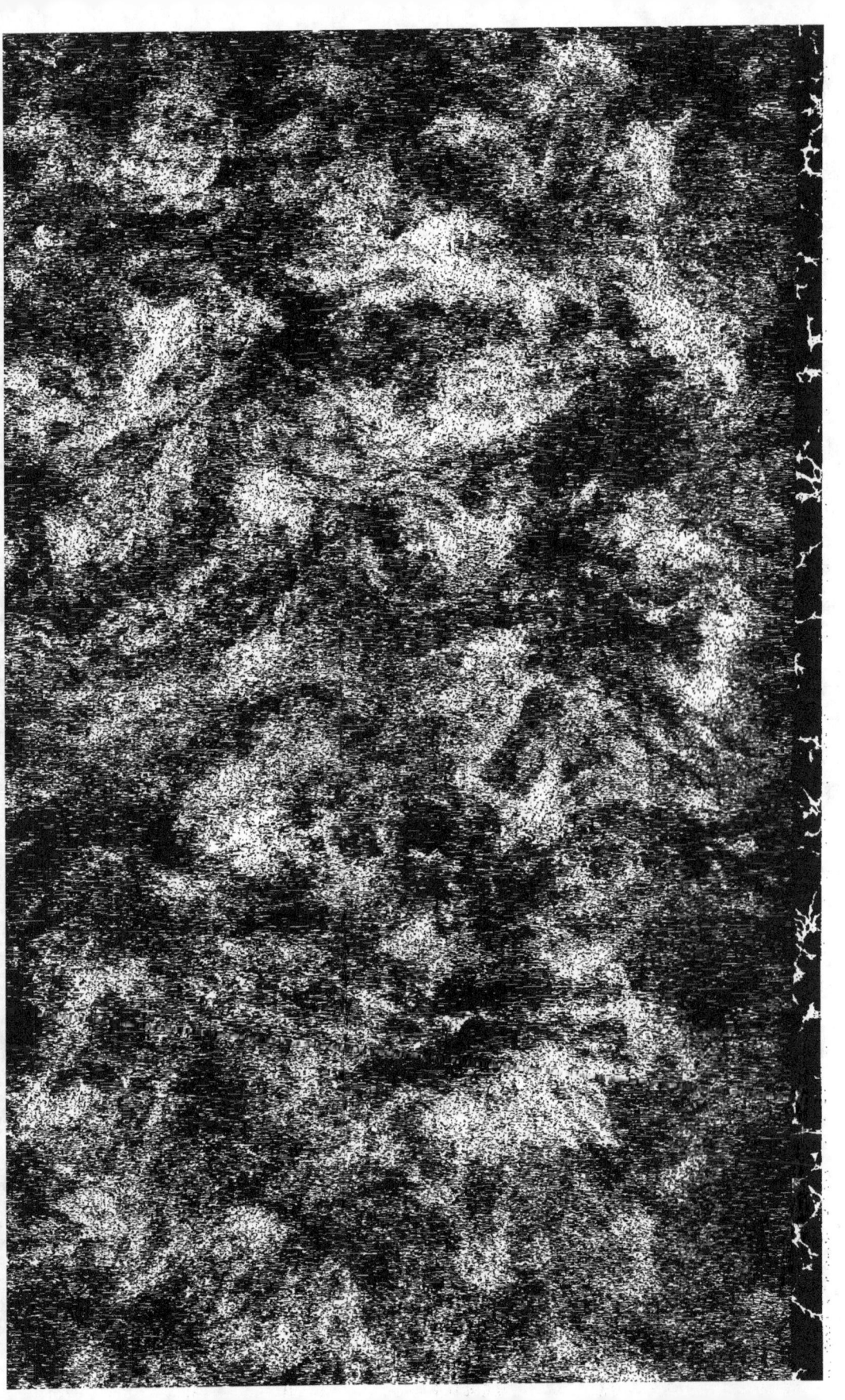

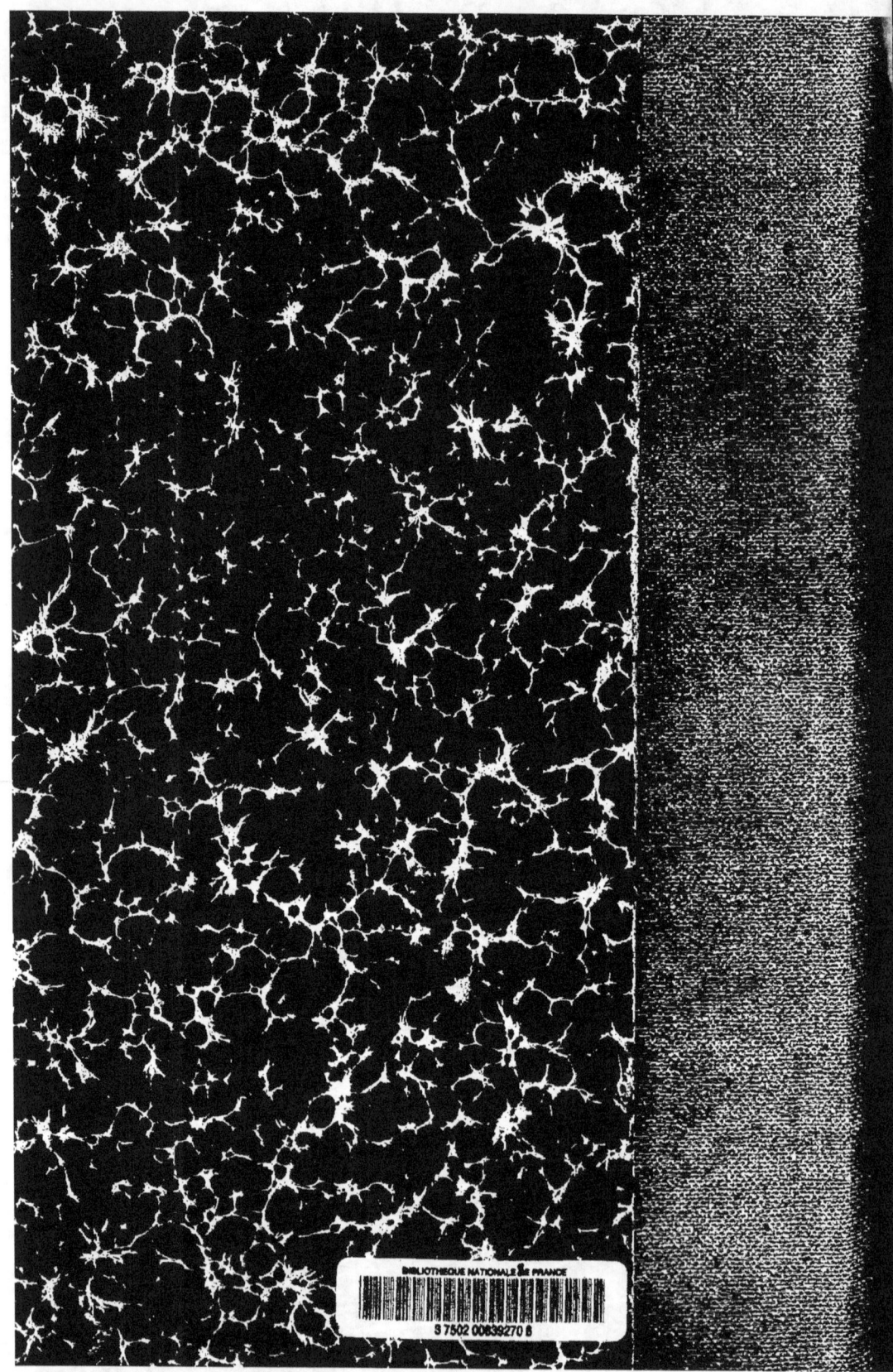

www.ingramcontent.com/pod-product-compliance
Lightning Source LLC
Chambersburg PA
CBHW060230230426
43664CB00011B/1603